武汉大学基础学科振兴行动计划资助出版

中国近代经济史探微

薛毅　著

商務印書館
2010年·北京

图书在版编目(CIP)数据

中国近代经济史探微/薛毅著.—北京：商务印书馆，2010
（珞珈史学文库）
ISBN 978－7－100－07001－0

Ⅰ.中… Ⅱ.薛… Ⅲ.经济史—研究—中国—近代
Ⅳ.F129.5

中国版本图书馆CIP数据核字(2010)第034004号

中国近代经济史探微

薛毅 著

商 务 印 书 馆 出 版
（北京王府井大街36号 邮政编码 100710）
商 务 印 书 馆 发 行
三河市尚艺印装有限公司印刷
ISBN 978－7－100－07001－0

2010年7月第1版 开本 880×1230 1/32
2010年7月北京第1次印刷 印张 $13^5/8$
定价：29.00元

总　序

“珞珈史学文库”是武汉大学历史学院教师学术研究成果的结集。第一批推出的是二十多位教授的文集。以后将根据情况，陆续推出新的集子。

武汉大学历史学科具有悠久而辉煌的历史。早在1913年，武汉大学的前身国立武昌高等师范学校就设置历史地理部。1930年武汉大学组建史学系，1953年改名历史学系，2003年组建历史学院。一批又一批著名学者，如李汉俊、李剑农、雷海宗、罗家伦、钱穆、吴其昌、徐中舒、陈祖源、周谱冲、郭斌佳、杨人楩、梁园东、方壮猷、谭戒甫、唐长孺、吴于廑、吴廷璆、姚薇元、彭雨新、石泉等，曾在这里辛勤耕耘，教书育人，著书立说，在推动武汉大学历史学科和中国现代史学的发展、繁荣的同时，在武汉大学和中国史学史上也留下了嘉名。其中，唐长孺、吴于廑两位大师贡献最为卓殊。

改革开放30年间，武汉大学历史学科建设成效显著。1981年，中国古代史和世界史获得全国首批博士学位授予权。1987年，历史地理学获得博士学位授予权。1988年，中国古代史被列为国家重点学科。1995年，历史系被批准为国家文科基础学科人才培养和科学研究基地。1997年，获得历史学一级学科博士学位授予权。1999年，建立历史学博士后流动站。2001年，中国古代史再次被列为国家重点学科。2007 年，中国古代史第三次被评为国家重点学科，世界史新增为国家重点学科。2008 年，历史学一级学科入选湖北省重点学科。2001 年，以中国古代史为核心的国家“211 工程”二期建设项目“中国文明进程与世界历史整体发展”启动。2008 年，分别以中国古代史与世界史为中心的“211 工程”三期建设项目“新资料整理与中国古代文明进程研究”与“世界历史整体发展中的社会转型与文化变迁研究”启动。目前，历史学院设有历史学、世界历史、考古学三个本科专业；史学理论及史学史、考古学及博物馆学、历史地理学、历史文献学、专门史、中国古代史、中国近现代史、世界史、中国文化史、中国经济史、国际关系与中外关系史和地区国别史等 12 个二级学科。在研究机构方面，设有中国 3 至 9 世纪研究所、世界史研究所、历史地理研究所、中国文化研究所、中国经济与社会史研究所、15 至 18 世纪世界史研究所、第二次世界大战与战后世界研究所，以及简帛研究中心、科技考古研究中心。在前一辈学者奠定的基础上，经过后继者的持续努力，逐步形成了严谨的学风和优良的教风，确立了理论探讨与实证研究相结合，断代史与专门史、地区史与国别史相结合，传世文献与出土资料并重的学术特色，成为武汉大学在海内外学界具有重要影响的学科之一。

历史学院的老师，在辛勤教书育人的同时，也为科学研究倾注了大量心血，在各自从事的方向或领域，推陈出新，开拓前行，撰写了一大批有价值的专著和论文。学院决定编撰教师个人的学术文集，是希望各位老师把自己散见于海内外各种出版物上的代表性论文加以整合。这样，通过一种文集，可以约略体现教师本人的研究历程和领域；而于整体方面，也可在一定程度上展示武汉大学历史学的学科格局和学术风格。

每本文集的选篇和修订，由作者各自负责。学院教授委员会对入选文集进行遴选，并提出一些指导性的建议。

“珞珈史学文库”的出版，得到了国家“211 工程”三期建设项目的支持，得到了武汉大学“基础学科振兴行动计划”的支持，得到了商务印书馆各位领导和相关编辑先生的支持。在此致以诚挚的谢意。

2010 年 2 月

目录 Contents

民国乡村建设研究

人物研究

中国煤矿史研究

英国福公司研究

前　言

本文集辑录的多是作者21世纪以来在中国近代经济史领域探索的心得体会。

全书包括六组论文。第一组主要是研究中国工业近代化问题的。工业化是国力强盛的基础，也是经济近代化的一个重要标志。近代中国历史的主题之一，就是完成工业革命，使中国由农业社会转型为工业社会，实现国家现代化。本组第一篇论述了抗战期间中国政府和一批爱国企业家将部分沿海地区工矿企业迁到内地，在抗战后方建立了水力发电、冶金、机械、化工、电器仪表、石油及石油炼制等上百种工业门类，生产当时中国有能力生产的所有产品。大量事实表明：抗战期间，经过全国人民长期不懈的努力，中国建立起了比较完整、独立性较强的工业体系。第二篇《民国时期长江三峡开发述论》，梳理了当时人们对开发长江三峡工程这一举世瞩目的巨型水利水电工程的认识和见解，论述了相关人员进行的勘测和设计工作，反映了不同时期的中外人士对开发长江三峡工程的认识水平。《抗战时期的三一学社》研究的是抗战中后期中方从国内工矿企业和管理部门选派了31名工程技术人员和管理人员赴美国实习的经过。《中国石油有限公司略论》一文论述了1946年《公司法》颁布后，中国石油有限公司应运而生和迅速发展的过程。

第二组是五篇研究国民政府资源委员会的论文。资源委员会是国民政府属下的一个专门负责工业建设的机构，它的前身是国防设计委员会。这一组论文第一篇比较系统地论述了资源委员会从创办到终结的发展阶段；第二篇围绕着对资源委员会的性质、该会早期是否创办过企业、该会兴建工矿企业的目的、该会特矿统制政策的评价、该会所属企业与地方企业的关系、该会的评价等问题，对学术界的相关观点进行了综合分析和评价，并提出了作者的看法。另外三篇分别从 1936 年德华信用借款合同签订的作用与影响，关于东部工矿企业内迁的过程、意义和作用，接管台湾工矿企业的过程和意义等入手，论述了资源委员会为在中国建立起比较完整、独立性较强的工业体系所作的努力。

第三组共收录了两篇论文，主要以中国华洋义赈救灾总会（简称华洋义赈会）为例，研究 20 世纪二三十年代的乡村建设运动。这一组论文通过几个专题研究华洋义赈会，为当今中国社会调动民间各种力量发展慈善事业、赈济各种灾害对社会带来的危害，提供了历史借鉴和可靠的参照系。

第四组论文研究了民国时期对中国的工业化产生过一定影响的三位人物：翁文灏、孙越崎、钱昌照。他们三人都有出国留学的经历，大都获得过较高的学位。他们熟悉资本主义企业管理知识，有强烈的实业报国思想。

第五组是五篇与中国煤矿史研究相关的论文。前两篇是笔者在相关学术会议上的报告：一篇谈关于中国煤矿历史研究的回顾与思考；另一篇就编纂中国煤炭史志的意义、煤炭工业对中国社会进步、经济发展的作用，特别重视史料工作等问题发表了见解。另外两篇纵向论述了中国煤矿早期工人阶级的发展和近代中国煤矿发展的阶段和特点。最后一篇是作者在台湾考察煤矿和了解台湾学者对煤矿历史研究状况后发表的一篇述评。

第六组是两篇研究英国福公司的论文。福公司是英国在中国近代历史时期的两大公司之一（另一个是中英公司）。它是一家在中国经营时间较长（1897—1956）、活动范围较广（包括北京、天津、山西、河南、湖北、湖南、四川、云南等省市）、经营项目较多（主办煤矿，兼营铁矿、铁路、转运桐油、特种矿产品等）的外资企业。与19世纪末20世纪初在中国开矿设厂的绝大多数外资企业多在沿海沿江地区活动不同，福公司的活动区域主要在中国的内陆地区。20世纪90年代，作者曾申报并获准国家社会科学基金资助的课题——“英国福公司在中国”，该课题完成后已在武汉大学出版社出版。这里选录的是英国福公司在中国活动的两个片段。

是为前言。

中国工业近代化研究

抗日战争与中国工业近代化

抗日战争是中华民族一百多年来反对外国侵略者所取得的第一次完全胜利的民族解放战争。在这场战争中，日本侵略者占领了大片中国领土，对中国沦陷区人民进行了极其残酷的掠夺，聚敛了大量的财富，侵占了为数众多的工矿企业，对中国的工业化造成了十分严重的破坏。与此同时，中国政府和一批爱国企业家在全国人民和各政党的支持下，将一批沿海地区和中部地区的工矿企业迁到西北、西南地区，在抗战后方建起了一批工矿企业，建立了水力发电、煤矿、冶金、机械、化工、电器仪表、石油及石油炼制等上百种工业门类，生产涉及当时中国有能力生产的所有产品，形成了基本能够自给的比较完整的工业体系。这些工矿企业在抗战期间发挥了重要作用，为中国人民的抗日战争作出了重大贡献，有力地推动了中国工业近代化的进程。

一、沿海工业的内迁

从经济角度而言，一部中国近代史堪称是一部近代化史。近代化涉及近代中国社会生活的方方面面，主要包括经济领域的工业化、政治领域的民主化、社会领域的城市化、价值观念领域的理性化等。鸦片战争以后到中华人民共和国成立的中国社会之所以被称为近代社会，一个重要的原因是这一时期中国有了新的生产力——机器大工业。近代中国社会发展变迁最本质的表现就是近代工业的产生与发展。工业化是国力强盛的基础，也是经济近代化的一个重要标志。

从19世纪60年代开始，一些有见识的洋务派首脑人物希望通过重工业建设使中国走上工业化道路，以实现富国强兵的理想。为此洋务派投入大量的人力、物力和财力，创建了一批近代军用工业和民用工业。辛亥革命后，中国曾出现了一个短期的发展工业的热潮，工矿、交通等部门出现了不少资本主义企业。到了20世纪30年代中期，中国数量有限的工矿企业中的约80%集中在东部沿海和沿江城市。全国工厂总数的60%集中在上海、天津、武汉、无锡、广州等大城市。这些企业大多资本少、规模小、技术水平落后。这些工业的门类主要是与民众生活密切相关的轻工业，重工业则主要掌握在外国人手里。到抗战全面爆发前的1937年，在国民政府实业部注册登记的符合当时工厂法规定标准，即拥有动力或工人超过30人以上的工矿企业，全国共有3935家，其中分布在长江下游江苏、上海、浙江三省市的就有2336家，占全国总数的56%。而上海一地就有1235家，占全国的31%。[①] 在当时，上海工业"资本额为148464000元，占全国资本总额的39.73%；工人为112030人，占全国工人总数的31.78%"[②]。由此可见，无论是工厂数量、资本还是技术水平，当时的上海在全国都是首屈一指的。重工业是为国民经

---

① 齐植璐：《抗战时期工矿内迁与官僚资本的掠夺》，《工商经济史料丛刊》第2辑，文史资料出版社1983年版，第63页。

② 国民政府档案：《民国二十一至二十六年工厂登记统计》，转引自孙果达：《民族工业大迁徙——抗日战争时期民营工厂的内迁》，中国文史出版社1991年版，第1页。

济各部门提供物质技术基础的主要生产资料工业。它为国民经济各部门（包括工业本身）提供原材料、燃料、动力、技术装备等劳动资料和劳动对象，是实现社会再生产和扩大再生产的物质基础，决定着整个工业的发展水平。早在1936年初，主管全国重工业建设的国民政府资源委员会就拟订了发展经济必须遵循的三项基本原则：一、中国经济建设，必须以工业化为中心；二、工业化必须以重工业建设为中心；三、重工业建设必须以国营事业为中心。[①]并确定了发展重工业的方针：尽量利用外资和尽量利用外国技术。[②]这一时期，南京国民政府有关部门也曾先后制订过多个与发展工业相关的计划，例如建设委员会的《10年实业计划》，实业部的《实业4年计划》，全国经济委员会的《3年发展规划》等等。由于工业，特别是重工业投资大，建设周期长，赢利时间晚，这些计划和规划尚未全面实施，抗日战争就爆发了。

抗战爆发后，国民政府的体制一度改为战时体制，政府成立了大本营，下设六个部。其中主管经济和兵工的是第三部。翁文灏任该部部长，钱昌照、俞大维任副部长。抗战初期，国民政府草拟了总动员计划。其中有关工业方面的内容主要有：（一）完成工业品的自给自足，不依赖外国；（二）维持制造军用品及日用工业品的工厂；（三）加强日用品生产和销售的管理；（四）协助上述工厂自沿海迁入内地；（五）积极推进制造军用品、日用品之工厂的设立；（六）以财力和技术协助上述工厂；（七）防止工人发生罢工及工厂停工的事情；（八）以军警的力量来保护上述工厂。[③]这八条内容成为国民政府在抗战期

① 吴兆洪：《我所知道的资源委员会》，《回忆国民党政府资源委员会》，中国文史出版社1988年版，第106页。

② 钱昌照：《两年半创办重工业之经过及感想》，《新经济》第2卷第1期，1939年5月版。

③ 沈雷春等：《中国战时经济志》，台北：文海出版社1983年重印本，第57页。

间推进工业建设和进行工业管理的基本指导思想。

“七七”事变爆发后，日本侵略军立即将进攻矛头直指当时中国的工业中心——上海。大批日军从吴淞江及长江入口处陆续登陆后向上海大举进攻，日本飞机肆无忌惮地在宁沪杭铁路沿线狂轰滥炸。上海等沿海城市的工矿企业危在旦夕。经济是决定战争胜负的基本因素。当时中国的工业主要集中在上海等东部沿海地区。如能发挥利用这些地区的工业能力，则能增强中方的抗日力量；如果这些工业基础毁于战火，势必使中国的民族工业大伤元气，必将使中国的抗战实力遭到重创；如果这些企业沦入敌手，就等于将中国约80%的民族工业用来加强日本侵华的实力，其后果不堪设想。

抗日战争全面爆发后，随着形势的发展，由上海民营企业家颜耀秋、胡厥文、支秉渊等11人发起组建的上海工厂联合迁移委员会于1937年8月12日在上海正式成立。这11名人士都是上海企业界的佼佼者。在成立会议上，与会者推举颜耀秋为该会主任委员，胡厥文、支秉渊为副主任委员，负责上海民营工厂内迁事宜。第二天，日军开始进攻上海。此后，上海要求向抗战后方转移的工矿企业日益增多。随着战争的不断扩大，为了尽可能多地将沿海地区及中国中部地区的工矿企业迁至抗战后方，同时安排好迁移企业尽快在新的地方恢复生产，支援抗战，1937年9月下旬，国民政府决定成立工矿调整委员会，具体负责工厂内迁事宜。

关于内迁的路线，当时主要有陆路和水路。陆路主要是铁路。自从日军进攻上海的战争爆发后，驻守上海的中国军队就将上海西、北两个火车站的铁轨拆除用于构筑工事；沪宁铁路和沪杭铁路主要承运军队和武器弹药，不可能为工厂内迁安排车皮。水路有三条：一条由上海苏州河经苏州至镇江；二是经上海十六铺河道经松江至镇江；三是经海道至广州再转粤汉铁路至武昌。第三条路线路途遥远，费时费钱，实不可取。上海工厂内迁主要是沿着前两条路线西行。

当时上海民营工厂内迁的运载工具主要是木船。木船运行时，为了防备敌机炮火的轰炸，每艘船之间要保持半里左右的距离，船上还要进行伪装。对于迁移的感受，一位当事人曾这样回忆："机械的拆运，简直可说是千辛万苦。在苏州河那段艰苦情形，至今谈来没有不被人钦叹的，天上有敌机的追袭，地上又得想尽办法领护照通过防线，尤以敌机的追炸与扫射，使得迁移工厂寸步难行，时时刻刻如过火炮山。"[①] 从1937年8月13日，日本侵略军进攻上海到11月12日中国军队退出上海，共迁出民营工厂148家，工人2100多名，机器设备12400多吨。其中包括荣宗敬的申新纱厂、福新面粉厂、茂新面粉厂，刘鸿生的大中华火柴厂、上海水泥厂、章华毛织厂、华丰搪瓷厂，郭顺的永安纺织厂，王云五的商务印书馆，吴蕴初的天原电化厂、天利氮气厂、天厨味精厂、天盛陶瓷厂，项康元的康元制罐厂，胡厥文的新民机器厂、合作五金厂、长城砖瓦厂等。[②] 中国著名的平民教育家晏阳初将此比喻为"中国实业界的敦刻尔克"。

在当时，"所谓内地，就是指平汉、粤汉两路以西地带而言"[③]。抗战初期，资源委员会所属的工矿企业中的相当一部分全部或部分迁到了后方。据统计，资源委员会仅在抗战爆发初期迁建的工矿企业及这些单位拆迁的器材、机器见下表：

---

① 潘仰山：《民族工业的命运》，《西南实业通讯》第15卷第1、2、3期合刊，1947年版。

② 《行政院关于资源委员会主办协助工厂内迁及抄送迁移工厂名单公函》，中国第二历史档案馆编：《中华民国史档案资料汇编》第五辑第2编，《财政经济》（六），江苏古籍出版社1998年版，第402—404页。

③ 翁文灏：《在资源委员会纪念周上的讲话》，载《资源委员会公报》第11卷第1期，1946年7月版，第67页。

厂矿名称	器材数量（吨）	机器数量（吨）	总计（吨）
钢铁厂迁建委员会	—	—	35000
中央机器厂	—	—	2500
中央电工器材厂	—	—	2500
中央无线电器材厂	—	—	240
中央电瓷制造厂	161	65	226
中央钢铁厂	2000	500	2500
钨铁厂	—	—	1000
恩口煤矿公司	250	125	375
萍乡煤矿局	—	—	5000
辰溪煤矿	—	—	383
高坑煤矿局	—	—	700
明良煤矿公司	—	—	382
自流井电厂	—	—	118
昆湖电厂	—	860	880
兰州电厂	370	180	550
岷江电厂	25	105	130
汉中电厂	56	44.5	100.5
贵阳电厂	242	300	542
合计	693	1489.5	53107.4

资料来源：根据《资源委员会公报》第1卷第1期第76页《资源委员会附属厂矿战后内迁器材数量表》整理。

以上18家工矿企业中，属于工业企业的有7家，拆迁的器材和机器总量为43966吨；矿业企业有5家，拆迁的器材和机器总量为6840吨；电力企业有6家，拆迁的器材和机器总量为2200.5吨。这些工矿企业迁往的地址分别是：中央钢铁厂迁往湖南辰溪，中央机器厂迁往云南昆明，中央电工器材厂迁往广西桂林，中央电瓷制造厂迁往湖南沅陵，中央无线电器材厂迁往桂林。

在大力组织工矿企业内迁的同时，资源委员会还制订了征集技术人员的办法。办法提出，凡化学、机械、电器、矿冶、土木建筑、纺织等专业的大学毕业生或具有相当学识经验者，均予安排工作。抗战初期，经资委会和该会所属工矿企业招募的技术和管理人员达3000名以上。

从1938至1940年，由官方资助迁移到抗战后方的工矿企业约有450家，各种器材12万多吨，各类技术人员3万多人。各主要工业部门转移的机器设备数量见下表：

门类	1938年（吨）	1939年（吨）	1940年（吨）
煤矿工业	4833	6268	7457
钢铁工业	28152	37152	37242
机械工业	5162	13254	18587
电力及电器工业	3052	5300	5375
纺织工业	26150	30822	32116
化学工业	6506	8093	9756
其他工业	6228	5148	5842
总计	80083	106037	116375

资料来源：翁文灏：《经济部的战时工业建设》，载《资源委员会公报》第1卷第1期，1941年7月版，第92页。

这些工矿企业大批向中国西南、西北地区迁移，起到了中国工业近代化的空间传动作用。所谓工业化的空间传动，是指工业化所必需的资金、技术、机器、市场四大要素，由先进地区向落后地区转移，从而在较短的时间内向后者注入大量的工业化发展要素，并带动后者的工业化以超常的速度发展起来。据统计，从1937年8月到1940年底，从沿海等地区内迁到后方的工矿企业共有639家。受其影响，福建、浙江两省自行内迁的企业有191家，拆迁机器设备总重量约12万吨。[①]这些工矿企业的内迁，大幅度增加了中国中西部地区的产业资本。1937年时，四川、陕西、云南、贵州、广西、湖

① 《厂矿拆迁统计》，现存中国第二历史档案馆经济部档案375/62。又见林继庸：《民营厂矿内迁纪略》，新新出版社1942年版，第66—67页。

南、甘肃7省共计只有工矿企业237家，资本总额仅1520.4万元。[①]沿海工矿企业迁入后，使这些地区工矿企业的数量和资本额陡然成倍地增加。这次内迁不仅对于抗日战争有着积极的作用，而且产生了深远的影响。它为保存中国抗战的经济力量，奠定后方工业建设的物质基础，改变原来中国工业的不合理布局，尽可能满足军需民用的供给，促进后方工业近代化的进程，起到了极其重要的作用，在中国近现代经济发展史上具有重要意义。

二、抗战后方工业的发展

从1931年“九一八”事变起至1945年8月日本投降止，日本帝国主义先后侵占了中国的东北、华北、华东、华南等地区。在此期间，日本帝国主义对占领地区的工矿企业大肆掠夺，严重破坏了中国的经济。日本对沦陷区的工矿企业采取了军事管理、委托经营、中日合办、租赁、收买等5种掠夺形式。

抗日战争的爆发，民族矛盾上升为主要矛盾，国共合作形成了抗日民族统一战线。各阶级、各阶层人民形成了救亡图存、共赴国难的共识。国民政府把发展后方工业放在抗日战争能否长期坚持并取得最后胜利的关键位置，提出“三分军事，七分经济”的口号，为在抗战后方大力发展工业创造了有利的政治环境和条件。抗战爆发后，沿海地区大量的工矿企业和技术人员转移后方，为在后方发展工业提供了物资条件和比较充足的技术人才市场。长期的战争造成对军用物资的需求量巨大而紧迫，沿海地区沦陷造成进口物资几

① 陈真等编：《中国近代工业史资料》第4辑，三联书店1957年版，第92、95、97页。

近断绝，从而推动了抗战后方相关企业的迅速发展。

迅速恢复生产，保障军需民用，支援抗日战争，是在后方发展工业的主要目的。中日战争不仅是两国军事实力的对抗，同时也是经济实力尤其是工业实力的较量。由于战争的需要，中国加快了发展工业的步伐，兴办工业企业的门类从钢铁、机械、有色金属冶炼扩大到化工、电子等方面，集中建立工业企业的地区也从湖南、湖北、江西扩大到四川、云南、贵州、广西、甘肃、青海等省区。很快形成了重庆、川中、广元、川东、桂林、宝鸡、昆明、贵阳等11个新兴工业区，使战前中国工业地区分布不平衡、轻重工业结构不合理的状况有了明显的改变，保证了战时各种物资供应的不中断，支持了抗日战争。兴办的企业既有国家资本独家创办的，也有国家有关部门与省市地方政府、银行家、地方企业家等合办的。

这一时期，由政府部门经办的工矿企业按照业别而论，可大致分为三类：工业、矿业、电业。工业企业又可分为冶炼、机电、化工等三大部类。冶炼企业包括铜铁、钨铁、钢铁、炼铜等，机电企业包括机器、电工器材、无线电机、电瓷等，化工企业包括液体燃料、化工材料等。矿业企业可分为金属矿和非金属矿两大部类。金属矿包括金、铜、铁、锡、铅、锌、钨、锑、汞等矿，非金属矿包括煤炭、石油等矿。电力企业包括火力发电和水力发电两类。

关于经营工矿企业的资金，其来源主要有三：一是国家财政拨款。从1937年7月到抗战胜利，国家每年拨给主管全国工业建设的资源委员会的资金占当年国家财政总预算的0.7%—2.8%，预算内的投资近12亿元，折合成战前币值为6821万元。[①]二是银行借款。

---

① 抗日战争时期国民政府财政经济战略措施研究编写组编：《抗日战争时期国民政府财政经济战略措施研究》，西南财经大学出版社1988年版，第227页。

抗战前期和中期多为零星借款，从1943年起，“始由中、交2行承放本会工贷。截至1945年止，共借工贷90亿”①。三是对外借款。主要是资源委员会向苏联、美国等国家出口钨、锑、锡、汞等特种矿产，换取外汇，从中提留一部分用来发展工业。据估计，第一、三种资金总数约折合战前法币1.8亿元。②

从1938年底至1941年底，是抗战后方工矿企业活动迅速扩展的时期。国民政府通过独资经营，与四川、云南等地方实力派合营，参与投资而不主办等形式，在西南、西北等抗战后方建起了大批工矿企业，从而大大增强了中国坚持抗战的实力。抗战胜利前夕，利用国家资本在后方建立的单位已达130家，其中115家是生产企业，其余为服务和管理机构。这115家生产企业包括冶炼、机械、电器、化学、煤矿、石油、铜铅锌铁矿、钨锑锡汞矿、金矿、电力等工业企业。③

重工业决定着整个工业的发展水平，而且又是国防建设的基础。国家如无重工业，则不可以言国防。在此之前，重工业一直是中国近代工业中最薄弱的一环。如果说电力是工业的神经，煤炭是工业的食粮，那么石油就是工业的血液。长期以来，中国由于缺少油矿，所需的石油主要依赖进口，仅1934年就进口成品油2.5亿多加仑。抗战爆发后，中国沿海口岸和主要铁路干线相继沦陷，铁路和轮船的运输量大为减少，公路运输日趋重要。尤其是西南、西北地区，由于通航河流不多，国民政府的几百万军队及其装备给养的调运和补给，后方工矿企业原材料及生产成品的运进运出，以及所有人员、物品的流动，主要依赖汽车运输。而此时由于战争爆发，

① 陈真等编：《中国近代工业史资料》第3辑，三联书店1961年版，第889页。

② 简锐：《国民党官僚资本的发展概述》，《中国经济史研究》1986年第3期，第99页。

③ 资委会经济研究室编：《资源委员会经办事业一览表》（1945年12月31日），《资源委员会公报》第10卷第3、4期，1946年4月版，第68—75页。

沿海地区被日军封锁，石油制品来源断绝，形势万分危急，特别是铁路大部分被日军占领，中方的运输主要依赖公路，汽油消耗很大。当时甚至出现了“一滴汽油一滴血”的口号，由此可见抗战后方缺油的程度。木炭、酒精、天然气、植物油等都成为汽油的代用品。这一时期，玉门油矿职工胼手胝足，用辛勤的汗水在祖国大西北的沙漠荒滩上建起了一座新兴的石油工业城，使玉门油矿成为国民政府统治时期中国开发规模最大、职工最多、工艺技术先进、产量最高的油矿，成为“世界上开发最早的非海相油田之一”[①]。玉门油矿作为一个集地质勘探、钻井、采油、炼油、机修、运输等功能于一体的综合性石油企业，拥有比较先进的工艺技术和机器设备，为中国石油工业培养了大批管理人员和技术工人。其产品在抗战期间，无论对中国军队在前方作战还是后方经济建设及民用，都发挥了十分重要的作用。值得一提的是，为了支持玉门油矿尽快投产，中国共产党通过国民革命军第十八集团军驻汉口办事处负责人周恩来将陕北延长油矿正在使用的钻机借给了玉门油矿。1942 年，日本侵略军企图从黄河的风陵渡侵入陕西，中国的抗日军队正是用玉门油矿生产的汽油，将苏联支援的大炮从新疆赶运到前线，击退了日军的进攻。1944 年，美国空军使用玉门生产的航空油，从四川成都起飞轰炸了日本占领的河北开滦煤矿电厂和日本首都东京，从而加快了中国抗战胜利的进程。

在整个抗日战争期间，中国方面把经济战线的斗争放在至关重要的地位，进行了全国经济总动员，对经济政策进行了一系列调整，运用国家力量在抗战后方大力发展工业和交通运输业，实现了国民经济体制由平时向战时的转轨。这些措施促进了抗战时期后方工业的发

① 焦力人主编：《当代中国的石油工业》，中国社会科学出版社 1988 年版，第 11 页。

展，加强了后方工业建设，为坚持长期抗战提供了物质保证。

1940 年，中国抗战后方的工业产值约为 47 亿元国币。其中煤炭 1.14亿、钢铁 1.27 亿、黄金 2.8 亿、铜 0.012 亿、钨 0.65 亿、锑 0.1 亿、锡 1.6 亿、汞 0.05 亿、其他矿产 0.025 亿、机器制造 0.67 亿、电器制造 1.81 亿、化学工业 14.38 亿、纺织工业 17.63 亿、食品工业 0.39 亿、电力工业 0.99 亿、其他 3.42 亿，共计 46.937 亿。①

为了宣传抗战以来后方工业建设的成就，增强国人对抗战胜利的信心，促进世界各国在战后与中国进行经济技术合作，国民政府主管工业的部门于 1944 年 2 月在重庆借用求精中学广场，举办了一个大规模的工矿产品展览会。展览会分资源馆、煤馆、石油馆、钢铁馆、非铁金属馆、特种矿产馆、化工馆、电器馆、电力馆、机械馆等共计 10 个分馆。展品均为资委会所属工矿企业生产。主要有：烟煤、白煤、焦炭、绞车、蒸汽水泵、原油、汽油、煤油、柴油、石蜡、天然气、高矽铁、铁合金、碳素钢、锰钢、钨钢、矽锰钢、不锈钢、铜、铅、锌、铝、锑、锡、水银、酒精、硫酸、盐酸、纯碱、烧碱、水泥、瓷器、坩埚、电子管、冷光灯、电话机、发电机、发动机、变压器、电表、扩音机、收音机、收发报机、电疗机、煤气机、锅炉、水轮发电机、蒸汽机、纺织机、印刷机、抽水机、鼓风机、车床、钻床、刨床、铣床等，配以模型和图表照片。这次展览在重庆引起很大反响。国民政府主席蒋介石亲临参观，并提出要延长展览时间，要求重庆大中小学学生均有参观机会。《中央日报》于 1944 年 2 月 26 日专门发表了题为“民族自信心的具体化”的社论。社论称：“参观了这个展览会陈列的实物和图片，我们由此

① 翁文灏：《经济部的战时工业建设》，《资源委员会公报》第 1 卷第 1 期，1941 年 7 月版，第 93—94 页。

更增强了抗战必胜、建国必成的信心。我们由此可以知道，中华民族坚贞不屈的精神不但能够以劣势的技术打败强敌，并且能够以劣势的设备产生优良的成品，还能够更进一步，改良我们的技术。我们的工业化，还是在幼稚的阶段，我们不必讳言。开始我们并不是纯粹依赖先进工业国，我们在技术上却有自力更生的能力，从无办法中想出办法，开发我们埋藏的资源，以增进国防的力量，改善人民的生计。”同一天的《大公报》发表了题为《看了工矿展览之后》的社论。社论中有这样一段话：“在准备反攻的现阶段中，许多物资，需要盟邦协济，欲并非由整架的飞机到一个螺丝钉，都须由国外运来。若干物件，中国已能自造。将宝贵的运输量，运中国所无而且最急需物件来，实是经济而有效。倘能因目前中国这一点工矿成就，使友邦人士认识中国工业建设之有希望，则对战后的中外经济合作，预奠一块心理的基石，那就更意味深长了。”

1944 年 2 月 28 日，《自由西报》发表的社论《工矿产品展览会》中称：“由于此次展览会，可知中国之建国工作，如欲早日完成，非加速工业化不可。以往之成就，固堪欣慰，而待举之工作，亦正不少，以视并世各工业先进国家，落后甚多。如欲迎头赶上，必须在战时战后，加倍努力，始克有望。”

在“工业救国”思想的影响下，政府部门先后兴办了一批新兴工业。其中包括水电工业、石油的开采与炼制、管道输油、电子工业、煤炭洗选与炼焦、精密机床、化学工业等，填补了不少工业门类的空白。抗战期间，中国工程师学会颁发的金质奖章全部被对后方工业建设作出突出贡献的工程技术人员获得，例如对制碱方法有重大发明的侯德榜、主持开发玉门油矿的孙越崎、对动力机械工业有杰出贡献的凌鸿勋等。

1943 年，后方各省已有符合登记条件的工矿企业 4524 家，资本额26.37亿元，工人数量为273336人。与战前相比，工厂数增加了18倍，工人数增加了82倍，资本增加了164倍。[①]据统计，截至1945年，在国民政府有关部门注册登记的4382家工矿企业中，其分布如下：四川及重庆2622家，陕西358家，湖南263家，云南211家，贵州204家，甘肃200家，江西145家，浙江41家，广东60家，福建60家，安徽42家，湖北29家，山西21家，西康9家，绥远7家，广西6家，宁夏3家，江苏1家。[②]这不仅为西部地区经济发展打下了重要基础，而且也使中国拥有近代工业的地域有了大面积的扩展。

由于后方工矿企业发展迅速，经营范围不断扩大，中高级技术和管理人才仍然十分缺乏，每新办一家企业，面临的技术难题总是层出不穷，难以解决，例如甘肃油矿局的石油探采提炼技术、中央电工器材厂的变压器设计制造技术等。这些重要的技术难题大大影响了企业生产的进一步发展。为此，中方向美国方面提出了派遣人员到美国实习的要求。需要实习的有七大部门，即机械、化工、冶炼、电工、矿业、电力、工矿管理等。经美国方面同意，中方先后派遣5批人员赴美实习。这些人员赴美实习的时间一般为两年，其间大部分时间分别在各自相关的工矿企业主要生产部门和环节实习，少部分时间到美国其他同类或相关的工矿企业参观考察。从现存的资料来看，这批人员在美国的实习是紧张充实而富有成效的。他们回国后，皆能不负所望，成为国内工矿企业不同专业领域造诣颇深、多有建树的专门人才。其中一些成为中国工业发展史上某些方面的开拓者和奠基人；例如翁心源是中国第一位管道输油专家；

---

① 周天豹：《抗日战争时期西南经济发展概述》，西南师范大学出版社1988年版，第145页。

② 黄秉维：《50年来之中国工矿业》，中国通商银行编：《50年来之中国经济》，台湾京华书局1967年版，第181页。

俞再麟是中国第一位洗煤专家；江厚渊是中国第一个喷油系统生产组织者，并主持研制了中国第一代高速中等功率柴油机。

抗战期间，中国政府有关部门还聘请了一批外籍专家，直接指导抗战后方的工业建设。这些外籍专家包括闻名世界的水电专家、美国垦务局工程师萨凡奇，美国奥立岗州立大学电机系主任麦克米伦（Fred O. Mcmillen）。萨凡奇以65岁高龄冒险考察了长江三峡，提出了三峡开发计划，得到抗战后方上下一致的赞同，并对三峡开发产生了深远的影响。麦克米伦在华工作了三个月，此间他研究并指导了昆明区战后电气网的设计及井宜输电线的铺设，设计了雷电纪录器，并在中央电工器材厂试制成功。

三、战时中国工业近代化的特点

抗日战争是中国近代史上仅有的以中华民族的完全胜利而告终的民族解放战争。抗战期间，为了发展民族工业，有效地抵御日本的侵略，在政府与人民之间、中央与地方之间、各个政治派别之间建立起了密切合作的关系。全国各族人民同仇敌忾、万众一心，表现出中国近代以来前所未有的民族凝聚力。纵观抗战时期中国工业的发展，可以总结出它有以下一些特点：

第一，经过长期不懈的努力，在中国建立起了比较完整、独立性较强的工业体系，具有争取民族经济独立的重大意义。抗战以前，中国的重工业主要是采冶业和少数电力工业。抗战期间，中国先后创办了一批钢铁、机械、石油、电器、化工等科技含量较高的企业，推动了社会进步和中国工业近代化的进程，扭转了此前中国的重工业几乎完全被外国资本垄断的局面。

第二，初步改变了近代中国工业结构不合理的局面。抗战前夕，在中国工业的部门中，重工业占工厂总数的16%，占资本总额的4.4%，占工人总数的7.3%。其中机器工业的工厂数虽然占到全国工厂总数的8.6%，但资本额不到全国工厂的1%。与此相反，轻工业的比重相当大，仅纺织与食品工业企业的数量就占全国工厂总数的60%以上。抗战时期中国工业的发展方向主要是重工业。一般而言，发展重工业投资大，收益慢，有些行业甚至亏损，民间难以举办。抗战期间，主管工业建设的部门从国家的长远利益出发，着眼于民族工业的未来，主要经营重工业，初步改变了近代中国工业结构不合理的局面。

第三，发展西部地区工业，改变不平衡格局。抗战以前，全国符合工厂法规，即采用机械为动力、雇用工人30名以上的工矿企业80%以上集中在东部沿海地区。西南地区的工矿企业只占全国总数的6.03%，资本与工人数分别占全国总数的4.04%和7.34%。①而到了1944年，西南地区的工矿企业数量占整个国统区的88.63%，资本与工人数分别占93.52%和85.61%。②正如经济学家马寅初所言："今日的大后方，已设立的大小工厂有5226家，资本依登记时的法币计算有48亿元之多，不可不认为空前的进步。"③仅以重庆为例，战前仅有大大小小的工厂39家，而且都以修理为主；到1944年底增至1518家。④据统计，截至1945年，在国民政府有关部门注册登记的工矿企业已有4382家，极大地改变了此前中国工业布局不平衡的格局，使中国拥有近代工业的地域有了大面积的扩展。

---

① 陈真等编：《中国近代工业史资料》第4辑，第297页。

② 虞宝棠：《国民政府与民国经济》，华东师范大学出版社1998年版，第343页。

③ 马寅初：《吾对政治协商会议的希望》，载重庆《新华日报》，1946年1月11日。

④ 李紫翔：《大后方战时工业鸟瞰》，《经济周报》第1卷第6期，1945年（12）。

第四，建立并发展了一批新兴产业，推动了中国工业近代化的进程。抗日战争以前，中国没有强有力的工业主管部门，工业门类残缺不全，重工业基础十分薄弱。抗战爆发后，由于沿海地区相继被日军占领，中国对外经济联系被切断，迫使中国在抗战后方主要依靠本国的力量重新建立工业体系。这一时期，从重工业到轻工业，从军事工业到民用工业，“举凡国防民生之物，无不具备”。在抗战前夕成立的主管全国工业建设的机构——资源委员会的推动下，中国第一次建立了钢铁制造、特殊合金钢制造、电解铜、精炼锌、精炼铅、发电机、煤气机等精密机床制造、电工器材、无线电设备、酒精提炼、石油炼制、石油化工、植物油炼制轻油、化肥、新式制碱、硫酸、煤炭炼焦、煤炭炼汽油等新兴工业，产品品种几乎覆盖当时中国有能力生产的所有产品，形成了一个基本能够自给的相对完整的工业体系。

第五，改变了地方经济分割的局面，形成了国家资本占主导地位的经济体制。抗战以前，西南地区基本上由军阀控制。四川军阀主要有刘湘、刘文辉、邓锡侯、田颂尧，云南军阀主要有龙云、卢汉，贵州军阀主要有周西成、王家烈，广西军阀主要有李宗仁和白崇禧。这些地方军阀虽然在名义上服从国民政府，但实际上却各自为政，尤其在地方财政上不容中央染指。尽管他们也在各自的辖区内开展一些经济建设，但他们毕竟是靠枪杆子起家，以扩大地盘和扩充实力为目的，在地方经济建设方面难有大的作为。抗战爆发后，随着国民政府迁到重庆，西部地区和中央的经济关系随之发生了根本的变化。国民政府通过独资兴办和与西部各省地方政府合办一系列工矿企业，逐步形成了国家资本占绝对优势的战时经济体制。

第六，在中国第一次建立起了具有独立性的工业体系。抗战以前，中国重要的工业部门主要被外资控制。抗战爆发后，外资企业绝大部分没有迁移到后方，国民政府乘机利用国家资本在抗战后方发展国营工矿企业，重点发展民营经济不愿问津的重工业，建立了独立的工业体系，这是中国工业发展史上的一个重大进步。

第七，重工业比重大大增加。一般而言，重工业投资规模大、生产周期长，收效慢，经营风险大，私人资本不愿也无力创办。抗日战争以前，重工业在整个工业的比重在工厂数量上仅占14.68%；在工业资本构成上仅占18.27%。[①]抗战期间，因为战争的需要，国家主管工业建设的部门主要发展投资大，收益慢的重工业。在国民政府的投资总额中，电力、石油、钢铁、机械、金属矿、煤矿等重工业部门的投资占95%以上。在1945年注册登记的4382家工矿企业中，属于冶炼、化工、机器等重工业的约占40%。这一统治地位的确立，使国民政府能够有效地统筹安排各种战时所急需的工业品的生产，有条件对社会经济实施宏观调控，保证抗战物资的供应，特别在石油供应方面，对坚持抗战起到了巨大的作用。

第八，技术水平明显提高。从1938年1月到1945年3月，仅国民政府经济部受理并核准的技术专利就有442件。钨砂、精锡、纯锑等出口矿产品的成色，皆能达到国际标准。

第九，培养了一批具有现代意识的工矿企业生产技术和管理人才，增强了中国的科技力量，有利于民族工业的进一步发展。抗战期间，后方企业一方面委托高等院校、科研机构培训了一批专业人才，一方面选派数以千计的工程技术人员和管理人员到美国等国家实习或短期考察，培养了一批人才。这些人才不仅在抗战期间发挥了重要作用，而且在新中国成立后为海峡两岸的经济发展和社会进步作出了卓越贡献。

---

① 翁文灏：《中国工商经济的回顾与前瞻》，《资源委员会公报》第5卷第2期，1943年8月，第60—61页。

工业化是国力强盛的基础，也是经济近代化的一个重要标志。近代中国历史的主题之一，就是完成工业革命，使中国由农业社会转型为工业社会，实现国家现代化。这是进入近代以来中国人经过落后挨打的屡屡惨重教训而铭刻在心的认识。八年抗战的惨痛教训使人们深切地认识到，没有强大的经济实力，尤其是重工业基础，就不能有效地抵御外敌的侵略。中国要实现工业化，其基本条件是要有一个相对稳定的社会环境和有一定规模的国内市场。而抗战期间中国兵连祸结，人民生活日益贫困，社会长期动荡，则从根本上制约了近代工业的顺利发展。历史已经证明，中国要实现工业化，首先需要解决的是推翻帝国主义、封建主义等的反动统治，实现国家的统一和民族的独立，建立民主、自由的新的社会政治经济制度。

（本文原载《抗日战争研究》2009 年第 2 期）

民国时期开发长江三峡述论

长江三峡工程是举世瞩目的巨型水利水电工程，具有巨大的防洪、发电、航运等综合利用效益。三峡工程建成后，装机容量和年发电量将位居世界水电站榜首。对于三峡工程的开发和建设，早在民国时期就有人开始思考并着手勘查和设计工作。梳理民国时期对长江三峡开发的历程，总结其经验教训，对我们了解近代中国社会和经济发展的特点，认识中国工业化曲折发展的进程，有着重要的作用。

一、孙中山先生的重要昭示

长江是中华民族的摇篮，它养育着中国三分之一以上的人口，创造着灿烂的文化。长江干流总长度为6300多公里，是中国最长的河流，在世界上仅次于尼罗河和亚马孙河，居第三位。长江干流自湖北宜昌以上为上游，长4500公里，其中由瞿塘峡、巫峡、西陵峡组成的三峡至北京、上海、广州、成都的直线距离均为1000公里左右。这里集水面积大，径流丰沛，水流落差大，水能蕴藏丰富，地形地质条件良好，具有建设大型水电站的优越条件。长江在三峡以上有100万平方公里的流域面积，主要是从昆仑山到巫山山系的山区。从湖北宜昌到江西湖口为长江中游。这一段长900多公里，地势低洼，江道弯曲，湖泊众多，江湖相通，如鄱阳湖和洞庭湖。宜昌以下12.6万平方公里受两岸堤防保护的平原区，一旦堤防溃决，遭受水灾，则洪水退水很慢，受灾持续时间长，会给群众的生命财产造成很大的威胁，尤其是长江与汉江之间的低地及洞庭湖滨湖地区，地势低且为支流汇集之地，是长江水患的中心地区。在三峡以下的80万平方公里的流域面积中，有长江泥沙造成的12万多平方公里的两岸冲积平原。上游山区的暴雨洪水，自三峡奔腾而下，进入中下游冲积平原时，必须有一个调蓄洪水的处所。在三峡筑坝拦洪，兼收防洪、发电、航运之利，综合治理开发长江，惠及子孙后代，是无数中国仁人志士的梦想和夙愿。但是长期以来，对于开发长江三峡的水力资源"从无切实具体之研究，其含量若干，其性质如何，其困难如何，宜于何时发展，作何应用，皆无人能言之"①。

最早提出建设三峡工程的，是中国民主革命的先驱孙中山先生。早在1894年孙中山先生在他的《上李鸿章书》中，就提出了一个改变中国贫穷落后面貌的初步设想。此后10余年间，他游历了美日英诸国，使他的"振兴实业"思想进入新的发展阶段。辛亥革命后，孙中山先生"振兴实业"的思想日趋完善。孙中山先生一生特别钟爱长江，从1894年至1924年，他进出长江12次，累计在长江之滨居留5年半，占他整个生命的十分之一。孙中山先生深知，三峡江段水流湍急，浅滩和险滩较多，不仅航运十分艰险，而且运输成本也比中下游高。1919年，孙中山在为中国进行现代化经济建设所做的宏伟而详尽的《实业计划》一文中勾画了三峡工程的蓝图：

① 恽震等著：《扬子江上游水力发电勘测报告》，《工程》1933年第八卷第3号，第195页。

> 自宜昌而上，入峡行，约一百英里而达四川之低地……改良此上游一段，当以闸堰其水，使舟得溯流以行，而又可资其水力。其滩石应行爆开除去。于是水深十尺之航路，下起汉口，上达重庆，可得而致。

《实业计划》的问世，标志着孙中山先生“振兴实业”的思想已进入成熟阶段。尽管孙中山先生在《实业计划》中对开发长江三峡论述的内容不多，重点在开发航运，以使长江这条“黄金水道”充分发挥作用，但他为国家富强、民族振兴、人民幸福而迸发出的激情昂扬的思想和实现中国现代化的众多建议，对后人产生了深远的影响。1924 年，孙中山先生在广州国立高等师范学校礼堂作“民生主义”演说时又说：

> 像扬子江上游夔峡的水力，更是很大。……由宜昌到万县一带的水力，可以发生三千余万匹马力的电力，像这样大的电力，比现在各国所发生的电力都要大的多；不但是可以供给全国火车、电车和各种工厂之用，并且可以用来制造大宗的肥料。[①]

演说中谈到的夔峡即长江三峡中的瞿塘峡，又称风箱峡。从这次讲演的内容可以看出，孙中山先生已意识到三峡蕴藏着巨大的水能资源，水能转换为电力，可推动工业在中国的发展。在短短 5 年时间里，孙中山从最初的炸礁整治险滩，建坝发展航运的传统水利思想迅速转到了开发水电、推动工业化等综合利用方面来，反映出他对开发三峡思想认识的升华。他热切地希望尽快开发长江三峡，

---

① 孙中山：《三民主义·民生主义》，《孙中山全集》第 9 卷，中华书局 1986 年版，第 402 页。

使三峡的能源得到充分利用，为振兴中华服务，为人民谋利益。尽管孙中山先生有生之年未能实现对三峡的开发，但他设计了一个宏伟的蓝图，为后人提出了重要的昭示，显示出他在国家经济建设上的高瞻远瞩，不愧为伟大的先行者。

20世纪20年代末30年代初，中国社会经济发展的国际环境十分严峻。1929—1933年，资本主义世界发生了空前的最深刻、最持久的经济大危机。为了转嫁危机，主要资本主义国家通过贸易等形式竞相向中国等国家倾销商品。大量洋货充斥中国的国内市场，从而加重了中国的经济危机。1931年9月，日本帝国主义在中国东北沈阳制造"九一八"事变。事变后，日本侵略军迅速占领了东北三省，使之成为日本的殖民地。1932年3月，日本在东北扶植成立了伪"满洲国"。这一系列重大事件的发生，使中国政治、经济、军事的环境日益恶化。面对"九一八"事变后国内政治形势的重大变化，蒋介石为了维护其统治地位，借机网罗一批有可能与之合作的国内有名望的专家学者，并通过他们扩大国民党的阵线，随即采纳了钱昌照等人的建议，国防设计委员会在此背景下应运而生。该会的委员长由蒋介石兼任，正副秘书长分别由著名地质学家翁文灏和时任国民政府教育部次长的钱昌照担任，日常工作由钱昌照主持。

国防设计委员会成立后，其办公地点设在国民革命军总司令部的旧址——南京三元巷2号。为了对外保密，该会对外不挂招牌，信封上只印"南京三元巷2号"。该会的一切活动均不见诸报端。该会的活动之所以要保密，一方面因为有些活动涉及军事机密，不便公开；一方面是因为有些活动是针对日本侵华战争的，有必要避免进一步恶化中日关系，为准备抗战争取时间。蒋介石对该会的工作十分重视，该会的经费由蒋介石从"军事委员会委员长的秘密费里支出。那时国民党政府各机关的经费是打折扣发给的，但是国防设计委员会的经费却十足发放，每月10万元。委员一不要办公，二不要开会，每月奉送200元研究费”[①]。

国防设计委员会下设三处，三处分别是秘书处、调查处、统计处。调查处主要负责有关方面的调查研究工作。该处的调查主要通过四种方式：（一）通过本处人员深入现场进行调查；（二）通过中国地理测量学会等社会团体进行调查；（三）通过借调其他部门专业人员开展专门调查；（四）通过设计问卷在一定范围内进行民意调查。

电力为工业之母。中国要增强抗日力量，加强国防，首先要使国家工业化。而要实现国家工业化，有它的先决条件，即必须集中生产和使用机械，而使用机械必须有广阔而周密的电气网为其动力的源泉。看一个国家电力的消耗量，可以测知其工业化的规模和程度，也可以判断一个国家国力的强弱。所以对一个国家而言，无电力即无工业，无工业即无国防。在当时，产生电力的原始动力主要有火力与水力两种。火力主要依赖煤炭、石油而产生动力。水力是利用江河中水流的流量和落差来发电，最常用的方法是在河流上建筑拦河坝，将分散在河段上的水能资源集中起来，利用水的落差而产生动力。前者蕴藏有限，日见消耗，终有枯竭的一天；后者取之不尽，并可循环使用。所以，发展水电成为当时世界的一种趋势。

根据史料记载，在国防设计委员会成立之前，中国仅有云南昆明石龙坝水电站（建成于1912年），四川泸州济和水电站（建成于1925年），西藏拉萨夺底水电站（建成于1928年）。三个水电站的装机总容量约为2200千瓦。尽管这一时期中国兴建的水电站寥寥无几，发展十分缓慢，但它为今后在中国发展水电事业积累了经

① 吴兆洪：《我所知道的资源委员会》，《回忆国民党政府资源委员会》，中国文史出版社1988年版，第68页。

验，培养训练了一批人才。这三座水电站的建成和使用，使人们认识到水力发电是没有污染的再生能源，开发水电可以节省煤炭、石油等矿物燃料的消耗；水电设备寿命较长，检修维护简单，事故少，成本低廉，可以配合与改善火电运行；能产生防洪、灌溉、航运等综合效益等。1930 年初，国民政府工商部拟在长江上游筹设水电厂，并着手搜集有关资料和图表，但对坝址的勘测工作始终未能进行。

20 世纪二三十年代，美国利用尼加拉瀑布、北美利用台尼西河、日本利用淡水琵琶湖、苏联在特聂泊相继建成了一批大型水电厂（站）。水电事业在欧美等发达国家蓬勃发展。这些成就对当时中国一批有志于水电事业的人是极大的鼓舞和鞭策，他们开始对长江三峡跃跃欲试。经过多方努力，终于实现了 1932 年底开始对长江三峡进行首次实地勘测调查。

二、对长江三峡的首次勘测

关于首次勘测长江三峡的组织者、时间、人数及报告名称，以往的论著及回忆多有错讹，有必要进行梳理和订正。

中国第二历史档案馆辑录的《中国第二历史档案馆藏民国时期长江三峡工程档案文件目录》的前言中称：

> 1935 年，中国工程师学会邀集建设委员会技正、电气工程师恽震、山东建设厅技正水力工程师曹瑞芝、扬子江水道整理委员会水利工程师宋希尚等对长江三峡进行查勘，拟具了《扬子江上游水力发电测勘报告》，提出了黄陵庙、葛洲坝等处水力

发电计划。[①]

《湖北省电力工业志》载称：

> 1932年10月，由国民政府建设委员会发起，交通部扬子江水道整理委员会赞助，国防设计委员会主持，由恽震、曹瑞芝、宋希尚负责筹组成立长江上游水力发电勘测队。勘测队分两批由南京出发，途经武汉时进行调查和资料收集工作，于10月底汇集宜昌，然后在三峡坝址进行为期两个月的勘察和测量。[②]

曾经参加这次勘测工作的宋希尚先生1965年在台湾曾回忆：

> 笔者于民国十七年，服务于交通部扬子江水道整理委员会，主持工务，集合同志，初从事于测量设计工作，数年间，完成自吴淞至汉口间，航道整理计划草案，继对长江水力发电问题，深感兴趣，曾协商全国建设委员会合作，由两机关合组测勘队，遵照实业计划所昭示前往宜昌峡内实地勘测，作一初步之调查与具体化之探讨，借以唤起政府注意，推行遗教之信心。于是长江有史以来所未有之水力发电问题，付之实际行动，在坝址现场上，与恽震处长亲自测勘历时3月，集合先后所测各项资料，及海关多年水文记录。[③]

---

① 《民国档案》1992年第3期。

② 《湖北省电力工业志》，水利电力出版社1994年版，第562页。

③ 宋希尚：《实业计划中长江三大问题之研讨》，"中华民国"各界纪念国父百年诞辰筹备委员会学术论著编纂委员会编：《国父百年诞辰纪念论文集》第四册，台北上海印刷厂1965年版，第58—59页。

据这次勘测工作的发起人和负责人、20世纪30年代初担任建设委员会直属的全国电气事业指导委员会主任委员的恽震先生回忆：

我与钱昌照先生是朋友，十分知己，有一次告诉他，我有志愿要实地调查勘测长江三峡水力到底有多大的开发可能性，并研究在什么地方可以建立大电站的水坝，但是建设委员会无意于此工作，也没有勘测水力的预算。钱先生笑着说道："那真巧了，我们的单位已经有人在做浙闽一带河流的水力勘测，因此可以帮助你做这一最大河流的勘测，你需用的经费可以按实际报销。你先去约定所要约请的工程师，然后由国防设计委员会正式公函建设委员会，借调你来主持这一特殊而有意义的任务。你所约请的专家，也由本会用公函去借调。"我听了高兴极了，连声道谢，就立即开始组织这一工作。[①]

随后，国防设计委员会出具公函，借调了恽震和由他提名的山东省建设厅水力工程师曹瑞芝（字子仙）、交通部长江水道整治委员会技术处长宋希尚（字达庵）和水道测量总工程师史笃培（Col. C. G. Stoebe，美国人）及技术员陈晋模共五人组成一支勘测队。

据由中国工程师学会主办、1933年出版的《工程》杂志第八卷第3号上发表的恽震、曹瑞芝、宋希尚的署名文章《扬子江上游发电勘测报告》第二章介绍：

1932年10月初旬，恽震（电气工程师）、宋希尚（水利工

① 恽震：《关于三峡水力第一次勘测经过的说明》，《中国三峡建设年鉴》，1998年版，第355页。

> 程师）、曹瑞芝（水力工程师）三人奉命组织测勘队，开始搜集材料，并由扬子江委员会指派测量总工程师史笃培、技术员陈晋模，加入测勘队，襄助工作。……本队分两批出发，第一批曹、恽二人于10月12日由南京启程，沿途耽搁，有所调查。第二批宋、史、陈三人，携带测量仪器于10月23日由京出发，月终皆在宜昌会齐。……本队即与11月5日起，开始测量葛洲坝附近之水深及地形，选择建坝设厂置闸之地位。……11月19日回至宜昌，复继续测量三日，至23日全队由宜昌回汉口，径返南京。①

在20世纪90年代初完成的《恽震自传略》中，他回忆到与钱昌照谈定勘测调查长江三峡的时间是在1932年夏天，有关人员当年10月底在宜昌会齐并研究了勘测步骤。“11月5日起，开始测量宜昌附近的葛洲坝。恽已了解峡中地质多数是石灰岩，只有三斗坪地层是玄武岩、火成岩大片，因此于11月8日，租船到黄陵庙、三斗坪一带测量。……11月10日……乘班轮上驶，前往重庆，趁低水期间，作宜渝间的全部瞭望。……11月19日回至宜昌。全队复继续工作3天。恽、曹、宋三人23日由宜昌回南京，共同讨论报告的写法和将来初步开发的设计。……这是一次私人宏愿偶得资助，从而对国家资源开发作出一种贡献的机缘实例。”②

另据黄山佐考证：

> 1932年，国民政府建设委员会拟在该年冬季，派该会技正

① 恽震等著：《扬子江上游水力发电勘测报告》，第197—201页。

② 《电力电工专家恽震自述》（一），《中国科技史料》2000年第3期，第195—196页。

> 兼电业指导委员会主任委员恽震前往长江上游视察，摸清长江上游水力资源，于是便邀请交通部扬子江水道整理委员会派员参加，协助工作。后由于此项工作与国防民生有莫大关系，遂由国防设计委员会主持其事。1932年10月，由建设委员会发起，经交通部扬子江水道整理委员会赞助，并由国防设计委员会主持，组成了一支长江上游水力发电勘测队。……在三峡坝址进行了为期约两个月的勘查和测量，最后拟具了一份《扬子江上游水力发电测勘报告》。①

综上所述可以看出，这次勘测长江三峡是由国家建设委员会直属的电气事业指导委员会主任委员恽震倡议，国防设计委员会组织并出资，借调有关方面人员共五人组成勘测队，从1932年11月5日至23日，对长江三峡进行了19天的勘测和调查。论及这次对长江三峡的勘测调查工作，有必要介绍一下这次勘测调查的首倡者和具体负责人——恽震。

恽震（1901—1995），字荫棠，江苏常州人。他先后就读于复旦公学、上海交通大学、美国威斯康星大学研究院，并先后在美国西屋电气制造公司、鲁滨孙工程公司工作。1923年他回国后先后在浙江公立工业专门学校、郑州豫丰纱厂、东南大学、南京军事技术学校任教或工作。国家建设委员会成立后，他被聘为全国无线电管理处副处长、任技正兼电业室主任。1932年，建设委员会主管全国的电力事业后，委任恽震为全国电气事业指导委员会主任委员。此后他先后担任过资源委员会专门委员兼中央电工器材厂总经理，资源委员会电力工业处处长，资源委员会驻美国技术委员会常

① 黄山佐：《民国时期开发长江三峡水力资源的计划和经过》，《长江志通讯》1984年第1期。

务委员、驻美总代表等职。

为了使这次勘测工作取得实效，恽震等人在从南京出发前作了比较充分的准备。在地质资料方面，仔细阅读了著名地质学家李四光、谢家荣等人关于三峡地质的研究报告，重点研究了宜昌至秭归县间的地质报告。通过这些报告，他们了解到三峡附近的黄陵庙至三斗坪一带的花岗岩地层是最理想的筑坝基础。在水文资料方面，他们研究了长江中上游的水文与航道资料，想方设法找到了20多张珍贵的图纸。其中包括法国海军1902年至1921年测量的长江宜昌至重庆段二万分之一的地形图，宜昌至重庆段河床坡降及水面纵剖面图、三峡水文地质图等相关的图纸。在此基础上绘制了《宜昌扬子江流量曲线图》，表明宜昌水位与流量的关系。并通过铁道部借阅了川汉铁路的测量资料。通过对以上资料的初步分析，他们形成以下三点基本认识：

（一）宜昌至重庆间平均坡降为1/5000，若用引水旁流法，另筑支河，绕越山岭，而取其水力，则困难有三：第一，江为两岸高山修束，不易觅得相当捷径；第二，水位涨落太大，改走新道不易；第三，峡中水浅时滩险甚多，若引去一部分水量，滩更危险，于航行不利。

（二）用电地点，勘测队认为第一步应为宜昌，第二步为沙市，第三步为汉口。认为当时宜昌至万县之间，山岭重复，除铁路外，无用电之可能。故水力发电厂，应以愈近宜昌为愈相宜。

巫峡一带，水位涨落达190尺，建坝极不方便，且峡之本身即等于一水闸，使洪水来时不得畅泻，逼而高起，不数日又复下落，此等情形于水力之发展，不但无所补益，且有妨碍。故认为自牛肝马肺峡以上，夔州以下，恐无建筑水坝之可能。

（三）欲于长江干流上觅得筑坝设厂之地点，必须江面较宽阔，江岸较平坦，有适当之地基可以建筑滚水坝及发电厂。长江干流可用岩石堆塞，垒成岩石坝，使发电厂应用剩余之水，由滚水坝上流出。滚水坝之设计，必须使最大洪水量能安然流过，又能保持四季不变之水头。坝身厂基，必须建于可靠之岩石地层上。因此，勘测队选择了葛洲坝和黄陵庙附近为建坝的两个地点。①

勘测工作从 1932 年 11 月 5 日开始，恽震一行先后勘测了葛洲坝、黄陵庙、三斗坪。随后，恽震等人逆江而上，经过巫山县、万县、丰都，一直考察到重庆。在重庆市及北碚会晤了主要从事长江航运的民生轮船实业公司董事长卢作孚。然后又顺江而下，于 11 月 19 日回到宜昌。“全队复继续工作三日，23 日由宜昌回南京，恽、曹、宋三人共同讨论报告的写法和开发的设计”。②不久，以恽震为首的勘测队完成了关于三峡工程的勘测报告和初步开发计划，呈送国防设计委员会。勘测报告的题目为《扬子江上游水力发电勘测报告》。应该说，这份报告是开发长江三峡的第一份比较详细的报告。这份报告对开发长江三峡水力资源提出了以下几点基本看法：

（1）在峡谷区修建水电站不具备条件，坝址只能选择在比较宽阔的河段上，在整个川江河段内，认为有建水电站的可能地点有：忠州附近的黄花城，酆都附近的蚕背梁，涪州上游的剪刀峡，长寿上游的大堆子，夔万之间的巴阳峡，还有黄陵庙和葛洲坝。

（2）宜昌至重庆间，江长 600 公里，枯水期落差 125 米（450 英尺），用枯水期流量发电可得 400 万千瓦，绝不应集中在一点建厂。如此巨量之电力，不仅建筑方面不太经济，回水影响太大（淹没损失过大），应用方面亦恐无此需要。故扬子江干流之水力，如需尽量利用，

① 恽震等著：《扬子江上游水力发电勘测报告》，第 198—199 页。

② 恽震：《关于三峡水力第一次勘测经过的说明》（1987 年 3 月），载《中国三峡建设年鉴》（1998）。

必须分设数坝，逐段开发。其开发之先后，自应以需要之情况为准。

(3) 水力发电本有"全年常有电力"及"非全年常有电力"之分，如在宜昌左近设厂供电特种工业，电量必须常年稳定，始为可靠。宜昌四周并无大规模的火电厂可供联网，如果不是"全年常有之电力"，在枯水时期既不能应用，其机组也不宜设置，因为很少工业可在枯水期迁就电力而停工的。因此，在水电站设计中，规定枯水流量之外，暂时不加利用。而且水电站的水头要求全年保持稳定。①

在这份报告中，恽震等人提出：最适合建水电站的地点是葛洲坝和黄陵庙至三斗坪一带。葛洲坝距宜昌最近，该坝"形势天然，施工易而费用省，惟地基上层为砾石，下层尚待钻验。黄陵庙为峡间，河床地层为花岗石，极合厂坝基础，惟施工较难，建筑费亦较昂，两地各有优点"。葛洲坝的地质条件远不如黄陵庙至三斗坪，两个坝址各有特点，应当在今后工作中研究比较。报告将三峡工程分为三个工期，葛洲坝和黄陵庙各期建筑费用的预算见下表：

分期	葛洲坝计划（元）	黄陵庙计划（元）
第一期	33973800	40626000
第二期	21158000	24068900
第三期	21610000	25064400

上项任何一个计划得以全部实现，"则常年可发电 30 万千瓦，每期可发电 10 万千瓦，用以发展电气及化学工业，诚为国防与民生之要图，而亦扬子江大利之所在也"②。

通过勘测和调查，恽震一行认为，如果三峡大坝建在黄陵庙或葛洲坝，利用水头 12.6 米，则回水影响甚低，仅新滩市集或平善坝

① 恽震等著：《扬子江上游水力发电勘测报告》，第 199—200 页。
② 钟歆：《扬子江水利考》，商务印书馆 1936 年版，第 170 页。

南津关一带草屋被淹，秭归、巴东、巫山、夔州、云县、万县、忠州、酆都、涪州、长寿、重庆等11个县市除了酆都之外，洪水时最多淹及城垣，绝无淹城的危险。

报告中还建议，利用长江三峡丰富的水电资源，固定空气中的氮气，制造化学肥料，发展电气化学工业，供应川汉铁路用电。如果还有富余，则可送电沙市及汉口供工农业用电。

据恽震本人事后回忆："鉴于当时国力和工业水平的薄弱，电力需要不多，他们明知三峡水利工程开发，其蕴藏能力必在一千数百万千瓦以上，如计划建设高坝和巨型水电站，在彼时徒然惊世骇俗，殊无实效可言。故不如按其常年最低流量，作一低坝之设计，长期出电30万千瓦，建设费用估计为每千瓦300元左右。这一设想，实际上在当时的国民党政府，根本也不会予以考虑。到了真正可以建设的时机，则此计划既未能充分利用地貌落差的优越性，自然也必须重新设计。该报告之价值，乃在于根据地质水文资料，在1932年就选定了黄陵庙三斗坪作为最优越的建坝地点。"①

恽震等人撰写的《扬子江上游水力发电勘测报告》，先后得到了扬子江水道整治委员会总工程师 Col. G. G. Stroebe、中央大学地质系教授郑厚怀、国家建设委员会专门委员陈懋解、化学家郑家觉、永利制碱公司陈德元、宜昌航行顾问 Capt. W. G. Piteairn、实业部技正顾毓泉、国家建设委员会技佐葛和林等人的帮助。

这个报告，是中国第一份比较全面系统论述开发长江三峡的报告。它提出的两个坝址对于以后的三峡坝址的确定产生了很大的影响。后来人们在葛洲坝建立水力枢纽，在黄陵庙坝址区域内的三斗坪建举世瞩目的三峡大坝，都证明了当年恽震等人提出的坝址是合

① 《电力电工专家恽震自述》（一），第195页。

适的。在这份报告中，还第一次提出利用水电来生产化肥的想法。对于建坝后回水淹没地区的经济损失，他们也作了初步的估计。

1933年春，恽震等人将勘测报告和初步开发计划“正本呈国防设计委员会，同时以副本送请建设委员会和交通部分别备案”[①]。宋希尚亦把另一副本送呈他的工作单位交通部长江水道整治委员会备案。后经钱昌照批准，该报告发表在当年中国工程师学会主办的学术杂志《工程》季刊上。《工程》杂志对恽震等人撰写的《扬子江上游水力发电勘测报告》表现出异乎寻常的重视，不仅将该文在《工程》杂志第八卷第3、4号上连载，而且在第3号上还配发了《编辑后言》。其中说道：“扬子江……上游一带，素以富于水力著称，此固一般人所习知。利用水力发电，可为一切动力之源泉；且其动力原价，在某种情形下，可以异常低廉；此又为一般人所乐道。但扬子江究竟含有多少水力？如欲利用，何处可以建闸设厂？发出之电，如何消纳？凡此问题，绝少有人加以注意。二十一年（1932）秋建设委员会与扬子江水道整理委员会合组测勘队，赴扬子江上游测勘水力，即为研究以上种种问题。本号所载之《扬子江上游水力发电勘测报告》一文，即该队之正式报告书。蒙著者交由本刊发表，实深荣幸。全文甚长，分两次登完。”[②]1933年3月23日，有关方面将《扬子江上游水力发电勘测报告》呈报国民政府交通部。恽震等人在报告的结论中指出：

> 扬子江之水力，自宜昌以上始有利用之可能。宜昌以下，坡度既小，两岸复平坦，决不能发展水力。宜昌附近有葛洲坝

① 《电力电工专家恽震自述》（一），第196页。
② 《工程》1933年第2期，第284页。

及黄陵庙两处，堪以建坝设厂。就我国现实及一二十年内之需要，每一厂之机器最后容量不宜超过30万千瓦或40万千瓦。否则其第一期之创业，担负全部建筑之固定费用将太大，其电输成本，即不能甚廉。本队为使政府得知此项工程之大小及难易起见，假定宜昌水力发电厂之容量为30万千瓦，初步设计，俾得一较可靠之概算。葛洲坝第一期10万千瓦，需费国币3400万元，以后每期增10万千瓦，即需2100万元。每度电之成本，最先为0.65分，最后为0.48分。黄陵庙计划之费用约高五分之一。

结论提出：

政府如以制造肥料炸药酸碱等化学工业为民生国防所必需，则宜昌水力似即有筹备发展之必要，至少亦有详细考查之必要。故政府各主管机关及各关系机关，应即通力合作，从事研究本报告所提出之各问题，俾得较精确可靠之概算与设计。……本队同仁之希望，仅为政府及社会从早注意此项天赋动力之源泉，及与国防民生有莫大关系之化学工业，即时继续为较详尽之研究。本报告似可为整个国防工业计划之一部分参考材料，国内之化学专家、兵工专家、经济专家、水力专家、机械专家、地质专家、电工专家，均望加以切实之批评，并为更进一步之探讨。[①]

① 黄山佐：《民国时期开发长江三峡水力资源的计划和经过》，转引自《中国三峡建设年鉴》（1995），中国三峡建设年鉴社1996年版，第376页。

1933年5月3日，国民政府交通部以第5116号指令的形式，对恽震等人提出的《长江上游水力发电计划》批复，批复意见转给了扬子江水道整理委员会。批复称："所呈计划尚属详明，应予存案备查。"复件指出：将来实施时，应注意以下各点：(一) 此项计划之实施需与大规模化学及机械等工厂之设立兼筹并举，以确定电力之用途；(二) 水电厂地址选定葛洲坝与黄陵庙两处究为适宜？应以地质之优劣及费用之多寡而定；(三) 水电厂所发之电力与水头及流量之乘积成正比例，故设计时应把各种水头分别计算，以资比较；(四) 滚水坝附近水势湍急，虽设计时曾经虑及而取适宜之位置，究竟是否有碍航运应再由航政专家详细审查；(五) 葛洲坝筑坝后因回水影响，上游农田将被淹没，其淹没区域是否仅有数十顷？及有无补救方法？应再加测勘与研究。①

这份复件涉及三峡工程的发电用途、坝址选择、动能规划、总体布置、淹没搬迁等方面。虽然批复明确，但仍属于公文往来。尽管如此，它对进一步深化研究三峡工程仍然有着积极的意义。

1937年，与恽震、曹瑞芝等人一同勘察长江三峡水电工程的宋希尚在与李书田合作出版的《中国水利问题》一书中回忆："考察结果，认为葛洲坝与黄陵庙两处，有设置水电厂之可能。其理由如次：在未至江峡之前，初以为峡中水束，水位增高，水力必强，以之发电，必甚易易；既至江峡以后，但见两岸高山，陡壁对峙，不独水深太甚，筑坝工巨，即建闸设厂，相度地址，均无余地。测勘所及，其困难窒碍之点如下：

(一) 在如此流量之大江，欲拦江与筑滚水坝，急流涌泛，工

---

① 黄山佐：《民国时期开发长江三峡水力资源的计划和经过》，转引自《中国三峡建设年鉴》(1995)，第376页。

费浩大。

（二）峡内水面平均宽约1400尺，两岸石山，坡度甚陡，殊无空地另辟引水道。

（三）峡内水位改变甚大，宜昌上游，自37—160公里间，高低水位之差，竟约105—192尺，建筑船闸及发电厂等工程，费用过巨，似不经济。

（四）夔州以上，环境稍异，或亦有相当之处可以利用发电，惟输送电力至应用市场，为程较远，似非相宜。”[①] 鉴于以上原因，宋希尚等人通过实地勘测认为，“就目下国家经济能力而言，水电厂之设，似不宜在江峡之内，惟考其地利，又应迫近宜昌一带。查葛洲坝与黄陵庙两处，距宜昌甚近，低峦横伏，地势甚佳，若利用为天然滚水坝，正流河漕，用大块岩石填塞，迫水流过滚水坝，提高水位，利用水力，似较轻而易举，其便利之处，可得下列数点：

（一）宜昌为汉口重庆之中心，轮船交通，往复频繁，且川汉铁路，亦以宜昌为中心，将来电气事业最易发展，故以此地设厂较为相宜。

（二）天然低峦，具有适当之高度及良好之地质，且其长亦足敷滚水坝之用。

（三）发电厂须有适宜之进水池及泄水沟，此地均可布置”。[②]

在这次实地勘测工作中，他们还分别在黄陵庙坝址和葛洲坝坝址采集了一些岩石标本进行分析实验。结果是，在葛洲坝所得之石子及胶结物结合之灰石砾，及黄陵庙所得之花岗岩、片麻岩与片岩均可用以为建筑基石。若两相比较，则因葛洲坝之石子与胶结物接

① 李书田等著：《中国水利问题》下册，第356—357页。

② 同上。

触处，纹理不甚精密，具有孔穴，足以渗透水分。且此类岩石，大部分为碳酸钙，其化学反应甚为活泼，每受碳酸水之激动，易使岩石渗漏，黄陵庙之岩石，无此项弊端，因之较胜一着。[①]

根据以上调查结果，他们把葛洲坝和黄陵庙两处大坝的高程都暂定为42尺，并认为这个高程在最低水位时也可发电32万千瓦。关于大坝的类型，他们提出滚水坝和岩石坝两种，并对大坝的内部结构、所用材料及各项功能提出了建议和要求。为了不因筑坝而影响航运，他们还规划在葛洲坝和黄陵庙分设2—3道闸门。修建船闸后，上游水深增加，水势平稳，既减少了行船危险，又节省了上行的动力。他们认为，三峡水电工程建成后，有利于四川、湖北沿江一带工业的发展，可增加国家的税收，"间接所受之利益，又不可胜计矣"[②]。

关于建坝的费用，他们认为："葛洲坝第一期10万千瓦，需费国币约34万万元，以后每期10万千瓦，即需21万万元，每度电之成本，最先为0.65分，最后为0.48分，连利息折旧在内。黄陵庙计划之费用，约高五分之一。"[③]

关于三峡电力的用途，他们建议在宜昌建立新工业中心区，建设生产氮气、酸碱等化工企业，就地消化电力，"灭除高压运输之困难"。

恽震一行回到南京后，开始对葛洲坝和黄陵庙两处坝址作初步设计，并认为如果要在二者之中择其一，必须进一步进行坝址钻探和地面测量。为此，他们与参谋本部陆地测量总局航空测量队商定，由该队派机前往测量，并制成1:5000或1:10000的地形图。

---

① 李书田等著：《中国水利问题》（下册），第357、360—361页。

② 同上。

③ 同上。

尽管这次勘测调查工作并未促成国民政府立即动工兴建三峡工程，但仍然产生了比较深远的影响。国防设计委员会改组为资源委员会后，恽震等人随即加入资源委员会，主管全国的电力工作。抗战胜利前后，恽震在担任资源委员会驻美国总代表期间，为争取美国贷款兴建长江三峡工程，从中国选派60多名工程技术人员到美国内政部垦务局参与三峡工程的设计工作，起到了推动作用。

勘测长江三峡是国防设计委员会成立后开展的第一项调查研究工作。这次勘测是中国有史以来第一次比较科学、全面、系统、深入地对长江三峡进行多目标的勘测调查。比较此前人们对开发长江三峡的认识，这次勘测调查的结果使人们的认识得到了明显的提升，即经历了一个从平面到立体，从粗放到深入，从单一目标到全方位开发这样一个由浅入深的过程。它标志着对万里长江的开发，从传统的农田灌溉向现代的利用水力发电、改善航运等多目标转折。勘测队运用现代化的勘测设备，在实地调查的基础上，提出了长江三峡水力发电勘测报告，完成了中国第一个比较详细的长江三峡开发计划，为开发长江三峡水电工程具体报告之嚆矢。这次调查还对长江上游水文地质资料进行了梳理和分析，对航运效益进行了初步的估计，对开发三峡的步骤作出了规划。报告中提出的大坝高度、装机容量、水头利用等设想是从当时的国情国力、经济技术条件出发的。

三、潘绥报告

抗日战争爆发后，中国沿海地区一部分工矿企业迁移到抗战后方。随着这些工矿企业的复工和发展，对电力的需求越来越大。国民政府主管全国工矿企业的资委会先后建设了一批电厂。电厂的建成，促进了后方工业的发展。火力发电因燃料运输困难，不但电价昂贵，而且电力有限。为了进一步发展电力工业，资委会开始广泛地勘测后方的水电资源。中国西南诸省川流交错，水力资源十分丰富。据估计，四川、西康、贵州、云南四省水力资源约占全国一半以上。[①]1939年4月，资委会成立了水力发电审议委员会，第二年又成立了水力发电勘测总队。其工作目标为：（1）勘测全国水力资源；（2）研究可能开发的水力资源；（3）规划水力资源的开发计划及方式；（4）搜集有关工程资料；（5）训练工程人才。[②]水力发电勘测总队成立后，先后勘测了抗战后方12个省的65条河流，勘测了近200个水力发电坝址，其中包括长江三峡坝址。

1944年4月，美国政府派到国民政府的经济顾问潘绥（G. R. Paschal，有的文章翻译为柏斯克）注意到开发长江三峡的问题。他根据美国建设高坝开发水电的经验，向国民政府提交了一份《中国利用美国贷金建造水力发电厂及还款拟议》的报告。报告认为："中国战后建设工业急需大量电力，战事一告结束，立需三四百万千瓦，10年或念年以后，因工业化之推进及人民生活之提高约需2000万千瓦以上。……解决之道，吾建议美国为中国政府建造一电力厂于中国境内。"

潘绥之所以提出这份报告，一个重要的原因是当时美国化肥的需求很大，开支甚巨，"1942年达美金354000000元，但美国农田仍不能得充分之肥料，因之生产力逐年减低，氮素之损失，每年计数百万吨，而目下加入替代者不过40万吨有零。磷酸肥料及碳酸钾等现虽大量使用，但农民因其高价而有吝惜之趋势……如氮素之供应，其价格低于市价之半，则五谷之生产可以改良，农业辅助金亦

① 恽震等著：《川康动力建设初步计划》，《资源委员会月刊》第1卷第6期，第397页。
② 张光斗等著：《抗战八年来之水力发电事业》，《资源委员会季刊》第6卷第1—2期，第167页。

可以减少。……美国土地一万万英亩，每年每亩得氮素100磅，共需500万吨。……固定氮素500万吨，经年需电力500万千瓦，此数量美国已成电厂顾及其他工业需用之余，不足供应。试看中国在数量上、低廉之价格上及相互之利益上是否能适宜之”[①]。在这份报告中，潘绥“建议在三峡修建一座水力发电厂，同时兴办肥料厂，总投资约10亿美元，由美国贷款兴建，电厂总装机1056万千瓦，二分之一装机用以制造化肥，另二分之一装机用于中国工业化，每年可生产500万吨化肥，售予美国，作为偿还贷款之用”[②]。另据恽震先生回忆：三峡水电站大坝高120米，“发电容量1050万千瓦，利用廉价电力制造肥料，用产品偿还美国贷款”[③]。

潘绥的报告虽然字数不多，并且出发点主要是通过兴建三峡水电工程生产化肥来满足美国农业的需要，但他毕竟为兴建三峡水电工程算了一笔经济账，提出了由美国贷款兴建的设想。潘绥报告是第一份提出利用外资、利用美国技术兴建长江三峡工程的报告。他第一次把有关三峡工程的两个醒目的数字——发电量1000万千瓦与9亿美元的投资，摆到了中国人和美国人面前。正是这份报告引起了美国有关人士的关注，为萨凡奇方案的问世，起到了重要的作用。

四、萨凡奇方案

1944年5月，为在抗战胜利后大力发展水电事业，国民政府

---

① 中国第二历史档案馆编：《扬子江三峡计划初步报告》(上)，《民国档案》1990年第4期，第22页。

② 长江水利委员会编：《三峡工程技术研究概论》，湖北科学技术出版社1997年版，第16页。

③ 恽震：《跋记》，载《中国三峡建设年鉴》(1998)，第358页，转引自《中国水力发电史料》1996年第1期。

资委会邀请美国垦务局设计总工程师、世界著名坝工专家萨凡奇(J. Sovage)博士来华，协助规划中国抗战胜利后西南地区的水电开发工作。美国垦务局是美国政府三大水利机构之一。当时世界最高的四座水坝均由该局设计兴建。萨凡奇来到中国后，在资委会水电专家黄育贤、张光斗等人的陪同下，先后勘察了大渡河、岷江、螳螂川和龙溪河水电工程。正当萨凡奇的勘察工作行将结束时，接到国民政府经济部专差送来潘绥的信件。信中提出：“在长江三峡建高坝发电造肥料，10 年还清本利”。[①] 萨凡奇阅后兴奋异常，随即不顾当时宜昌就驻有日军的危险，亲临三峡实地考察，对三峡地区的地质构造、地形地貌、地权问题等获得了大量的感性知识。随后，他用 40 天时间完成了《扬子江三峡计划初步报告》。[②] 报告的主要内容有：

(1) 在宜昌上游南津关附近建坝。

(2) 电厂容量为 1064 万千瓦，全年发电可达 800 亿度。

(3) 投资总额 13 亿美元，拟向美国贷借，将电厂所发电流之半数用于制造化肥，销售国内外。国外销售所得外汇抵偿债务，预计全部工程完工后 20 年内即可还清本息。

(4) 电厂供电范围：东至安徽安庆，西至重庆，南至湖南衡阳，北至河南郑州。

(5) 同时改进航道，增加该地区抗灾能力和灌溉面积。[③]

关于坝址，萨凡奇初步提出了五个方案，分别是：

第一方案的坝址在石牌下游 3 公里，即松门溪溪口上游；开发方式为利用隧洞施工导流，电厂厂房设在右岸隧洞内。第二方案的

---

① 徐怀云：《扬子江三峡高坝设计纪实》，《中国三峡建设年鉴》(2001)，第 368 页。

② 参见中国第二历史档案馆编：《扬子江三峡计划初步报告》(上)，《民国档案》1990 年第 4 期、1991 年第 1 期。

③ 资委会电业处编：《电业通讯》第 23 期，转引自郑友揆等著：《旧中国的资源委员会——史实与评价》，第 88 页。

坝址在南津关上游1.8公里，即下牢溪溪口上游；开发方式为利用隧洞施工导流，厂房设在左右两岸隧洞内。第三方案的坝址设在南津关下游1.2公里，即下牢溪溪口下游；开发方式为利用隧洞施工导流，厂房设在左右两岸隧洞内。第四方案的坝址设在南津关，即第三方案下游约1公里处；开发方式为利用隧洞施工导流，厂房设在左右两岸隧洞内。第五方案的坝址设在南津关下游500米处，开发方式与美国大古力坝相同，电厂设在拦河坝内。①

萨凡奇对上述五个方案的工程造价、地价、利息等费用进行了初步的预算。其中第一方案约11亿美元；第二、三方案近10亿美元；第四方案约9亿多美元；第五方案约11.65亿多美元。根据萨凡奇的设想，以上述第四方案为例，拦河坝横跨峡谷口，坝身用混凝土直线重力式，坝高225米，顶宽25米，长760米，抬高低水位约160米，坝中段设溢水道，以鼓形门及管形门控制水流。厂房设在左右两岸，利用10个排水隧洞和两个其他隧洞，各安装48台单机容量11万千瓦水轮发电机组，总容量1056万千瓦。另两岸各开一个隧洞，各安装两台2万千瓦厂用水轮发电机组，估计年发电量为817亿千瓦·时。

该报告拟定三峡工程正常蓄水位为200米。工程效益除发电外，“还可供宜昌至汉口的6400万亩农田灌溉，提供270亿立方米的防洪库容，为万吨海轮直抵重庆提供条件，为沿江城市和工业用水及开发旅游等”②。从这份报告中可以看出，建设三峡工程已有了发电、灌溉、防洪、航运、给水、旅游等多项内容。报告强调，建设三峡这样一座超级水电工程，要考虑到国防、地震、长江全流域发展等因素。萨凡奇建议资委会应立即与美国垦务局及坦尼西管理局

---

① 《湖北省电力工业志》，编纂委员会编：《湖北省电力工业志》，第563页。
② 赵毓昆主编：《中国水力发电工程规划经济卷》，中国电力出版社2000年版，第204页。

商谈以下几项合作事宜：（1）在美国准备详细设计与规范，（2）在中国施工之监督，（3）中国技术人员在美国设计及营造工作上与在中国营造工作上之训练。

萨凡奇对尚未开发的三峡水电工程大为赞赏，十分向往。他在1944年10月9日致时任国民政府经济部长兼资委会主任的翁文灏的信中称：

> 这份扬子江峡谷工程初步报告是我40年来致力于工程建设生涯中最大的乐事之一。这项工程的研究极富有意义，因为其巨大的工程规模将是空前的；再则，因为中国非常需要工程所能产生的效益。……如果扬子江峡谷工程库水位定为200米，年发电量可达1050万千瓦；其中600万千瓦为保证出力，450万千瓦为次等出力。随着未来上游库容扩大，所有次等出力将转变成保证出力。工程将为1000万亩尺良田提供7400万亩尺的灌溉用水，将提供2200万亩尺的防洪库容，足以控制有历史记录以来的最大洪水。工程配以通航建筑物，可使远洋巨轮进入内陆直达重庆。
>
> 具有5000万亩尺库容的巨大的扬子江水库能为许多城市和工业提供极好清洁的民用水源，水库创造的娱乐效益必定将对中国具有极大的重要性。……扬子江峡谷工程是一项无可争议的工程，对中国具有极大的重要性。它会给中国中西部地区工业带来巨大的发展，带来广泛的就业机会和高标准的生活，它将使中国由弱变强。我们应为中国乃至世界的利益修建扬子江峡谷工程。①

---

①《扬子江峡谷工程初步报告——萨凡奇给翁文灏的信》，《中国三峡建设年鉴》（1996），第312—313页。

萨凡奇在信中还提出，三峡工程建成后，发电、灌溉、防洪、航运、民用水、娱乐等方面的综合年收入为5.1779亿美元，年净收入或结余为1.539亿美元。

萨凡奇对长江三峡工程描绘的美好的前景和诱人的利益，对国民政府高级官员是一个极大的鼓舞。1944年10月底，美国战时生产局局长纳尔逊（Donald Nelson）访问重庆，对中国的工业建设提出了一系列建议。为了得到美国的经济技术援助，国民政府托纳尔逊将开发三峡的初步报告转交美国总统罗斯福。蒋介石在送别纳尔逊时大力宣传兴建长江三峡工程的意义，并对他说："你回美后请向总统报告，大坝告成，将取名为罗斯福水坝。"[①]由此可见，当时蒋介石对兴建长江三峡工程是赞成的。

纳尔逊将开发三峡的初步报告带给罗斯福总统后，白宫将长江三峡这一世界最大的水利工程透漏给新闻界，顿时震惊全球。当时英国驻重庆商务参赞亲临四川长寿，登门拜访萨凡奇。随后将有关三峡工程情况报告给伦敦，以便英国向兴建三峡工程投资和供应机器设备。三峡工程第一次在世界引起轰动。

五、全面开展设计工作

为了进一步勘察三峡工程，资委会在萨凡奇离开中国后，安排长寿电厂组织技术人员于1944年冬到三峡地区实地勘测地形。经过一段时间的准备，资委会于1945年7月在四川长寿县正式成立全国水力发电工程总处，任命黄育贤为总处处长，聘请柯登（John Cotton）为总

---

① 《钱昌照回忆录》，中国文史出版社1998年版，第82页。

工程师。总处内专门设立了三峡勘测队（随后又扩编为三峡勘测处），具体负责三峡工程的勘测事宜。

这一时期，资委会三峡勘测处主要做了下列一些工作：在坝区钻了3个钻孔，其中一个深达300多米；在南津关至石牌段长约25公里的沿江两岸宽20余公里范围内，进行了两个多月的野外地质调查，绘制了这一地区1∶25000的地质图和1∶2500的坝址地质图；对萨凡奇提出的5个坝址的地质条件进行了分析研究；完成了南津关至石牌坝址区域90平方公里的航测摄影；开始航测宜昌至泸州的库区地形及城镇的镶嵌图；完成了《三峡库区经济调查报告》。这份调查报告提出，水位200米以下的淹没面积为1492平方公里，需迁移人口80万，损失总值约为22570万美元；水位160米以下的淹没面积为590平方公里，需迁移人口26万，损失约6789万美元。①

随后，中国政府和美国政府签约，协定由资委会与美国内政部垦务局共同设计三峡工程。经过一段时间的准备，资委会选派张光斗、杨贤溢、陆钦侃等54名技术人员前往位于美国丹佛（Denver Colorado）的美国垦务局（USBR），一方面参与三峡工程的设计，一方面进行有关工作的实习。

1945年5月，为了进一步推动开发三峡水电工作，资委会与有关部门商得一致，正式成立了三峡水力发电计划技术研究委员会。该委员会的成员由资委会、全国水利委员会、扬子江水利委员会、中央水利实验处、中央农业试验所、交通部航政司、中央地质调查所等部门和单位人员组成。5月21日，《资源委员会三峡水力发电计划技术研究委员会组织规程》正式公布。该《规程》的内容主要有：

---

① 详见长江水利委员会编：《三峡工程技术研究概论》，第17页。

（1）委员会设委员13—15人，由资委会聘任。该委员会的主任委员由资委会指定。

（2）有关三峡工程的调查及勘测实验工作，由指定负责研究之委员，在其服务机关内利用原有人员及设备开展工作。该机关不能担负的额外费用，由资委会筹拨。

（3）主任委员可随时召开有关会议。[①]该委员会的主任委员由资委会副主任钱昌照担任，资委会的高级职员陈中熙、黄育贤、鲍国宝、包可永、吴兆洪等担任该委员会委员。经与有关部门协商同意，担任该委员会委员的还有交通部司长何墨林、水利委员会技监须恺、扬子江水利委员会的孙辅世、中央水工试验所的郑肇经、中央农业实验所的沈宗瀚、中央地质调查所的李春昱、美国垦务局高级工程师柯登。

该委员会成立后，通过会议对下步工作进行了分工："实地勘察由资源委员会的全国水力发电工程总处负责；工程设计由美国垦务局负责，垦务局派高级工程师柯登来华协助萨凡奇进行；坝址钻探由地质调查所负责；水库航空测量请美国用飞机进行，从长江下游海口起到重庆为止，地质调查范围遍及上游和下游；水文调查由扬子江水利委员会负责；社会和经济调查由资源委员会负责。以上各项工作，均陆续进行。"[②]

1945年8月15日，中国人民的抗日战争获得胜利。此后，开发三峡的各项准备工作紧锣密鼓地开展起来。这年10月1日，资委会与美国垦务局签订了三峡工程设计合同。年底，国民政府行政院长、外交部长和资委会主任访问美国，商谈兴建三峡大坝事宜。美

① 《资源委员会公报》第8卷第6期，1945年6月版，第28页。
② 《钱昌照回忆录》，第81页。

国政府承诺可以提供30亿美元的贷款，年利3厘。随后，翁文灏和钱昌照以资委会正、副主任的名义向经济部提出了《扬子江三峡水力发电计划撮要》。该《计划撮要》的主要内容有：

（一）工程布置建混凝土拦河坝于宜昌上游，南津关坝身连底脚高220余米，招高低水位160米，坝身中部设泄水管104孔，坝顶装活动钢质鼓门以调节流量，控制水位。坝旁建筑特种船闸以利船行，电厂设两岸岩石内以求安全。共装水轮发电机100座，总容量1064万千瓦，全年可发电800万万余度，全部工程10年可以完成，自第6年起每年完成约200万千瓦。

（二）经费之筹措全部费用包括所有电厂船闸制肥设备、建筑期内利息及杂支在内共计美金13万万元，拟向美国借款兴建，将所发电力半数制肥料销售国内外，外销所得即作为偿付本息之用，预计全部工程完成后20年内可将本利清偿。

（三）完成后之利益：

1. 电力1000余万千瓦可能供给范围约500公里。东至安庆，西至重庆，南达衡阳，北及郑州，咸被其泽。

2. 蓄水库可消纳洪水270万万立方米，足以控制有记录以来之水灾，武汉一带可永免被淹之虞。

3. 如宜昌下游船道同时改进，海洋巨轮可直达重庆。

4. 蓄水库可供水900万万立方米，以备灌溉之用，受益田亩当在6000万市亩以上。

5. 蓄水库可供水10万万立方米，以备城市及工业之大量用水。

6. 工程雄伟，风景天然，世界人士游览者必多。

可以看出，这个计划参考了萨凡奇方案的部分内容。

综上6项，每年毛利达51800万美元，净利15400万美元。间接利益如人员训练，各种工业基础之奠定，大量廉价电力之供给，安全便利航运之畅通，因而工业振兴，民生富裕，民族复兴实利赖之。[①]

1946年2月，资委会委派工程技术人员柯登、唐凤哲、刘主青、冯吉璋等人组成三峡勘测队，进一步考察三峡工程。这年春天，资委会与美国垦务局正式签订合约，委托该局承担三峡大坝设计工作；与美国马力森公司签订合约，委托该公司承担坝址地质钻探工作。同年初，美国洛杉矶费其艾公司（Fairchild Aerial Survey Co.）副总裁Leon T. Eliel来到中国，用飞机航拍了三峡地形图。同年4月，萨凡奇博士应资委会副主任钱昌照的邀请，在考察巴勒斯坦水利工程后来到中国，在资委会水力发电工程总处处长黄育贤的陪同下，再度对长江三峡进行实地勘测。4月6日至10日，萨凡奇先后考察了南津关、石牌、三游洞、小平善坝等地，并应邀到民生公司讲演三峡计划概要。当月18日，萨凡奇在南京资委会本部与资委会副主任钱昌照等人讨论了三峡勘测及设计推进工作。萨凡奇向资委会提出："自石牌至南津关两岸溪沟，共有10处，与计划中之进水沟及尾水沟有关，其详细地形，须提前测绘，以为比较研究之根据。总计面积约18万平方公里，比尺为二千五百分之一。"[②]

萨凡奇这次勘测三峡，主要进行了以下几方面的工作或对有关工作提出了要求：

（一）亲自踏勘了三峡第二、三、四、五坝址（1944年9月勘查时因日军占据宜昌，萨凡奇仅到石牌平善坝等地考察了三峡第一坝址），通过比较，决定放弃第五坝址。

（二）对初步选定的四个坝址两岸坝的中心、坝踵、坝趾各钻一个约70米的深孔，以掌握河床地质资料，利于进一步取舍。

---

① 薛月顺编：《资源委员会档案史料汇编——电业部分》，第639—640页。
② 《扬子江三峡勘测工作报告》（1946年11月），《民国档案》1990年第4期，第24页。

（三）为了设计进水沟或尾水沟，需对坝址地形进行测量，为比较研究各项工程提供依据。

（四）测绘出三峡至上海吴淞海面的等高线。

（五）在石牌及南津关设立水标尺，观测水位变化。

（六）抓紧时间测绘枯水期的江岸线。

（七）探测宜昌峡内河道的深度及流速，为下步钻探提供参考。①

萨凡奇这次勘测三峡，共用了9天时间，临行前他感慨地说："这次旧地重游，更感三峡之伟大。……三峡计划因涉及防洪、灌溉、航运、农林、实业、发电诸方面，非仅关系中国之繁荣，为中国当局所重视，实乃一国际性之伟大工程。"②通过第二次实地勘测，萨凡奇对三峡工程的综合效益有了更全面的认识。

关于萨凡奇开发长江三峡的方案和产生的效益，时任资委会全国水电工程处总工程师的美国人柯登曾有一个概括的介绍：

> 在宜昌上游筑拦江蓄水坝，它的混凝土的容积是23000000立码，比世界最大的Grand Coulee坝大一倍。它的高度是750尺，比世界最高的Boulder坝高15尺，水库回水长度400哩，浸到嘉陵江和金沙江。……坝后水库可容50000000亩尺（即700亿吨）的水，此数的一半是有用的。坝顶有9座庞大的鼓形门，控制水库水位。坝身有50座巨大的针形门，排除洪水。……挡水坝用土堤，上下游各一道。排水洞24条，左右岸各12条。……24个隧洞内，每个要设108000千瓦的发电机械4座，共计96座。合

① 《黄育贤陪同萨凡奇复勘三峡水力发电计划报告》（1946年4月28日），《民国档案》1992年第3期，第26—27页。

② 《三峡工程国际合作始末》，载《中国三峡建设年鉴》（1994），第197页。

计得发电容量10560000千瓦，比世界最大发电站Grand covlee的1800000千瓦大5倍多。1000万千瓦还不是三峡的最后容量，因为三峡水库还不能充分蓄贮长江的水，如果支流嘉陵江、乌江、金沙江、岷江等都有水库，江水有充分的贮蓄，三峡的发电量扩充到14000000千瓦是无问题的。普通人都以为三峡工程只有水力发电的利益，不知道防洪、灌溉和航运的利益比电力本身更大。民国二十年长江洪灾损失估计47800000美元，这样的洪水平均12年一次。水库完成后，这损失可完全避免。本工程完成后可用重力或电力灌溉的土地有6000万亩，还不包括下游调洪湖泊可能缩减的水面积在内。水库回水的结果，上游航行的暗礁障碍，完全消除，下游水道水位比较稳定，万吨大船可经宜昌上驶重庆……三峡工程所需经费非常巨大，估计是10亿美元，这是中国国民全年收入的十二分之一，美华出口贸易数的两倍。此数只包括坝和电厂两项，而输电设备和用电厂都不在内。普通工厂以20%—30%为动力需用，不易吸收那样大的电力，需肥料工厂或其他需用动力的工业来吸收这庞大电力，比较合适。"①

萨凡奇回国后即在美国垦务局着手三峡工程的设计工作，此间他还向中国军方索要了6张日军航测的宜昌地区地形图。此后，资委会首先选派了50名工程技术人员来到美国内政部垦务局，参与三峡工程的设计工作。这50名人员中有35人从事土木工程，15名从事机电工程。除此之外，资委会主任翁文灏和副主任钱昌照于1946年2月26日联名颁布训令，要求资委会目前已派往美国从事土木工程方面的实习人员全部加入美国垦务局主持的三峡工程的设计和实

① 宋希尚：《实业计划中长江三大问题之研究》，第64页。

习工作；从事机电方面的实习人员选派三分之一转入三峡工程的设计和实习工作。除了资委会指定的人员，一些在美国大学攻读硕士、博士学位的中国留学生也积极主动地与资委会驻美办事处接洽，要求参加三峡工程的设计工作。得到资委会生活资助的参加美国垦务局三峡工程设计人员共有64人。其中参加土木工程设计的42人，参加机电工程设计的20人，另有两名从事地质工作。他们中的大部分是1943年以后资委会派到美国的实习人员；少部分分别来自全国水利委员会、扬子江水力委员会、中央水利实验处、中央地质调查所和美国康乃尔大学、麻省理工学院等大学的留学生。设计工作包括三峡大坝及其厂房、灌溉运河及其他工程。对于这批赴美人员，资委会电业处在给他们的领队——资委会全国水力发电工程总处工程师徐怀云的公函中提出了几点要求：

（一）协助萨凡奇博士完成三峡水力发电计划报告及招标，及向议会提报告用之估价图样与规范，每月工作详细情形应呈报本会，并抄送本会驻美代表办事处及全国水利发电工程总处各一份。

（二）国内之勘测调查与垦务局之设计工作由该员负责联系，务求人力物力及时间上之经济配合，并随时注意先集中力量完成三峡部分工作及吾国外汇上之困难，使设计费用勿超过原列预算。

（三）本会派赴垦务局参加三峡水力发电设计工作之人员，由该员负责与垦务局洽商分配，其工作务求各尽所能，并尽量获得实际经验，庶不负本会训练人才之旨。

（四）参加工作人员旅费之报销由该员审核，转请本会驻美代表办事处支付。①

---

①《资委会工程师徐怀云赴美参加三峡水力发电计划工作纲要》，现存台湾“中央研究院”近代史研究所存资委会档案24—03/22—1，《资委会派员赴美参加三峡设计工作》，薛月顺编：《资源委员会档案史料汇编——电业部分》，第640—641页。

这60多名工程技术人员分别被分到美国垦务局的坝堰组（从事混凝土坝设计、工程布置与估价、压力分析、溢道设计、防洪水库管理等实习）、机械组（从事器材运输、安装等实习）、电机组（从事船闸布置与估价、闸门设计与估价、船闸闸箱进出水、水轮设计与安装、电机布置、电厂布置、水轮布置、水库管理等实习）、地质组（从事土壤试验等化验实习）、规划组（从事水文及水库特性研究等方面的实习）。

当时资委会驻美国代表办事处总代表是恽震。为了管理好这批赴美人员，资委会驻美代表办事处专门制订了《参加三峡设计工作人员遵守条例》。该《条例》规定：参加三峡设计工作人员，均应受本办事处管理。所有人员需服从美国垦务局工作安排。所有人员每月应向资委会驻美国丹佛代表提交一份工作报告；3—6个月报告一次工作经验及研究心得方面的技术报告。凡受本会补助在美生活费者，除原在国内任职中央机关者外，回国后均应到资委会全国水力发电工程总处服务。

指导设计三峡工程的主要负责人是美国内政部垦务局的总工程师Walker R. Young和萨凡奇先生。根据他们的初步设想，三峡大坝“将是世界上最大的混凝土建筑物，比大古力坝还大三分之一。它高750英尺，比Boulder大坝（726英尺）还要高，几乎比华盛顿纪念碑要高200英尺。它将蓄积5000万英亩·英尺的水，比Boulder大坝水库的3100万英亩·英尺的容量还要大”。三峡大坝将把长江拦蓄成一个250英里长的水库，提供上千万英亩土地的灌溉，为中国的工业化发展提供几十亿度的电量，使远洋轮船沿长江航行至内陆地区，并结束长江峡谷内肆虐了许多世纪的灾难性洪水。美方认为：这个工程将使中国工农业经济得到改观。……将结束这个地区的恐惧。它将为治理长江水患，灌溉上千万英亩的古老的土地，增加粮食产量；为工业以及中国自然资源的开发提供电力；并在许多其他方面帮助中国人民提高生活水平。

在发电方面，垦务局提出要在三峡“大坝上建造世界上最大的水电厂，其发电量是Grand Coulee、Boulder和Shasta坝发电量总和的三倍。大坝将使长江水流通过96个单机容量相当于Grand Coulee电站的发电机组，总装机容量为1056万千瓦。整个发电厂房将建于峡谷的岩体中”。

为了不影响航运，萨凡奇先生提出一个改革性的船闸设计方案。操作船闸时，船只将被庞大的门式起重机从水库上游的航道提起，然后下降550英尺至坝下的江面。船只上行时，工作过程相反。利用这个升船机时，船只需要专门设计，船壳和整体结构要非常牢固，以防止变形。这种船闸的计划仅是初步的设想，最终的设计也许采用比较常规的方法，通过闸室底部进水或泄水这一水力学原理来升降船只。建议的船闸设施的另外一条独特之处是一条200英尺高的隧道穿过坚固的岩石，船只将通过隧道进入下游江面。舢板、平底帆船和类似的小船将被集中在一个大的金属箱内，通过缆索升降机上升或下降，从而通过大坝，继续它们的航行。通过这种船闸设施可使远洋轮船向长江上游行驶1000英里，直到战争时的首都。关于这项工程的预算，萨凡奇估算建造长江峡谷大坝及其辅助设施将耗资近10亿美元。建设与工程相关的其他设施，如灌溉系统、支流上的大坝、输电线路以及其他工程，大约需要6.5亿美元。关于三峡工程的建设原则，美方认为：“由于该工程开发规模巨大，需要拟订计划，使工程建设分阶段实施；对于那些最为需要、能够为人民尽快创造效益的部分优先建造。”

1946年10月，资委会全国水力发电工程总处专门成立了扬子江三峡勘测处。[1]资委会为该处制定的《组织规程》规定：该处设主任一人，处内设总务、工务、会计三科，设工程师至多6人，副工程师至多10人，助理工程师至多4人，工务生若干人，管理师至多1人，副管理师至多2人，助理管理师至多8人，管理员至多8人，管理生若干人，分派各科办事。

关于开发三峡带来的经济效益和社会效益，有关方面预计主要有：

（一）发电。每年可发电1000万千瓦以上。若以宜昌为中心，以600里输电线向外输送，电力可供中国大部分富庶地区。

（二）航运。水位抬高，滩险淹没，万吨海轮可由上海直达重庆，航运成本大大降低。

（三）防洪。大坝可调节水流量，下游"五年一小灾，十年一大灾"的现象可不再重现。百年难遇的诸如1931年长江大水灾可赖以减轻。

（四）灌溉。因大坝调节水量，可解除下游灌溉用水后顾之忧，受益土地约1000万英亩，开垦洼地尚不在内。

（五）供水。水位提高，沿江各城市可得廉价之现代式给水设备。

（六）旅游。三峡胜景，驰名中外，大坝建成，可吸引大量游客前来旅游观光。

此时三峡开发的目的，已由过去单一的航运，发展为多目标综合开发。除了以上6项直接效益外，间接还可振兴工商，解决官兵复员转业，增强国人建设信心等作用。仅靠发电收入，预计40年左右可偿还所有借款和利息。[2]

---

① 《长江的治理——美国内政部垦务局对扬子江工程的评论》，载美国《C. L. E 论坛》，转引自《中国三峡建设年鉴》(1998)，第360—361页。

② 《扬子江工程计划概要》(1948年3月)，《民国档案》1990年第4期，第28页。

到了1947年4月，有关三峡工程的“各种拦河坝、电厂、船闸的比较布置，各部门工程的比较设计，已经作出；洪水量、水库容量、航道深度等也有了初步计算。估计全部工程的主要设计图纸和施工规范可于1948年底完成”①。截至1947年4月，有关三峡工程开展的工作，“已耗用了100多万美元，如再花100万，1948年就可以施工”②。

正当三峡工程的设计工作顺利进行之时，中国内战全面爆发，国民党统治地区的经济形势日趋恶化。1947年3月中旬，资委会驻美国代表处告知在美国丹佛实习的中方人员：三峡经费仅存6000余美金，不足中方实习人员1个月的生活费，做好暂停合作的准备。1947年4月，国民政府批准暂停三峡工程国内外一切工作。5月9日，资委会水电总处处长黄育贤电告资委会在美国丹佛垦务局参与三峡工程设计工作的中方代表徐怀云：“垦务局扬子三峡工程合约已暂停。通知萨凡奇。指令航邮。黄育贤。”③1947年5月16日，资委会正式通知美国垦务局，被迫中止与美方共同设计三峡工程的合约，停止三峡工程设计工作。同日，资委会致电驻美代表恽震，通知他：

（1）与垦务局合约即刻全部辍。

（2）尽量节省结束费用。在垦务局费用，自始至终由该局送会。

（3）垦务局工作资料须全部送大会，萨博士与徐怀云带美资料仅有一份，必须复印送会，上列各项在结束期完成。

（4）在垦务局工作之中国人员即刻招回，以省外汇；请垦务局先退回一部分未用预支存款作中国人员生活费及返国旅费；徐怀云暂留美国办理结束。

---

①《钱昌照回忆录》，第81、82页。

② 同上。

③ 徐怀云：《扬子江三峡高坝设计方案》，《长江志季刊》1994年第2期。

（5）派恽震全权与垦务局安排结束。

（6）徐怀云另由总处黄育贤指令办理结束事宜，由你批准；遣返人员返国费用在垦务局退回款内开支。[①]在美实习人员回国后，一部分被安排到资委会全国水力发电工程总处工作，一部分被安排到资委会东北丰满工程处工作。尽管大规模的设计工作被迫中断，但资委会决定对三峡地区的水文观察仍继续进行；保留美国摩理逊公司钻探人员一名，一方面整理钻探资料，一方面继续为中国培养钻探人员。资委会还决定，三峡勘测处结束后应改为办事处，负责保管所有资产，继续办理未完成的工作。"庶几将来设计研究时有可靠而充足之资料，以作依据。则进行自易矣。"[②]20世纪50年代初，萨凡奇到台湾帮助设计石门水库时，"感慨地追述长江水力蕴蓄之雄厚，三峡自然形势的天成，将来对我国贡献之伟大，据彼所知，在今日世界上水电工程中已无其匹，真不愧为最理想、最有利益之计划，亦可谓千载难逢人生难遇之一大好立功机会。彼不服老，自告奋勇，愿以有生之年，尽瘁于此，作为渠一生最后之工作。对三峡水库，不仅眷念多情，且亦深具信心"[③]。

长江三峡工程是一个巨大的集发电、防洪、航运、灌溉等多功能为一体的综合工程。需要经过长期充分的调查研究和反复论证，需要巨额的资金投入。民国时期，正是人类社会出现以电力为主导的第二次工业革命时期。利用水力发电，使人类对水资源的利用发生了巨大而深刻的变化，对水的认识有了质的飞跃。远距离输电，为工业电气化奠定了基础，大大推动了社会生产力发展。随着西方国家水力发电技术的传入，中国传统的水利事业进入一个变革时

① 徐怀云：《对三峡大坝起源史的回忆》，《长江志季刊》1991年第4期。

② 《扬子江工程计划概要》（1948年3月），第28页。

③ 宋希尚：《实业计划中长江三大问题之研究》，第62—63页。

期。通过对民国时期开发长江三峡的历史进行回顾和总结可以看出，人们对三峡的认识经历了一个由浅入深、由单一目标到全方位多目标开发的过程。有关开发三峡的呼吁、勘测调查和设计工作，是与民国时期中国社会发展，尤其是工业化、城市化的进程同步的。从民国初年孙中山笼统而宏观的设想，到20世纪30年代初国防设计委员会组织人员实地勘测；从美国专家潘绥的建议到萨凡奇提出初步开发计划；从正式建立工作机构到与美国签订合作开发的协议；从选派人员赴美设计实习到因内战爆发被迫中断，三峡开发经历了一个曲折发展的过程。随着勘测调查工作的逐步深入，人们对开发长江三峡的认识得到了明显的提升，经历了一个从平面到立体、从粗放到深入，从单一目标到全方位开发这样一个由浅入深、由简单到复杂的过程。它标志着对万里长江的开发，从传统的农田灌溉向现代的利用水力发电、改善航运等多目标转折。由于民国时期兵连祸结，国力落后，科学技术水平低下，拟议中的水力发电站距离当时中国的用电地区较远，未完全掌握远距离大容量输电和联网技术等原因，致使三峡工程在民国时期始终不具备兴建的条件。但已做的勘测调查工作对于新中国成立后进一步开展三峡工程研究产生了重大而深远的影响。特别是当时参与勘测和设计三峡工程的科学技术人员，为以后中国乃至世界水电事业的发展发挥了重要作用。

（本文原载《武汉大学历史学集刊》，
湖北人民出版社2006年）

抗战时期的三一学社

第二次世界大战期间，在中国和美国共同反对日本法西斯侵略战争，开始结成同盟的背景下，中美关系日益密切。1942 年，国民政府主管中国工业建设的资源委员会（以下简称资委会）在会本部和所属企业选派了一批人员赴美国的工矿企业，分别在机械、化工、冶炼、电工、矿业、电力、工矿管理等部门进行实习。这批实习人员出国前组建了三一学社，以利于在美国实习期间工作上互相切磋和砥砺，生活上互相关心和帮助。第一批赴美实习人员虽然人数不多，实习时间仅为两年左右，但他们中的绝大多数日后成为中国工业不同专业领域内造诣颇深的专家学者，其中相当一部分成为国内一些新兴工业或工艺的开拓者和奠基人，为 20 世纪中后期中国（包括台湾地区）工业的发展和社会进步作出了重要的贡献。鉴于国内学术界对此研究尚未引起重视，成果不多，[①]本文拟对三一学社成立的背景、经过，相关人员赴美实习的内容、意义及影响等作一研究，期以为第二次世界大战期间中美关系研究之拓展有所助益。

---

① 相关成果主要有程玉凤、程玉凰：《资源委员会技术人员赴美实习史料——民国三十一年会派》，（台湾）“国史馆”1988 年版；薛月顺：《资源委员会的人才培训——以电业为例》，（台湾）《“国史馆”馆刊》复刊第 15 期；程玉凤：《从技术转移看资源委员会的人才培训——以“三一会派”为例》，（台湾）《“国史馆”馆刊》复刊第 20 期。

一

首先有必要介绍一下资委会和三一学社。资委会是国民政府属下的一个专门负责工业建设的部会级机构，它的前身是国防设计委员会。该机构自1932年在南京成立至1952年在台湾撤销，先后隶属于国民政府参谋本部、军事委员会、经济部、行政院。初成立时，该会是一秘密机关，仅有31名员工，下辖一家企业；抗战胜利后，该会拥有数百家大中型企业，近30万员工。中国的石油、金属矿开采和冶炼、钢铁、电力、煤炭、机械等行业中的绝大部分企业都在该会领导之下。

三一学社成立于1942年5月31日。因为资委会选派这批赴美实习人员为31人，出国时间1942年为民国三十一年，“乃将成立日期定为5月31日，社名为三一”[①]。另外，此时担任资委会正、副主任的翁文灏、钱昌照分别是资委会的前身——国防设计委员会初成立时的正、副秘书长。“资委会1932年11月成立时仅有31名职员”[②]。取名三一学社也有纪念资委会的前身——国防设计委员会最初创办时仅有31名职员的意义。

三一学社成立于1942年5月绝不是偶然的，该社的成立既有内因，又有外因，与当时特定的国内国际形势密切相关。时任资委会正、副主任的翁文灏、钱昌照早年分别留学于比利时和英国。翁文灏原来是一位著名的地质学家，钱昌照回国后曾先后担任国民政府外交部秘书和教育部常务次长。无论是国防设计委员会时期还是组建资委会之后，翁和钱都是该会的实际负责人。他们两人一贯主

---

① 程玉凤、程玉凰：《资源委员会技术人员赴美实习史料——民国三十一年会派》，第126页。

② 郑友揆等著：《旧中国的资源委员会——史实与评价》，上海社会科学院出版社1991年版，第1页。

张："要办现代工业不能事事由自己的科技人员摸索前进，而必须付出相当代价，从国外工业发达国家引进先进的技术，经过消化，然后再谋进一步的发展。"[①] 1935 年 4 月 1 日，国防设计委员会改组为资委会后，其经营范围主要是全国的重工业。抗战爆发后，资委会转移到重庆办公，致力于在抗战后方发展工矿企业。从 1938 年底至 1941 年底，是资委会战时企业活动迅速扩展的时期。资委会通过独资经营，与四川、云南等地方实力派合营，参与投资而不主办等形式，在西南、西北等抗战后方建起了大批工矿企业，从而大大增强了中国坚持抗战的实力。抗战胜利前夕，资委会所属单位已达 130 家，其中 115 家是生产企业，其余为服务和管理机构。这 115 家生产企业包括冶炼、机械、电器、化学、煤矿、石油、铜铅锌铁矿、钨锑锡汞矿、金矿、电力等工业企业。随着资委会所辖企业的迅速增加和技术水平的不断提升，技术和管理人才匮乏的问题日益突出。尽管资委会视人才为事业之灵魂，吸收了一大批有志于工业救国而又学有专长的人才，并委以重任，但由于企业发展迅速，经营范围不断扩大，中高级技术和管理人才仍然十分缺乏。每新办一家企业，面临的技术难题总是层出不穷，难以解决，例如甘肃油矿局的石油探采提炼技术、中央电工器材厂的变压器设计制造技术等，这些重要的技术难题大大影响了企业生产的进一步发展。

1941 年初，美国在远东推行的绥靖政策因日本军队在亚太地区的扩张而开始发生变化，同年 3 月 11 日，美国国会通过了《租借法案》。该法案的主旨是，如果同盟国家的防务对美国具有重要性，美国总统在援助这个国家购买或补充军事装备方面，拥有广泛的处理

---

① 恽震：《资源委员会的技术引进工作》，《回忆国民党政府资源委员会》，中国文史出版社 1988 年版，第 148 页。

权。3月15日，罗斯福公开发表声明，表示美国将全面援助英国、希腊和中国。1941年12月，太平洋战争爆发。此后，美、英等国与中国结成同盟共同对日本作战。美国为了促使国民政府加紧抗战以牵制更多的日军，先后给国民政府提供了几笔军事援助和经济援助。在此背景下，资委会不失时机地提出了选派中高级工程技术和管理人员赴美国实习的议案。

截至1942年初，资委会所属的工矿企业分为工、矿、电三个系统，共计108个单位。其中工业方面“共有41个单位，内中冶炼工业11个单位，机械工业5个单位，电工器材事业8个单位，化学工业17个单位。矿的方面，共有43个单位，内中管理事业，如钨、锑、锡、汞等17个单位；生产事业，包括石油、天然气、铁、铜、铅、锌等26个单位。电的方面，共有24个单位”[①]。而在此时，资委会已着手规划战后中国的工业建设计划。在这个规划里，“其中关于工的部分，第一为钢铁工业，希望战后可达相当的产量。第二机器工业，着重在原动机、工具机、机车、车辆、汽车、船舶、飞机，及农业机械与纺织机械等。第三电器工业，我们的电工器材厂，最少应使发展到像德国西门子厂的规模。无线电机厂，最少应使发展到如美国RCA厂的地位。第四化学工业，特别注意酸碱肥料、炼油、炼焦、橡皮、纸浆、水泥等。关于矿的部分，我们战后应以钨、锑、锡、汞及油、煤、铁、铝为中心生产工作，其余铜、铅、锌等，因资源不足，恐难作大规模的发展。关于电的部分，拟在重要区域，设立电气网，在政治、军事、交通、经济中心点，设置电厂”[②]。尽管这一时期因抗战的需要，资委会所属的工矿

① 《钱副主任委员训词》，《资源委员会公报》第二卷第1期，1942年1月，第87、98页。
② 同上。

企业从数量上有较大的增加，但技术和管理水平仍远远落后于西方发达国家。特别是炼油和管道输油技术、变压器的制造、绝缘器材的制造等。发展工业的前提之一是需要大批不同方面和层次的人才。对于人才培养的方法和途径，主持资委会日常工作的副主任钱昌照提出："各方面可能造就的领袖人才，在国内应予以种种机会，参加设计，增进经验，必要时派往国外考察接洽。其次高级管理技术人才，应按时选派出洋考察或实习，以求深造。"[①] 由此可见，选派高级技术管理人员出国考察或实习，既是资委会事业发展的当务之急，又是战后重建家园的必要准备。

二

所谓实习，顾名思义为实地学习的意思。实习与通常的出国留学和考察不同，留学为赴他国求学，主要为了接受教育；考察主要是观摩，不参与实际操作和练习。第二次世界大战爆发后，英、法、苏等欧洲国家先后卷入战争的旋涡。而美国本土基本未受到战争的破坏，它的工业又居于世界领先水平，是当时中国政府派遣实习人员的理想国家。于是，从1941年秋季开始，"资源委员会开始与美国各主要工业生产者接洽，期能获其允许我方之技术人员进入其工厂实习，俾从实际之训练（Practical Training）中学得更精湛且最新颖之技术与经验，以因应急切之需要"[②]。

资委会联系赴美实习事宜主要通过该会国际贸易事务所纽约分

---

① 《钱副主任委员训词》，《资源委员会公报》第二卷第1期，1942年1月，第89页。

② 程玉凤等著：《资源委员会技术人员赴美实习史料》（上），（台湾）"国史馆"1988年，第9、4、10页。

所。该所的负责人先后为尹仲容和陈良辅。正值选派人员赴美实习事宜正在进行之时，由于日本偷袭珍珠港，美国对日宣战，中美成为对日作战的盟国，从而加快了赴美实习的进程，“美国厂商多应允我国派员前往实习”①。至此，资委会选派技术和管理人员赴美实习进入实际操作阶段。

关于选派实习人员的资格，资委会提出“至少必须具备以下三项条件：一、大学工业科系或相关科系毕业；二、中、英文程度均佳；三、工作经验至少在5年以上”②。关于实习的科目，既要考虑资委会所属工矿企业的急需，又需兼顾美国能够提供的条件。为此，资委会初步提出了需要实习的7大部门26类，即：(一)机械部门(包括工具机、汽车发动机、电焊、纺织机等四类)；(二)化工部门(包括氮气制品、炼焦、化工机械、染料等四类)；(三)冶炼部门(包括铁合金、合金钢等两类)；(四)电工部门(包括变压器、蓄电池、绝缘材料、无线电机及零件等四大类)；(五)矿业部门(包括炼铜铅锌、洗煤炼焦、石油开采、石油提炼、管道输油、油田地质等六大类)；(六)电力部门(包括水电土木工程、火电机务工务、电气网电务管理、电气网业务管理、电气网电站管理等六大类)；(七)工矿管理部门(包括人事行政管理、财务管理、生产管理、销售管理等)。

对于选派高级技术和管理人员赴美国的工矿企业等单位实习事宜，资委会十分重视。1941年9月21日，资委会为此专门发出通知，要求各单位根据有关条件，尽快推荐最优秀的人员，同时要求每名出国实习人员需有两名导师，双方共同商定实习内容和程序，

① 程玉凤等著：《资源委员会技术人员赴美实习史料》(上)，(台湾)“国史馆”1988年，第9、4、10页。

② 同上。

并呈报资委会审核。

尽管实习费用主要由本单位支付，但由于各单位在生产经营和事业发展过程中都有一些技术和管理方面的问题急需解决，所以对选派高级人员赴美国相关单位实习十分积极。不久，各单位推荐出符合条件的人员共计 84 人上报资委会。经过资委会有关部门认真审核，又经国民政府经济部长兼资委会主任翁文灏和资委会副主任钱昌照审查批准，“其获选者共计 31 人，分别为机械 4 人，化工 4 人，冶炼 3 人，电工 6 人，矿业 6 人，电力 6 人，工矿管理 2 人”①。

鉴于这是资委会在抗日战争期间选派的第一批赴美国实习人员，不仅对以后选派人员赴美实习产生了重大而深远的影响，而且其中相当数量的成员日后为中国工业的现代化发展和社会进步作出了卓越的贡献，所以有必要对这 31 名首批赴美实习人员及其在国内的导师作一简介：

这 31 位赴美实习人员先后毕业于国内中央大学、交通大学、浙江大学、南开大学、北洋大学、清华大学、东北大学、沪江大学、金陵大学、唐山交通大学、山西大学、哈尔滨中俄工业大学、焦作工学院、光华大学等大学。个个学有专精，一般有 5—10 年的工作经验，年龄最小的 28 岁（魏重庆），最大的 45 岁（孙健初），平均年龄约 30 岁，均是男性。显而易见，选派这样条件的人员赴美实习，可以达到一专多能，触类旁通，灵活运用的效果。

根据资委会的安排，这批实习人员的实习时间一般为两年。每名已确定的人员在赴美实习前需在导师的指导下预作详细而周密的实习计划，内容包括实习程序，实习工矿企业的名称、地点，实习

---

① 程玉凤等著：《资源委员会技术人员赴美实习史料》（上），第 9、4、10 页。

资委会首批赴美实习人员及导师简表

姓名	工作单位及职务	实习门类	导师	姓名
雷天觉	中央机器厂副工程师	工具机	王守竞	杜殿英
刘曾适	中央机器厂副工程师	汽车发动机	王守竞	杜殿英
韩云岑	中央机器厂副工程师	电焊	王守竞	杜殿英
江厚渊	中央机器厂	纺织机	王守竞	杜殿英
惠联甲	不详	氮气制品	吴蕴初	张克忠
宣照	锡业管理处工程师	炼焦	孙祥鹏	张克忠
叶树滋	植物油提炼轻油厂	化工机械	时昭涵	张克忠
龚祖德	北泉酒精厂工程师	染料	徐名材	张克忠
吴道艮	电化冶炼厂工程师	铁合金	叶渚沛	杜殿英
安朝俊	陵江炼铁厂工务课长	铁合金	朱玉仑	杜殿英
丘玉池	兵工署材料处冶金组主任	合金钢	郑葆成	杜殿英
汤明奇	中央电工器材厂第四厂副工程师	变压器	恽震	包可永
潘福莹	中央电工器材厂电池组	蓄电池	恽震	包可永
葛世儒	中央电工器材厂	绝缘材料	恽震	包可永
王端骧	中央无线电厂重庆分厂厂长	无线电机	周维干	包可永
魏重庆	中央无线电器材厂	无线电机	周维干	包可永
薛炳蔚	中央无线电器材厂工程师	无线电机	周维干	包可永
袁慧灼	滇北矿务公司工程师	炼铜铅锌	陈大受	孙延中
俞再麟	资委会矿冶研究所	洗煤炼焦	朱玉仑	许本纯
董蔚翘	甘肃油矿局工程师	采油	孙越崎	严爽
熊尚元	动力油料厂	石油提炼	孙越崎	金开英
翁心源	滇缅铁路	油管工程	孙越崎	王守竞
孙健初	甘肃油矿局地质师	油田地质	孙越崎	
张光斗	万县水电厂	水电土木工程	黄育贤	黄辉
蒋贵元	岷江电厂水利勘测队副队长	水电土木工程	黄育贤	黄辉
施洪熙	昆湖电厂总工程师	火电机务工程	鲍国宝	陈中熙
王平洋	自流井电厂工务长	电气网电务管理	刘晋钰	陈中熙
谢佩和	兰州电厂	电气网电务管理	童传中	单基乾
孙运璇	天水电厂厂长	电气网电站管理	季炳奎	陈中熙
李彭龄	资委会专员	工矿管理	李干	孙拯
蔡同屿	资委会技正	工矿管理	李干	张峻

的内容，实习的时间安排，参观相关工矿企业的时间安排等。包可永在为中央无线电器材厂工程师薛炳蔚拟订的《赴美实习无线电机及零件计划》中，实习内容包括主要科目和附属科目两类；主要科目又包括制造技术和广播收音机之制造两方面的内容。其中仅广播收音机之制造的实习内容就包括收音机电路之设计，收音机上各零件装配布置之设计，大量装配收音机之工作法，收音机上各色零件之制造方法，收音机上各色零件制造之设计，制造收音机零件所需工具及工具机之彻底认识，制造收音机零件所需材料之彻底认识，制造收音机零件所需重要材料之制造等。来自电力部门的6名人员的实习计划则更为详细具体。为了防止意外和预留选择的余地，一些准备赴美实习的人员在选择实习工矿企业时，分别填写了多项志愿。各人根据本专业现实和发展的需要，以月为单位，填写了详细的实习和参观计划。31名人员的实习计划经资委会正、副主任批准后，通过资委会派驻美国纽约的主要负责采购物资和接洽技术合作的专门委员陈良辅与美国有关的工矿企业联系。

由于此时美国与中国已成为盟国，选派人员赴美实习不仅是中国发展工业，提高工业技术和管理水平的需要，同时也符合美国的长远利益。美国方面认识到，第二次世界大战结束后，中国将发生巨大的变化，哪一个国家能够做到教育这一代的中国人，哪一个国家就将由于这方面所付出的努力，而在精神的和商业的影响上，取回最大可能的收获，并进而达到控制中国发展的目的。所以，美方对于有关接洽实习的事宜十分配合，各方面的工作进展特别顺利。

在各项准备工作基本就绪的情况下，资委会于1942年4月20日通知各有关单位，要求赴美实习的人员于5月20日前后汇聚资委会办公所在地——重庆，接受翁文灏和钱昌照的召见。在这31名赴美实习人员汇聚重庆期间，“咸以此次奉派出国，负有学习新技术以报效国家之重任，且机会难得，为切磋学术，交换智识，提高研究兴趣，以吸收最新学术，发挥实习功效起见，乃成立三一学社”[①]。

1942年5月31日上午9时30分，三一学社成立大会在重庆资委会中央无线电器材厂会议室举行。到会的有翁文灏、钱昌照及资委会各处室负责人、导师代表、社员等共计约60人。大会推举谢佩和为临时主席。在成立大会上，翁文灏和钱昌照先后讲话以示祝贺。东道主中央无线电器材厂专门为三一学社成立大会设计制造了纪念章，上刊“三一”两字，“象征三一学社及纯洁和平，保持青年精神等意义”[②]，并赠送给全体社员。通过社员投票，大会选举谢佩和、邱玉池、王端骧为学社干事，李彭龄、王平洋、叶树滋当选为候补干事。

成立大会还通过了《三一学社社章》。《社章》共有8条。关于成立三一学社的宗旨，《社章》规定：“本社以互相交换智识，提高研究兴趣，吸收最新学术，促进我国国营重工业之建设为宗旨。”《社章》中提出恭请资委会正、副主任为该社名誉社长、副社长；聘请资委会各处室负责人、本社社员之导师为名誉社员。关于社务，《社章》提出实习人员到了美国之后，（1）凡在同一地点之各社员应至少每月集会一次，并将集会情形寄交本社。（2）本社每年举行社员大会一次，并得随时举行临时大会。（3）本社汇集各地社员集会情形以及各种消息，每3个月即发通讯刊物1期。（4）其他适合本社宗旨之各项工作。[③]至此，资委会派赴美国实习的首批人员成立的三一学社正式成立。

---

① 程玉凤等著：《资源委员会技术人员赴美实习史料》（上），第92—106、126、129—130页。
② 同上。
③ 同上。

三

从1942年5月至1943年1月，31名赴美实习人员分批辗转来到美国。据孙运璇回忆："这趟美国之行，虽然是坐飞机，却整整费了3个月。他们没有喷射机可坐，坐一种叫Flying Boat的飞机，因为颠簸如船而得名，机上没有座椅，只有一个网袋可供乘客坐，飞起来乘客头晕目眩，很不舒服。他们从重庆起飞到昆明，沿着西康飞越8000多公尺高的喜马拉雅山，接着绕道7个国家，远至印度、中东的伊拉克、埃及，更到非洲的苏丹、黄金海岸，才转到南美的巴西，3个月后到达美国的佛罗里达。"① 赴美途中，孙运璇在黄金海岸因被当地蚊子叮咬得了恶性疟疾，发高烧到摄氏40度，身体忽冷忽热。冷时，盖几层厚毯子都不够。美国军官命令他在军营住下，治好了才能去美国。② 由此可见，在战争年代赴美实习并不是件轻松愉快的事情。孙运璇的赴美经历只是31名实习人员的一个缩影。

早在三一学社成立前夕，翁文灏就于1942年5月5日指派资委会驻纽约的专门委员陈良辅担任这批赴美人员的实习监督，负责赴美实习人员的接洽和实习、参观事宜。这批人员抵美后，一般都先要来到资委会驻美国的办事机构所在地——纽约，一方面向美国国务院办理外籍人员申报及免役手续；一方面向美国军部与各厂矿联系办理入厂实习准许证。其中不少实习人员还"利用在纽约这段时间，先至各图书馆或其他机构，查阅美国最近工业发展进步情形之资料，借以补充学识，增广见闻，俾作为进厂矿实习前之准备"③。

---

① 杨艾俐：《孙运璇传》，（台湾）天下杂志出版社1991年版，第42—43页。

② 同上。

③ 程玉凤等著：《资源委员会技术人员赴美实习史料》（上），第202页。

在纽约经过短暂的停留，办理完相关的手续，这批人员陆续进入美国无线电公司、田纳西流域管理局、威灵顿邦浦机械公司、通用汽车公司、克明斯发动机公司、奇异公司、太平洋电灯电力公司、邦拿维电力公司、西屋公司、伍特华调速厂等企业实习。

需要补充的是，资委会中央电工器材厂派来美国接洽技术合作的工程师林津、单宗肃，技术人员褚应璜和该厂自费赴美深造的副工程师俞恩瀛等4人经有关部门申报，批准成为该年资委会派赴美国的实习人员。

三一学社的成员出国前都具有较扎实的专业知识，有一定的技术专长和比较丰富的工作经验，赴美实习有明确的目的，针对性强。为了使这次实习取得预期的效果，他们在各方面作了比较充分的准备。所以，他们来到美国后一进入实习的工矿企业，随即根据预订的计划，按部就班地开始了现场实习。

按照资委会的设想，三一学社成员赴美实习的时间一般为两年。其间大部分时间分别在各自相关的工矿企业主要生产部门和环节实习，少部分时间到美国其他同类或相关的工矿企业参观考察。从现存的资料来看，三一学社的成员在美国的实习是紧张充实而富有成效的。仅以叶树滋为例，他于1943年1月31日离开纽约，2月1日到Buffalo Foundry and Machine Co. 报到，上午被安排到该公司Testing Department实习，当天下午即随同该部门职员开始实验Atmospheric Double Double drum dryer。从叶树滋在美实习日记和有关报告可以看出，他的实习内容是经常更新的。[①]

根据资委会的规定，三一学社成员在美实习期间，每月必须将实习内容和体会写成书面报告呈报资委会。实习报告又分为工

---

① 程玉凤等著:《资源委员会技术人员赴美实习史料》(下)，第1155—1211页。

作月报与技术报告，前者内容主要是实习状况及心得体会，按月上交；后者系带有学术研究性质的专题报告。实习人员将上述报告完成后首先寄给资委会驻美国代表陈良辅，然后由陈良辅根据内容转寄资委会或相关工矿企业参考。实习报告的内容和价值，成为资委会稽核考评三一学社成员的重要依据。这些实习报告短则千余字，长则数万字，多数用英文撰写。1944 年 1 月，陈良辅将三一学社成员在美实习期间撰写的部分报告选编了一本《资源委员会派美实习人员总报告》，收录了 36 篇文章。现将文章目录照列于下：

《资源委员会派美实习人员总报告》目录

工业部分

机械

对我国将来工具机制造方策管见　雷天觉

工具制造之我见　韩云岑

贡献于负责计划战后柴油机制造厂者数点　江厚渊

关于战后吾国设厂自制汽车引擎之几点零星意见　刘曾适

中国化工机械工业之展望　叶树滋

电工器材

总论　褚应璜

旋转电机工厂　褚应璜

开关设备工厂　林　津

电表电驿器工厂　林　津

变压器类制造工业　汤明奇

蓄电池工业　潘福莹

绝缘材料工业概论　葛世儒

电工器材与工业建设　俞恩瀛

总论　褚应璜等

无线电机

战后无线电事业与制造　王端骧　魏重庆

无线电厂 RCA 合作的检讨　薛炳蔚

冶炼

冶铁事业　安朝俊

美国合金钢工业　吴道垠

化工

氮气工业与增加农产　惠联甲

建设染料工业之意义及其应取之步骤　龚祖德

矿业部分

石油

从中国地理地质说到石油之分布　孙健初

美国石油事业及中国战后对石油事业应有之努力　董蔚翘

油管工程概要　翁心源

石油提炼　熊尚元

煤

洗煤工业　俞再麟

炼焦　宣　照

铜

炼铜工业　袁慧灼

电业部分

美国汽力发电厂之趋向及战后中国建设之意见　施洪熙

美国之水力发电事业　张光斗

电力系之建立与运用　孙运璇

输电工程　王平洋

美国台河领域建设局电力业务概况　谢佩和

工业管理

美国之管理统计　李彭龄

TVA 会计部分组织与管理　蔡同屿

冶炼（补遗）

战时美国炼制合金钢之筹划及发展概况　丘玉池

无线电机（补遗）

英国电子管制造工业之概况　单宗肃

这些文章以文字为主，文中附有大量的图表和照片。通过这些文章的内容可以看出，三一学社的成员在美实习期间，学到了先进的科学技术、管理方法，提高了从事研究工作的认识和能力，对当时世界工业发展的水平和最新成就有了进一步的了解和掌握。由此表明，“三一人员均能深体抗战时期出国之艰难，故在美期间皆知认真学习新技术、汲取他人新经验、拓展新知识，以使返国后，多能发挥所学，为战时工业建设及战后复员接收工作，贡献一己之力，报效国家”[①]。除了定期撰写实习报告之外，三一学社的成员在美期间还随时根据资委会的需要，代为搜集各方面的资料，寄回国内，以供参考。值得一提的是，三一学社中的一些成员在美国实习期间，对美国工矿企业的生产工艺还提出了一些建设性的建议，甚至成功地进行了一些发明创造，对实习企业作出了贡献。例如王端骧在美实习期间发明了一种可供电话使用的电子混合电路，他将这项专利卖给了RCA公司。“这使得美国同事们知道，一个实习的中国工程师也能发明而得到美国政府的国家专利，不免刮目相看”[②]。

在美实习期间，三一学社的成员十分注意把美国的科学技术与中国的现实需要结合起来。来自甘肃油矿局的孙健初实习期间重点考察了与中国西北地区地质构造相仿的美国California油田。张光斗提出邀请美国TVA帮助中国建设大渡河、螳螂川、龙溪河等水力发电厂，并自愿担任联络工作。王端骧和魏重庆在实习临近结束时制订了一个未来在中国设立无线电厂的计划，并对战后中国无线电器材的需求进行了预测。

值得一提的是，三一学社成员在美实习期间，十分重视了解和学习美国先进的管理方法。

① 孙运璇：序文。程玉凤等著：《资源委员会技术人员赴美实习史料——民国三十一年会派》(上)。

② 王端骧：《40年代我在美国实习的回忆》，转引自程玉凤：《从技术移转看资源委员会的人才培训——以“三一会派”为例》，第156页。

四

根据《三一学社社章》第六条有关社务的规定，三一学社成员在美实习期间，彼此间为切磋学术，联络感情，互相激励，交换实习心得体会，一般每6个月举行一次大会。

1943年元旦，三一学社留美社员第一次会议在资委会驻纽约办事处举行。会议由尹仲容、陈良辅担任主席，会期共三天。这次会议讨论决定将全体社员按照专业暂分为无线电、电机、电力、化工、矿冶、石油、管理共计8个组，每组设干事一人。各组内循环通信，每月至少循环一次；每月底由各组干事将组内活动书面报告资委会驻纽约办事处，然后由办事处将各组报告编印成月刊分发各社员。这次会议还决定，办事处根据各组提出的建议，订阅一批杂志，按时邮寄给各组指定的社员传阅（每名社员的阅读期限为一个星期），社员阅读后将应寄回国内的资料圈出，写明寄交国内工矿企业或其他组织机构的名称，然后寄还办事处剪裁处理。社员实习期间所需的参考书通过各组提出，由办事处统一购买。每月所购买的书目由办事处在月刊上公布。社员可借阅参考书，一次借阅的期限为一个月。如属十分必要，书籍可照杂志办法圈定裁剪寄回国内。在这次会议上一些社员提出，他们在美国的工矿企业实习期间，一些企业每月给他们的100—150元薪金如何处理？经过讨论，社员们提请办事处上报资委会，将实习所得薪金用作三一学社基金。部分社员还在这次会议上交流了实习报告。

除了定期的年会，三一学社成员还不定期地举行过多次技术研讨会议，为社内成员深入研究和扩大知识面提供场合。这种会议的参加者不局限于三一学社成员，在美研习的其他工程技术人员也可参加，一些美国的著名学者和专家常常被邀请到会议上进行讲演。

从1944年4月开始，三一学社赴美实习人员的实习期限先后到期。经资委会核定，除翁心源、林津、施洪熙、王平洋四人因工作需要延长半年实习期外，其余人员待实习期满后一律回国服务。而此时资委会驻美技术团正在美国为寻求技术帮助，考察工业机构忙得不可开交。为此，该团主任王守竞、副主任孙拯专门致电资委会，要求延长安朝俊、褚应璜、韩云岑等13名三一学社成员在美国的时间。经过协商，资委会批准韩云岑等少数人延期回国，在美协助资委会驻美技术团工作，其余成员先后按期回国。

对于三一学社回国人员的工作安排，资委会异乎寻常地重视。每当学社成员回国，资委会高级人员都要亲自与之谈话，向其介绍资委会的使命及组织状况，介绍资委会的会计及人事制度，介绍资委会所属工矿企业的现状及发展前景等状况。资委会责成该会工业处专门制定了《赴美实习人员返国后在会工作研讨办法》。该办法要求三一学社成员回国后先在资委会本部工作4个星期。在此期间，一方面安排他们向有关人员汇报实习心得和美国工业发展状况；一方面要他们熟悉资委会及所属工矿企业各方面的工作状况。同时要求他们对资委会的工作提出建设性意见。这一时期，三一学社回国人员每星期还被安排参观两三家工厂。此后，资委会根据本人的志愿，与有关单位协商，安排三一学社成员的工作。三一学社成员原派出单位也对即将回国人员的工作提前作出安排。甘肃油矿局总经理孙越崎在给资委会的报告中对该局派往美国实习的三一学社成员回到企业后的工作作出如下安排：孙健初主要研究油田地质及检验井内石样，董蔚翘主要研究钻井及采油工程，翁心源负责输油工程及主持测量老君庙至兰州油管线路。[①] 中央机器厂对雷天觉、刘曾适

① 详见孙越崎给资委会的报告（1944年7月11日），载程玉凤等著：《资源委员会技术人员赴美实习史料——民国三十一年会派》（上），第469页。

等四人回厂后的工作也提前作了安排。三一学社其他成员回国后的工作也都被相关工矿企业妥善予以安排。

抗战时期中国与国外经济技术人员的往来，主要有请进来和派出去两种方式。请进来的外籍专家主要来自美国和英国，他们的技术专长包括钻井工程、机械工程、钢铁冶炼、电机工程、无线电、机械作业、水力发电、石油提炼等。尽管外籍专家的工资多数由外方支付，但是由于中国的抗日战争正在进行之中，人员往来多有不便，无法确保外籍专家的生命安全；加上外籍专家不熟悉中国的国情和工业发展的环境与水平，在华工作的时间较短，若乘海轮仅途中就需花费两三个月时间，“致每每在我国考察甫毕，即行回国，我国建设实少获得其实际帮助”[①]。在艰苦卓绝的抗日战争期间，资委会为了在抗战后方发展工业，为了在战后重建家园，组建三一学社，选派一批优秀的工程技术人员和管理人员到当时科学技术居世界领先水平、未受战火波及的美国进行为期两年左右的实习，反映出该会领导人的远见卓识和非凡魄力。开办短期培训班、艺徒训练班、技术补习学校对于培养中低级人才是行之有效的，而为企业培养高级人才则需另辟蹊径。

事实证明，资委会从大学毕业后有5年以上工作实践的工程技术人员中通过严格的考核选派出优秀的人员赴美实习，探索出一条成功的人才培养模式，提供了有益的经验。有实践经验的工程技术人员出国实习期间，他们学习的针对性强，领悟力高，实习目的明确，有计划，有步骤，可达到举一反三的效果，收事半功倍之成效。

---

① 薛月顺：《资源委员会的人才培训——以电业为例》，载《“国史馆”馆刊》复刊第15期，第191页。

三一学社的成员回国后，皆能不负所望，成为国内工矿企业不同专业领域造诣颇深、多有建树的专门人才。其中一些成为中国工业发展史上某些方面的开拓者和奠基人。例如翁心源是中国第一位管道输油专家，俞再麟是中国第一位洗煤专家，江厚渊是中国第一个喷油系统生产组织者，并主持研制了中国第一代高速中等功率柴油机。三一学社成员回国不久，中国的抗日战争取得胜利。在接管被日本长期统治的东北、台湾等地的工矿企业时，俞再麟、董蔚翘奔赴东北，刘曾适、孙运璇、吴道艮前往台湾……他们为战后中国工业的恢复和发展作出了卓越的贡献，有的还献出了生命。孙运璇于1945年9月被派往台湾后，历任台湾电力公司处长、总经理，台湾当局的交通部长、经济部长、行政院长等职；刘曾适先后担任台湾造船公司协理、中国钢铁公司董事长；蔡同屿曾担任台湾造船公司协理、台湾证券交易所董事长；董蔚翘曾担任中国石油公司协理、台湾油矿探勘处处长；吴道艮曾任台湾铝业公司副总经理、台湾烟酒公卖局局长、中国生产力及贸易中心总经理、招商局总经理、新竹玻璃公司总经理、台湾工业总会秘书长等职，均为台湾政经界之翘楚。他们为台湾的经济发展和社会进步作出了不可磨灭的贡献。

中华人民共和国成立后，三一学社留在大陆的20多名成员在各自的岗位上辛勤工作，为新中国的社会主义建设作出了重要贡献。雷天觉、张光斗等先后当选为中国科学院学部委员，张光斗担任过清华大学副校长，龚祖德担任过上海市科委化工专业委员会副主任，王端骧先后担任南京工学院、上海交通大学教授，江厚渊先后担任上海交通大学教授、上海柴油机厂总工程师、国家内燃机研究所所长兼总工程师，俞恩瀛长期在国家电力工业部工作，先后担任生产司副总工程师、外事局副局长、中国电机工程学会副秘书长等职。

三一学社成员赴美实习，对中国工程技术人员成批赴美实习开创了先例，并产生了深远的影响。此后，国民政府有关部门多次选派人员赴美实习，资委会所属的中央电工器材厂一次就选派80多人到美国西屋电力公司（Westinghouse Electric Corpration）实习。这些人后来大都对中国社会的进步和经济的发展作出了重要的贡献，其中一些人的贡献和影响超越了国界（例如电脑大王王安），他们的成就已成为世界人民的共同财富。

（本文原载《抗日战争研究》2003年第2期）

也谈抗战时期国民政府与西北地区工业开发
——与李云峰先生等商榷

李云峰、曹敏先生在《抗日战争研究》2003 年第 3 期上发表的《抗战时期的国民政府与西北开发》（以下简称《西北开发》）一文比较全面地论述了从“九一八”事变爆发到抗战胜利之间，国民政府开发西北地区的战略构想、举措与实绩，以及对西北地区社会经济的影响。其中论及开发西北近代工业部分有多处不准确之处。近段时间，笔者因研究国民政府资源委员会，涉及《西北开发》一文所论及的抗战时期国民政府开发西北地区的工业问题。为了推动相关的学术研究，特将几个问题提出商榷，以请教于李云峰、曹敏先生和其他专家学者。

一、关于行政院 324 次会议召开的时间与背景

《西北开发》一文称：“1938 年 8 月 10 日，国民政府行政院第 324 次会议正式决定工厂内迁，并组成以资源委员会为主办机关的工厂迁移监督委员会，派出大批人员分赴各地负责组织实施……从而使我国历史上空前规模的工业迁移得以实现。”

历史事实是，国民政府行政院第 324 次会议召开的时间是 1937

年8月10日，而非1938年8月10日。这在很多史籍中都可以看到，例如孙果达著：《民族工业大迁徙——抗日战争时期民营工厂的内迁》（中国文史出版社1991年版）；抗日战争时期国民政府财政经济战略措施研究课题组编写的《抗日战争时期国民政府财政经济战略措施研究》（西北财经大学出版社1988年版）等。

为了说明问题，有必要介绍一下这次会议作出有关决议的背景。这次会议讨论的相关内容是根据前一天（即1937年8月9日）资源委员会向国民政府行政院提出的《补助上海各工厂迁移内地工作，专供充实军备、以增厚长期抵抗外侮之力量案》提案。这个提案的核心内容是要求国民政府行政院尽快解决工厂迁移工作中的几个当务之急的问题。提案的内容主要有：

（一）上海机器五金业，各种工厂种类为翻砂、打铁、冲压、电器及各种五金机器之属，其机器数目，约有2000部，连同工具等项，可值400万元，并且各工厂之技术工人亦随同前往内地工作。经过协商，现拟定下列办法：

1. 装箱、搬运及津贴此次因工厂迁移而致暂时停业之工人等费用，约需40万元，拟由政府拨给，交该业同业公会领用，并派员监督发放，实报实销。

2. 政府每年拨给奖励金20万元，以10年为限，藉示鼓励之意。

3. 购地、建筑等费约需200万元，拟请政府商由银行以低息借予各厂家，视机器之多寡为比例之分配，按10年清还，息金归厂方自付。

4. 建厂需地约500亩，估值5万元，拟由政府拨给。

（二）上海大鑫钢铁工厂来函呈称：现存有废钢铁原料约2000吨，厂中设备有炼钢电炉4只，每日能出各种钢在20吨以上。现该厂愿将上项原料2000吨及其设备四分之三先行移至内地，请补助搬运费10万元，并借给购地、建筑等费用20万元，以便即日迁往政府所指定之地点。

（三）中国炼气公司愿将制造氧气机械之半数迁移内地，每小时约可产氧气30立方米，另外储气钢瓶1000只，运往政府指定地点，希望补助搬运费1万元，并请政府商由银行借给购地、建筑等费用4万元。

（四）大中华橡胶厂愿将厂内机器一部分，足供每日生产汽车内外胎150套、飞机内外胎20套及军用胶底布鞋2万双之设备，迁往政府指定地点，其地点需能供给该厂1200匹马力之电力，希望政府商由银行借给搬运、购地、建筑等费用65万元，息金归厂方自付，分10年清还；并请政府每年拨给奖励金5万元，以10年为限。所借之款，均由政府派员监督使用，4个月后即可陆续出品。现我国内地尚无橡胶厂之设立，该厂为国内最大之橡胶工厂，若能迁入内地，则对于各种橡胶用品及防毒面具之供给，当有补益。

（五）康元制罐厂为国内最大之制罐工厂，其设备有印刷机9部，制罐机约200部，每日能出产各种罐头5万只。厂址在日人势力范围内的虹口华德路，现愿迁往政府所指定之地点，希望拨给迁移费用5万元；另商由银行挪借建筑费用30万元，息金归厂方自付，分10年清还，4个月后即可陆续出品。此项工程，可制造干粮罐、防毒罐及代做各种冲压工作。

（六）民营化学工业社，专制防毒面具，每日可产金陵兵工厂式之防毒面具约500套，拟迁往内地，并希望政府商由银行借给搬运、建筑、增加设备等各项费用10万元，分10年清还，息金归社方自付。

概括地说，这个提案是将上海的机械、钢铁、炼气、橡胶、制罐及民营化学工业等6类工厂的主要机器设备内迁，并请政府补助迁移费56万元，拨给建厂场地500亩，提供低息贷款329万元，奖励金每年25万元，10年为期。[①] 1937年8月10日，行政院第324次会议对资源委员会的这一提案作出决议："奖励金暂从缓议，余通过。"并责成资源委员会为主办机关，会同财政部、军政部、实业部联合组织监督委员会，"严密监督，克日迁移"。第二天，资源委员会会同其他部门联合成立了上海工厂迁移监督委员会，资源委员会专员林继庸为主任，担任该会委员的有财政部会计司司长庞松舟、实业部工业司代理司长欧阳仑、军政部军务司整备科科长王阶等人。从此，上海等东部沿海地区的工矿企业开始大规模向抗战后方转移。

二、关于抗战时期国民政府主管工业的机构

《西北开发》一文称："整个抗日时期，国民政府及所属的资源委员会、工业部、交通部、中央石油公司、各大银行……都对西北的厂矿建设进行投资。"

据笔者所知，"九一八"事变发生后，国民政府主管全国经济工作的部门主要有全国经济委员会（直属行政院）、实业部（隶属行政院）、全国建设委员会（直属国民政府）；隶属于行政院的还有铁道部和交通部。立法院内设有经济委员会和财政委员会，监察院下设有审计部。早在1931年6月6日，国民政府就颁布了《全国经济委员会组织条例》。根据条例规定，全国经济委员会为经济

① 详见《资源委员会补助上海各工厂内迁案》，现存南京中国第二历史档案馆资源委员会档案，第974卷。

计划与施行机关，统筹国营经济，直接隶属于行政院。蒋介石和宋子文分别担任该会正副委员长，朱家骅任该会秘书长。该会的职掌为：凡国家一切经济建设或发展其经费由国库负担或辅助者，应经全国经济委员会审定呈请国民政府核准之；施行国营事业建设或发展计划时，全国经济委员会得审核其工作及其费用；组织各种专门委员会研究各项专门问题，并得派专门人员视察或指导各种计划之实施。由此可见，全国经济委员会是集顾问、审议、监督于一身的指导国营经济建设的机关。实业部成立于1927年7月。该部主管全国的经济行政工作，内设林垦、农业、渔业、工业、劳工、矿业、商业、合作等署司以及中央农业实验所等单位。实业部也隶属于行政院。全国建设委员会主管国家基本建设，如电业和一部分矿业、铁路建设。除此之外，国民政府军事委员会第三部、第四部和资源委员会也分别主管一些工矿企业。这些部门建制重叠，政令混乱，职责不清，彼此分权，互不协调，完全不适应战争的需要。特别是资源委员会隶属于机密性很强的军事委员会，影响了该会领导全国工业建设的效率。在1937年12月31日举行的国防最高委员会会议上，国民政府决定将实业部、全国经济委员会、建设委员会、军事委员会第三部和第四部、资源委员会等机构的全部或部分合并成立经济部。部长由翁文灏担任，次长由原全国经济委员会秘书长秦汾担任。经济部的成立，标志着国民政府初步完成了从和平时期的经济体制向战时经济体制的过渡。新组建的经济部内设21个行政单位，22个专业部门。其中资源委员会是22个部门之一。隶属于经济部的专业部门还有农本局、物资局、采金局、商标局、度量衡局、商品检验局、燃料委员会、新生活运动委员会、中央农业试验所、中央工业试验所、中央地质调查所等。此后，经济部及资源委员会就成为抗战时期领导全国工业建设的主要部门。

《西北开发》一文提到的“工业部”，据笔者所知，在抗战时期似乎从未存在过。该文提到的“中央石油公司”全称应是资源委员会中国石油有限公司。但该公司成立于抗战胜利后的1946年6月1日，公司办公地点在上海江西中路131号。公司董事长由翁文灏担任，常务董事为吴兆洪、许本纯，董事孙越崎、孙拯、王守竞、霍宝树。该公司是一个集开发、勘探、生产、运输、销售、器材供应、行业管理等职能为一体的，按照现代企业制度建立起来的国家石油公司。它当时管辖的单位有：甘青分公司、台湾油矿探勘处、高雄炼油厂、四川油矿探勘处、东北炼油厂、新竹研究所、嘉义溶剂厂、中国油轮公司（与招商局合办）等。该公司成立于抗战胜利后，开展的工作应该说与《西北开发》一文所论内容无关。

三、关于玉门油矿和独山子油矿

《西北开发》一文多处提到甘肃玉门油矿和新疆独山子油矿。玉门油矿是抗战时期全国规模最大、产量最高、职工最多、工艺技术先进的油矿。该文称：“1939—1945年的7年间，玉门油矿共钻井61口，原油产量共约7866多万加仑，煤油511.7万加仑，柴油71.7万加仑，此外还有石蜡等副产品。”

关于抗战期间玉门油矿的钻井数量和油产品的产量，《中国石油工业发展史》和《当代中国的石油工业》等书有不同的记载。《中国石油工业发展史》一书载称：玉门油矿“从1939年开始钻探，到1945年抗日战争胜利，共钻井26口，钻井进尺10864米，生产原油225013吨。同时还组建了一些炼油设备，生产石油产品。到1945

年，共生产汽油35701吨，煤油15585吨，柴油1544吨。”①《当代中国的石油工业》一书载称：从1939—1948年，“玉门油矿共钻井44口，总进尺2.2万米，生产原油45.5万吨，约占旧中国1904年至1948年44年天然原油产量总和的72.3%。”②

关于独山子油矿，《西北开发》一文称：“抗战爆发后，新疆省政府于1939年同苏联政府商议，由苏联政府出资、出机器和工程技术人员经办独山子石油厂。由于采用机器开采生产，日处理石油达150吨，独山子石油得到了全面开发。1943年，由于盛世才实行反苏反共政策，苏决定撤回专家和部分机器，后经国民政府不断交涉，以170万美元购得该厂全部机器，由资源委员会经办，但由于多数机器设备已拆卸待运，该厂生产实际已停止。”

这段话有两点值得商榷：一是新疆省政府与苏联方面合办独山子油矿的时间，一是1943年该矿由资源委员会接办后是否“生产实际已停止”。

独山子油矿位于新疆乌苏地区。据史料记载，早在1909年，新疆地方当局就用30万两纹银从俄国购买挖油机、提油机、制烛机等机器设备，雇用俄国工匠，在独山子开掘油井。据《新疆图志·实业二》记载，当年在独山子所掘一口油井“深至七八丈，井内声如波涛，油气蒸腾，直涌而出”。据张叔岩编著的《20世纪上半叶的中国石油工业》一书记载：“1936年4月，经盛世才口头同意，新疆省政府与苏联政府科学考察团联合组成独山子石油考查团，8月改称独山子石油考查厂，9月开始用苏方的技术装备在独山子钻第一口探井，10月正式成立独山子炼油厂，苏方称之为独山子石油康宾纳

① 申力生：《中国石油工业发展史》第2卷，石油工业出版社1988年版，第11—12页。

② 焦力人：《当代中国的石油工业》，中国社会科学出版社1988年版，第11页。

（意即联合企业）。”[1] 由此可见，新疆省政府与苏联方面合办独山子油矿的时间应从1936年开始。到1942年初，在独山子油矿工作的苏联方面的人员有120人，中方人员830人（其中职员54人，工人776人）。该矿除了钻井、采油、炼油等部门之外，还有煤矿、农场、井架安装队、医院、化验室、机修部、学校等。

1942年11月，资源委员会派出以地质学家黄汲清为首的地质勘察组对独山子地区的地质情况进行调查，并完成了《新疆独山子油矿调查报告》。1943年初，资源委员会又委派以郭可铨为首的设备评估组到独山子油矿调查评估，结果为资产价值5828805元新疆币，合2952286美元。[2]

随着新疆地方当局与苏联方面的关系日趋恶化，独山子油矿的生产全面停顿，苏方开始大批拆卸油矿的机器设备并运回苏联。为此，中苏两国政府就如何解决独山子油矿的合作问题进行了谈判。1944年2月16日，中国政府和苏联政府代表在乌鲁木齐签署了苏联让售独山子油矿的合同，苏方以170万美元将独山子油矿卖给资源委员会。随后，资源委员会委托甘肃油矿局接办独山子油矿，委任李同昭为独山子油矿负责人。为了使独山子油矿尽快恢复生产，甘肃油矿局“从玉门矿厂调集了7卡车设备器材，包括井口设备、管材、发电机、电器材料、柴油机、泵、机床、电焊机等运往独山子”[3]。1944年7月，甘肃油矿局总经理孙越崎率领玉门油矿矿长严爽、炼油厂厂长金开英以及一批工程技术人员及机器设备前往独山子，全面接管独山子油矿。这一时期，独

---

① 张叔岩：《20世纪上半叶的中国石油工业》，石油工业出版社2001年版，第104页。

② 王连芳：《新疆石油工业述要》，全国政协文史资料委员会编：《西部开发历史回顾》，中国文史出版社2000年版，第199页。

③ 张叔岩：《20世纪上半叶的中国石油工业》，第178页。

山子油矿“日产原油将近10吨”①。

另据王连芳《新疆石油工业述要》一文介绍：“从1944年9月至1945年8月，独山子油矿共生产原油3092.2吨，生产汽油980.9吨，煤油727.2吨，剩余渣油除炼油厂自用外，供职工家庭做燃料。”②

另据张叔岩编著的《20世纪上半叶的中国石油工业》一书记载：“先后共修复油井11口，其中有7口油井投入正常生产。……当时全矿原油日产量已达10吨左右。……月加工原油达到150吨以上。从1944年9月至1945年8月，乌苏油矿筹备处（即原独山子油矿——引者）共生产原油3127吨，炼制汽油980.9吨，煤油727.2吨。”③两处论述虽然在个别数字上略有出入，但还是互相印证了资委会接办后迅速恢复石油生产和加工的基本事实。由此可见，新疆省政府与苏联方面合办独山子油矿的时间应是在1936年，1943年该矿由资源委员会接办后生产并未停止。

四、关于资源委员会在西北创办工矿企业的数量

《西北开发》一文引述魏永理著《中国西北近代开发史》（甘肃人民出版社1993年版）一书相关论述提出：“1942年时，仅资源委员会就以独资经营或与西北各省政府合资经营等方式在西北创办的矿山、能源工业就有18个。”

但根据资源委员会的统计，该会从1936年到1942年在西北地区

---

① 张叔岩：《玉门油矿史》，西北大学出版社1988年版，第17页。

② 王连芳：《新疆石油工业述要》，第204页。

③ 张叔岩：《20世纪上半叶的中国石油工业》，第178—179页。

独资或合资创办的工矿企业共有12家。它们分别是：甘肃机器厂（与甘肃省政府合办，建于1941年）、甘肃华亭电瓷厂（建于1941年）、陕西褒城酒精厂（建于1942年）、咸阳酒精厂（建于1941年）、甘肃水泥公司（与甘肃省政府、中国银行、交通部合办，建于1941年）、甘肃矿业公司（与甘肃省政府、中国银行、中央银行、交通银行、农业银行合办，建于1942年）、甘肃油矿局（建于1941年）、陕西西京电厂（与陕西省银行、中国银公司合办，建于1936年）、兰州电厂（与甘肃省政府合办，建于1938年）、陕西汉中电厂（建于1939年）、青海西宁电厂（与青海省政府合办，建于1940年）、甘肃天水电厂（与甘肃省政府合办，建于1942年）。1943年到1945年又增加了8家，分别是：甘肃化工材料厂（与甘肃省政府合办，建于1943年）、甘肃煤矿局（与甘肃省政府合办，建于1943年）、新疆钨矿工程处（建于1944年）、陕西王曲电厂（建于1943年）、天水水力发电厂工程处（建于1943年）、汉中水力发电厂工程处（建于1945年）、青海西宁水力发电厂工程处（建于1944年），① 加上1944年接办的新疆独山子油矿。

除了上述已商榷的问题之外，笔者还认为，《西北开发》一文在例举抗战期间国民政府在西北地区组建的工矿企业时存在较大的遗漏。例如，资源委员会前身——国防设计委员会1934年成立的陕北油矿探勘处就未涉及。当时该处有100多名职工。从1934年10月至1935年4月，该处在延长和永坪钻井7口，最深的148米，最浅的80米，并有两口井产油。仅1934年，延长油矿就产原油44吨。② 这些原油产出后就地蒸馏制成汽油、煤油、柴油和蜡烛等产品。抗战爆发后，甘肃油

---

① 《资源委员会公报》第10卷第3、4期，1946年4月，第68—75页。

② 焦力人：《当代中国的石油工业》，第579页。

矿筹备处开发玉门油田急需的两部钻机，就是从陕北油矿调去的。

还有，国民政府为了推动西北地区工业近代化，曾进行了大量的调查研究工作。其中主要的有：青海金矿研究、陕西石油调查、陕甘黄河水力调查、西北工业统制计划、西北铁路军事运输能力调查、西北铁路运输经济研究、西北公路运输能力调查、各种专门人才调查等。除此之外，还对西北地区的水力、矿产、垦牧农作物、人文地理进行了调查研究。这一时期对西北地区的调查研究工作主要有两个目的：一是为建设基本工业作好规划，一是筹划经济动员。这些对于研究国民政府在抗战期间对西北地区工业的开发和建设，无疑都是不可忽视的。

（本文原载《抗日战争研究》2003 年第 4 期）

略论中国石油有限公司的发展及历史意义

公司是商品经济发展的产物，是商品经济条件下一种能有效集中资本，扩大生产规模的高级企业组织形式。公司是一种先进的企业制度，它反映了社会化大生产的客观要求，是推动社会生产力发展和技术进步的重要力量。从鸦片战争爆发到中华人民共和国建立，公司制度在中国经历了一个产生、演进，转变、复兴、深化的过程。20 世纪上半叶，在世界潮流的影响下，中国的公司制度随着内部条件和外部环境的变化不断改善和调整。从 1904—1946 年，官方先后颁布了 4 部有关公司的重要的政策法规。1946 年 4 月 12 日，由国民政府颁布的《公司法》是近代中国篇幅最大、内容最全，同时也是最后一部公司法。受这部公司法的影响，中国石油有限公司应运而生。中国石油有限公司的成立，既是近代中国公司形态发展的最高阶段，同时也对中华人民共和国成立后大陆与台湾公司制度的建立和发展提供了可供参考的借鉴，为新中国成立后石油工业成为新兴而重要的工业部门打下了基础。中国石油有限公司的规模，拥有的资本和产生的能量和影响，以及当时在国民经济中的地位和作用，都是其他一般公司远远不能相比的。本文仅就民国时期中国石油有限公司（以下简称中油公司）的成立与发展及其特点和意义作一论述，不当之处欢迎批评指正。

一、中国石油有限公司成立的背景

公司制作为先进的企业制度，是市场经济条件下社会化大生产的产物，其充分发展需要经济的、政治的、社会的各种因素的结合。19世纪晚期，西方资本主义国家公司制度的建立和发展，正是建立在生产力高度发展，经济、政治、法律制度日趋成熟，各种社会条件充分具备的基础之上。而公司制度传入中国时，中国的资本主义很不发达，生产力水平低下，信用体系尚未建立，资本主义的经济、政治、法律制度及社会意识形态没有确立，致使公司制度缺乏适宜发展的经济基础和外部环境。而公司内部组织制度及运行机制上的不成熟、不规范，也减弱了其发展壮大的生命力。

如果说电力是工业的神经，煤炭是工业的食粮，那么石油就是工业的血液。在漫长的封建社会，中国在发现和利用石油、天然气方面曾一度处于世界领先地位。但是，长期的封建统治，使生产力发展极其迟缓。直到19世纪中后期发生的洋务运动中，中国近代的石油工业才开始出现。19世纪末20世纪初，进入成熟阶段的西方资本主义利用《马关条约》获得的特权，纷纷进入中国。在石油方面，英国的亚细亚火油公司、美国的美孚石油公司、德士古石油公司等先后在中国设立了分支机构。

抗战爆发以前，由于中国石油工业十分落后，开采的油井屈指可数，一直没有成立全国性的石油主管机构。“1914年3月，北洋军阀政府成立了筹办全国煤油矿事宜处，这是一个国家行政机构，不久被裁撤”[①]。抗战期间甘肃玉门油矿的开发，培养了一批专门的人

① 张叔岩：《20世纪上半叶的中国石油工业》，石油工业出版社2001年版，第114页。

才。这一时期，行政院专门设立了一个液体燃料管理委员会，主要负责保障供应一些重要部门所需的油产品。抗战胜利后，主管全国工业建设的资源委员会（以下简称资委会）先后接管了日本在东北、台湾等地建立的石油企业及在上海、天津、青岛、汉口、南京、广州、台湾等地的石油运输储存机构和设备。这一时期，随着国民政府对原沦陷区工矿企业的大量接收，国统区的工矿企业出现了大型化、集团化的趋势。对于下一步的工作重点，资委会确定为两方面：（1）有关立国基础之事业，规模宏大民资无力兴办者。（2）足以自力更生，盈余有把握，可解还政府者。[①] 抗战胜利后，资委会在机构改组的同时，对所属的工矿企业进行了调整。这一时期资委会"最重要的方针，为走上企业化的大道。我们将斟酌情形，组织各种总公司或总管理处等机构"[②]。调整的原则是："尽量使较小之生产机构，合并为一个单位，以期管理调度，轻型集中"，"以企业化为准绳，尽可能采公司组织"[③]。

公司是商品经济发展的产物，是商品经济条件下有效的企业组织形式；公司反映了社会化大生产的客观要求，是推动社会生产力发展和技术进步的重要力量。时任资委会主任委员的翁文灏提出："重大事业悉设公司，或为有限公司，或为股份有限公司，因事制宜，依法办理。"[④] 资委会隶属于行政院以后，开展的第一项重要工作就是于1946年6月1日创办了中国石油有限公司。该公司成为中国历史上第一个国家石油公司。

---

① 中国第二历史档案馆编：《中华民国史档案资料汇编》第五辑第三编（四），江苏古籍出版社1997年版，第71页。

②《钱（昌照）主任委员训词》，《资源委员会公报》第10卷第6期，1946年版，第56页。

③ 郑友揆等著：《旧中国的资源委员会——史实与评价》，上海社会科学院出版社1992版，第162页。

④《翁委员长在本会第一届委员会议开会辞全文》，《资源委员会公报》第13卷第2期，第82页。

二、中国石油有限公司的成立

最早提出创办中国石油公司的是资委会主任委员翁文灏先生。翁文灏（1889—1971），谱名存璋，字泳霓、永年，号君达、悫士，出生于浙江鄞县一个官宦绅商人家。1902年以策论应乡试，列名秀才，时年13岁。少年时期他在诵读《左传》及唐宋古文之余，多读沪上报纸《新民丛报》以及《盛世危言》、《天演论》等书，对时势艰危颇多感触。

1908年，他考取公费赴欧洲留学，进入比利时鲁汶大学攻读地质学，4年后以优异成绩获得理学博士学位，成为中国第一位地质学博士。回国后他先后在北京大学、清华大学、农商部等单位任教或工作。1916年，他被任命为北平地质调查所矿产部部长，随后担任该所所长。这一阶段正是中国军阀混战、兵连祸结、政治混乱的时期，地质调查所的经费无法得到保证，职工的薪金被拖欠更是司空见惯的现象。面对政治腐败和经济落后的局面，翁文灏以惨淡经营的毅力，率领全所人员对中国的地质情况进行调查和研究，相继成立了地震、燃料、土壤和新生代等研究室，在多方面取得了开拓性的成果。在此期间，翁文灏满怀科学救国的理想，把全部心血倾注在地质科学基础理论研究上。1919年，他出版了中国第一本矿产专著《中国矿产志略》，文章从地质学角度进行研究，明确提出在陆相侏罗纪地层中存在石油。编制了中国第一张着色全国地质图——《中国地质约测图》；他是第一位代表中国出席国际地质会议的学者，第一位科学系统研究中国山脉的中国学者，第一位对煤炭按其化学成分进行分类的学者，是燕山运动及与之有关的岩浆活动和金属矿床形成理论的首倡者……在石油方面，翁文灏首先提出“在中国的陆相地层中存在油矿”[①]。在他担任北洋政府农商部地质调查所代所长时，他组织人员对中国的石油地质进行了第一次科学的调查工作。南京国民政府成立后，翁文灏在担任北平地质调查所所长期间，多次组织科研人员对全国的石油地质进行勘察，足迹遍及西北、西南、华南、东北等地。当时，国内各界对翁文灏评价甚高，普遍认为他“天资卓越，学识渊博，好学深思，著作等身，开创我国科学界之新纪元，阐扬科学，启迪后进，全国共仰，宏才硕学，优游莲幕，堪庆中枢得人”[②]。20 世纪 30 年代初，翁文灏在担任隶属于国民政府参谋本部的国防设计委员会秘书长期间，曾发表过《中国石油地质问题》一文，并组织人员前往陕北地区勘察并开发油矿。国防设计委员会改组为资源委员会后，继续担任该会秘书长的翁文灏又成立了四川油矿探勘处，在四川开展石油勘探工作。抗战爆发后，翁文灏担任国民政府经济部长兼资委会主任。这一时期，在国外石油产品几乎完全断绝的情况下，他力主开发甘肃玉门油矿，接办新疆独山子油矿，为中国的石油工业作出了重要贡献。

抗战胜利前夕，翁文灏在《经济建设概论》一文中提出：“石油宜充分开发，希望油料自给，战后年产汽油 400 万桶（约 50 万吨）。”与此同时，资委会制订了《石油工业建设计划概要》。《概要》对与外国石油公司开展合作，进一步开发西部油田，勘探开发新油田，在沿海地区布置炼油厂等作了规划。

抗战胜利后，随着中国社会政治经济格局的急剧变化，南京政府从竭力增加国家财政收入出发，开始大力扶持国有经济，近

① 张叔岩：《20 世纪上半叶的中国石油工业》，第 23 页。

② 王骏：《学者参政与现代思想库——从“国防设计委员会”谈起》，《科学学与科学技术管理》1997 年第 6 期，第 41 页。

代中国公司制度从此进入国有大公司大发展的阶段。翁文灏从1945年冬到1946年初，连续5次向蒋介石上书，提出他“原为对日抗战而参加政府工作，自当为抗战胜利而告退”，坚决要求辞去经济部长、资委会主任、战时生产局局长等职务。他在一首诗中表明了心迹：

自入中枢救国家，
凯旋应可出官衙。
辞呈五次求归去，
志趣终身避显夸。

辞去这些职务后去做什么呢？据孙越崎回忆，1945年11月的一天，翁文灏在重庆战时生产局与他谈话。翁说：“我做官做腻了，现在抗战胜利了，我想搞一点实际事业，你看搞什么好？”当孙提出可考虑到豫西或鲁中开发大煤矿，或去搞钢铁厂时，都被翁婉拒了。翁提出：“我想到按矿业法规定，石油只许国营，不许私营，与人无争。由资源委员会办一个中国石油公司，除甘肃玉门油矿、新疆独山子油矿、东北抚顺油母页矿和葫芦岛锦西炼油厂以及台湾的苗栗油田和高雄炼油厂外，还有四川和各地不少油田的地质构造可以探勘开发。这事业对中国很重要，也大有可为。而且比较起来，投资少，见效快。公司成立后我任董事长，将来请你帮忙任公司总经理。”①

1946年初，翁文灏在资委会委员会议上发表了题为《为中国经

① 《纪念翁文灏先生——写在翁文灏先生100周岁诞辰之际》，《孙越崎文选》，团结出版社1992年版，第355—356页。

济创立崭新时代》的讲话。其中说道："为中国经济创立崭新时代，筹划目标……首在建立动力之来源……中国石油事业，西北虽以开始，而机旧料少，如不重新建设，暂时不免于颓衰。台湾、东北修复炼厂，尚宜加力使用，庶见实效。"①

1946年5月16日，翁文灏获准辞去经济部长的职务。翁文灏随即全力以赴筹建中油公司。对此，行政院指令由资委会负责开发经营中国石油事业，以期造成国家资本，巩固经济基础。

中油公司的成立也是时代的要求。抗战胜利后，中国政府接管了日本侵略者在东北、台湾等地区的石油企业，这些企业亟待恢复生产；上海、南京、天津、汉口、广州等大中城市的石油储藏和销售急需统一布局；年产400万桶（约50万吨）汽油的计划需要落实；新油田需要勘探开发；与外国石油企业的经济技术合作需要谈判；大型油轮需要建造。中油公司的成立也是石油工业发展的必然。抗战之前和抗战期间，中国通过创办石油企业，积累了一些经验，培养了一批人才，为在适当的时间组建全国性的石油公司奠定了基础。

中油公司成立的一个重要背景就是国民政府于1946年4月颁布了《公司法》。在中国近代史上，清政府于1904年颁布了近代中国首部《公司律》，1914年北洋政颁布了《公司条例》，南京国民政府于1929年颁布了《公司法》，而1946年颁布的新的《公司法》是近代中国篇幅最大、内容最全，同时也是最后一部公司法。这部公司法的颁布是中国公司制度发展及世界经济体系建立初现端倪的反映，体现了国内、国际公司制度变迁的新动向和新特点。它将此前历届政府有关公司的各种政策法规进行了系统的整理和修正，与世

① 《回忆国民党政府资源委员会》，中国文史出版社1988年版，第308—312页。

界范围内公司和公司法的发展趋势保持了同步和一致。在这部公司法中，不仅对公司作了最基本的定义，而且对各种类型的公司分别作了明确的确定。这部公司法第一次将有限公司这一公司类型列入，明确有限公司为两人以上、十人以下的股东所组织，以其出资额为限对公司负其责任的公司。这部公司法对有限公司的规定，既可以满足国有企业注册为具有法人地位、负有限责任的公司组织，同时又可以因为公司股东名额的限制而避免成为公众性的公司。这部《公司法》加强了董事的组织制度及其拥有的权力，明确了股东会和董事会之间的权限分工，使得公司的管理制度更加严密和谐，增强了公司经营的活力。抗战胜利后，中国工商业有了相当规模的发展，无论是公司的数量，还是公司组织的健全，都为公司法的完善提供了客观的物质基础。由此可见，新的《公司法》十分有利于国有工矿企业的转制。这部公司法的颁布，特别是其中增设的“有限公司”内容，为中油公司的成立提供了有利的法律环境和社会经济环境，标志着中国公司制度建设进入了一个新阶段。

三、中国石油有限公司开展的工作

经过短期筹备，中油公司于1946年6月1日在上海成立，公司办公地点设在江西中路131号。根据这年4月国民政府颁布的《公司法》，公司名称定为资源委员会中国石油有限公司。中油公司的成立，标志着石油工业已在中国发展成为一个独立的工业门类。《中国石油有限公司章程》规定：

（1）本公司经营范围包括：中国境内石油矿及有关矿产的探勘、开采及经营；提炼石油，利用油页岩或天然煤气及人造油建立炼厂；运销石油及油产品；其他与本公司有关的业务。（2）公司设在上海，矿厂设在各矿区，炼厂设在炼油地点，办事处或运销机构设在运销中心。（3）公司资本额定为国币300亿元，其中资委会出资294.5亿，资委会冀北电力公司出资5亿，资委会保险事务所出资0.5亿。①

以上三个出资方的代表分别是：资委会代表翁文灏、冀北电力公司代表孙越崎、资委会保险事务所代表吴兆洪。需要说明的是，资委会出资的部分由三部分组成：一是资委会所属的甘肃油矿局、动力油料厂、四川油矿探勘处及台湾、东北的石油生产、储运企业的固定资产；二是资委会专拨法币100亿元；三是资委会向美国方面借款500万美元，折合国币100亿美元。

中油公司的职责是：负责经营管理全国石油事业，组织油田生产和原油炼制，对进口石油进行限额分配，统一定价（此项工作于1947年划归行政院输出入委员会管理）；经营进口油品，在中心城市建立营业所和其他销售机构，贯彻以油养油的方针；改善油田装备，提高钻井、采油、炼油等生产技术；成立石油化工研究所和油轮公司，组织恢复台湾和东北石油企业的生产。②

1946年7月24日，资委会公布了《中国石油有限公司组织章程》。《章程》规定：公司内设矿务处、炼务处、总务处、业务处、财务处、购料委员会。公司得呈准董事会在国内外重要地点设立办事处或通讯处。鉴于中油公司已成立，行政院将所属的液体燃料管理委员会撤销。为此，中油公司专门设立了油料分配委员会，履行原液体燃料管理委员会的职能。1947年4月26日，资委会对原《中

① 《资源委员会公报》，第11卷第2期，第29—30页。

② 张叔岩：《20世纪上半叶的中国石油工业》，第29页。

国石油有限公司组织章程》进行了修正，规定公司机关职掌分矿务、炼务、总务、业务、财务等5个部分，取消了原来处级建制，各部分事务分室办事，由总经理指定协理分管。

中油公司的最高决策机构是董事会，它的职能主要是编制预算、决算、盈亏分配，决定人事任免等。经推举，公司董事长由翁文灏担任，常务董事为吴兆洪、许本纯，董事为孙越崎、孙拯、王守竞、霍宝树，监察人是张峻、季树农。关于总经理一职，“翁文灏心目中的合适人选是孙越崎。在孙越崎接收工作未完成以前，翁文灏决定先由自己兼任。但是孙越崎一直也未能再抽出身来从事石油工作，直到1948年翁文灏出任行政院长之后，总经理一职才由第一协理张丽门继任”[①]。协理由张丽门、严爽、金开英、郭可诠担任。1948年5月，翁文灏升任行政院院长，中油公司总经理一职由张丽门继任。

中油有限公司是一个集开发、勘探、生产、运输、销售、器材供应、行业管理等职能为一体的，按照现代企业制度建立起来的国家石油公司。它当时管辖的单位有：甘青分公司、台湾油矿探勘处、高雄炼油厂、四川油矿探勘处、东北炼油厂、新竹研究所、嘉义溶剂厂、中国油轮公司（与招商局合办）。其中甘青分公司所属的油矿主要在玉门。这一时期，该公司已着手勘察甘肃酒泉附近的文殊山、大红圈、青草庵等处的油苗。台湾油矿探勘处的油田分布在矿坑、锦水、竹东、新营等处。四川油矿探勘处主要在江油探勘。

中油公司成立后制定了《战后石油工业建设初步实施计划》。在制定工作方针时，首先分析了当时中国石油工业的状况。分析认

① 李学通：《书生从政——翁文灏》，兰州大学出版社1996年版，第234页。

为：甘肃“地处西陲，交通不便，须有日产万吨以上之油田，始能合乎大量生产之经济条件”，因而近期除视西北市场的需要而增加产量外，主要注意于油源的探勘，“俟油源确定即作大规模之开采”。“四川虽已进行了10年的勘探工作，收效不大，但因仅打4口探井，且天然气丰富，不能遽加肯定无油”，应一面“将天然气尽量加以利用，一面仍进行探勘工作，以明究竟”。对于东北锦州、锦西的炼油厂，“视当地局势进行情形，逐步复工”。台湾虽然目前已经探明的石油储量不多，但“炼油厂规模甚大，足资利用，拟购买外国原油，添配器材，分期复工，逐步增产”。由此可见，中油公司此时采取了勘探、炼油、销售并举、不断发展的积极的工作方针。

在地质勘探方面，中油公司制订了两年勘探计划，明确甘肃、青海、四川、台湾为重点勘探区域。翁文灏认为：

> 西北为我国产油最有望区域，除玉门油矿已在开发外，其他值得探勘之地方甚多，正在次第测勘。四川方面虽经数年钻探，以经费支绌，机器不全，仅凿4井，天然气已产有相当数量，可资利用。此区物产丰富，人口众多，事业之发展颇有把握，自当继续进行。本年钻探工作，注重隆昌、江油两地。台湾方面，经日人开采，已有40余年之历史，唯以方法陈旧，仅找到相当数量之天然气，与一小部分原油。收复后迭经勘查，先在台湾中部平原区着手开井钻探。[①]

为了尽快发现新的油田，中油公司将原有的勘探队伍不断扩

① 《资源委员会事业概况》，《资源委员会公报》第12卷第6期，1937年第11版，第88页。

大，并从美国购买先进的重力勘探设备。与此同时，中油公司还委托资委会矿产测勘处在四川、广西等省进行石油勘探工作；与中央工业研究所、中央地质调查所联合组成科学考察队，调查新疆地区的石油资源。通过勘探，完成了一批调查报告，为下一步开发打下了坚实的基础。例如在台湾，中油公司一方面从公司探勘室选派工程技术人员前往台湾地区整理日本人留下的地质资料，一方面安排两支勘探队到台湾，对苏澳、台北、新竹、苗栗、台中、嘉义、台南、高雄、屏东等地进行了重力勘探。这两支勘探队在野外工作426天，勘探面积约1万平方公里，约占台湾全省面积的三分之一。通过勘探，取得了一批成果，确定了一些井位，为在台湾发展石油工业作出了重要贡献。

在生产方面，中油公司一方面对玉门、台湾、四川这些老油气田利用原有机器设备挖掘潜力，一方面在老油气田地区建设新井。建设新井时尽量使井距加大，以保全地下压力，使油井能够长期生产。从1946—1949年，中油公司所属的玉门、台湾、四川的石油和天然气产量见下表：

年度	玉门		台湾		四川	全公司合计	
	原油	天然气	原油	天然气	天然气	原油	天然气
1946	70235.42	1414.8	2173.19	3881.40	704.88	72308.61	6001.08
1947	51492.68	930.2	3049.09	4006.89	494.59	54541.77	5431.68
1948	77920.29	942.8	3069.83	3129.99	942	80990.12	5014.79
1949	69159.15	440.9	3052.63	2562.94	—	72811.78	3003.84
合计	268807.54	3728.7	11344.74	13581.22	2141.47	280752.28	19451.39

资料来源：张叔岩编著：《20世纪上半叶的中国石油工业》，石油工业出版社2001年版，第120页。

说明：表中原油的产量以吨计，天然气的产量以万立方米计。

生产出来的原油主要通过甘肃玉门炼油厂、设在锦西的东北炼油厂、台湾高雄炼油厂进行提炼。对油产品的质量指标，已采用国际通行的统一标准。这一时期，中油公司鉴于上海是中国石油产品的最大市场，还从美国进口日加工200吨原油的两套炼油设备，在上海高桥筹建上海炼油厂。

对于生产出来的油产品，中油公司在沿江沿海9个省20个城市建立了储油所、储油库和加油站。其中最大的上海储油所位于黄浦江东岸的高桥地区，占地393亩，有16座储油池，总容量为84746公秉。其他较大的储油所分别在南京浦口和下关、天津新河和塘沽、青岛大港、广州白蚬壳、汉江丹水、宜昌白沙脑、海南岛榆林、台湾基隆等地。储油所内设制听厂、制桶厂，以方便油产品的运输和使用。

在销售方面，中油公司专门成立了油料分配委员会。该委员会不仅负责分配、销售本公司所属企业生产的油产品，而且对这一时期进口的油产品实施管制。在此之前，中国的石油市场长期被美国美孚石油公司、英国亚细亚公司（后合并改组为英荷壳牌公司）、美国德士古石油公司三家外国石油公司垄断，即所谓“三油公司”。美孚的产品品牌是老牌、虎牌、鹰牌，亚细亚的产品品牌是壳牌、鱼牌、僧帽牌，德士古的产品品牌是红星牌、幸福牌等。抗战爆发以前，“三油公司”的产品约占中国石油市场的90%，其中美孚占45%，亚细亚占35%，德士古占10%。太平洋战争爆发后，英美在华的石油公司被日本侵略军征用掠夺。抗战胜利后，“三油公司”卷土重来，通过采取低价销售等手段，依旧垄断着中国的石油市场。中油公司成立后，很快在国内市场上与“三油公司”并驾齐驱，四分天下有其一。下表是1949年1月统计的中油公司与三家外国公司在中国沿海沿江城市储油池容量的统计表（容量单位为公秉）：

地区	中油公司	美孚石油公司	亚细亚石油公司	德士古石油公司
上海	139575	141463	104223	112499
南京	11766	14301	—	—
汉口	13624	38227	10986	11215
宜昌	—	—	13154	—
天津	22939	50887	8035	17180
青岛	14401	47225	6203	7804
广州	12747	31521	7973	4767
重庆	123	—	13102	—
厦门	—	—	14394	—
合计	215175	323624	179070	153462

资料来源：《中国石油有限公司业务设备现况报告》(1949)，转引自张叔岩编著：《20世纪上半叶的中国石油工业》，石油工业出版社2001年版，第123页。

为了在沿海沿江地区运输油料，加强自运能力，中油公司与招商局合资，于1947年2月1日组建了中国油轮公司，拥有24艘油轮，总吨位6.5万多吨。其中最大的永灏号油轮的吨位为10383吨。这些油轮大部分是从美国购买的，有几艘是从台湾高雄附近海域打捞出来的在二战期间被盟军炸沉的日本油轮。油轮公司的成立不仅大大降低了中油公司的运输成本，缩短了装卸时间，而且带有恢复中国内河航运主权形象的政治意义。

在对外合作方面，中国石油公司与美孚公司、德士古公司、亚细亚公司组成联合调查团，对甘肃、青海省约9000平方公里面积进行物理勘探，以摸清该地区的石油分布和储量。1947年秋，中油公司还邀请英国地质学家斯屈朗（M. W. Strong，中文名字为宋迈田）对四川的石油分布进行调查。

中油公司成立以后，很快在全国各主要城市设立了营业机构，既销售国产油品，同时也销售进口油品。这一时期，中油公司在上海、南京、浦口、汉口、天津、青岛、基隆、广州设立了8处储油所，正在兴建的还有宜昌、重庆、高雄、葫芦岛、兰州、沈阳等几处储油所。到1947年底，各储油所之总储量可扩充至6100万加仑，约相当于全国两个月之用油量。……约等于外商储油容量四分之一。中油公司还一度对外国在华石油公司的销售实行限额管理，规定进口数额、交货地点、销售价格等。由此可见，中油公司在资产规模、经营规模、内部组织管理机构已具有大托拉斯公司的特点，形成了规模优势，基本实现了对中国石油工业全行业的完全控制。

截至1948年底，中油公司已有13578名职工。其中职员1433名，技术人员685名，技术工人4499名，普通工人6961名。全国绝大多数石油企业都在中油公司的统一领导和控制之下。在中油公司的示范下，有限公司在中国迅速发展，成为当时中国资本主义经济中占主导地位的企业制度。尽管由于当时缺乏安定的社会环境以及良好的社会政治秩序，到1949年时，国民政府所辖的国有工矿企业中大约50%以上采用了公司组织。由于国民党政权的政治腐败以及军事上的迅速失败，中油公司在当时的社会环境中未能得到应有的发展。全国解放时，中油公司少部分员工迁往台湾，绝大部分员工留在大陆，成为新中国石油工业的骨干力量。尽管中油公司成立后所处的社会环境一直动荡不安，但该公司还是在困境中有所发展，显示出有限公司顽强的生命力和社会适应性。

中油公司作为当时中国第一家全行业的重工业有限公司，它的建立和发展，对社会生产力的发展，对企业制度的进步，起到了推动作用。该公司成立后，有效地把全国生产加工、运输销售石油产品的资金集中起来，扩大了生产规模，改善了经营方式，提高了企业的经济效益和社会效益。按照现代企业制度的要求，中油公司尚未做到产权明晰，责任明确，政企分开，管理科学，但它毕竟是中国历史上最早成立的全国范围内全行业的有限公司之一。它设立了董事会和监事会，有明确的经营范围和方针。它把国内的石油企业统合起来，统筹调度生产、运输资源，通盘规划销售市场，从而大大提高了工作效率，使企业纵向一体化的水平发展到一个较高的程度，企业的经营方式由分散经营发展为集团化经营。虽然中油公司存在的时间不长，组织也不够完善，但它在与外国公司开展竞争，促进中国石油工业的发展中的作用是应该肯定的。抗战胜利后，美国的美孚石油公司、德士古公司和英国的亚细亚公司重返中国，在中国的大中城市建立分公司和销售处，形成了销售网络。抗战胜利初期，仅德士古公司天津分公司就向美国汇寄了7000多万美元的利润。[①]中油公司的成立增加了民族企业与洋货和外资在华企业的竞争实力，提高了竞争规格。中油公司的组建，提高了企业对外竞争的素质。资金相对雄厚使企业有能力更新设备，购置先进的生产机械和聘用较多较好的科技人员。通过公司这个组织形式，推动中国石油工业的发展，加速石油工业技术进步的步伐，提高企业经营管理水平。

历史证明，凡是符合客观规律并有利于发展生产力的事物，就是有生命力的。现代公司制度即是这样一种事物。作为一种先进的企业制度，公司制度的发展需要经济、政治、法律制度的配合，需要生产力的高度发展。在中国，它代表了企业组织制度变迁的方向，终将会在社会经济生活中占据主导地位。

从历史的观点来看，任何一种社会经济组织形式都是历史发展过程的产物，都有它时代的痕迹和历史局限，中油公司也不例外。一个国家的现代化，不仅仅是物质生产的现代化，还包括生产组织形式，以及保障他们的社会制度等。公司制度是一种现代企业制度。抗战胜利后，以翁文灏为首的一批社会精英通过组建中国石油

① 申力生：《中国石油工业发展史》第2卷，石油工业出版社1988年版，第236页。

公司，使公司制度在中国得到进一步的推广和实施。在近代中国公司制度艰难的演进历程中，中油公司既是中国近代公司制度发展的最高阶段，同时也为当今的中国公司制度建设提供了一个可供参考的前车之鉴。今天，中国正在致力于推进建立现代企业制度，而公司制度是企业制度最重要、最核心的部分，重温这段历史想必会得到借鉴和启迪。

（本文原载《武汉大学学报》2008 年第 1 期）

资源委员会研究

民国时期资源委员会述论

论及南京国民政府成立后的经济，资源委员会（以下简称资委会）是必然要提及的机构。资委会是国民政府属下的一个专门负责工业建设的机构，它的前身是国防设计委员会。该机构自1932年在南京成立至1952年在台湾撤销，先后隶属于国民政府军事委员会参谋本部、军事委员会、经济部、行政院。初成立时，该会是一秘密机关，仅有31名员工，下辖一家企业；到抗战胜利后，该会已统领全国（包括台湾省）近千家大中型企业，管理30多万员工，成为直属行政院的部会级机构。中国的石油、金属矿开采和冶炼、钢铁、电力、煤炭、机械、化工、电子等行业中的绝大部分企业都在该会领导之下。由此可见，在20世纪三四十年代，资委会及其所属工矿企业的产生和发展，对于中国工业近代化的发展和社会进步有着举足轻重的作用。资委会研究是中国近代史、中国近代经济史，尤其是中国近代工业史研究领域的重要课题。为了使有关研究者对资委会的整体情况有比较系统的了解和把握，本文对资委会近20年的主要活动分阶段作一述论，不当之处欢迎批评指正。

一、参谋本部时期

研究资委会，首先有必要研究资委会的前身——国防设计委员会。

1931 年“九一八”事变后，蒋介石一方面奉行“攘外必先安内”的政策，另一方面在南京国民政府内一些有识之士的推动下开始着手进行抗战的准备工作。面对国内政治形势的重大变化，蒋介石为了维护其统治地位，借机网罗一批有可能与之合作的在国内既有名望又有真才实学的专家学者，并通过他们扩大国民党的阵线，随即采纳了时任教育部常务次长钱昌照的建议。资委会的前身——国防设计委员会在此背景下开始筹备。

经过一年左右时间的酝酿和筹备，1932 年 11 月 1 日，国防设计委员会（The National Defense Committee）在南京正式成立。国防设计委员会的办公地点设在国民革命军总司令部的旧址——南京三元巷 2 号。为了对外保密，该会对外不挂招牌，信封上只印“南京三元巷 2 号”。该会的一切活动均不见诸报端。蒋介石对该会的工作十分重视，该会的经费由蒋介石“从军事委员会委员长的秘密费里支出。那时国民党政府各机关的经费是打折扣发给的，但是国防设计委员会的经费却十足发放，每月 10 万元”[①]。《国防设计委员会组织条例》规定：“国防设计委员会直隶国民政府参谋本部。”该会的职权是：（一）拟制全国国防之具体方案；（二）计划以国防为中心之建设事业；（三）筹拟关于国防之临时处置。

为了牢牢地掌握国防设计委员会，蒋介石亲自担任该会委员

---

① 吴兆洪：《我所知道的资源委员会》，《回忆国民党政府资源委员会》，中国文史出版社 1988 年版，第 68 页。

长，著名地质学家翁文灏和钱昌照分别担任该会正、副秘书长。蒋介石还任命了39位国防设计委员会委员，他们分别是：翁文灏、钱昌照、黄慕松、杨杰、陈仪、周亚衡、林蔚、丁文江、陈立夫、王宠佑、刘鸿生、穆藕初、曾昭伦、赵石民、陶孟和、刘大钧、吴鼎昌、徐新六、唐有壬、杨端六、万国鼎、沈宗瀚、胡石青、陈伯庄、顾振、沈怡、颜任光、钱昌祚、周鲠生、钱泰、徐淑希、俞大维、谢冠生、裴复植、王世杰、蒋梦麟、胡适、杨振声、周炳琳等。除此之外，行政院各部会主要官员为国防设计委员会的当然委员，以后又陆续增补了一些委员。为了使各项工作顺利而有效地得以开展，国防设计委员会还先后聘请了200名左右的专门委员，这些人大都是国内各界知名的专家学者。

国防设计委员会下设三处八组。三处分别是秘书处、调查处、统计处；八组分别是军事、国际关系、经济及财政、原料与制造、运输与交通、文化、土地及粮食、专门人才调查。国防设计委员会《工作计划大纲》的指导思想强调，制订国防计划“既非仓卒可期，亦非财力人力所能胜任。故设计之工作须研究事项之缓急轻重与施行之难易，而划分国防为若干步骤或若干期”。根据这一指导思想，国防设计委员会成立后，面对百废待举、头绪纷繁的局面，开展的第一项工作是根据需要进行深入细致的调查研究。调查内容十分广泛，涉及工业、交通、农业、水利、金融等诸多方面。这时期，该会各处、各组都如期完成了各自的调查工作，共提交调查报告156项。在调查研究的基础上，国防设计委员会还编制了各种统计报表。其中包括1926—1932年间中国对外贸易的统计资料、1933年度的《全国各业资本统计表》《全国各业产品总额统计表》《全国各地各业资本产品总值工人数概况统计表》等。这一时期，国防设计委员会还创办了一家企业——陕北延长油矿。除了创办陕北延长油矿之外，该会秘书长翁文灏和专员孙越崎还奉蒋介石之命，主持整理了位于河南焦作的中英合资经营的大型企业——中福煤矿，将一个积重难返、债台高筑、濒临破产的企业迅速扭亏为盈，使其产量和销售量跃居全国第三。

从1932年11月成立到1935年2月改组为资委会，国防设计委员会仅存在2年3个月时间。客观地说，国防设计委员会虽然存在的时间不长，开展的工作大多处于秘密状态，但该会对日后中国的政治、经济、军事、社会的发展变化产生了重要而深远的影响。

第一，该会的成立扩大了蒋介石的统治基础，扩张了蒋介石的个人权力。面对当时复杂多变的国际国内政局，蒋介石审时度势，听取幕僚的建议，通过组建国防设计委员会，并亲任该会委员长，取得了事半功倍的效果。他通过成立国防设计委员会，竖起“国防”的旗帜，将一批全国著名的专家学者和实业家招至门下，为其所用。

第二，一批专家学者从此走上从政的道路。“九一八”事变发生后，在各种因素相互作用的影响下，翁文灏、丁文江、王世杰、蒋廷黻等一批全国著名的专家学者一反过去回避政治的态度，从加入国防设计委员会起步，走上了学者从政的道路。

第三，对中国国情进行了一次比较全面和系统的调查，为下一步开展经济建设和其他各项建设事业打下了基础。

第四，网罗并掌握了一批各方面的优秀人才，其中相当部分是当时中国最卓越的专家学者和实业家。

第五，提出利用外资发展中国工业。为了巩固对外信用，国防设计委员会向政府当局提出了抓紧时间分批分期整理外债和归还积欠外债的动议，以恢复对外债信，争取利用外资发展本国工业。

二、军事委员会时期

1935年初，国民政府开始酝酿对政府所属的一些部门进行改组。经过一段时间的酝酿和准备，国防设计委员会与兵工署下辖的资源司合并，于1935年4月1日正式改称资源委员会，隶属于军事委员会。资委会初成立时，委员长仍由时任国民政府军事委员会主席的蒋介石兼任，正、副秘书长仍由翁文灏和钱昌照担任。从此，资委会的发展进入军事委员会时期。从国防设计委员会改组为资源委员会，名称的变化意味着工作范围和性质随之发生了变化。这一时期也是资委会从国情调查机构向全国工业主管机构转折和过渡时期。这一时期，资委会开展工作的范围已不局限于调查、研究、设计等方面，开始走上了主要创办工矿企业的道路，并在短期内迅速发展成为民国时期最大的国家资本工业企业经营和管理机构。

资委会成立后，国防设计委员会时期开展的军事、国际关系、文化教育等方面的工作一部分告一段落，一部分移交其他部门继续办理。这一时期资委会的工作重点是研究规划与国防相关的经济工作，其性质从一个有关国防的调查、统计和研究部门转向国防工业的规划与建设部门。此时资委会的职掌为：(1) 关于人的资源及物的资源之调查、统计、研究事项；(2) 关于资源之计划及建设事项；(3) 关于资源动员之计划事项；(4) 关于其他有关资源之事项。①

1935年11月，国民党五大召开，蒋介石取代汪精卫担任行政院院长。蒋介石在组阁时，从资委会调去了几位要员到行政院担任要

① 程玉凤等著：《资源委员会档案史料初编》（上），台湾“国史馆”1984年版，第27页。

职。其中任命翁文灏为行政院秘书长，吴鼎昌任实业部长，张公权任铁道部长，王世杰任教育部长，蒋廷黻任行政院政务处长。此届内阁当时被人称为“三元巷内阁”（三元巷为当时资委会的办公地）。此时的资委会在国民政府中已占有举足轻重的地位。吴鼎昌担任实业部长后，即把工业建设方面的工作拱手让给了资委会，实业部则成为一个单纯的实业行政管理部门。关于发展工业，翁文灏和钱昌照都认为必须遵循三个基本原则：（1）中国经济建设，必须以工业化为中心；（2）工业化必须以重工业建设为中心；（3）重工业建设必须以国营事业为中心。①

重工业决定着整个工业的发展水平，而且又是国防建设的基础。国家如无重工业，则不可以言国防。资委会在国防设计委员会时期对国情全面调查研究的基础上，于1936年3月首先拟订了一个《国防工业初步计划》。该计划的中心内容是：在江西、湖南一带建立一个国有化的重工业区，并开发西南各省的矿产资源。计划所包括的行业有冶金工业（钢铁、铜、铅、锌、钨、锰、铝等）、电力工业、电力应用工业、机械制造工业、化学工业等，其中有些工业门类是中国工业发展史上前所未有的。关于这些工矿企业建在何处，资委会调查处提出以下6条原则：（1）安全地域（不受军舰及飞机之威挟者为限）；（2）水陆交通便利；（3）原料燃料方便；（4）有扩充性的地点及规模；（5）用水供给便利；（6）无水灾。根据这些原则，综合各方面条件，他们提出南方的湖南、江西最为适宜，北方则以陕西较为适宜。在建设程序上，他们提出的先后顺序依次是：钢铁、铜、石油及汽油代用品、炸药、无烟药、子弹、炮

① 吴兆洪：《我所知道的资源委员会》，第106页。

弹、汽车、通讯器材、望远镜、光学用品等。[①]

根据这些原则，结合此前数年调查研究的情况，资委会拟制了一个《重工业建设5年计划》。通过广泛征求意见，然后又经过几个月的修改，资委会对5年计划进行了较大的调整，将其修订为更为详尽的《中国工业发展三年计划》。1936年6月，资委会通过军事委员会将该计划呈报国民政府核准。《中国工业发展三年计划》是资委会在中国开展工业建设的纲领性文献，该计划对这一时期资委会的各项工作起到了指导作用。

这个计划还对每个项目每年的财政开支作了预算，总预算为9649万元。根据“国防安全、运输便捷、资源丰富”的建厂原则，该计划拟建的钨、锑、煤矿分别分布在江西、湖南、河南等省，钢铁工业分布在湖南、安徽等省，铜矿分布在湖北、四川等省，油矿分布在陕西、四川等省，机械、电子等工厂主要分布在湖南省，共计17家生产单位。由此可见，该计划拟建的工矿企业均分布在内陆省份。关于厂址的选择，既照顾到原材料的供应和交通便利的因素，又明显体现出备战的考虑。

根据资委会制订的《中国工业发展三年计划》预算，计划中兴办的各种重工业，“需要两亿四千万元的创业基金，六千万元的流动资金”[②]。南京国民政府成立后，虽然想方设法增加财政收入，但由于战乱频仍，兵连祸结，财政收支年年出现巨额赤字，资委会要在中国发展国家资本，大力兴办重工业，首先面临的是资金问题。比较熟悉中国当时财政状况的钱昌照意识到：中国的国民所得很少，

---

① 中国第二历史档案馆编：《中华民国史档案资料汇编》第五辑第1编《财政经济》(5)，江苏古籍出版社1997年版，第932—933页。

② 钱昌照：《钱副主任训词》(1942年1月21日)，《资源委员会公报》第2卷第1期，第84页。

每年积蓄能力极有限，资本市场又没有组织起来，要想加速度的工业化，非利用外资不可。正当资委会处心积虑筹措资金时，《中德易货协定》的谈判给资委会带来了机遇。

在当时，德国是世界公认的一流军事强国，生产的武器装备特别精良，南京国民政府对此有很大的需求。而德国发展军火工业又十分需要中国的钨、锑、锡等战略原料。互相需要就为双方合作提供了契机。1936年初，德国政府派遣大型经济考察团前往中国进行考察。随后，资委会于1936年2月奉国民政府之命选派了以该会委员顾振为团长，凌宪扬、酆悌、王守竞等资委会成员组成的代表团飞往德国，代表中国政府与德方就中德易货贸易、信用贷款、工业合作等方面的问题展开谈判。

通过谈判，中德签订了《中德易货协定》12条。其中规定，国民政府可以向德国购买1亿金马克以内的军火或军工以及重工业设备，所费资金可用钨、锑、桐油、生丝、猪鬃等农矿物资抵付。借款年息5厘。双方还签署了进行技术合作的协议。协议规定由德国帮助资委会兴建炮厂、机关枪厂、光学仪器厂、硫酸厂、钢铁厂、钨铁厂、铜矿等。[①] 在德方提供的1亿金马克贷款中，中方将其中90%以上用来购买军火及军工设备，并分配给资委会9819114马克，用来购买德国的机器设备。资委会随即用这笔钱向德方购买了急需的先进的机器设备，用来建设机械、冶金、电子、化工等工矿企业。从1936年到1941年7月中德断交，资委会先后从德国购买了价值3572418金马克的机器设备，建立了一批比较先进的工矿企业。1937年“七七”事变之前，资委会创办、接管或与有关部门、地方

① 《德国外交部第HO9641315号文件》，转引自辛达谟：《德国外交档案中的中德关系》（五），《传记文学》（台湾）第42卷第3期，1983年3月版，第82—83页。

政府合办的企业和管理单位共有29个。[①]

这一阶段，资委会做的另一件大事就是在抗日战争全面爆发后组织动员上海等沿海地区企业和该会创办的工矿企业向后方迁移。20世纪30年代中期，中国数量有限的工矿企业中的约80%集中在东部沿海和沿江城市，尤其是上海，无论是工厂数量、资本还是技术水平，它在全国都是首屈一指的。“七七”事变发生后，日本侵略军立即将进攻矛头直指上海，上海等沿海城市的工矿企业危在旦夕。经济是决定战争胜负的基本因素，如能发挥利用上海等东部沿海地区的工业能力，则能增强中方的抗日力量；如果这些工业基础毁于战火，势必使中国的民族工业大伤元气，必将使中国的抗战实力遭到重创；如果这些企业沦入敌手，就等于将中国约80%的民族工业用来加强日本侵华的实力，其后果不堪设想。根据当时的形势，资委会副主任钱昌照上一条陈，要求国民政府批准两件事：一是资助拆迁上海主要民营工厂移至后方生产，以利继续抗战；另一是紧急拨款抢购积存于青岛等沿海城市的战略物资，如水泥、钢材、木材等，以供防御之需。以上两事均得到批准。[②]

随着战争的不断扩大，为了尽可能多地将沿海地区及中国中部地区的工矿企业迁至抗战后方，同时安排好迁移企业尽快在新的地方恢复生产，支援抗战，1937年9月下旬，国民政府决定成立工矿调整委员会，由资委会秘书长翁文灏担任工矿调整委员会的主任委员。由于资委会的率先倡议和大力推动，从1937年8月到1940年底，从沿海等地区内迁到后方的工矿企业共有639家，其中经资委会

① 详见陈真编：《中国近代工业史资料》第3辑，三联书店1961年版，第842—843、868—869页。

② 《钱昌照给孙果达的信》，孙果达：《民族工业大迁徙》，中国文史出版社1991年版，第1页。

等政府部门协助内迁的有448家。受其影响，福建、浙江两省自行内迁的企业有191家，拆迁机器设备总重量约12万吨，资本总额在1亿元以上。抗战初期，资委会所属的工矿企业中的相当一部分全部或部分迁到了后方。据统计，资委会仅在抗战爆发初期迁建的工矿企业共有18家。①

在大力组织工矿企业内迁的同时，资委会还制订了征集技术人员的办法。办法提出，凡化学、机械、电器、矿冶、土木建筑、纺织等专业的大学毕业生或具有相当学识经验者，均予安排工作。抗战初期，经资委会招募的技术和管理人员达3000名以上。

沿海工矿企业的内迁，大大改变了迁入地区的产业结构。在此之前，西南地区只有少量的纺织、面粉、生活日用品等生产企业，规模普遍较小，技术水平不高。而内迁企业门类结构相对比较完整，技术含量较高。在从沿海地区向抗战后方转移工矿企业的同时，资委会还在上海、青岛、香港等沿海地区购买了1500万加仑的汽油、约2万吨钢材等战略物资分别交给国民政府所属的航空委员会、军政部、参谋本部等部门。②

由资委会率先发起和大力推动的工矿企业内迁，以上海为开端，迅速扩大到江苏、山东、河南、江西、湖南、福建、广东等省。这次内迁不仅对于抗日战争有着积极的作用，而且产生了深远的影响。它为保存中国抗战的经济力量，奠定后方工业建设的物质基础，改变原来中国工业的不合理布局，尽可能满足军需民用的供给，促进后方工业近代化的进程，起到了极其重要的作用，在中国近现代经济发展史上具有重要意义。

---

① 《资源委员会附属厂矿战后内迁器材数量表》，《资源委员会公报》第1卷第1期，第76页。

② 《资源委员会公报》第2卷第1期，第84页。

三、经济部时期

抗日战争全面爆发后，国民政府被迫向西迁移。为了适应战时需要，国民政府决定调整政府机构，包括原有的经济领导和管理机构。在1937年12月31日举行的国防最高委员会会议上，国民政府决定将实业部、全国经济委员会、建设委员会、军事委员会第三部和第四部、资委会等机构的全部或部分合并成立经济部。翁文灏担任经济部长兼资委会主任，资委会副主任仍由钱昌照担任。经济部的成立，标志着国民政府初步完成了从和平时期的经济体制向战时经济体制的转变。新组建的经济部内设21个行政单位，22个专业部门。资委会虽是22个部门之一，但它在经济部管辖的专业部门中的地位却是首屈一指的。原国家建设委员会、原军事委员会第三部、第四部的人员及业务在这次调整中都并入资委会，从而壮大了资委会的实力，特别是原来主管全国电力工业和矿业的建设委员会一批工程技术人员转入资委会后，使资委会的技术实力大大增强。从此，资委会的发展进入一个新的阶段。

1938年2月28日，国民政府颁布了《资源委员会组织条例》。根据条例规定，资委会的职掌为：（一）创办及管理经营基本工业；（二）开发及管理经营重要矿业；（三）创办及管理经营动力事业；（四）办理政府指定之其他事业。由此可见，资委会的工作范围较前增加了以火力发电和水力发电为主要内容的动力事业。1938年3月5日，新组建的资委会在汉口正式办公。从此，资委会从过去的秘密机关转为公开办公的机关，从过去的主要"筹划经济动员而兼事重工业建设之机关变为纯粹之重工业建设机关"[①]。新组建的资委会兴

① 孙拯：《资源委员会经过述略》，《资源委员会月刊》第1卷第1期，第9页。

办工矿企业的地区主要在抗战后方。从此，资委会在战前资源调查和初步兴办工业的基础上，全面开展工业建设。

由于处于战争时期，资委会所担负的工矿建设负有4个基本任务：第一，增加军需原料和制品的生产，以提高国防能力；第二，增加出口物资的生产，以提高对外的支付能力；第三，增加日用必需品的生产，以安定人民的生活；第四，发展基本工矿业，以奠定工业化的基础。这一时期，资委会经办的工矿企业按照业别而论，可大致分为三类：工业、矿业、电业。工业企业又可分为冶炼、机电、化工等三大部类。冶炼企业包括铜铁、钨铁、钢铁、炼铜等，机电企业包括机器、电工器材、无线电机、电瓷等，化工企业包括液体燃料、化工材料等。矿业企业可分为金属矿和非金属矿两大部类。金属矿包括金、铜、铁、锡、铅、锌、钨、锑、汞等矿，非金属矿包括煤炭、石油等矿。电业企业包括火力发电和水力发电两类。

关于经营工矿企业的资金，其来源主要有三：一是国家财政拨款。从1937年7月到抗战胜利，国家每年拨给资委会的资金占当年国家财政总预算的0.7%—2.8%，预算内的投资近12亿元，折合成战前币值为6821万元。[①] 二是银行借款。抗战前期和中期多为零星借款，从1943年起，"始由中、交2行承放本会工贷。截至1945年止，共借工贷90亿"。三是对外借款。主要是资委会向苏联、美国等国家出口钨、锑、锡等特种矿产换取外汇，从中提留一部分用来发展工业。据估计，第一、三种资金总数约折合战前法币1.8亿元。在经办方式上，根据企业资本的来源主要有两种：一为资委会独资经办，一为资委会与国民政府其他部门、地方各级政府或私人等合

① 抗日战争时期国民政府财政经济战略措施研究编写组编：《抗日战争时期国民政府财政经济战略措施研究》，西南财经大学出版社1988年版，第227页。

资经办。在资委会隶属于经济部初期经办的60多家工矿企业中，独资经营的有39家，合资经营的有23家。合资经营的工矿企业有：中央电瓷厂（与交通部合营）、钢铁厂迁建委员会（与兵工署合营）、中央无线电机制造厂、四川酒精厂、陕北油矿探勘处、湘潭煤矿公司、天河煤矿筹备处、萍乡煤矿局、湘乡恩口煤矿公司、辰溪煤业办事处、南桐煤矿筹备处、禹县煤业办事处、青海金矿办事处、西康金矿局、贵州矿务局、彭县铜矿筹备处、綦江铁矿筹备处、平桂矿务局、江华矿务局、滇北矿务公司、川康铜业管理处、贵阳电厂、兰州电厂、万县电厂、西京电厂等（以上均为与各级地方政府或私人合办）。

早在抗战胜利前几年，资委会就开始考虑战后的重建问题。1942年，资委会经济研究室曾派人秘密潜入沦陷区，搜集敌伪经济信息，编写专门报告，作为“复兴计划之参考”。1943年初，翁文灏发表了《战后中国工业化问题》一文。文中提出：“吾人此时对于将来战后之种种，实应及早筹虑。侵略国家之破坏行动，届时必将终止，而在建立永久和平之努力中，经济建设实占极重要之地位。在此时期，吾人职责所在，必须竭尽全力，从事建设。”在战后重建工作中，翁文灏提出了几条重要原则：发展工业必须注重规模；注重东北四省的收复工作，向日本索赔战争损失；争取外国资金的援助。1945年3月，资委会拟订了《沦陷区工矿事业整理计划》，并递交给行政院。该计划提出，战后将没收的日伪工矿企业交给资委会经营管理，以“树立国营事业的基础”。资委会还专门成立了“工矿复员筹备委员会”，跟随军队，主持接收事务。

抗战胜利时，资委会已在抗战后方建起了一批工矿企业。毫无疑问，这些工矿企业在抗战期间发挥了重要作用，为中国人民的抗日战争作出了重大贡献。抗战结束后，在准备大批接管沦陷区日伪工矿企业的同时，如何处置抗战期间在后方建立起来的这些工矿企业，成为一个重要的问题。经过一段时间的准备，资委会对抗战期间在抗战后方建立起来的一批工矿企业作了如下安排：

（1）对电厂和开发有望的石油、煤、锡各矿，稀金属以及规模较大、设备较为完善的机器电工等厂，继续积极办理和进行。（2）一些生产能力及产品品质较佳的企业，目前业务尚可维持，则暂维现状，作逐步收缩准备。（3）一部分目前业务维持较为困难，但将来可能仍有大规模举办之需要者，暂行停工保管。（4）纯为适应战时需要而设，战后已无存在经济价值的小企业，则分别结束，予以转让或出售。[①] 为了安排好这批工矿企业，资委会专门成立了厂矿复员工作视导团，实地督导执行，帮助解决问题。

在妥善安置原有工矿企业的同时，资委会开始制订接收沦陷区工矿企业的方针、原则和步骤。接收沦陷区的工矿企业，是一项十分复杂繁重的工作。它涉及所有权、地域分配、各业配合、经营方式、生产与销售等方面一系列的问题。抗战胜利前夕，资委会初步拟订了《沦陷区工矿事业整理原则及处理办法》。整理原则包括“实行计划经济，树立国营基础”，“加速工业化”等。具体包括11条，基本内容是：整理沦陷区工矿事业时，应依照建设纲领树立建设基础；应设法就互相关联之事业善为配合联系；应设法集中生产与管制以宏效力；应力谋处理迅速继续生产，勿使停废，借以恢复社会安宁与秩序；应使国营及民营事业各得适宜之分配与健全之组织，以共同贡献于经济建设；应特别注重基本事业，树立国营事业之基础；沦陷区敌伪所举办之事业，一律没收作为国有；各省市政府原有之基本事业，宜收归中央；原为私人举办之事业，政府认为

---

① 《资委会1945年度工作简报》，现存南京中国第二历史档案馆，资委会档案，第117卷。

有助于集中生产与管制之效者，亦得收归国营或由政府管制；附敌有据，丧失重大权益而仍拥有特权之事业组织，应予撤销；政府为整理沦陷区工矿事业，应设立专门机构统筹之。

抗战胜利后，国民政府经济部将全国沦陷区分为东北区（包括辽宁、安东、辽北、吉林、松江、合江、黑龙江、嫩江、兴安9省和哈尔滨、大连两市）、冀热察绥区（包括北平、天津两市）、鲁豫晋区（包括青岛市）、苏浙皖区（包括上海、南京两市）、湘鄂赣区、粤桂闽区、台湾区共7个区，指派资委会组织人员前往接收。在这7个区分别设立办公处，7个办公处的主要负责人几乎全部由资委会选派。这7个办公处的任务是：登记及处理工矿及其他有关事业，处理盟国及中立国原办工矿及其他有关事项，接收整理敌伪所办工矿及其他有关事业，处理经济部及战时生产局职掌有关之商务事项，接收经济部及战时生产局有关之机关，促进主要物资之生产，办理主要物资之供应，采办及接收国外必需物资。除此之外，资委会还奉命先后组织了2000多名管理人员和800多名中级以上的技术人员前往全国各地参与沦陷区工矿企业的接收工作。

对于收复区工矿企业的接管工作，资委会制定了四条原则：（一）接办事业避免零星，以重要基本工业及政府认为必须由本会负责接办者为限；（二）接办事业凡性质相同、地区相近者，化零为整，集中人力财力统筹经营；（三）接办事业之组织，尽可能采取公司制；（四）接办事业，以迅速恢复生产为鹄的。根据上述原则，资委会接管的主要是规模较大的应该由国家经营的工矿企业。截至1946年6月，资委会在沦陷区接收的工矿企业已有2401个。

通过接收，资委会所属的工矿企业大大增加。到1946年底，东北、台湾重要的工矿企业几乎全部归属资委会；华北大部分重要的工矿企业成为资委会的下属单位。这一时期，资委会不但掌控着全国主要的钢铁、煤炭、石油、有色金属、电力、化工、机电等企业，而且扩展到水泥、造纸、制糖等行业。1947 年，资委会所属工矿企业的产值在全国工业生产总值所占的比例分别为：煤炭38.8%，电力83.3%，钢90%，水泥51%，石油、铁砂、钨、锑、锡、铜等有色金属及机制食糖等均达50%以上。

四、行政院时期

抗战胜利后，随着资委会在收复区大量地接管工矿企业，该会迅速成为中国重工业最大最集中的领导机构。1946 年 5 月 18 日，行政院第 747 次会议通过决议：将资委会从经济部划出，升格为与经济部同级机构，直属行政院。资委会主任委员由简任改为特任。此时翁文灏已担任行政院副院长等职，故一再要求辞去资委会主任职务。隶属于行政院以后的资委会主任委员由钱昌照接任，副主任委员由孙越崎担任。同年 9 月 12 日，国民政府公布了新的《资源委员会组织法》。该组织法规定：

（一）资委会隶属行政院，其职掌为：创办及管理经营国营基本重工业，开发及管理经营国营重要矿业，创办及管理经营国营动力事业，办理政府指定之其他国营工矿电事业。

（二）资委会置委员长一人，副委员长一人，由行政院聘任。

（三）资委会可与外国公司或私人合资经营企事业。

（四）资委会发展各项事业得吸收地方或人民资本，采用公司方式共同经营之。[①]

该《组织法》还对资委会内设部门和各部门编制作了规定。根据这个《组织法》，资委会正副主任委员改称委员长和副委员长。正副委员长分别由钱昌照、孙越崎担任。升格后的资委会有11—15名委员，全部由行政院聘任。为了便于区域间联络，资委会在工矿企业比较集中的东北、平津、上海、重庆、台湾设立了5个办事处。1948年后又在汉口、长沙、桂林、广州增设4个办事处。对于所属工矿企业，资委会主要通过电业管理处、煤业总局、钢铁事业管理委员会、金属矿业管理处等部门实行行业管理。对于下一步的工作重点，资委会确定为两方面：(1) 有关立国基础之事业，规模宏大民资无力兴办者；(2) 足以自力更生，盈余有把握，可解还政府者。资委会在机构改组的同时，对所属的工矿企业进行了调整。这一时期资委会"最重要的方针，为走上企业化的大道。我们将斟酌情形，组织各种总公司或总管理处等机构"。公司是商品经济发展的产物，是商品经济条件下有效的企业组织形式；公司反映了社会化大生产的客观要求，是推动社会生产力发展和技术进步的重要力量。翁文灏提出："重大事业悉设公司，或为有限公司，或为股份有限公司，因事制宜，依法办理。"[②]从此，资委会所属工矿企业进入公司化发展阶段。

这一阶段虽然时间不长，却是资委会致力于将所属工矿企业公司化时期。在此期间，资委会组建的各种公司数量之多，范围之广，规模之大，是中国工业发展史上前所未有的。资委会建立的公

---

① 《资源委员会公报》第11卷第4、5合期，第24—25页。

② 《翁委员长在本会第一届委员会议开会辞全文》，《资源委员会公报》第13卷第2期，第82页。

司，不是行政机构，不是社会团体，不是社会福利组织，而是具有企业特征的商品经营者。这些公司的大批出现，标志着中国工业企业的组织形式发展到了一个新的阶段。

1946年至1947年，尽管国共内战已经爆发，但资委会仍在坚持发展工矿企业。截至1947年底，资委会“共有生产事业96个单位，各单位之下又有附属厂矿，共计291单位，总共职员32917人，内技术人员13343人，管理人员19574人。工人190858人，内技术工人94089人，普通工警96769人”①。企业中的大约一半是资委会原有企业，约40%是抗战胜利后接管企业，大约10%是资委会新建或改组的企业。经营方式有资委会独资经营、与有关单位合资但由资委会主办、投资不主办三种。这一时期，资委会所属工矿企业遍布全国各地。

从1946年下半年开始，国共摩擦日益加剧。国民党搜刮财富打内战，导致国统区物价狂涨。由于资委会所属的企业绝大部分是重工业企业，产品远不如轻工产品易于销售，致使企业收支极不平衡。随着解放战争的发展，到了1948年上半年，国民党军事由盛而衰，其统治区日渐缩小，失败的趋势日益明显。在此形势下，资委会经营工矿企业的活动日益艰难，江河日下。据资委会总结，当时面临的问题主要有9个方面：（1）内战的影响；（2）政局的意外变化；（3）政府法令的限制；（4）币值的跌落与币制之变更；（5）内汇的限制与外汇的底率；（6）计划的前提未能实现；（7）外援器材的断绝；（8）原料的不敷应用；（9）生产资金的短绌。总之，发展工业根本没有一个稳定环境的支持。在此形势下，资委会的工作

---

① 资委会编：《复员以来资源委员会工作述要》1948年1月版，第2页，转引自陈真编：《中国近代工业史资料》第3辑，第873页。

已无法正常进行。

1948年5月25日，翁文灏升任行政院长。5月31日，孙越崎被任命为行政院政务委员兼资委会委员长。从1948年5月到1949年6月，国民党政坛风云变幻，翁文灏、孙科、何应钦、阎锡山先后四次组阁，经济部和资委会时分时合。1949年3月，资委会与工商部、农林部、水利部合并为经济部时，行政院长何应钦任命孙越崎担任经济部长兼资委会主任委员，主管全国的经济行政及经济建设事务。

资委会领导人及各部门和下属企业负责人中的相当一部分都是留学归国人员。他们在"实业救国"思想的影响下，有的毅然放弃了被视为"正途"的科举功名、做官为宦的道路；有的放弃了在国外工作的优厚待遇，回到国内，长期在企业里从事管理或技术工作，普遍都有强烈的爱国思想。抗战爆发后，他们随着企业的搬迁颠沛流离，备尝艰苦。抗战胜利后，这批人乐观地认为：民族工业复兴的机遇已经来临，民族工业将得到前所未有的发展，该是他们大显身手，大展宏图的时候了。但是，以蒋介石为首的反共反人民集团利用美国的支持，挑起了全面内战。这把内战之火迅速烧毁了国民党政府的财政经济基础，造成国统区通货膨胀，物价飞涨，民族工业日益衰落，劳动人民和工教人员生活日益恶化。随着解放战争的不断进行，国民党军队丧师失地，士气衰落，资委会的负责人意识到蒋家王朝的覆亡只是一个时间问题了。在中国共产党上海、香港等地地下组织的策动下，孙越崎提出了"坚守岗位，保护财产，迎接解放，办理移交"的方针，并在解放战争后期领导了资委会在大陆、香港地区员工的起义。这次起义发生在中国共产党领导全国人民同国民党反动派进行决战的关键时刻。起义的成功对于动摇和推翻国民党的反动统治，对于中华人民共和国成立后壮大新中国的经济力量，恢复国民经济，争取国家财政经济状况的根本好转，起到了十分重要的作用。尤其可贵的是，这次起义留下了数以万计的工程技术人员和科技管理人员，留下了几十万各方面的技术工人。这些人才对于社会主义建设发挥的作用是难以估量的。

新中国成立后，各级人民政府对资委会起义人员作了比较妥善的工作安排。钱昌照、孙越崎被中央人民政府任命为中央财经委员会计划局副局长。资委会副委员长吴兆洪被任命为华东工业部副部长，原资委会各部门、各企业的负责人大都安排了工作，保留原职原薪。

1949 年 10 月 14 日，资委会留守上海的人员在上海举行了最后一次会议。这次会议宣布：因华东工业部已经成立，资委会业务会议暂告一段落。1949 年 12 月，华东工业部制定了《前资源委员会各管理单位移交办法》。其中规定：会本部及煤业总局、电业总局等管理机构的人员名册及人事资料、档案、图书、文件、现金、证券、会计账册、房屋、家具等全部移交给华东工业部所属各部门。资委会驻各地办事处的人员名册、器材、资料、房屋、家具、现金、证券、会计账册等一并移交华东工业部。

1949 年 12 月，资委会在广州的极少数人员跟随国民党政权败退台湾。12 月 18 日，刘航琛以经济部长名义委任朱谦代理资委会主任委员。资委会迁到台湾后，除了管理资委会在台湾原有的工矿企业之外，从 1950 年 4 月起又开始接办台湾制盐厂。1952 年 8 月 31 日，台湾当局行政院决定撤销资委会。资委会原来管辖的工矿企业及其人、财、物全部移交“经济部”。至此，从 1932 年 11 月资委会的前身国防设计委员会正式成立算起，在中华大地上兴办、经营、管理工矿企业达 20 年之久的资委会宣告终结。

综上所述可以看出，资委会的前身国防设计委员会诞生于日本侵华日益严重的1932年，该会发展于抗日战争的全面爆发，迅速膨胀于对日伪工矿企业的接管，终结于中华人民共和国诞生之后。综观资委会及其前身国防设计委员会从成立到终结的历史可以看出，该机构早期重点发展与国防相关的企业，后期则全面发展民用工业。从生产力各要素所占的比重来看，资委会管辖的矿业企业多属劳动密集型企业，机械、化工、电力等工业则多属技术密集型企业。从生产资料所有制形式上看，资委会所属的工矿企业绝大部分是国有企业。特定的历史和特定的生存和发展条件，长期动荡的社会环境，严重紊乱的社会秩序，使资委会各项建设事业的发展都十分有特点。

中国要实现工业化，其基本条件是要有一个相对稳定的社会环境和有一定规模的国内市场。而近代中国兵连祸结，天灾人祸接连不断，人民生活日益贫困，社会长期动荡，则从根本上制约了近代工业的顺利发展。资委会对将要进入该会工作的职员有比较严格的选拔程序，对已经进入的员工有一套比较完整的管理和考评制度，在会内营造了一个良好的小环境。然而，工矿企业的发展还要受到诸多社会因素的制约和影响，需要一个有利于企业发展的大环境和大气候。历史已经证明，中国要实现工业化，首先需要解决的是推翻帝国主义、封建主义等的反动统治，实现国家的统一和民族的独立，建立民主的新的社会政治制度。

（本文收入《近代中国社会与经济国际学术研讨会论文集》）

关于资源委员会研究几个问题的管见

资委会研究是中国近代史、中国近代经济史，尤其是中国近代工业史研究领域的重要课题。截至目前，海峡两岸及国外的专家学者先后出版和发表了多部研究资委会的著作和数十篇论文。还有一些论著的内容涉及资委会。从这些成果可以看出，有关资委会的研究领域呈现出越来越广的趋势，研究内容涉及资委会各个发展阶段的方方面面。这些研究既有宏观的把握，又有微观的探讨。有关资委会的研究成果主要产生在20世纪80年代以后。由于受不同时期不同学术环境的影响，学者们在研究过程中，依据的资料不同，立论角度各有侧重，运用方法也有差异，提出了各自的观点。所讨论的问题有的是理论问题，更多的涉及历史事实。综观上述众多研究成果，20多年来资委会研究的学术思路演变还是比较明晰的：首先，从简单的否定发展为全面客观认识资委会在不同时期的多重特征。其次，从注重对资委会的总体研究逐步转向对资委会方方面面发展变化的研究。这些研究对于推进资委会研究的深入进行起到了积极的作用。

中华人民共和国成立以来，尤其是20世纪70年代末改革开放以来，对资委会研究取得的成果是有目共睹、令人振奋的。不仅大陆学者关注资委会研究，而且台湾学者在系统整理出版了多部资委会资料基础上，出现了多篇有分量的论文。其中不少学者在掌握大量资料的前提下作了扎实的研究，观点和结论有比较充分的根据和说服力，反映了资委会研究的拓展和深化，应该加以肯定。梳理已有的成果和研究内容，总结前人的经验教训，对于后学更好地、更多地吸收借鉴已有的成果，用新的观点、新的方法、新的视角开展进一步的研究，把资委会研究推向新的、更高的阶段，无疑是十分必要的。与资委会丰富的历史内容和时代的要求相比，已有的研究仍然存在着一些值得注意的问题和薄弱之处，仍有很多课题有待拓展和深入研究。一些观点明显存在时代的局限，存在着从某些政治原则出发作简单逻辑推理的现象。

对于历史科学而言，对历史本身的认识是需要不断深化的。一方面，当人们站在新的时代高度回顾过去的历史时，对一些问题可能比过去看得更准确、更深刻；另一方面，随着历史资料不断地被挖掘整理和公布于世，使我们得以对历史问题可以更全面地认识和作出更符合客观实际的判断。

近年来，笔者主要致力于搜集有关资委会的资料，对以往论著中有关资委会的论述和评价作了一番梳理，并在此基础上对该会的历史进行了初步的研究。为了把资委会研究推进到一个新阶段，笔者不揣愚陋，就一些笔者认为比较重要的史实和学术观点进行分析并提出看法，就教于各位专家学者，以冀对资委会研究有所推进。

一、关于资委会的性质

几十年来，关于资委会的性质一直是学者们谈论较多的问题。较早对资委会性质提出看法的陈真先生认为："国民党资源委员会是蒋介石卖国贼直接领导的（蒋任该会初期委员长），拥有工矿企业最多的一个官僚资本机构。”①

中国人民大学《中国近代经济史》编写组编著的《中国近代经济史》（下册）在论述四大家族官僚资本的形成涉及资委会的性质时认为，资委会“是国民党政府独占工业的主要执行机构。1932—1935年，资源委员会隶属伪参谋本部，1935年以后，隶属伪军事委员会。资源委员会所最注重者，厥在国防经济（即反革命的军事经济——引者）方面。1936年，伪军事委员会还拨出1000万元，作为资委会建设重工业之用。这些情况表明官僚资本的工业垄断具有强烈的军事性质，它是直接为镇压革命人民、为进行反革命内战服务的”。资委会兴建重工业是在“尽量利用外国技术的原则下与英、美、德等帝国主义国家签订技术转让合同，具有强烈的买办性”②。

吴太昌先生认为，资委会的前身国防设计委员会是“蒋介石接受钱昌照、黄郛等建议而设立的，以笼络一批学者名流和实业界人士为国民党政权服务的一个调查、统计及研究设计机构”③。

曾担任资委会副委员长的吴兆洪先生在1959年2月写的回忆录中论及资委会的前身国防设计委员会的性质时认为：“这个机构一开始带有军事的性质，不但因为它是国民党军事机关参谋本部的一个机构，而且因为它所作的一些所谓调查统计的工作，主要是为军事

① 陈真：《中国近代工业史资料》（第3辑），三联书店1961年版，第853—854页。

② 中国近代经济史编写组编：《中国近代经济史》（下册），人民出版社1979年版，第30—31页。

③ 吴太昌：《国民党政府资源委员会垄断活动述评》，《中国经济史研究》1986年第3期，第119页。

服务的。”①

王宗荣、林木也认为，资委会的前身国防设计委员会“一开始就在蒋介石的直接控制之下，并带有浓厚的军事性”②。

随着研究的不断深入和思想观念的解放，对资委会性质的看法也在不断更新。陈杏年认为，资委会“是国民党既属于政权机关又兼营企业的特殊机构，是国民政府管理和主办重工业建设的最重要单位”③。

王骏则认为：“国防设计委员会是20世纪30年代国民政府组建的一个类似于现代思想库的高级参谋、智囊和咨询机构。”④

认定一个机构的性质，主要应看其区别其他机构的根本属性。综观资委会及其前身国防设计委员会自始至终的主要活动，考察该会的所作所为，即使在国防设计委员会时期，该会开展工作所侧重的主要是工业方面的调查研究和统计工作，以及人口、地政、田赋、边疆问题，各国在华经济、文化方面的调查，乃至国文、历史、地理等教科书的编纂等。“军事之设计，有军事委员会与参谋本部本身主持，故本会所注重者，仅在明了军事情形与需要以为设计之根据”⑤。国防设计委员会成立不久，就组建了三个致力于发展工业的技术部门——矿室、冶金室、电气室，集聚了一批优秀的专业人才，并开展了大量的技术试验工作，为日后发展国家资本打下了重要的基础。该机构改组为资委会后，所开展的工作主要是在中国建立和发展国有工矿

---

① 吴兆洪：《我所知道的资源委员会》，《回忆国民党政府资源委员会》，中国文史出版社1988年版，第68页。

② 王宗荣、林木：《略论抗日战争时期的资源委员会对工业的垄断》，《北京师范大学学报》1987年第4期，第23页。

③ 陈杏年：《再论资源委员会在抗日战争中的作用》，《史学月刊》1994年第5期。

④ 王骏：《学者参政与现代思想库——从“国防设计委员会”谈起》，《科学学与科学技术管理》1997年第6期，第40—42页。

⑤ 资源委员会编：《资源委员会沿革》（油印本），1947年版，转引自陈真：《中国近代工业史资料》（第三辑），三联书店1961年版，第839页。

企业，促进工矿企业投资总规模的不断扩大，推动和催化新兴工业企业的不断创办，推动中国工矿企业科学技术水平的不断提高，引进外国先进的企业制度和管理方法等。一句话，想方设法致力于推动中国工业的现代化。由此看来，资委会的性质似应确定为民国时期国家资本的工矿企业经营和管理机构为宜。

二、资委会早期是否创办过企业?

资委会的早期指的是该会的前身——国防设计委员会时期。关于这一时期该会是否创办过企业，学术界长期以来主要持否定的观点。陈真认为："这个机构成立于1932年。从它产生时起到1935年时，它什么也没有办起来，连一个小小的手工作坊都没有，只作些调查研究工作。"[①]这种观点影响较大，以致20多年后王宗荣、林木仍然认为："资源委员会成立于1932年。从它产生到1935年什么也没有办起来，连一个小的手工作坊都没有，只是作些调查研究工作。"[②]

简锐也认为："国民党官僚资本除继承了北洋政府的官办企业外，首先着力于金融业的控制和垄断活动，对于工矿业的扩张活动则起步较晚。直到1932年才在国民党参谋本部下设立国防设计委员会，把原料及制造、交通运输作为它的两项任务；但也只限于搞一些经济和资源的调查研究工作，真正搞工矿企业的建设是从1935年该会易名为资源委员会并改隶国民党军事委员会后开始的。"[③]

① 陈真：《中国近代工业史资料》（第3辑），第854页。

② 王宗荣、林木：《略论抗日战争时期的资源委员会对工业的垄断》，第23页。

③ 简锐：《国民党官僚资本发展的概述》，《中国经济史研究》1986年第3期，第97页。

祝慈寿则强调："资源委员会的前身国防设计委员会，机构很小，主要作些有关国防建设的调查研究，并未直接经营工矿事业。"①

以上论断是缺乏根据的。历史事实是，早在国防设计委员会成立初期，该会就多次派人到陕西北部地区实地调查勘测石油资源。在充分准备的前提下，该会于1934年夏正式成立了陕北油矿探勘处，任命孙越崎为处长，并从德国、美国购买了先进的采油、炼油设备运至陕北，分别在延长县和延川县采油和炼油。从1934年10月至1935年4月，陕北油矿探勘处先后在陕北钻井7口，生产了大量的汽油、煤油、蜡烛等产品。该处应是隶属于国防设计委员会的一家重要企业，并在中国近代石油工业发展史上占有重要地位。

1935年4月，刘志丹领导的陕北红军解放了陕北油矿探勘处所在的延长县。同年10月，中央红军到达陕北。抗战期间，陕甘宁边区政府利用陕北油矿探勘处的设备成立了延长石油厂。该厂的负责人之一是毛泽东的弟弟毛泽民。毛泽民到厂后对原有的工程技术人员实行了团结、优待的政策，很快恢复了部分油井的生产。据统计，从1939年至1946年，延长油矿共生产原油3155吨，汽油164吨，煤油1512吨，蜡烛5760箱，蜡片3894公斤。这些产品不仅满足了陕甘宁边区运输、照明和印刷等方面的需求，而且部分煤油还运往边区以外的地区销售，换回了边区急需的物资。

三、关于资委会兴建工矿企业的目的

对于资委会从事兴建工矿企业的目的，主要有两种观点。一种

① 祝慈寿：《中国近代工业史》，重庆出版社1989年版，第637页。

持否定态度的观点认为：资委会兴建工矿企业，“具有强烈的军事性质，它是直接为镇压革命人民、为进行反革命内战服务的”[1]。

持否定观点的还认为，资委会创办工矿企业，“绝不是像他们事后所标榜的为抗日作准备，而完全是针对着新民主主义革命和新民主主义制度的”[2]。

持肯定观点的认为：“九一八”事变后，在东北沦陷、华北危机，沿海经济受到严重威胁之际，国民党政府一方面积极反共，另一方面也明显地认识到日本帝国主义的侵略野心，开始把经济建设重点逐步放在西南地区，所以制定了湘、鄂、赣工业和西南新经济区等方案。[3]

笔者认为，正确分析资委会兴建工矿企业的目的，可以从该会开展的主要工作和兴建工矿企业起到的作用及达到的目的两个方面着手研究。资委会创办初期，开展的主要工作是对中国国情，特别是工业状况进行了一次比较全面和系统的调查，为下一步开展经济建设和其他各项建设事业打下了基础。在此期间，该会各处、各组都如期完成了各自的调查工作，共提交调查报告156项。这次调查是民国时期对近代中国基本国情和工业发展状况进行的首次比较全面系统的调查摸底，其中有些调查工作是以前从未进行过的，为以后制订政策、战时动员及后方经济建设提供了重要的依据。

1938年2月28日，国民政府颁布了《资源委员会组织条例》。根据条例规定，资委会的职掌为：（一）创办及管理经营基本工业；（二）开发及管理经营重要矿业；（三）创办及管理经营动力事业；（四）办理政府指定之其他事业。由此可见，资委会的工作职责主要是在中国创办及管理经营工业、矿业和发电为主要内容的动力事业。进

① 中国近代经济史编写组编：《中国近代经济史》（下册），第30—31页。

② 吴太昌：《国民党政府资源委员会垄断活动述评》，第120页。

③ 程麟荪：《论抗日战争前资源委员会的重工业建设计划》，《近代史研究》，1986年第2期。

一步言之，资委会所担负的工矿建设“负有四个基本的任务：第一，增加军需原料和制品的生产，以提高国防能力；第二，增加出口物资的生产，以提高对外的支付能力；第三，增加日用必需品的生产，以安定人民的生活；第四，发展基本工矿业，以奠定工业化的基础”①。这4项基本任务可以说就是资委会兴建工矿企业的主要目的。

资委会兴建工矿企业的高潮是在抗日战争期间。截至1943年底，资委会已统辖105个工矿企业生产和管理单位，拥有18万员工。为了宣传资委会抗战以来的建设成就，使社会各界了解资委会的工作，增强国人对抗战胜利的信心，资委会于1944年2月在重庆借用求精中学广场，举办了一个大规模的工矿产品展览会。展览会分资源馆、煤馆、石油馆、钢铁馆、非铁金属馆、特种矿产馆、化工馆、电器馆、电力馆、机械馆共计10个分馆。展品均为资委会所属工矿企业生产，主要有：烟煤、白煤、焦炭、绞车、蒸汽水泵、原油、汽油、煤油、柴油、石蜡、天然气、高矽铁、铁合金、碳素钢、锰钢、钨钢、矽锰钢、不锈钢、铜、铅、锌、铝、锑、锡、水银、酒精、硫酸、盐酸、纯碱、烧碱、水泥、瓷器、坩埚、电子管、冷光灯、电话机、发电机、发动机、变压器、电表、扩音机、收音机、收发报机、电疗机、煤气机、锅炉、水轮发电机、蒸汽机、纺织机、印刷机、抽水机、鼓风机、车床、钻床、刨床、铣床等。配以模型和图表照片。这次展览在重庆引起很大反响。国民政府主席蒋介石亲临参观，并提出要延长展览时间，要求重庆大中小学学生均有参观机会。②

---

① 翁文灏：《经济部的战时工业建设》，《资源委员会公报》第1卷第1期，1941年7月版，第91页。

② 《本会工矿产品展览会特辑》，《资源委员会公报》第6卷第3期，1944年3月版，第61—66页。

关于资委会兴建工矿企业起到的作用和达到的目的，笔者初步总结主要有下列几点：

（一）有力地支援了抗日战争。抗日战争不仅是中国和日本军事上的对抗，同时也是经济实力特别是工业实力的较量。抗战之前，中国的工业，尤其是重工业水平低下。抗战爆发后，资委会积极发展重工业，对支撑抗战起到了不可忽视的作用。抗战期间，尤其是太平洋战争爆发之后，中国抗战后方的对外交通和外援几乎完全断绝，沿海地区的工矿企业沦为敌手。1942 年滇缅公路被切断后，国民政府的战时工业品供给主要依靠资委会管辖的工矿企业。日本曾以为控制了中国沿海地区的工业，封锁住中国的国际交通线，断绝对中国后方外来物资的供应，就会迫使国民政府在经济压力面前屈服，自动放弃战争。然而，恰恰适得其反，资委会在这种压力面前在抗战后方大力发展工矿企业，生产出大量军事物资和生活资料，增强了中国军民坚持抗战的物质力量，有力地支持了抗日战争。

（二）改变了地方经济分割的局面，形成了国家资本占主导地位的经济体制。抗战以前，西南地区基本上由军阀控制。四川军阀主要有刘湘、刘文辉、邓锡侯、田颂尧；云南军阀主要有龙云、卢汉；贵州军阀主要有周西成、王家烈；广西军阀主要有李宗仁和白崇禧。这些地方军阀虽在名义上服从国民政府，但实际上却各自为政，尤其在地方财政上不容中央染指。他们虽然也在各自的辖区内开展一些经济建设，但他们毕竟是靠枪杆子起家，以扩大地盘和扩充实力为目的，在地方经济建设方面难有大的作为。抗战爆发后，随着中央政府迁到重庆，西部地区和中央的经济关系随之发生了根本的变化。资委会通过独资兴办和与西部各省地方政府合办一系列工矿企业，逐步形成了国家资本占绝对优势的战时经济体制。据统计，1941 年底国统区公营企业之实缴资本额共 8 亿元，其中资委会的实缴资本额就有6亿元；换言之，占了整个资本额的75%。[①]抗战期间，资委会控制了汽油、煤油、柴油、天然气、钨、锑、锡、汞等生产的全部，1943年的钢铁产量占后方的68.3%，1945年的生铁产量占46.5%，1945年的电力占35.9%。[②]

（三）发展西部地区工业，改变不平衡格局。抗战以前，中国的近代工业主要集中在东部沿海、沿江地区，西部工业十分落后，几乎无近代工业可言。据统计，1937年时，四川、云南、贵州、广西、湖南、陕西、甘肃7省共有工矿企业237家，占全国工矿企业总数的6.03%；资本1520.4万元，占全国工矿企业资本总额的4.04%；工人约33000名，占全国工人总数的7.34%。[③]到1943年，后方工矿企业发展到5266家，资本达到48亿元，工人增加到36万。[④]仅以重庆为例：战前仅有大大小小的工厂39家，而且都以修理为主；到1944年底增至1518家。[⑤]1943年，后方各省已有符合登记条件的工矿企业4524家，资本额26.37亿元，工人数量为273336人。与战前相比，工厂数增加了18倍，工人数增加了82倍，资本增加了164倍。[⑥]据统计，截至1945年，在国民政府有关部门注册登记的4282家工矿企业中，其分布如下：四川及重庆2622家，陕西358家，湖南263家，云南211家，贵州204家，甘肃200家，江西145家，浙江41家，广东60家，福建60家，安徽42家，湖北29家，山西21

① 陈明远：《泛论健全公营事业》，《财政评论》第11卷第4期，1944年4月版，转引自陈真编：《中国近代工业史资料》（第3辑），第1419—1420页。

② 《抗战八年来工矿建设专号》，《资源委员会季刊》第6卷第1、2期合刊。

③ 经济部统计处1943年5月编印：《后方工业概况统计》，现存中国第二历史档案馆藏经济部档案四/33537卷，第3页。

④ 李紫翔：《从战时工业论战后工业的途径》，《中国银行月报》第1卷第1期，1946年1月版。

⑤ 李紫翔：《大后方战时工业鸟瞰》，《经济周报》1945年（12），第1卷第6期。

⑥ 周天豹：《抗日战争时期西南经济发展概述》，西南师范大学出版社1988年版，第145页。

家，西康9家，绥远7家，广西6家，宁夏3家，江苏1家。[①]这不仅为西部地区经济发展打下了重要基础，而且也使中国拥有近代工业的地域有了大面积的扩展。

（四）在中国第一次建立起了具有独立性的工业体系。抗战以前，中国重要的工业部门主要被外资控制。抗战爆发后，外资企业绝大部分没有迁移到后方，资委会乘机利用国家资本在抗战后方发展国营工矿企业，重点发展民营经济不愿问津的重工业，建立了独立的工业体系，这是中国工业发展史上的一个重大进步。

（五）重工业比重大大增加。一般而言，重工业投资规模大，生产周期长，收效慢，经营风险大，私人资本不愿也无力创办。抗日战争以前，重工业在整个工业的比重在工厂数量上仅占14.68%，在工业资本构成上仅占18.27%。[②]抗战期间，资委会遵循孙中山先生“不与民争利”的遗教，主要发展投资大、收益慢的重工业。在资委会的投资总额中，电力、石油、钢铁、机械、金属矿、煤矿等重工业部门的投资占95%以上。[③]在1945年注册登记的4382家工矿企业中，属于冶炼、化工、机器等重工业的约占40%。[④]由此可见，资委会在抗战期间在重工业领域中已占据统治地位。这不仅符合生产资料优先发展的经济学原理，而且是国统区战时经济的一个突出特点，具有争取民族经济独立发展的意义。这一统治地位的确立，使资委会能够有效地统筹安排各种战时所急需的工业品的生产，有条件对社会经济实施宏观调控，保证抗战物资的供应。特别在石油

① 黄秉维：《50年来之中国工矿业》，中国通商银行编：《50年来之中国经济》，1948年版，第181页。

② 翁文灏：《中国工商经济的回顾与前瞻》，《资源委员会公报》第5卷第2期，1943年8月版，第59—62页。

③ 资源委员会编：《复员以来资源委员会工作述要》（1948），第40页。

④ 黄秉维：《50年来之中国工矿业》，第183—184页。

供应方面，对坚持抗战起到了巨大的作用。

（六）技术水平明显提高。从1938年1月到1945年3月，仅经济部受理并核准该会的技术专利就有442件。钨砂、精锡、纯锑等出口矿产品的成色，皆能达到国际标准。

（七）培养了一批具有现代意识的工矿企业管理人才，增强了中国的科技力量，有利于民族工业的进一步发展。钱昌照早就提出："仅仅建设一个厂，开发一个矿，能生产，有盈余，不算是成功。建设一个厂，同时训练可以建设三个厂、五个厂的人才；开发一个矿，同时训练可以开发三个矿、五个矿的人才，才是真正的成功。"① 这就把人才培养的重要性置于建设厂矿之上。资委会兴办工矿企业主要通过委托高等院校、科研机构培训了一批人才，选派成百上千的工程技术人员和管理人员到美国等国实习，举办短期训练班，派员出国短期考察等方式，培养了一批人才。

四、关于资委会特矿统制政策的评价

中国是钨、锑、锡等稀有矿产品的主要产地。这些矿产品在当时被称为特种矿产品，是现代国家不可缺少的工业原料和战略物资。这些矿产的产地主要分布在江西、湖南、云南、贵州等省区，过去主要由地方手工开采，经营分散，规模极小，以致产品质差量少。从1936年起，资委会先后统制过钨、锑、锡等特种矿产。所谓统制，含有对特矿产品的生产、储运、出口与销售进行全面的管理、控制之意，包括引进先进设备，改进生产方法和工艺流程，畅

① 钱昌照：《两年半创办重工业之经过及感想》，《新经济》第2卷第1期，1939年5月版。

通购销渠道等。这项工作在资委会的全部工作中占有重要的位置。对于此项工作，吴太昌先生认为："资源委员会是为适应国民党政府易货偿债政策的需要以对钨锑进行管制开始其企业活动的。在它的整个活动中，对钨、锑、锡、汞等所谓'特种矿产'的管制和经营始终是其中心工作之一。资源委员会的管制活动是失败的，它对外不能争得国家利益，对内不能促进生产发展，达到开发和利用国家资源的目的，结果恰恰是窒息了矿业的发展。"吴太昌先生还认为："钨锑管制政策是国民党政府奉行买办政策的产物，是适应法西斯德国掠夺中国战略资源的需要而产主（应为产生——引者）的，国民党政府企图通过对钨锑等资源的垄断和出卖，换取帝国主义的军火供应及对国民党政权的支持。"①

对此，郑友揆先生等有截然相反的看法，他们认为，资委会的特矿统制活动至少产生了以下几方面的积极作用：维护对外贸易主权与改善对外贸易条件；支援中国的神圣抗战与世界反法西斯战争；用经营特矿产品所得的部分利润发展资委会的其他事业，在客观上增强了抵抗日本侵略的物质力量。②

程麟荪先生也认为："对重要战略物资实施统制，是世界各国在战争期间的通行做法。它有助于国家调集各方面的力量，克服战争所导致的困难，增加坚持战争的资源。""资委会的统制活动对于特矿事业、对于抗战的胜利都发挥了积极的、有利的作用。首先，在极端艰难的战争条件下，资委会竭力维持了特矿事业，并为以后的发展打下了一些基础。……其次，资委会的统制维持了对外债信，为

---

① 吴太昌：《国民党政府的易货偿债政策和资源委员会的矿产管制》，《近代史研究》1983年第3期，第83、87页。

② 郑友揆等著：《旧中国的资源委员会——史实与评价》，上海社会科学院出版社1991年版，第292—301页。

中国赢得了大量国外贷款，有力地支持了抗战。……最后，特矿的生产与出口还支援了世界反法西斯力量。……事实上，资委会抗战期间出口的特矿产品大多数输往苏美两国，对支持两国的战时军需工业发挥了重要作用。尤其对严重缺乏钨锑锡等资源的苏联帮助最大。1937—1945 年间，华钨输苏 27817 吨，占同期内苏联钨砂消费量的 84% 以上，最多时竟达 95% 之巨。……总之，抱着实业救国、支持抗战的信念参加资委会工作的广大科技人员和工人在特矿统制活动中为支持抗战作出了卓越的贡献。”①

台湾学者林兰芳女士对此问题的看法似乎更全面些，她认为：“对资委会的特种矿产统制之评价，应当分为两方面来谈：一是对整个国家而言，资委会统制特种矿产的确作出了支持抗战的贡献——不论是军火抑或是借款方面；一是对于特种矿产的生产者，资委会不按生产成本收购，是对矿商和矿工也作了不合理的剥削。若再扩而言之，资委会供应盟邦军需矿产，也是二次大战时，同盟国家战胜轴心集团的隐形功臣。”②

笔者认为，资委会推行特矿统制政策，在当时起到了积极的作用，并产生了深远的影响。

第一，它根据国际市场通行的要求制订了矿砂的等级标准，规范了生产行为，改进了加工工艺，提高了特矿产品的品质。

第二，引进先进的加工设备，既提高了生产效率，又增加了产品附加值。

第三，资委会推行特矿管制政策促进该会建立了运销网络，有利于开展对外贸易。过去的特矿出口贸易完全被外国在华洋行所控

① 程麟荪：《论资源委员会的特矿统制活动》，载张宪文等编：《民国档案与民国史学术讨论会论文集》，档案出版社 1988 年版，第 555—556 页。

② 林兰芳：《资源委员会的特种矿产统制》，台湾政治大学历史学系 1998 年版，第 229 页。

制。资委会对特矿实行统制后，一改过去特矿产品的价格随着伦敦、纽约市场的价格而浮动的惯例，改由伦敦、纽约市场的价格随着资委会国外贸易事务所公布的价格而浮动。

第四，资委会遵守协议与外国进行特矿贸易，维护了国民政府的国际信用。在此之前，清政府和北洋政府时期的大量外债长期拖欠未还，造成中国对外债信极低，再募新债极为困难。据当时担任资委会负责人的钱昌照先生回忆，当时“我们与俄国易货，十分之五是靠那些矿产去交换的；向美国借债，十分之八是靠那些矿产去抵押的。我国因此得到不少外来的物资，同时良心上也得到一些安慰”[①]。

第五，推行特矿统制政策，可减少商人的中间盘剥。在当时，从事特矿采掘的矿工大多生活困窘，对生产出来的矿砂总是希望迅即找到买主，缺乏待价而沽的资本。从事收购的商贩则采用压低价格、降低矿砂等级、大秤进小秤出等手段从中牟利。主要从事收购的商人手上有了矿砂后，经过一番讨价还价后再把它卖给从事运输的商人，然后辗转经过陆路、水路等运输，最后集中到出口地或提炼工厂。一些地方政府对运输特矿还设卡收费。收购和运输间的重重关卡，增加了产品的消耗，大大加重了特矿的销售成本。

更为重要的是，资委会通过与外国开展易货偿债交易，解决了在中国发展近代工业急需的外汇问题。通过这些外汇，该会从国外购买了一些先进的机器设备，引进了一些先进技术，选派了一些工程技术人员到这些国家实习，从而加快了资委会开展工业建设的步伐。当然，资委会不按生产成本收购特矿原料，对矿商和矿工时有剥削，在当时来说也是难免的。

---

① 钱昌照：《重工业建设之现在及将来》，《新经济》半月刊 1942 年第 7 卷第 6 期，1942 年 6 月版。

五、关于资委会企业与地方企业的关系

抗日战争期间，资委会兴建了一批工矿企业，其数量由抗战初期的16个发展到抗战胜利前夕的125个。关于资委会企业大发展的原因，一种观点认为：它是以牺牲民族资本企业为代价而取得的；有的观点认为资委会所属企业的迅速膨胀，是导致民族工业由抗战初期的“短暂的发展，迅速转变为萧条、破产”的重要原因之一；[①]还有一种观点认为：资委会战时所属厂矿，绝大部分是靠吞并和没收而来，规模较大的厂矿都是与人合办的，真正由资委会新设的企业不但数量少，而且规模小。[②]

有的学者对此持不同看法，程麟荪认为：毋庸讳言，资委会所属企业和私人资本企业同属资本主义性质，同受资本主义价值规律的支配。在资金、原材料、销售市场等方面必然存在不少矛盾。但是在抗日战争的非常时期，它们之间的关系与抗战前后的官办企业同私人资本企业之间的关系相比，又有不同之处。资委会“同私人资本的关系，是较为和缓”的。首先，资委会企业活动重点是重工业，私人资本则以轻纺工业为经营重点；两者间竞争的机会和程度相对说来比较少，比较轻。其次，资委会兴建的企业主要是电力、石油、煤矿、钢铁等基础产业，这些工矿企业投资大，建设周期长，科技含量高，大都是地方政府和私人无力经营的企业。再次，资委会所属企业生产的电力、煤炭、机器及各种原材料，为地方政府和私营企业的发展创造了有利的条件。[③]

---

① 中国近代经济史编写组：《中国近代经济史》下册，第167页。

② 陈真等编：《中国近代工业史资料》第3辑，第869页。

③ 程麟荪：《论抗日战争时期资源委员会的企业活动及其历史作用》，《中国近代经济史研究资料》(5)，上海社会科学院出版社1986年版。

对于资委会战时兴建的企业大部分是靠吞并和没收以及与人合办之说，持否定观点的人认为“只要客观地考察一下……实际情况”，“这种说法是难以成立的”。当时的实际情况是：资委会当时所属的企业绝大部分是逐步创建的，如当时后方最大的企业——甘肃油矿局和中央机器厂、中央电工器材厂等重要企业，都是在抗战前后创办并逐步发展起来的。至于采取合资经营而地方政府或私营企业乐于合作，其原因主要是：从资委会方面来说，由地方政府出面维持治安，可以减少经营的阻力和优化经营环境；就地方政府和私营企业而言，可以利用资委会所拥有的先进的机器设备和管理方法、技术人员和广大的销售市场，借以摆脱自身难以克服的困难。民生公司总经理卢作孚积极主动地把四川天府煤矿与资委会合资改组为天府矿业有限公司，就是一个有代表性的事例。由此可以认定，抗战时期资委会与某些私人资本合资经营，同利用政治权势、巧取豪夺的“吞并”不能相提并论。

六、关于对资委会的评价

对于资委会成立后所开展的活动及作用，在20世纪80年代以前，受极左思潮的影响，史学界基本上持全盘否定的态度。20世纪80年代以后，新观点有所展现，但仍是众说纷纭，莫衷一是。

1936年3月，资委会制定了《重工业建设计划》，并于当年7月付诸实施。对于这个《重工业建设计划》和相关的企业活动，就有两种截然不同的观点。一种观点认为，资委会这一时期的企业活动“集中在与军事工业密切相关的钢铁、冶金、燃料、电力、机械、电器、化学等基本工业领域，活动地区则是以江西、湖南、湖北为中心，并及四川、云南、陕西、甘肃等省。这些地区经济比较落后，反动统治相对薄弱，因此也正是中国共产党领导的人民革命运动最为活跃的地区，在红军各个主要根据地，新民主主义经济作为一种新的经济制度已经显示了它强大的生命力以及它对于生产力发展的巨大促进作用。

抗战前夕，资委会为解决实施重工业建设计划面临的缺少先进技术和建设资金等问题，先后与德国签订了《中德信用借款协定》等协定，选派了一批技术人员到德、英、美等国学习。对此有人认为，资委会的企业在技术方面都是与帝国主义合作的，“具有强烈的买办性”①，是“出卖我国工矿事业的活动”②。有的学者对此提出异议，认为这种观点缺乏事实根据，在有关协定合同条款中“找不到出卖我国工矿事业的内容”，是正常的商业关系。③

关于资委会在抗日战争中的作用，王宗荣、林木认为：“抗战时期资源委员会独占工业是在依赖外资和政治势力的基础上，通过绞杀民族工业、兼并地方官僚工业达到的，而不是主要依靠其经济实力建设起来的。”他们还认为，资委会“作为独占中国工业的主要垄断组织，在战时特殊的环境下，利用抗战发国难财，很快地实现了对中国工业的垄断。……这种国家垄断资本主义的发展，不但不能使中国得到独立，人民得到幸福，而且只会使中国进一步加深半殖民地、半封建的地位，把人民推向苦难的深渊。……因此，它不是历史的进步和发展，而是历史的倒退与反动”④。

对此，陈杏年先生则有截然相反的看法。他认为，资委会在抗

---

① 中国近代经济史编写组编：《中国近代经济史》（下册），第 31 页。

② 陈真等编：《中国近代工业史资料》（第 3 辑），第 905 页。

③ 程麟荪：《论抗日战争前资源委员会的重工业建设计划》。

④ 王宗荣等著：《略论抗日战争时期资源委员会对工业的垄断》，《北京师范大学学报》1987 年第 4 期，第 27 页。

战中的作用可以从五个方面来阐析：资委会的发展增强了抗战的物质力量；该会的企业活动推动改变了中国不合理的工业布局和门类不齐全的状况，为后方经济增添了一支有生力量；资委会开辟了一条利用外国先进的技术和设备来发展本国工业的有效路径；资委会为其时及后来的中国近代化工业企业的人事管理制度和企业管理体制提供可供借鉴的经验；资委会的企业活动为当时和其后的中国工业发展培养了一批科技人才和企业管理人才。在同一篇文章里，作者还提出："资委会作为国民党政权的附属机构，为国民党政治体制服务，其作用随国民党政权在抗战时期的展现而展现，不可避免地具有双重性。特别是到抗战中后期，国民党政治上的倒退，必然影响它所执行的经济政策和措施，必然使资委会的作用附上阴暗面。"作者在文章的最后强调，资委会"在抗战期间的积极作用是主要的，在民族矛盾高于一切的前提条件下，其企业活动符合战时需要，具有合理性和必然性，它不仅为战时而且为以后中国工业企业的发展作了铺垫，乃至今天仍具有重要的启迪作用"①。

论及资委会的评价，首先要了解资委会的发展历程并掌握该会的基本特点。资委会的前身国防设计委员会诞生于日本侵华日益深入的1932年，该会发展于抗日战争的全面爆发，迅速膨胀于对日伪工矿企业的接管，终结于中华人民共和国诞生之后。综观资委会从成立到终结的历史可以看出，该机构早期重点发展与国防相关的企业，后期则全面发展民用工业。该会在近代中国工业发展史上有着十分重要的地位。从生产力各要素所占的比重来看，资委会管辖的矿业企业多属劳动密集型企业；机械、化工、电力等工业则多属技术密集型企业。从生产资料所有制形式上看，资委会所属的工矿企

① 陈杏年：《再论资源委员会在抗日战争中的作用》，《史学月刊》1994年第5期。

业绝大部分是国有企业。

纵观资委会的发展历程，笔者认为可以对它作出如下几点评价：

第一，资委会经过20年左右时间长期不懈的努力，在中国建立起了比较完整、独立性较强的工业体系，具有争取民族经济独立的重大意义。在资委会成立以前，中国的重工业主要是采冶业和少数电力工业。资委会成立后，先后创办了一批钢铁、机械、石油、电器、化工等科技含量较高的企业，推动了社会进步和中国工业近代化的进程，扭转了此前中国的重工业几乎完全被外国资本垄断的局面。

第二，初步改变了近代中国工业结构不合理的局面。抗战前夕，在中国工业的部门中，重工业占工厂总数的16%，占资本总额

1936—1945 年资委会各业投资表

（单位：以1936年币值为千元）

年份	合计	石油	钢铁	电力	电工	金属	机械	煤炭	化工	其他
1936	5493	233	640	148	2285	674	1002	344	45	126
1937	16984	392	4000	2131	2564	1200	3182	2135	542	844
1938	6665	305	641	1081	779	2529	707	463	157	4
1939	7872	852	491	2315	750	1821	533	480	560	68
1940	9257	1494	1311	2037	991	713	1015	553	740	404
1941	11062	4774	2232	1735	689	427	706	329	631	138
1942	7095	3021	1669	927	334	227	278	211	287	142
1943	2041	884	292	352	148	78	162	45	70	10
1944	1739	742	116	290	170	85	57	194	39	46
1945	3607	311	244	1808	110	260	297	214	264	98
合计	71815	12408	11636	12824	8920	8014	7939	4958	3335	1880
%	100.0	17.2	16.2	17.9	12.3	11.2	11.1	6.9	4.6	2.6

资料来源：《复员以来资源委员会工作述要》，第38—40页。

的4.4%，占工人总数的7.3%。其中机器工业的工厂数虽然占到全国工厂总数的8.6%，但资本额不到全国工厂的1%。与此相反，轻工业的比重相当大，仅纺织与食品工业企业的数量就占全国工厂总数的60%以上。资委会的发展方向主要是重工业。资委会作为国家资本的代表，从国家的长远利益出发，着眼于民族工业的未来，主要经营重工业。据统计，到1945年为止，资委会投资工矿企业的资金为1192192万元，折合1936年的币值为7182万元，其中重工业投资占投资总额的92.8%。(详见上表)

第三，资委会从一开始创办工矿企业就考虑到国防因素，重点在中国的中西部地区发展重工业，在当时较大程度地改变了中国工业布局的不平衡现象。抗战以前，全国符合工厂法规，即采用机械为动力、雇用工人30名以上的工矿企业80%以上集中在东部沿海地区。西南地区的工矿企业只占全国总数的6.03%，资本与工人数分别占全国总数的4.04%和7.34%。[①]而到了1944年，西南地区的工矿企业数量占整个国统区的88.63%，资本与工人数分别占93.52%和85.61%。[②]正如经济学家马寅初所言："今日的大后方，已设立的大小工厂有5226家，资本依登记时的法币计算有48亿元之多，不可不认为空前的进步。"[③]抗战期间，资委会在抗战后方建立了11个工业中心区，共有各种工业企业数以千计，极大地改变了此前中国工业布局不平衡的格局。

第四，建立并发展了一批新兴产业，推动了中国工业近代化的进程。抗日战争以前，中国没有强有力的工业主管部门，工业门类残缺不全，重工业基础十分薄弱。抗战爆发后，由于沿海地区相继

---

① 陈真等编：《中国近代工业史资料》(第4辑)，三联书店1961年版，第297页。
② 虞宝棠：《国民政府与民国经济》，华东师范大学出版社1998年版，第343页。
③ 马寅初：《吾对政治协商会议的希望》，重庆《新华日报》，1946年1月11日。

被日军占领，中国对外经济联系被切断，迫使中国在抗战后方主要依靠本国的力量重新建立工业体系。这一时期，从重工业到轻工业，从军事工业到民用工业，“举凡国防民生之物，无不具备”。在资委会的推动下，中国第一次建立了钢铁制造、特殊合金钢制造、电解铜、精炼锌、精炼铅、发电机等电器制造、煤气机等精密机床制造、电工器材、无线电设备、酒精提炼、石油炼制、石油化工、植物油炼制轻油、化肥、新式制碱、硫酸、煤炭炼焦、煤炭炼汽油等新兴工业。产品品种几乎覆盖当时中国有能力生产的所有产品，形成了一个基本能够自给的相对完整的工业体系。20 世纪 30—40 年代，中国工程师学会颁发的金质奖章中的大部分被资委会人员获得，例如对制碱方法有重大发明的侯德榜、开发玉门油矿的孙越崎、对动力机械工业作出杰出贡献的凌鸿勋等。

第五，善于选才、聚才、用才。在推动中国工业近代化的进程中，资委会一向以物色人才和培养人才为第一要事，并发现和培养了一批工矿企业的管理人才和众多科技人才。在中国工业发展史上，在资委会成立以前虽然也有少数科技人员参与企业的创办和管理，但毕竟没有形成气候和规模。成批的、各方面的科技人员参加工矿企业的创办和经营管理，应该说始于资委会成立。1941 年，资委会在经过长期调查研究的基础上，编辑出版了收录有2 万多名工程技术人员基本情况的《中国工程人员名录》，为国内的工矿企业及其他部门选用人才提供了方便。资委会从中选拔了一大批人才，使他们在资委会及其所属工矿企业的生产技术、业务经营、企业管理等方面发挥了重要作用。他们在推动企业各方面的发展和进步、促进企业制度的创新、不断拓展新的生产领域等方面，起到了无可替代的作用。只要是资委会所属的工矿企业，无论哪一家里均有一个精通业务的领导班子，均有一批专业技术和管理人才在这家企业用其所长。不断地延揽、培养和使用各专业的人才，是资委会发展重工业建设并取得成就的关键因素。

第六，为新中国成立后发展工业奠定了基础。资委会经过近20年的发展，到20世纪40年代后期已拥有一大批大中型国有工矿企业和近30万职工。在中国共产党领导全国人民同国民党反动派进行决战的关键时刻，资委会的主要领导率领资委会在大陆所有工矿企业的全体职工举行起义。既为新中国成立后的社会主义建设提供了大批专业技术人才，又为新中国的国有企业增加了重要的固定资产。这些工矿企业作为经济组织可直接用来作为新中国社会生产力的载体。

中国要实现工业化，其基本条件是要有一个相对稳定的社会环境和有一定规模的国内市场。而资委会从诞生到终结恰逢中国兵连祸结，各种灾难接连不断，人民生活日益贫困，社会长期动荡，从根本上制约了近代工业的顺利发展。资委会对将要进入该会工作的职员有比较严格的选拔程序，对已经进入的员工有一套比较完整的管理和考评制度，在会内营造了一个良好的小环境。然而，工矿企业的发展还要受到诸多社会因素的制约和影响，需要一个有利于企业发展的大环境和大气候。历史已经证明，中国要实现工业化，首先需要解决的是推翻帝国主义、封建主义等的反动统治，实现国家的统一和民族的独立，建立民主、自由的新的社会政治经济制度。而这些目标靠资委会自身的力量是无法实现的。

资委会是民国时期主管全国工业企业的管理机构。工业企业是指从事工业性生产和劳务等生产经营活动的企业。工业性生产和劳务活动主要指运用物理、化学、生物等技术，对自然资源、农业产品以及他们的中间产品进行加工，使其转化成生产资料或消费资料或维持其功能的活动。对资委会进行研究，既需要历史学的功底，又需要有经济学、管理学的学养，还需要具备一定的工业企业知识。目前研究资委会的学者大多出自史学界，以往接受经济、管理等知识相对较少，影响了研究水平的提高。解决这一问题的办法，一方面历史学者需要尽可能多地学习经济学、管理学乃至自然科学等知识，优化知识结构；一方面要欢迎经济学、管理学等学科的学者加入到研究资委会的行列中来，开展多学科的合作研究，共同开创资委会研究的新局面。

回首最近20多年来有关资委会的研究历程，总结相关研究成果的利弊得失，应该看到有关资委会的研究已经取得了可观的成绩。只要我们开阔视野，解放思想，脚踏实地，深入挖掘资料，不断优化研究者的知识结构，积极为多学科合作研究创造条件，一定能将资委会的研究推向一个新的高度。

1936年《德华信用借款合同》签订的作用与影响

20世纪30年代中期，南京国民政府与德国政府的关系曾经有过一段蜜月时期。当时，中德两国关系迅速发展。其速度之快，关系密切的程度，为其他任何国家所不可比。签订于1936年的《德华信用借款合同》是民国时期中德两国政府之间的一个重要合同。以往的研究对该合同的签订经过论述的比较详细，但较少探讨该合同对中方的作用和影响。本文拟在这方面作些探讨，以就教于各位专家学者。

一、《德华信用借款合同》的签订

德国是一个欧洲大国，同时也是一个工业大国；中国是一个农业大国，并蕴藏有丰富的矿产资源。当时中德两国的经济有着较强的互补性。中国的钨砂产量居世界第一，但德国本土及其属地均不产钨，所需大量的钨砂绝大多数从中国进口。到1936年前后，德国在华商业机构已达104家，仅次于英、美、法，居第4位；在华投资1.364亿美元，仅次于日、英、美、法，居第5位；在华创办企业29个（不包括采矿业），仅次于英美，居第3位。

早在1933年2月，曾留学德国柏林大学、时任国民政府参谋本部国防设计委员会委员的徐道邻就在《外交评论》杂志上发表了题为“德意志与中国两国之外交关系”的文章。在这篇文章里，徐道邻提出了密切中德关系的三条理由，即：德国作为工业国的非帝国主义性；德国具有反帝国主义性；孙中山先生曾倡导建立中俄德大陆同盟。[①]同年 10 月 16 日，徐道邻上呈国民政府《促进中德邦交办法》一文，在文中进一步提出了加强中德关系六个方面的内容：(1) 从速实现欧亚航空计划；(2) 接洽解决飞机厂问题；(3) 接洽工业合作计划；(4) 商定不侵犯条约、保护著作权条约等；(5) 派员至德国联络；(6) 加聘经济顾问。徐道邻的上述建议后来基本上被国民政府采纳。

1934 年 8 月 23 日，国民政府财政部长兼中央银行总裁孔祥熙与德国工商界与军界在华代理人汉斯 · 克兰（Hans Klein）经过艰苦的谈判，双方签订了《中国农矿原料及产品对德国工业产品交易合约》。合约的前言中称：“为中德两国双方利益，致力促进双方密切友好之合作及经济建设与商务之提升，而签署下列合约之规定。合约的目的在于透过中国原料及产品对德国工业产品及其他成品之交易，促进两国工商业之建设与加强两国人民之友谊，并且双方同意对此合约暂时绝对保密。”[②]该合约共 18 条，主要内容有：(1) 中国政府以一般商务方式经由德国港口交付克兰为德国需要的矿产原料及国内产品；克兰以一般商务方式经由中国港口交付中国政府中国需要的德国工业及其他产品。(2) 为保证定期航运作业，克兰需负责提供中国政府必需的航运舱位。(3) 为双方利益，尚需确定应当优先开采和交运的各种原料之类别及数量。(4) 为顺利进行开采矿产

① 马振犊、戚如高：《友乎？敌乎？——德国与中国抗战》，广西师范大学出版社 1997 年版，第 50 页。

② 辛达谟：《德国外交档案中的中德关系》，《传记文学》（台湾）第 24 卷第 2 期，1991 年版，第 127 页。

工作，在华无法获得之所需机器和其他设备，全由克兰负责提供给中国政府。（5）克兰将在柏林商讨尝试为中国政府争取1亿德国马克。

尽管该合约的内容仅是对准备开展的中德两国间的易货贸易提出了原则性的意见，合约还未涉及双方各自所需对方哪些具体的物资，德方如何提供1亿马克，利率多少，偿还方法等具体问题，但该合约的签订意味着中德两国从此开始建立一条绕过国际市场的易货贸易通道，为中德两国进一步开展实质性的经贸、军事、工业等方面的往来，打下了重要的基础。随后，克兰返回德国，向德国政府报告在华谈判经过。

需要说明的是，德国方面此时在与南京国民政府签订合约的同时，还与广东、广西等地方政府来往密切，并与广东省政府签订了从德国进口机器设备，在广东建立琶江口兵工厂的合约。南京国民政府获悉后，随即向德国政府发出照会，提出中国政府实行军火进口管制，地方政府不得私自与外国进行军工贸易，要求德方停止向广东地方政府提供军工设备。但德国政府复照声称，此系德国企业与广东政府间的商务行为，与德国政府无关。双方已签订商务合约，德国政府不便制止。随着南京国民政府的态度日趋强硬，德方的态度出现了分歧：外交部从两国关系的长远利益出发，提出德方应尊重南京国民政府的态度；国防部和经济部则认为广东及其邻省是中国战略原料的主要产地，不应中断与广东方面的交往。经过几个月的争论，德国政府决定以南京国民政府为主要对象开展易货贸易；南京国民政府也于1935年1月31日核准了《中国原料及产品对德国工业产品交易合约》。

1935年5月22日，为适应当时中德两国关系发展的需要，两国外交关系由公使级升格为大使级。国民政府任命程天放为首任驻德大使；德方则将驻华公使陶德曼提升为驻华大使。中德关系从此进入一个新的发展阶段。此后，为了使双方期待已久的《中国原料及产品对德国工业产品交易合约》尽快付诸实施，德方提出经办易货贸易的组织必须由各自政府直接控制，并希望中德双方互派代表团前往对方考察。1936 年初，德国政府派遣大型经济考察团前往中国进行考察。这次考察的任务主要有三个方面："一、考察中国经济商业状况。希望可多购中国之原料，如农产矿产品等（矿产品锑、钨、铜、铁、铝均要），同时亦望中国多购德国之机器。二、宣传德国之经济新政策。三、接洽中国以后向德国购买军火之办法（此点须严守秘密）。"[①]1936 年 1 月，中国代表团组成并启程赴德考察。该团团长为资源委员会委员、开滦矿务局总经理顾振，团员有王守竞（资源委员会专员）、凌宪扬（中央信托局副经理）、酆悌（训练总监部军事教育处处长）等。中国代表团抵德后，就中德易货贸易、信用贷款、工业合作等方面的问题，先后与德国国防部长柏龙白、经济部长沙赫特等举行会谈，并受到德国总理希特勒的接见。希特勒在会谈时表示："愿以德国工业品与中国原料交换，并愿扶助中国实业发展，中国政府一切需要，可与德国政府接洽，无须再与德商公司接洽。"[②]希特勒接见中国代表团后，德国政府专门派人陪同代表团用两周时间参观考察德国的工矿企业，并向中方人士展示了德国最先进的飞机，表示愿将德国最先进的武器装备提供给中国。

由于德方急需大批中国特产的钨、锑等原料，所以在谈判中态度十分积极并表现出了诚意。在会谈中德方承诺：德方未得到中国中央政府的允许，绝不向中国地方当局提供军火或军工设备。德方还向中国代表团提交了此前中国地方当局与德国已签合约但尚未交

① 《郭秉文致吴鼎昌函》，《民国档案》1991 年第 4 期，第 33 页。

② 中国第二历史档案馆编：《顾振等赴德签署中德货物信用借款合同期间与翁文灏等来往电文选》，《民国档案》1993 年第 3 期，第 4 页。

货的有关军火方面的订单。中方的订货单位主要有广东、广西、上海等地方政府，订单包括各种枪炮弹药、千里镜、测量设备等。经过两个多月的谈判，中国代表团团长顾振和德国经济部长沙赫特分别代表两国政府，于1936年4月8日在柏林签署了《德华信用借款合同》，并将该合同确定为1934年8月23日克兰与孔祥熙签订之《中国原料及产品对德国工业产品交易合约》的补充。

《德华信用借款合同》共计12条，主要内容有：

（1）中国政府同意，将该政府与汉斯·克兰君于1934年8月23日规定之货物互换合同由德国政府接受。（2）德国政府给予中国政府以货物信用借款1亿马克。（3）此项借款，中国政府可依据货物互换合同以提取德国工业品。（4）中国在德国应付之政府用款，及德国在中国应付之政府用款，中国政府及德国政府如愿意时，可依据货物互换办法办理之。（5）此项信用借款，应按货物互换合同规定，由中国以农矿原料随时抵偿，并得全额继续。（6）此项借款，照全额拨付，毫无折扣。（7）此项借款附带合同，为货物互换合同之一部分，故须受原合同内之一切规定限制。①

这个合同的核心内容是第一条与第七条。它表明中德易货合同已由中国政府和德国商业公司间物物交换合同升格为中德两国政府间的协议。

二、南京政府推行特矿管制政策

《德华信用借款合同》签订后，如何按时、按质、按量提供德方

① 马振犊、戚如高：《友乎？敌乎？——德国与中国抗战》，第210—211页。

所需要的物资，成为中国政府需要考虑的主要问题。当时，德国方面军事工业发展迅速，急需大量产自中国的特矿原料。所谓特矿，指的是钨、锑、锡、汞、铋、钼、铜等金属矿产。中国是世界上最重要的钨、锑出产国。中国储藏的钨占当时世界已探明储量的60%，产地主要在江西、广东、湖南等省。中国储藏的锑占世界70%以上，产地主要在湖南、湖北、广东、广西、贵州、四川等省。储藏的锡居世界约第 4 位，产地主要在云南、广西、湖南等省。在以上三种特矿中，中国的钨和锑的产量不仅当时居于世界首位，而且市场主要在国外。自 1925 年以来，德国一直是中国钨砂最大的买主。从 1913—1937 年，这 25 年间以每单位公吨含 60% 三氧化钨计算，世界钨的总产量为 362492 公吨，其间中国的钨总产量为 134159 公吨，平均年产量占世界同期总产量的 37%，以第一名的地位独占鳌头。比居世界第二位的缅甸（占 17.4%）高出近 20 个百分点。特矿产品无论在经济方面还是军事方面，均有重要的价值。对特种矿产实行统制，是南京国民政府为了履行《德华信用借款合同》的责任，兑现承诺，在这一时期确立的一项重要政策。

所谓统制，指的是国家利用行政力量和法律手段，对特种矿产的生产、储运、出口、销售等环节，实行全面的控制与严格的管理。根据国内外市场的需求，对特矿生产的数量和品质进行宏观的调控。

关于特矿的用途，有必要作一简单的介绍。

钨为铬类稀有金属之一。在钢铁中加入一定比例的钨，可增强钢的硬度和韧性，是生产飞机、军舰、坦克、大炮等不可或缺的重要原材料，尤其是生产大炮的炮管、军舰的甲板和飞机引擎活门的关键原材料。同时，钨还是生产电灯灯丝、电报接线机、X 光机、丝织物之染媒剂、棉织物之御火机、玻璃瓷器之着色剂、唱片针等的重要原材料。

锑是军工和民用工业的重要原材料。在军工方面，锑可用作手榴弹、雷管及引线等；在民用方面，是生产蓄电池板、轴承、颜料、油漆、火柴、搪瓷、印刷厂的印模印版等的重要原材料；一些药品也需要锑。

锡有质地柔软、富有伸缩性、不易氧化等特点。它与铅可合成为焊锡，与水银可合成为主要用来制镜的锡汞剂，与铜可合成为青铜，还是生产马口铁、锡箔等的重要原材料。

在中德开展易货贸易之前相当长一段时间内，钨、锑、锡等特种矿产的生产一直处于民间自由开采、无序生产的状态，产量和质量均无保证。地方政府仅设局征税。由于生产手段是手工开采，所以规模普遍较小。一些军队看到经销特矿有利可图，也参与其事。1933 年 8 月，驻守江西南部的军队就下令当地 8 家钨商组建成联安公司，由驻军负责保护生产和运销，利润中的 51% 归驻军，其余 49% 由钨商按股分配。①

尽管特矿产地的各级政府及驻军对特矿进行了不同程度的控制和管理，但其根本目的是为了从中获利，对于如何改善特矿的工艺流程，提高产品质量，优化企业生产的外部环境，开拓国内外市场等，并无长远打算。20 世纪 30 年代初，南京国民政府实业部成立后，鉴于特矿开采各自为政、矿政紊乱的现状，曾颁布过《整理全国钨矿业办法》，明令取消江西、广东两省的地方法规，规定以后钨砂出口需持有实业部的护照方可通行。但由于此举影响了地方政府的经济利益，故受到相关省份的反对和抵制。1933 年，实业部拟向德商借款 600 万元，在赣南开采钨矿。所得利润，一部分偿还借款，

① 《统制全国钨矿方案初稿》，现存中国第二历史档案馆，资源委员会案卷，第 9231 卷。

一部分与江西省政府六四分成。此议虽经与江西省政府多次交涉，但双方终未形成合作的共识。这一时期，特矿的出口地主要是德国、苏联、英国、法国、美国等，签订贸易协定的主要是广西、广东等地方政府。

南京国民政府主管重工业的资源委员会成立后，对特矿的生产、运输、销售十分关注，派人到特矿产地进行实地调查，其中重点调查了钨业的状况。通过调查研究，资委会认为以江西为重点的钨砂的生产与经营有以下几方面的弊端：

（1）矿区缺乏长远规划和统一管理，生产方式落后，资源浪费严重。（2）运销关卡过多，苛捐杂税繁重，敲诈勒索不断，增加了运销成本。（3）管理混乱，各自为政，同业恶性竞争，产品价格被外商控制。（4）矿工收入低微，生活困窘。①

除了上述原因之外，广西、广东等地方政府绕过中央政府直接与外国签订出口特矿产品的协议，也使国家的权益受到损害。有鉴于此，资委会向国民政府提出建议，主张特矿必须由中央政府统一管制。

1935 年，国民政府推行币制改革，基本统一了全国的币制，并垄断了全国的金融业，对特矿实行统制的条件已经成熟。1936 年 2 月，资委会制订了统制特矿的协议。其内容主要有：

（1）由资委会在各省设立统制机构，所有统制事宜均由资委会派员负责办理。省方负责矿区治安及缉私等事宜。（2）统制后所得盈余，由会省双方对半平分。资委会所得部分必须用以在该省兴建重工业厂矿。（3）各省原有统制机构一律撤销。②

---

① 郑友揆：《旧中国的资源委员会——史实与评价》，上海社会科学院出版社 1991 年版，第 251 页。

② 中国第二历史档案馆存资源委员会档案，第 9227 卷。

1936年3月，资委会在江西南昌设立了钨业管理处。该处的组织大纲规定：本处于必要时得在产销重要地点设立分处或事务所，其职员由处长呈请资委会派充。本处于必要时得设钨铁厂，厂长由资委会派充。随后，钨业管理处先后设立了事务所、钨矿探采处等下属单位；在湖南零陵建立了湖南分处，在江西赣县建立了赣南分处，在广州设立了广东分处，在广东汕头设立了汕头办事处。同时着手对特矿的生产、运输、销售等环节重新登记，开始全面整顿。在此前后，资委会在湖南长沙设立了锑业管理处，该处在宜章、零陵等地设立了稽查所。至此，资委会开始对占全国钨、锑产量约80%的赣钨和湘锑实施统制。随后，资委会在香港筹组特矿的销售机关，并在上海设立了国外贸易事务所。

通过进行一系列相关的准备工作，当年7月下旬，蒋介石以资委会委员长的名义函告国民政府财政部："为划一全国各海关钨砂输出办法起见，请财政部电令粤海关，自令到之日起（1936年7月30日），须凭本会（资委会）出口证方可报关。"[①]从此，全国的特种矿产的生产和销售逐步纳入资委会的统制之下。

统制政策的推行，促进了特矿生产的发展。1937年，赣钨的产量为7971吨，次年增至9110吨。[②]由于资委会在这一时期对特矿采取了统制政策，从而使中国与德国的易货协定得以顺利进行。1932—1935年，中国向德国出口特矿产品的贸易额平均每年仅487.5万马克，1936年就增至800万马克，1937年已达2110万马克。[③]

南京国民政府推行特矿管制政策，在当时起到了积极的作用，并产生了深远的影响。第一，它根据国际市场通行的要求制订了矿

---

① 中国第二历史档案馆存资源委员会档案，第9443卷，资委会训令，密发1030。

② 杨景炳：《抗战八年来之钨锑锡汞业》，《资源委员会季刊》第6卷第1—2期，第63页。

③ ［美］柯伟林：《德国与中华民国》，美国斯坦福大学出版社1984年版，第192页。

砂的等级标准，规范了生产行为，改进了加工工艺，提高了特矿产品的品质。第二，引进先进的加工设备，既提高了生产效率，又增加了产品附加值。第三，推行特矿管制政策促进中方建立了运销网络，有利于开展对外贸易。过去的特矿出口贸易完全被外国在华洋行所控制。尽管长期以来中国的钨、锑产量居世界首位，但对外贸易完全没有自主权。南京国民政府对特矿实行统制后，一改过去特矿产品的价格随着伦敦、纽约市场的价格而浮动的惯例，改由伦敦、纽约市场的价格随着资委会国外贸易事务所公布的价格而浮动。第四，遵守《德华信用借款合同》与德国进行特矿贸易，维护了南京国民政府的国际信用。

三、《德华信用借款合同》的作用

《德华信用借款合同》的签订，对于南京国民政府统一在国统区的政令，进一步强化蒋介石在南京国民政府中的统治地位，从德国引进资金和技术，发展中国的国防工业和重工业，起到了重要的作用。

首先，该合同的签订有利于南京国民政府对国统区政令的统一。在此之前，一些地方实力派对南京国民政府仍存有二心。他们不仅各取所需地对待南京国民政府发布的各项政令，而且经常背着中央政府另搞一套。1936年3月26日，德国国防部经济厅厅长托马斯向中国访德代表团通报中国各省与德方已签订合约，其中德方尚未交货的订单就有：（一）宋哲元订购步枪及手枪子弹共1000万粒，三公分七防坦克炮50—100门及炮弹；（二）满洲需要手枪弹50万粒；（三）广东订购机枪，未声明数目；（四）广西订购步枪2.5

万支；（五）华南部（未注明何处，现正在调查中）需少数步枪及子弹；（六）上海方面（似系代中央订购）要炸弹、千里镜、高远测量器、剪形千里镜、测量盘等。[①]《德华信用借款合同》签订后，德国国防部训令德国所有的军火商，在未经中国政府许可之前，不许向中国任何方面供给军火。通过这个合同，南京国民政府有效地制止了一些地方政府擅自从德国购买军火，引进机器设备的行为，将地方军事工业收归国营。

其次，进一步密切了中德两国的军事往来，两国间的军火贸易额有了大幅度的提高。在此之前，南京国民政府就认为德国是世界一流的军事强国，德国的军队训练精良，武器先进，每年都要从德国进口数量不等的武器弹药。《德华信用借款合同》签订后，中方随即就向德方提出了武装陆军的钢甲车、大炮、钢盔等装备和武器弹药，武装海军的快艇、鱼雷、快艇随护舰、探照灯等装备，武装空军的各型高射炮及炮弹。[②]以后中方又多次向德方提交军火订单。据统计，1935—1937 年三年间，德国军火输华价值在其全年军火出口总值中的比率已由 8. 1% 上升为 28. 8% 和 37% 。1937 年，国民政府所列的 3000 万元“购械费”全部纳入中德易货项目预算范围之内。[③]从德国进口的军用物资绝大部分在抗战爆发前夕和初期运抵中国，装备到部队，对抗战初期中国军队对日作战，发挥了重要作用。

再次，该合同的签订使中德关系有了进一步的发展，德国为中国发展国防工业和重工业提供了必不可少的资金和设备。在此之

① 马振犊、戚如高：《友乎？敌乎？——德国与中国抗战》，第 209 页。

② 《1936 年 5 月中国代表团访德期间订购军火订单》，现存中国第二历史档案馆藏资源委员会档案，第 2101 卷。

③ 《何（应钦）上将抗战期间军事报告》（上册），现存中国第二历史档案馆，第 115 页。

前，重工业一直是中国近代工业中最薄弱的一环。南京国民政府成立后，虽然想方设法增加财政收入，但由于战乱频仍，兵连祸接，财政年年出现巨额赤字。正当国民政府处心积虑筹措资金时，《德华信用借款合同》的签订给中方带来了机遇。在德方提供的1亿马克贷款中，中方将其中90%以上用来购买军火及军工设备，并分配给资委会9819114马克，用来购买德国的机器设备。资委会随即用这笔钱向德方购买了急需的先进的机器设备，用来建设机械、冶金、电子、化工等工矿企业。具体来说，资委会用于矿业部分为357万马克，用于电业部分为132.8万马克，用于工业部分为492万马克。[①]从1936年到1941年7月中德断交，资委会先后从德国购买了价值3572418马克的机器设备，建立了一批比较先进的工矿企业。其中比较突出的是设在湖南湘潭的中央钢铁厂。根据协议，德国帮助中国在湘潭建设一个年产10万—15万吨钢锭的钢铁厂。该厂"由德国的克虏伯炮厂担任设计，西门子的建筑部负责土建工程，机器设备全部由德国供应"[②]。此后，德方先后派出数百人前来中国帮助建设，中方也选派了20多名技术人员到德国实习。派往德国实习的人员既学到了德国企业先进的生产技术和管理经验，又为以后向美英等国选派实习人员积累了经验，摸索出一条与出国留学不同的道路。这一时期，中国利用德国资金和设备建设的企业还有中国汽车制造股份公司、中国航空器材制造厂、江西钨铁厂、中央电工器材厂、中央机器厂、电化冶炼厂、四川油矿探勘处等。与此同时，中方还吸引了一批立志"实业救国"的人才，特别是曾经赴德国留学的人员，例如黄伯樵、杜殿英、汤元吉、张桂耕等。

---

① 《德国信用借款》，现存中国第二历史档案馆，资委会档案第2232卷。

② 吴兆洪：《我所知道的资源委员会》，《回忆国民党政府资源委员会》，中国文史出版社1988年版，第84页。

关于对德国的易货贸易，传统的观点认为，南京国民政府推行的对德易货偿债政策，是帝国主义利用国家垄断资本的力量来掠夺中国特种矿产资源的重要形式，特矿管制政策适应了德国的需要。中国的钨、锑等矿产品的产量和贸易额均占世界首位，本来可以通过贸易统制来改变不平等的地位，但却被买办式的易货偿债方式所阻遏。国民政府的贸易管制是商业垄断，进行国防重工业建设，在资金方面依靠帝国主义提供，在技术方面与帝国主义合作则具有强烈的买办性，是“半殖民地半封建社会的必然产物”。体现了国民党的国家垄断。①

评价一项经济政策，既要考虑特定的历史背景，又要考虑该政策推行后的实际效果。正如日本学者奥村哲所言：“易货方式的借款对当时的中国虽然不利，但当时为什么选择这一不利之极的方式，是应当考虑到当时的国际国内条件的。”② 当时日本已经发动侵华战争，中国面临着严重的亡国灭种的危机。经济实力是决定战争胜负的基本因素。在当时中国政府财政十分困难的情况下，要想迅速发展以国防为中心的重工业，舍易货偿债，并用这笔钱引进德国等国家先进的机器设备之外别无他途。事实证明，以易货偿债的方式，用国内的特矿产品交换德国先进的机器设备，是一种正常的对外经济交往。

总之，《德华信用借款合同》是中德关系史上的一件大事。该合同的签订使中德间的经贸往来从传统的民间商行自由贸易升格为两国政府间的行为。合同的内容对于中德双方是互利互惠的。依据

---

① 抗日战争时期国民政府财政经济战略措施研究课题组编：《抗日战争时期国民政府财政经济战略措施研究》，西南财经大学出版社 1988 年版，第 197 页。

② ［日］奥村哲：《中国最近对民国时期经济史的研究》，《中国近代经济史研究资料》第 3 辑，上海社会科学院出版社 1984 版，第 108 页。

这个合同，中方在 1936、1937 年从德国进口了大批先进武器，大大增强了中国军队抵抗日军侵略的实力，在抗战初期发挥了重要作用。根据这个合同，中方从德国进口了一批先进的工业设备，建立了一批工矿企业，培养了一批技术人才，有力地推动了中国工业近代化的进程。

（本文原载《武汉大学学报》[社科版] 2004 年第 6 期）

资源委员会与抗战初期东部地区企业内迁

抗战爆发初期，上海和东部沿海地区的许多工矿企业内迁，其壮观场面被称为“中国实业界的敦刻尔克”。关于这次内迁的经过、影响和意义，学术界已有一定的研究，并取得了不少成果。但以往的研究忽略了资源委员会在东部地区工矿企业内迁中的地位和作用。本文拟就此问题进行探讨。

一

首先有必要介绍一下资源委员会。资委会是国民政府属下的一个专门负责工业建设的机构，其前身是成立于1932年的国防设计委员会。国防设计委员会虽然隶属于国民政府参谋本部，但其成员都是当时国内著名的专家学者、社会名流和实业家。委员长由蒋介石担任，著名地质学家翁文灏和时任南京国民政府教育部常务次长的钱昌照分别担任正、副秘书长。

1935年4月，国民政府军事机构进行大改组。在这次改组中，国防设计委员会与兵工署资源司合并，易名为资源委员会，隶属于军事委员会，“以便于统筹运用，并赋予开发全国资源，经办国防工矿事业之任务，以建立腹地国防经济为工作重心”[①]。资委会初成立时，委员长仍由时任国民政府军事委员会主席的蒋介石兼任，正、副秘书长仍由翁文灏和钱昌照担任。从此，资委会的发展进入军事委员会时期。这一时期也是资委会从国情调查机构向全国工业主管机构转折和过渡时期。这一时期，资委会开展工作的范围已不局限于调查、研究、设计等方面，开始走上了主要创办工矿企业的道路，并在短期内迅速发展成为民国时期最大的国家资本工业企业经营和管理机构。

资委会成立后，国防设计委员会时期开展的军事、国际关系、文化教育等方面的工作一部分告一段落，一部分移交其他部门继续办理。这一时期资委会的工作重点是研究规划与国防相关的经济工作，其性质从一个有关国防的调查、统计和研究部门转向国防工业的规划与建设部门。从这一时期资委会的有关资料可以看出，此时资委会的职掌为：（1）关于人的资源及物的资源之调查、统计、研究事项；（2）关于资源之计划及建设事项；（3）关于资源动员之计划事项；（4）关于其他有关资源之事项。

二

20世纪30年代中期，中国数量有限的工矿企业中的约80%集中在东部沿海和沿江城市。到抗战爆发前的1937年，在南京国民政府实业部注册登记的符合当时工厂法规定标准，即拥有动力或工人超

① 程玉凤、程玉凰：《资源委员会档案史料初编》（上册），（台湾）“国史馆”1984年版，第6页。

过30人以上的工矿企业，共有3935家，其中分布在长江下游的江苏、上海、浙江三省市的就有2336家，占全国总数的56%。而上海一地就有1235家，占全国的31%。[①]在当时，上海工业“资本额为148464000元，占全国资本总额的39.73%；工人为112030人，占全国工人总数的31.78%”。[②]由此可见，无论是工厂数量、资本还是技术水平，上海在全国都是首屈一指的。

1937年7月7日，抗日战争全面爆发。抗战爆发后，国民政府的体制一度改为战时体制，政府成立了大本营，下设六个部。资委会隶属于主管经济和兵工的第三部。翁文灏任该部部长，钱昌照、俞大维任副部长。抗战初期，国民政府草拟了总动员计划。其中有关工业方面的内容主要有：(1) 完成工业品的自给自足，不依赖外国；(2) 维持制造军用品及日用工业品的工厂；(3) 加强日用品生产和销售的管理；(4) 协助上述工厂自沿海迁入内地；(5) 积极推进制造军用品、日用品之工厂的设立；(6) 以财力和技术协助上述工厂；(7) 防止工人发生罢工及工厂停工的事情；(8) 以军警的力量来保护上述工厂。[③]这8条内容成为国民政府在抗战期间推进工业建设和进行工业管理的基本指导思想。“七七”事变发生后，日本侵略军立即将进攻矛头直指上海，大批日军从吴淞江及长江入口处陆续登陆后向上海大举进攻，日本飞机肆无忌惮地在宁沪杭铁路沿线狂轰滥炸。上海等沿海城市的工矿企业危在旦夕。经济是决定战争胜负的基本因素。当时中国的工业主要集中在上海等东部沿海地区，如能发挥利用这些地区的工业能力，则能增强中方的抗日力

---

① 齐植璐：《抗战时期工矿内迁与官僚资本的掠夺》，《工商经济史料丛刊》第2辑，北京文史资料出版社1983年版，第63页。

② 孙果达：《民族工业大迁徙——抗日战争时期民营工厂的内迁》，中国文史出版社1991年版，第1页。

③ 沈雷春等著：《中国战时经济志》，中国金融年鉴社1941版，第57页。

量；如果这些工业基础毁于战火，势必使中国的民族工业大伤元气，必将使中国的抗战实力遭到重创；如果这些企业沦入敌手，就等于将中国约80%的民族工业用来加强日本侵华的实力，其后果不堪设想。

抗日战争全面爆发后，上海的民族企业家对战局的前景忧心忡忡，开始考虑经营的工厂何去何从。一部分人认为战争很快就会结束，企图隐忍苟安。一些较有远见的企业家萌动了迁移的思想。上海机器厂经理颜耀秋认为："这次事变不是局部性的，如不内迁，势必沦落敌手，也就是间接资敌。纵有任何困难，也要想办法搬出去。"仲明机器厂经理汤仲明曾在法国坦克车厂实习多年，他专门上书资委会，提出如将他的工厂迁到后方，只要将工厂已有设备稍加补充，就能生产坦克。中小企业生产规模小，船小好掉头，牵涉面不大，经理一人就能决策，不必召开董事会，工厂迁移到新的地方复工相对比较容易，所以中小企业对内迁更为积极。相当一部分企业既有迁移的意向，又畏惧迁移的艰险，对迁移后企业的前景感到茫然无措，不愿率先冒险，对工厂迁移持观望态度。

1937年7月22日，国民政府军事委员会密令成立国家总动员设计委员会，由军政部长何应钦担任该会主任。该会决定立即推行粮食统制，资源统制，交通统制，各地卫生机关及人员、材料的统制，民众组织与训练及金融财政的筹划等六项措施。其中资源统制指定由资委会作为总动员业务中心，召集有关部门会同筹办。

根据当时的形势，资委会于1937年7月24日召开会议。在这次会议上有人提出，有必要调查上海华人企业现有工具机并接洽有无迁移内地之可能，估计其迁移及建设费用或询明收买之价格。副主任钱昌照上一条陈，要求国民政府批准两件事：一是资助拆迁上海主要民营工厂移至后方生产，以利继续抗战；另一是紧急拨款抢购积存于青岛等沿海城市的战略物资，如水泥、钢材、木材等，以供防御之需，以上两事均得到批准。[①]两天后，资委会召集实业部、军政部、财政部、交通部、铁道部、全国军事委员会等部委开会。会议由资委会副主任钱昌照主持。为了具体讨论如何推行资源统制，会议决定成立财务、矿冶、燃料、机械化学、棉业、建筑材料、牲畜毛革、专门人才共8个组。在分组讨论时，机械化学组建议迁移机器及化学工厂，"以应兵工需要"。对此，与会者众说纷纭，莫衷一是。一部分人认为，"上海民营厂规模小，不值得搬；有的认为时间紧迫，内迁怕来不及；有的认为内迁主意不错，但恐怕无法推动；有的认为，民营厂虽小，但却是现成的，迁往内地能起到事半而功倍的效果，即使迁不成，把技术骨干动员到内地去也好"[②]。在各种意见一时难以统一的情况下，会议通过了一项决议，即"调查上海各华厂现有工具机并接洽有无迁移内地之可能，估计其迁移及建设费用或询明收买之价格，由资委会担任调查"[③]。决议通过的当天，资委会决定委派该会专门委员林继庸亲赴上海，对有关情况进行调查。临行前，钱昌照与林继庸赶拟了一个内迁条件草案。

林继庸，广东香山县人，先后就读于北京大学理工预科、北洋大学采矿系。毕业后先后担任复旦大学工学院院长、资委会专门委员、资委会工业联络组组长等职。1937年8月3日，林继庸带着内迁条件草案，率领资委会职员庄前鼎、张季熙前往上海，听取上海企业界人士对工厂内迁的意见。由于拆迁工厂直接影响到企业的切身利益，故动员工作遇到了重重阻力。首先，这种阻力来自一些政府官员和企业家对形势的判断。他们认为日本人不一定进攻上海，

① 孙果达：《民族工业大迁徙——抗日战争时期民营工厂的内迁》，第1页。

② 同上。

③ 《迁移工厂案经过概要》，现存中国第二历史档案馆资委会档案，第6079卷。

仗打不起来，即使仗打起来了也不会持续多长时间，危机很快就会过去，工厂不必搬迁。其次，企业家普遍畏惧迁移的艰险。他们认为，工厂在战乱中迁移势必给企业造成重大损失。拆迁后能否在新的地区顺利建厂复工？企业经营状况如何？有无利润可图？均是未知数，不愿轻易冒险。再次，企业家对英美势力有依赖心理。他们认为，即便上海万一失守，日军绝不敢侵犯英美等国在上海的租界，他们可以在租界的掩护下继续生产。一些企业厂子小底子薄，无力负担拆迁的费用。经过林继庸等人反复动员，晓以利害，上海企业家在原则接受内迁条件草案的同时，提出了四点意见：

（1）不接纳草案中关于内迁厂保息 6 厘的优待办法，认为机器五金制造厂并无需要研究的技术问题，故不需要如同特种工厂之补助措施。若有保息办法，反足以奖励不努力工作之厂家的怠工。

（2）对于厂地及建筑费用，改政府之低息借贷为无偿给予。这些费用共约 400 万元，包括工具机 2000 余部与其运费、工人川资 30 万元、房屋 1.2 万平方米约 360 万元，地皮 400 亩约 10 万元。

（3）如内迁后工作停顿，须转移地方时，政府要发给搬运费。

（4）认为资源委员会指定内迁地点为汉口日本租界附近，不甚安全。林继庸随即带着这些意见回到南京向资委会汇报。上海企业界推举颜耀秋和胡厥文亲到南京，向资委会负责人钱昌照当面表明态度。了解到上海企业家的态度后，资委会于 1937 年 8 月 9 日向国民政府行政院提出了《补助上海各工厂迁移内地工作，专供充实军备、以增厚长期抵抗外侮之力量案》的提案，要求尽快解决工厂迁移工作几个当务之急的问题。提案的内容主要有：

（一）上海机器五金业，各种工厂种类为翻砂、打铁、冲压、电器及各种五金机器之属，其机器数目，约有 2000 部，连同工具等项，可值 400 万元，并且各工厂之技术工人亦随同前往内地工作。经过协商，现拟定下列办法：（1）装箱、搬运及津贴此次因工厂迁移而致暂时停业之工人等费用，约需40万元，拟由政府拨给，交该业同业公会领用，并派员监督发放，实报实销。（2）政府每年拨给奖励金20万元，以10年为限，以示鼓励。（3）购地、建筑等费约需200万元，拟请政府商由银行以低息借予各厂家，视机器之多寡为比例之分配，按10年清还，息金归厂方自付。（4）建厂需地约500亩，估值5万元，拟由政府拨给。

（二）上海大鑫钢铁工厂来函呈称：现存有废钢铁原料约2000吨，厂中设备有炼钢电炉4座，每日能出各种钢在20吨以上。现该厂愿将上项原料2000吨及其设备的四分之三先行移至内地，请补助搬运费10万元，并借给购地、建筑等费用20万元，以便即日迁往政府所指定之地点。

（三）中国炼气公司愿将制造氧气机械之半数迁移内地，每小时约可产氧气30立方米，另外储气钢瓶1000只，运往政府指定地点，希望补助搬运费1万元，并请政府商由银行借给购地、建筑等费用4万元。

（四）大中华橡胶厂愿将厂内机器一部分，足供每日生产汽车内外胎150套、飞机内外胎20套及军用胶底布鞋2万双之设备，迁往政府指定地点，其地点须能供给该厂1200匹马力之电力，希望政府商由银行借给搬运、购地、建筑等费用65万元，息金归厂方自付，分10年清还；并请政府每年拨给奖励金5万元，以10年为限。所借之款，均由政府派员监督使用，4个月后即可陆续出品。现我国内地尚无其他橡胶厂之设立，该厂为国内最大之橡胶工厂，若能迁入内地，则对于各种橡胶用品及防毒面具之供给，当有补益。

（五）康元制罐厂为国内最大之制罐工厂，其设备有印刷机9部，制罐机约200部，每日能出产各种罐头5万只。厂址在日人势力范围内的虹口华德路，现愿迁往政府所指定之地点，希望拨给迁移费用5万元；另商由银行挪借建筑费用30万元，息金归厂方自付，分10年清还，4个月后即可陆续出品。此项工程，可制造干粮罐、防毒罐及代做各种冲压工作。

（六）民营化学工业社，专制防毒面具，每日可产金陵兵工厂式之防毒面具约500套，拟迁往内地，并希望政府商由银行借给搬运、建筑、增加设备等各项费用10万元，分10年清还，息金归社方自付。

概括地说，这个提案是将上海的机械、钢铁、炼气、橡胶、制罐及民营化学工业6类工厂的主要机器设备内迁，并请政府补助迁移费56万元，拨给建厂场地500亩，提供低息贷款329万元，奖励金每年25万元，10年为期。次日，国民政府行政院第324次会议对资委会的这一提案作出决议："奖励金暂从缓议，余通过。"并责成资委会为主办机关，会同财政部、军政部、实业部联合组织监督委员会，"严密监督，克日迁移"。1937年8月3日下午5时，财政部、实业部、军政部和资委会的代表奉命在资委会举行会议。会议决定，由资委会的林继庸、财政部的庞松舟、实业部的欧阳仑、军政部的王阶等人组成工厂迁移委员会，林继庸为该会的主任委员，提出财政部在本星期内将56万迁移补助费拨给资委会，资委会负责联系迁移地的购地等工作。会议还决定，林继庸连夜赴上海与各工厂接洽迁移事宜。

第二天，资委会会同其他部门联合成立了上海工厂迁移监督委员会，林继庸为主任，担任该会委员的有财政部会计司司长庞松舟、实业部工业司代理司长欧阳仑、军政部军务司整备科科长王阶等人。这一天，林继庸派人到上海海关接洽有关内迁物资的免税与护照事宜。

海关方面表示：请资源委员会行文财政部饬江海关，凭林继庸签字之出口机件清单，对内迁物资免税免验放行，俟到达江汉关后再行查验。这一时期，资委会在该会内部组织了一个技术合作委员会，下分机械、电机、化工、土木工程、公用事业、金融、经济、法律等12个组；并把当时担任机械组委员的上海机器五金制造业同业公会主任委员颜耀秋召到南京面授机宜，要求颜耀秋赶紧回上海，让“在野人士自动组织起来，准备内迁”①。

1937年8月12日下午3时，上海工厂迁移监督委员会在上海斜桥弄42号举行第一次会议。这次会议通过以下事项：（一）为便利工作进行起见，即日成立由各厂组成的工厂联合迁移委员会。委员名额规定11人，由各厂推举，送呈监督委员会批准。（二）工厂联合迁移委员会办公地点由该会自行择定后报告监督委员会，以便随时接洽。工厂联合迁移委员会得酌雇临时职员，其各项费用由核准之迁移费用内拨付。（三）工厂迁移费支配办法由工厂联合迁移委员会拟订，送监督委员会核准后拨付。（四）监督委员会以后一切应办事宜公推林继庸全权办理。（五）各工厂如有托词规避迁移情事，得由工厂联合迁移委员会报告监督委员会转呈政府，予以严厉处分。

在资委会的影响下，由上海企业家颜耀秋（上海机器厂）、胡厥文（新民机器厂）、支秉渊（新中工程公司）、余名钰（大鑫钢铁厂）、项康元（康元制罐厂）、叶友才（华生电器厂）、吕时新（中新工厂）、王佑才（中华铁工厂）、钱祥标（中国制钉厂）、赵孝林（万昌机器厂）、严裕棠（大隆机器厂）11人发起组建的上海工厂联合迁移委员会于1937年8月12日在上海正式成立。这11名人士都是上海企业界的佼佼者。在成立会议上，与会者推举颜耀秋为该会主任委员，胡厥文、支秉渊为副主任委员。该会内设检验、文

---

① 颜耀秋：《抗战期间上海民营工厂内迁纪略》，《上海文史资料选辑》第13辑。

书、运输、征求、凭证、会计、常驻等专门委员，并在苏州、镇江、武汉等地设立了办事处。成立会议决定，该会的办公地点设在上海提篮桥机器五金制造同业公会内（后迁至刘鸿生在四川路33号的企业大楼6楼）。与会代表一致表示，他们愿意在林继庸为主任的上海工厂迁移监督委员会领导下开展上海工厂内迁的组织动员、联络协调等方面的工作。这一天，资委会还制订了迁移工人、机器设备、船只的编号等具体规定，以保证迁移工作有条不紊，避免拆迁和安置工作中出现混乱。

第2天，日军开始进攻上海。此后，上海要求向抗战后方转移的工矿企业日益增多。为了规范上海工厂的内迁行为，上海工厂联合迁移委员会颁布了《迁移须知》。《迁移须知》的主要内容有：（一）凡中国国民所投资之工厂，均可一律迁移。（二）迁移目的地为武昌。如有相当理由，经监督委员会核准，亦得迁入其他内地。（三）各种工厂迁移内地，由政府给予相当津贴，此项津贴数量，根据该厂性质及机件而定。《迁移须知》还对工厂迁移时的装箱费用、运输费用、到武昌后的建厂费用、迁移的各种手续等作了比较具体的规定。《迁移须知》公布后，在上海企业界引起强烈反响，各类工厂争先恐后地前往上海工厂联合迁移委员会报名。而此时资委会申请到的56万元迁移补助费已是杯水车薪，远远不能满足上海工厂迁移的需要。1937年9月18日，资委会再次向行政院提文《迁移工厂扩充范围请增经费办法》，为上海天原、天利等化工厂，三北等造船厂，中华书局等单位申请迁移补助经费。9月23日，行政院第330次会议批准增拨迁移补助费52.6万元，增加低息贷款195万元。①

① 《财政部关于增拨工厂迁移补助费由工矿调整委员会统筹酌拨资源委员会函》（1937年11月15日），转引自诸葛达：《抗日战争时期工厂内迁及其对大后方工业的影响》，《复旦学报》2001年第4期，第44页。

随着战争的不断扩大，为了尽可能多地将沿海地区及中国中部地区的工矿企业迁至抗战后方，同时安排好迁移企业尽快在新的地方恢复生产，支援抗战，1937 年 9 月下旬，国民政府决定成立工矿调整委员会，由资委会秘书长翁文灏担任工矿调整委员会的主任委员。

1937 年 9 月 27 日，工矿调整委员会在资委会会议厅举行会议，专门讨论工厂内迁问题。会议由资委会秘书长兼工矿调整委员会主任翁文灏主持，参加会议的有国民政府财政部、军政部、实业部、军事委员会第三部和第四部、资委会等部门。经过讨论，会议作出如下决定：

（一）关于资委会提议上海工厂迁移内地扩充范围请增经费案之决议：原案所提各厂均与国防有关，应行迁移之工厂所请补助各款，除吴蕴初所办各厂迁移补助费应减为 40 万元外，其余应予通过。唯如将来各厂有不能全部迁移者，得由上海工厂迁移监督委员会按其实际迁移程度的量核减，工厂基地可按实际需要照拨。

（二）关于以后工厂迁移原则决议：迁移工厂分为两种：军需厂矿和普通厂矿。军需厂矿主要包括兵工所需之机械、化学、冶炼厂，动力及燃料矿厂，交通器材制造厂，粮食及被服厂，医药品厂，其他军用必需品工厂。军需厂矿需要内迁的名单由兵工署、军需署、后方勤务部、卫生勤务部、军事委员会第三部和第四部提供。军需厂矿迁移时，工矿调整委员会可提供迁移补助费、优先运输、免征各种转口及落地捐税、按军用品减收运费、拨给建厂地亩、介绍或担保银行提供低息贷款、发给奖金等优惠政策和奖励。普通厂矿为军需工厂以外之厂矿。凡自愿迁移，经主持迁移之机关核准者，得予以免税、免验、便利运输、代征地亩等之便利或援助，唯不补助迁移费。关于迁移后之安插及工作问题，亦由厂家自行筹划为原则。普通厂矿具有精巧技术制造能力，经主持迁移之机关认为有特别援助之必需者，得筹设息借办法办理之。这次会议后，工矿调整委员会就根据会议精神开展工作。为了推动迁移工作的进行，该会于1937年11月14日成立了厂矿迁移监督委员会，委任资委会成员孙拯为主任，林继庸为执行组长。关于民营厂矿的内迁，林继庸提出了一个原则，即人才第一，图样次之，机器材料又次之。①

关于内迁的路线，当时主要有陆路和水路。陆路主要是铁路。自从日军进攻上海的战争爆发后，驻守上海的中国军队就将上海西、北两个火车站的铁轨拆除用于构筑工事；沪宁铁路和沪杭铁路主要承运军队和武器弹药，不可能为工厂内迁安排车皮。水路有三条：一条由上海苏州河经苏州至镇江；二是经上海十六铺河道经松江至镇江；三是经海道至广州再转粤汉铁路至武昌。第三条路线路途遥远，费时费钱，实不可取。上海工厂内迁主要是沿着前两条路线西行。

在战火纷飞、枪林弹雨的前线转移机器设备到抗战后方，其艰难险阻可想而知。当时上海民营工厂内迁的运载工具主要是木船。木船运行时，为了防备敌机炮火的轰炸，每艘船只间要保持半里左右的距离，船上还要进行伪装。对于迁移的感受，一位当事人曾这样回忆："机械的拆运，简直可说是千辛万苦。在苏州河那段艰苦情形，至今谈来没有不被人钦叹的，天上有敌机的追袭，地上又得想尽办法领护照通过防线，尤以敌机的追炸与扫射，使得迁移工厂寸步难行，时时刻刻如过火炮山。"②

---

① 《林继庸先生访问纪录》，薛月顺：《资源委员会的人才培训——以电业为例》，（台湾）"国史馆"馆刊复刊第15期，第188页。

② 潘仰山：《民族工业的命运》，《西南实业通讯》第15卷第1、2、3期合刊，1947年版。

迁移工厂在转运机器设备时不仅时时要遭受日本侵略军炮火的狂轰滥炸，而且要受到国民党军队的百般阻挠。上海天元化工厂装满重要机器设备的11条船还未驶出上海，其中部分船只就被国民党军队强行拦截充当浮桥。该厂总经理吴蕴初随即向资委会告急："查明被扣船只已有6艘，现在火线之中，危迫万分，请以有力方法转商放行。"经过资委会多方斡旋，天元化工厂被扣的船只才被放行。

抗战前夕，上海的出版印刷业为全国之冠。抗战爆发后，资委会考虑到上海的印刷厂如不转移，后方各类学校的教科书将得不到保证。为此，资委会副主任钱昌照在1937年9月18日上报的《上海工厂迁移内地扩充范围请增经费案》中，特意要求行政院特批5万元作为上海出版印刷业的迁移费用，从而保证了商务印书馆等单位向抗战后方迁移。

从1937年8月13日日本侵略军进攻上海到1937年11月12日中国军队退出上海，共迁出民营工厂148家，工人2100多名，机器设备12400多吨。[①]其中包括荣宗敬的申新纱厂、福新面粉厂、茂新面粉厂，刘鸿生的大中华火柴厂、上海水泥厂、章华毛织厂、华丰搪瓷厂，郭顺的永安纺织厂，王云五的商务印书馆，吴蕴初的天原电化厂、天利氮气厂、天厨味精厂、天盛陶瓷厂，项康元的康元制罐厂，胡厥文的新民机器厂、合作五金厂、长城砖瓦厂等。[②]中国著名的平民教育家晏阳初将此比喻为"中国实业界的敦刻尔克"。从上海迁出的148家民营工厂有135家迁到武汉，占抗战初期全国各地迁到武汉工厂总数的约90%。南京沦陷后，武汉一度成为全国

---

① 孙果达：《抗战初期上海民营内迁经过》，《抗战时期内迁西南的工商企业》，云南人民出版社1989年版，第18页。

② 《行政院关于资源委员会主办协助工厂内迁及抄送迁移工厂名单公函》，中国第二历史档案馆：《中华民国史档案资料汇编》（第5辑）第2编，《财政经济》（六），江苏古籍出版社1997年版，第402—404页。

的政治、军事、文化中心。随着大批工厂的迁来，此时的武汉也成为全国的经济中心。

三

1937年11月14日，资委会又会同军政部、财政部、实业部军事委员会第三、第四部等联合成立了厂矿迁移监督委员会，资委会的孙拯、林继庸等担任该会委员。

迅速恢复生产，保障军需民用，支援抗日战争，是工厂内迁的目的。早在东部地区工厂准备拆迁机器设备时，资委会就着手在武汉为迁来的工厂选择新的厂址，使迁来的工厂尽快复工。为此，资委会通过工矿调整处颁布了《内迁工矿复工办法》。《办法》鉴于内迁厂矿普遍面临生产原料供应困难，机器设备不配套，技术工人缺乏等状况，提出可根据具体情况采取临时复工、正式复工、合并复工等形式。对于已将主要机器设备运抵转移目的地的工矿企业，规定凡属机器、翻砂、铁工、无线电、轻化工、印刷、文具等工厂需在2—3个月内正式复工；凡属动力、电器、重化工、纺纱、冶炼、矿业等工矿企业需在4—7个月内正式复工。《办法》提出：复工期限已届而未复工者，将拒绝其一切协助请求，或撤销其业已核准之切协助；限期届满3周仍不复工者，得强制移用其机料之全部或一部。这一时期，国民政府还颁布了《非常时期工矿业奖励暂行条例》、《战时领办煤矿办法》等政策法规，鼓励内迁企业发展生产。

沿海工矿企业中的相当一部分把迁移地点选择在了地处长江中游的武汉。这些企业来到武汉后，面临的首要问题是建厂征地和资金问题。关于资金问题，资委会为内迁企业提供了迁移贷款、营运贷款、建筑及增加设备贷款、疏建及保护工程贷款等多种方式。

武汉沦陷前夕，资委会又推动从东部沿海等地区内迁的工矿企业继续向西转移。在资委会的带动下，西部地区形成了重庆、川中、广元、川东、桂林、宝鸡、昆明、贵阳等11个工业区，使战前中国工业地区分布不平衡、轻重工业结构不合理的状况有了明显的改变；保证了战时各种物资供应的不中断，支持了抗日战争。在大力组织工矿企业内迁的同时，资委会还制订了征集技术人员的办法。办法提出，凡化学、机械、电器、矿冶、土木建筑、纺织等专业的大学毕业生或具有相当学识经验者，均予安排工作。抗战初期，经资委会和该会所属工矿企业招募的技术和管理人员达3000名以上。

在资委会的组织、带动和影响下，从1938至1940年，由官方资助迁移到抗战后方的工矿企业约有450家，各种器材12万多吨，各类技术人员3万多人。各主要工业部门转移的机器设备数量见下表：

门类	1938年（吨）	1939年（吨）	1940年（吨）
煤矿工业	4833	6268	7457
钢铁工业	28152	37152	37242
机械工业	5162	13254	18587
电力及电器工业	3052	5300	5375
纺织工业	26150	30822	32116
化学工业	6506	8093	9756
其他工业	6228	5148	5842
总计	77083	106037	116375

资料来源：翁文灏：《经济部的战时工业建设》，载《资源委员会公报》第1卷第1期，1941年7月版，第92页。

资委会组织沿海工矿企业大批向中国西南、西北地区迁移，起到了中国工业近代化的空间传动作用。所谓工业化的空间传动，是指工业化所必需的资金、技术、机器、市场四大要素，由先进地区向落后地区转移，从而在较短的时间内向后者注入大量的工业化发展要素，并带动后者的工业化以超常的速度发展起来。据统计，由于资委会的率先倡议和大力推动，从1937年8月到1940年底，从沿海等地区内迁到后方的工矿企业共有639家，其中经资委会等政府部门协助内迁的有448家。受其影响，福建、浙江两省自行内迁的企业有191家，拆迁机器设备总重量约12万吨。①

沿海工矿企业的内迁，大幅度增加了中国中西部地区的产业资本。沿海工矿企业迁入后，使这些地区工矿企业的数量和资本额陡然成倍地增加。

总而言之，由资委会率先发起和大力推动的工矿企业内迁，以上海为开端，迅速扩大到江苏、山东、河南、江西、湖南、福建、广东等省。这次内迁不仅对于抗日战争有着积极的作用，而且产生了深远的影响。它为保存中国抗战的经济力量，奠定后方工业建设的物质基础，改变原来中国工业的不合理布局，尽可能满足军需民用的供给，促进后方工业近代化的进程，起到了极其重要的作用，在中国近现代经济发展史上具有重要意义。

第一，它保存了中国抗战的经济力量。资委会通过对相关的工矿企业补助迁移费用、减免税收及运费、优先运输、拨给建厂地亩等，鼓励这些工矿企业向后方转移。据粗略统计，截至1940年，由资委会等政府部门奖助迁到后方的民营大中型工矿企业有644家，各类机器设备12万多吨。这些工矿企业迅速在后方建立起了新的工业基础。

第二，改变了地方经济分割的局面，形成了国家资本占主导地

① 《厂矿拆迁统计》，中国第二历史档案馆经济部档案375/62；林继庸：《民营厂矿内迁纪略》，1942版，第66—67页。

位的经济体制。抗战以前，西南地区基本上由军阀控制。四川军阀主要有刘湘、刘文辉、邓锡侯、田颂尧，云南军阀主要有龙云、卢汉，贵州军阀主要有周西成、王家烈，广西军阀主要有李宗仁和白崇禧。这些地方军阀虽在名义上服从国民政府，但实际上各自为政，尤其在地方财政上不容中央染指。他们虽然也在各自的辖区内开展一些经济建设，但他们毕竟是靠枪杆子起家，以扩大地盘和扩充实力为目的，在地方经济建设方面难有大的作为。抗战爆发后，由于资委会组织大批东部沿海地区工矿企业内迁，西部地区和中央的经济关系随之发生了根本的变化。资委会通过独资兴办和与西部各省地方政府合办一系列工矿企业，逐步形成了国家资本占绝对优势的战时经济体制。

第三，它改变了中国东西部工业发展不平衡的格局。抗战以前，中国的近代工业主要集中在东部沿海、沿江地区，西部工业十分落后，几乎无近代工业可言。“西南工业资本还不到全国的1%，工人数仅占4%。以西南工业相对发达的四川为例，较大的新式工业，仅有重庆电力公司、四川水泥厂、华兴机器厂、民生实业公司等几家。”[①]据统计，1937年时，四川、云南、贵州、广西、湖南、陕西、甘肃7省共有工矿企业237家，占全国工矿企业总数的6.03%；资本1520.4万元，占全国工矿企业资本总额的4.04%；工人约3.3万名，占全国工人总数的7.34%。[②]而内迁工厂不仅数量较多，门类结构也比较完整。这些工矿企业内迁后，使中国西部地区的工业在抗战期间短短数年便走过了平时需要几十年才能走完的历

① 李岱恩：《论国民政府开发大西南的奖励扶持措施》，全国政协文史资料委员会编：《西部开发历史回顾》，中国文史出版社2000年版，第71页。

② 经济部统计处编：《后方工业概况统计》（1943年5月编印），现存中国第二历史档案馆藏经济部档案四/33537卷，第3页。

程，为以后西部地区开发打下了重要的物质基础。到1943年，后方工矿企业发展到5266家，资本达到48亿元，工人增加到36万。仅以重庆为例：战前仅有大大小小的工厂39家，而且都以修理为主；到1944年底增至1518家。1943年，后方各省已有符合登记条件的工矿企业4524家，资本额26.37亿元，工人数量为273336人。与战前相比，工厂数增加了18倍，工人数增加了82倍，资本增加了164倍。[①]据统计，截至1945年，在国民政府有关部门注册登记的4282家工矿企业中，其分布如下：四川及重庆2622家，陕西358家，湖南263家，云南211家，贵州204家，甘肃200家，江西145家，浙江41家，广东60家，福建60家，安徽42家，湖北29家，山西21家，西康9家，绥远7家，广西6家，宁夏3家，江苏1家。[②]这不仅为西部地区经济发展打下了重要基础，而且也使中国拥有近代工业的地域有了大面积的扩展。

第四，沿海工矿企业的内迁，大大改变了迁入地区的产业结构。在此之前，西南地区只有少量的纺织、面粉、生活日用品等生产企业，规模普遍较小，技术水平不高。而内迁企业门类结构相对比较完整，技术含量较高。例如，在上述经资委会等政府部门协助内迁的448家工矿企业中，机械工业占40.4%，纺织工业占21.7%，化学工业占12.5%，教育用品工业占8.2%，电器制造工业占6.5%，食品工业占4.9%，矿业占1.8%，钢铁工业占0.2%，其他工业占3.8%。[③]更重要的是，沿海工矿企业的内迁，推动了中西部地区工业的迅速发展。在前述四川、陕西等7个省中，1937年总

---

① 周天豹：《抗日战争时期西南经济发展概述》，西南师范大学出版社1988年版，第145页。

② 黄秉维：《50年来之中国工矿业》，中国通商银行编：《50年来之中国经济》，1948年版，第181页。

③ 虞和平：《中国现代化历程》（第2卷），江苏人民出版社2001年版，第799—800页。

计237家工厂，到1942年增至3188家，到1944年增至4665家；资产由1937年的1520万元，增至1942年的2.9亿元（战前币值），到1944年增至4.55元。[①]

第五，在中国第一次建立起了具有独立性的工业体系。抗战以前，中国重要的工业部门主要被外资控制。抗战爆发后，外资企业绝大部分没有迁移到后方，资委会通过组织沿海地区工矿企业内迁，继而利用国家资本在抗战后方发展国营工矿企业，重点发展民营经济不愿问津的重工业，建立了独立的工业体系，这是中国工业发展史上的一个重大进步。

（本文原载《武汉大学学报》[社科版] 2005年第5期）

① 陈真等编：《中国近代工业史资料》（第1辑），三联书店1957年版，第101—102页。

资源委员会接管台湾工矿企业略论

毋庸讳言，近半个世纪以来，台湾经济有了较大的发展。究其原因，以往人们总是认为不外乎台湾地理位置优越，自然条件好；日本对台湾地区进行了50年殖民统治，把近代资本主义生产方式比较全面、深刻地移植到了台湾；国民党从大陆败退台湾时带去了大批资金、物资和人才；美国给予的援助等。笔者认为，抗战胜利后，国民政府资源委员会（以下简称资委会）从祖国大陆派遣了一批工程技术和管理人员接管台湾地区工矿企业，组建糖业、电力、石油、机械造船等十大公司，为台湾经济的恢复和发展打下了重要基础，为日后台湾经济的起飞起到了重要作用。本文仅就20世纪40年代后期资委会对台湾工矿企业的接管历程作一论述，[①] 意在说明日后台湾经济的发展和社会进步，与资委会当年接管台湾工矿企业，从大陆派遣到台湾大批优秀工程技术和管理人员密切相关。

---

① 相关的文章有程玉凤：《资源委员会对台湾糖业的接收与重建》，（台湾）《"国史馆"馆刊》复刊第24期；曹立瀛：《台湾工矿事业考察团纪要》，程麟荪：《接收台湾工矿企业以后》，载《回忆国民党政府资源委员会》，中国文史出版社1988年版。相关的著作有郑友揆等著：《旧中国的资源委员会——史实与评价》，上海社会科学院出版社1991年版。

一、接管工作的准备

早在抗战胜利前夕的1943年4月下旬，时任国民政府军事委员会委员长的蒋介石就指派经济部长兼资委会主任翁文灏与教育部长陈立夫举行“战后工业建设计划会议”，为抗战胜利后中国经济建设与工业发展拟订方案，其中讨论到台湾的工矿建设计划。[①]1943年11月22日，美、英、中三国政府首脑罗斯福、丘吉尔、蒋介石在埃及首都开罗举行会议。1943年12月1日，由三国首脑签署的《开罗宣言》正式公布，其中规定将日本窃取的台湾地区、澎湖列岛等归还中国。至此，中国收复台湾已成定局。为保证接管台湾的工作得以顺利进行，国民政府于1944年3月批准在国防最高委员会设立中央设计局台湾调查委员会，委派曾任福建省政府主席、1935年去过台湾的陈仪任该会主任委员。这一时期，资委会下设的经济研究室也开始搜集有关台湾的资料，并于1944年3月由该室研究人员郑伯彬完成了《台湾经济资源》的编写工作。资委会的曹立瀛、包可永、许本纯等高级职员被聘为中央设计局设计委员，重点规划台湾收复后的接管工作。台湾调查委员会成立后，主要做了以下几方面的工作：搜集有关台湾的资料、起草《台湾接管计划纲要》、培训接收人员。

1945年8月15日，日本宣布无条件投降。根据《开罗宣言》、《波茨坦公告》及日本正式签署的投降条款等国际性法律文件，国民政府作为中国中央政府开始收复台湾。1945年10月25日，日本第十方面军司令官兼台湾总督安藤利吉在台北市公会堂向国民政府任命

① 《工业建设计划会议暨战后工业计划案》，现存台湾“中研院”近代史研究所图书馆，馆藏经济档，转引自程玉凤：《资源委员会对台湾糖业的接收与重建》，（台湾）《“国史馆”馆刊》，复刊第24期，第94页。

的台湾省行政长官兼警备司令陈仪递交了降书。从此，沦陷50年之久的台湾重新纳入中国的版图。

为了在收复区开展经济接收工作，国民政府于1945年8月制定了《行政院各部会署局派遣收复区接收人员办法》。9月，国民政府经济部与战时生产局成立台湾区特派员办公处，委派资委会工业处处长包可永为该处特派员。该处内设糖业、机电、冶化、轻工业、矿业等5个组，负责接管有关方面的工作。这5个组的5名组长中有4名来自资委会，他们分别是：糖业组长沈镇南（原任中国炼糖公司理事）、机电组长刘晋钰（原任昆明电厂厂长）、冶化组长汤元吉（原任遵义酒精厂厂长）、矿业组长金开英（原任玉门油矿炼油厂厂长）。此时的包可永还兼任台湾行政长官公署工矿处处长，整个台湾地区工矿企业的接管工作由他全权负责。1945年10月，经行政院长宋子文签请蒋介石批准，行政院成立收复区全国性事业接收委员会，由行政院副院长、经济部长兼资委会主任翁文灏主持该会工作。从此，资委会众多人员被派往全国各地接收日伪产业。行政院把接收地区分为苏浙皖区、湘鄂赣区、粤桂闽区、冀察热绥区、鲁豫晋区、东北区、台湾区共计7个区。以一省为一个区的仅台湾一地。由此可见国民政府对台湾接收工作的特别重视。各接收区分别成立特派员办公处，台湾区特派员办公处负责人由包可永担任。

为了贯彻“工商不停顿，行政不中断”的方针，尽可能避免在接管台湾工矿企业过程中造成混乱，包可永提出将接管工作分为两个阶段，即先监理后接管。[①] 监理阶段的时间从1945年11月至次年3月左右。监理期间，台湾省政府工矿处按行业组成监理委员会，由各监理委员会负责调查各监理单位的组织、人事、资产、债权、债

---

① 严演存：《早年之台湾》，台北时报文化出版企业有限公司1989年版，第13页。

务，调查各单位在日本投降后物资移动及保管情况，督促各单位继续生产，组织力量恢复被战争破坏的工矿企业。

为了积极稳妥地做好台湾省工矿企业的接管工作，资委会决定派遣一个精干的考察团前往台湾，其任务是："在最短的时期内，对台湾工矿事业情况，了解一个全面的轮廓，提出决策性的意见，以便确定接管方案，建立企业结构，并派遣接管人员。"①资委会组建的台湾工矿事业考察团由10名专家组成，他们是：鲍国宝（电力）、许本纯（矿业）、许道生（钢铁冶炼）、高祀瑾（机械）、潘履洁（化工）、陆宗贤（水泥）、谢家荣（地质）、蔡致通（保险）、季树农（财务）、曹立瀛（经济及综合）。考察团团长为许本纯。这10名专家中有4名是资委会会本部的简任技正（其地位相当于副处长），其余6人是资委会所属企业的总经理和厂长。考察团成员于1945年12月初由重庆乘飞机经南京、上海到了台北。

二、接管政策的制定

资委会台湾工矿事业考察团抵达台湾后，台湾地区行政长官陈仪当天就接见了考察团全体成员。通过交换意见，陈仪表示："资源委员会主办工业成绩卓著，人才荟萃，欢迎你们来接管工业。你们认为应该国营的，尽先由你们挑选接管，余下的再由省办或发交民营。"台湾行政长官公署积极地配合，为资委会顺利接管台湾工矿企业创造了十分有利的条件。

① 曹立瀛：《台湾工矿事业考察团纪要》，《回忆国民党政府资源委员会》，中国文史出版社1988年版，第210—211页。

台湾的工业主要分布在岛内的西部沿海和中部山区。为了全面了解台湾工业状况，考察团分为四路，分别到基隆、台北、新竹、台中、嘉义、台南、高雄等地进行实地调查。这里有必要对第二次世界大战结束之前台湾的工业状况作一简要介绍。1895年中日《马关条约》的签订，使台湾地区沦为日本的殖民地长达半个世纪之久。此后，在“工业化日本，农业化台湾”的殖民政策影响下，台湾主要是一个相当典型的农业社会。这一时期，日本也在台湾地区建立了一些工业部门，但台湾早期的工业仅是农业发展的延伸。1931年后，日本为了发动侵略战争，把台湾作为南进的军事基地，在台湾大力发展军事工业，如炼铝、炼油、橡胶、造船等。二战结束时，国民政府从日本人手中接收的工厂共有5969家，其中“食品工业2815家，机械工业645家，化学工业620家，金属制造业116家，纺织业109家。这些工厂计有从业人员25万人，受过大学和高等技术专业教育的有1500余人”①。资委会考察团成员每到一地，首先约见当地工矿企业的日本总裁或其他负责人，了解有关企业的发展沿革、产品产量、经营管理等方面的情况。

二战后期，美国空军曾对日本统治下的台湾工矿企业实施狂轰滥炸，几乎使台湾的大中型企业生产陷入瘫痪状态。“炼油、造船、制碱、炼铝、金铜矿等业，均因破坏惨重，完全停工。肥料、水泥、造纸等业，产量零落，几等停顿。电力方面，仅有发电设备可用容量48000千瓦”②。但是，资委会考察团的成员在考察中发现一个比较奇怪而普遍的现象，即美军轰炸的只是企业的电线电缆、各种管道、厂房屋顶和一些辅助设备，而企业的关键设施及重要设备

① 见拙著：《台港澳侨概论》，华文出版社2000年版，第39页。

② 薛月顺：《资源委员会档案史料汇编——光复初期台湾经济建设》（上），第433页。

很少受到直接的破坏。比如水电企业的大坝及发电机组，工厂的机器机床，甚至如金瓜石金铜矿的露天选矿场也没有被炸毁。考察团成员对此特殊现象的出现进行了分析和研究，比较一致的看法是："美国对台湾这个宝岛是有不可告人的野心的。美国战略设计人妄图通过战胜国的权势，把台湾地区从日本手中转到美国手中，因此，当派大批飞机轰炸台湾时，目的只在破坏生产，而不想毁灭工业，以图日后易于恢复。"①

在考察中，考察团成员还发现了一个普遍现象，即在台湾所有工矿企业中，中高级技术和管理人员中几乎没有中国人。其原因主要是，日本统治台湾地区以来，长期推行差别教育制度和强迫同化政策，在台湾生活的中国人很少有机会接受高等教育。工矿企业中的中高级职员主要由日本人担任，这就意味着资委会在接管台湾工矿企业之时，急需大批工程技术和管理人员。

通过一段时间的考察，考察团全体成员回到台北，一方面交换意见，达成共识；一方面分头撰写考察报告。在讨论接管方案时，大多数考察团成员认为，鉴于台湾工矿企业的现状，资委会接管的摊子不宜铺得过大，可考虑暂不接管台湾的煤矿和电工器材工业。糖业和电业是台湾的经济命脉，必须接管。在考察团成员分别完成电力事业、机械工业、酸碱肥料工业、水泥工业、纸粕及造纸工业等专题考察报告之后，考察团全体成员于 1946 年 1 月下旬回到南京。根据考察团在台湾完成的专题报告，资委会经济研究室把专题报告综合为《台湾工矿事业考察总报告》。总报告分为总论、电力事业、石油事业、金铜矿业、冶炼工业、机械及造船工业、食盐电解及肥料工业、水泥工业、纸粕及造纸工业、制糖工业共计 10

① 曹立瀛：《台湾工矿事业考察团纪要》，第 213 页。

章，并附有5个附件。[①]

与此同时，国民政府根据战后国内国际形势的需要，制定了有关台湾工业建设的政策：（一）注意民生工业。台湾为东南地区国防前哨阵地，战时易受敌人攻击，且煤、铁资源贫乏，故不宜将国防工业、重工业设置于此，而应以民生工业为主，着重以发展轻工业和交通运输事业为主导，以改善人民生活为主要目标。（二）实行计划自由经济。国民政府认为，台湾收复后，为密切中美关系，应仿照美国自由经济政策，实行计划自由经济，使人民依据省政府总计划得以自由发展。（三）发展国家资本。台湾收复后，对一切殖民地经济和私有经济应收归国有或一律接管，乘此时机发展国家资本，以为中国各省之模范。（四）发展水电事业。台湾的煤、石油资源极为缺乏，因此工业发展之先决条件必须注重发展水电事业，以发挥台湾水力丰富之优势。（五）注重特产工业。台湾特产除糖外尚有水产、茶、凤梨、罐头、樟脑、麻等，应集中大量生产，以换取外汇，增加建设资金。[②]根据国民政府的有关政策，台湾工矿事业考察团向资委会提出四项接管原则：（一）发展台湾工矿业，以适应当地天然资源及原料供给为原则，不求体系完整，以免造成经济割据的情况；（二）考虑原有工矿事业的规模和基础，分别缓急轻重予以恢复；（三）顾及国防及全国经济建设平衡发展，除必要的修复及所费无多的未竣工程外，不对台湾作巨额投资，（四）以糖、电为建设核心，由糖业推及有关的副产品化学工业和辅助工业，由电业推及电化和电冶工业，再有余力，才顾及其他工业。[③]考察团进而向资委会提出了接管的范围、接管机构的设置、需用的资金及员工等方面的

① 原件现存南京中国第二历史档案馆，资委会档案。

② 郭学旺：《开罗会议后中国政府收复台湾的准备》，《台湾研究》1997年第2期，第59页。

③ 曹立瀛：《台湾工矿事业考察团纪要》，第217页。

意见和建议。

为了进一步作好接管台湾工矿企业的准备工作，资委会副主任委员钱昌照于1946年年初连续召开资委会各处室负责人和考察团成员联席会议，反复商议台湾工矿企业的接管方针和建设规划。随后，在给行政院长的报告中，钱昌照提出了资委会接管台湾工矿企业的初步意见：

（1）电力、石油、铜金、炼铝、造船与机械各业，原则上由资委会独办，其中造船和机械两项，如省方希望合办，亦可由资委会重加考虑。

（2）食盐电解、肥料、水泥与造纸各业，原则上由资委会独办，指定一部分赢利归省（以不超过四成为限）；如省方请求合办，可以十分之六股权归会，十分之四股权归省。

（3）制糖事业，照行政院指示办法，由资委会独办。①

有了初步方案后，钱昌照于1946年3月28日亲赴台湾，与台湾行政长官陈仪当面洽商。对于资委会的接管方案，台湾省政府并不全部认同。省方认为：电力为工矿业之母，是台湾的经济命脉；糖业是台湾最大的企业，其产值占台湾工业总产值的65%，甘蔗产值占台湾农业总产值的25%，牵连着岛内数十万人的生计；肥料、食盐电解、水泥等是台湾地方利源所系。以上若全归资委会接管，台湾省方的经济利益将大受影响。经过反复会谈，资委会和台湾省政府商得一致，双方同意“将台湾工矿企业分作三大类，即国营、国省合营及省管。前两类由资源委员会接办。国省合营的股权是国（资源委员会）六省四，董事长由资委会委派，经营业务由

① 《钱昌照在沪向宋子文建议接办台湾工矿事业的经营方式》，现存中国第二历史档案馆资委会案卷，第5685卷。

资委会负责，原来各会社中有少许台湾人股份，均保留其股权并入省方四成之内计算。”①

达成共识后，资委会与台湾省政府签订了《合办台湾省工矿事业合作大纲》。1946 年 5 月，双方将原来 22 个行业的接管委员会分别改组为 22 家股份有限公司。其中由资委会独资经营的有石油、铝业和金铜矿三大公司；糖业、机械造船、电力、制碱、水泥、肥料、造纸 7 家公司由资委会和台湾省政府合作经营。资委会独资经营的企业和与台湾省政府合作经营的企业均是当时台湾规模最大亦最为重要的企业。实际上，这十大公司的主要负责人都是资委会的高级职员，十大公司内部的生产、运销、技术及经营管理等事宜均由资委会全权负责。至此，资委会对台湾工矿企业的接管工作进入实施阶段，正式将台湾地区主要工矿企业纳入本会领导之下。

为了确保接管工作有章可循，资委会陆续制定了各公司或筹备处的《组织规程》。其中规定了各单位内设机构及编制，主要管理人员的责任范围及设置分公司、分厂、办事处的基本原则等。至此，资委会接管台湾工矿企业的准备工作告一段落。

三、接管工作的实施

1946 年 5 月 14 日，行政院第 742 次例会通过决议，决定根据工作需要，将资委会改隶行政院领导，将资委会升格为部会级机构。并奉派钱昌照为该会主任委员（后改称委员长），孙越崎为副主任委员（副委员长）。随后，国民政府公布《修正资源委员会组织法》，

① 《钱昌照回忆录》，中国文史出版社 1998 年版，第 72 页。

其中规定资委会主要负责创办及管理经营国营基本重工业，开发及管理经营国营重要矿业，创办及管理经营国营动力事业，办理政府指定之其他国营工矿电事业。此项决议意味着资委会在接管和兴办工矿企业的工作中拥有了更大的权力。

从1946年5月起，资委会正式将台湾省主要工矿企业纳入该会的经营管理范围。根据资委会与台湾省政府商议的意见，台湾的石油采炼、炼铝和铜金矿采炼三业由资委会独家接管并经营。为此，资委会分别组建了中国石油公司台湾分公司，下辖苗栗油矿探勘处、高雄炼油厂、嘉义溶剂厂、台湾营业所等单位，任命原甘肃油矿局玉门炼油厂厂长金开英为主要负责人；新组建的台湾铝业公司地址设在高雄，负责人为孙景华；台湾铜矿筹备处的办公地址设在基隆金瓜石，由资委会派往美国的实习回国人员袁慧灼任主任。

与台湾省政府合作经营的7家企业分别是：台湾糖业股份有限公司，公司地址设在上海，在台北设立办事处，在台湾的虎尾、屏东、总爷、新营设立四个分公司，任命原中国银行重庆分行副经理兼中国炼糖公司理事沈镇南为总经理；台湾电力股份有限公司，公司地址设在锦町，任命资委会电业处处长陈中熙为该公司董事长，原资委会昆明电厂厂长刘晋钰为总经理；台湾机械造船股份有限公司，公司地址设在基隆，在基隆和高雄分设造船厂和机器厂，总经理由原资委会工业处简任技正高祀瑾担任。该公司于1948年4月一分为二，改组为台湾造船公司和台湾机械公司；台湾制碱股份有限公司，公司地址设在高雄，下设三个分厂，总经理由方以矩担任；台湾肥料股份有限公司，公司地址设在台北，下设四个分厂，总经理由原资委会遵义酒精厂厂长汤元吉担任；台湾水泥股份有限公司，公司地址设在台北，在高雄、苏澳、新竹设立三个分厂，总经理由徐宗涑担任；台湾纸业股份有限公司，公司地址设在台北，在台北、台中、台南、高雄、表町设立五个分厂，总经理由谢惠代理。

资委会在台湾独办的三家公司中，石油工业事关国计民生；铝制品是军需民用必不可缺的新材料，铝业公司是该行业中国第一家公司；金铜矿业均是稀有且贵重的矿产。资委会与台湾省政府合办的7家公司中，糖业的产值在1937年曾占台湾工业总产值的60%，是台湾的经济支柱；糖的原料——甘蔗的种植面积在农业中仅次于稻米，位居第二；[①]电力为工矿业之母，是台湾的经济命脉；台湾四面环海，对外交通和发展渔业需要大量轮船；台湾地处热带和亚热带，气候温暖，农作物产量高，农作物生长需要大量的化肥；水泥为一切建筑的基本材料；纸业不仅利用蔗渣做原料，其产品还可满足军需民用。碱业是民生工业，其产品除了民用，还是制糖、冶炼、造纸的重要原料之一。资委会独办和与台湾省政府合办的十大公司囊括了日本遗留下来的主要工矿企业，在台湾工业甚至整个国计民生中占有举足轻重的地位。

为了协调十大公司在台湾开展工作，加强各单位之间的联系，协助各单位解决问题，资委会在台北设立了台湾办事处，每半个月召集十大公司负责人举行一次联席会议。该办事处还负责代表资委会与台湾各界接洽联络。与此同时，资委会还在台湾设立了材料供应事务所、保险事务所等机构，并组建了台湾工矿警察总队。资委会在台湾独办和与台湾省政府合办的十大公司资本总额约为76.268万日元。[②]

如何确保接管台湾工矿企业工作的顺利进行，促进台湾经济的

---

① 程玉凤：《资源委员会对台湾糖业的接收与重建》，第106页。

② 郑友揆等著：《旧中国的资源委员会——史实与评价》，上海社科院出版社1991年版，第212页。

不断发展，接管人员的综合素质是一个关键性的问题。接管工作伊始，当务之急是需要大批具有相当水平的工程技术人员修复被战争破坏的机器设备。日本统治台湾期间，工矿企业的中高级管理和技术人员几乎都由日本人担任，台湾人中很少有从事中高级管理和技术工作的，绝大部分为基层的工人。所以，要在短期内将台湾工矿企业的生产恢复到日本统治时期的水平，单纯依靠当地的台湾人是难以实现的，必须从祖国大陆选派合适的人员。资委会当时荟萃了一批中国最优秀的企业管理和工程技术人员，其中包括成百上千名出国留学和实习人员，他们大都是国内方方面面第一流的人才。例如，派往台湾糖业公司担任总经理的沈镇南先后留学于美国俄亥俄州大学、路易斯安那大学和德国柏林大学，获得制糖工程专业硕士学位，曾主持广西贵县糖厂，担任过中国炼糖公司经理。曾担任台湾电力公司总经理的孙运璇毕业于哈尔滨工业大学，在大陆时曾先后担任过西宁和天水电厂厂长。1942 年，资委会曾选派他到美国现代化电厂实习（此人后来曾担任台湾“行政院长”)，他于 1945 年 9 月回国不久，资委会就安排他到台湾参与电力工业的接管工作。曾先后担任台湾机械造船公司、水泥公司、纸业公司、肥料公司、糖业公司董事长或董事的吴兆洪毕业于中央大学外文系，曾担任资委会秘书和副委员长。

除了为台湾十大公司选派董事长和总经理，资委会还从大陆资委会所属企业中选拔了数以千计的工程技术和管理人员来到台湾工作。他们在当时都是中国十分宝贵的专门人才。仅以派往台湾糖业公司的接管人员为例，他们有以下几个特点：“（1）大部分是原资委会酒精厂的厂长、工程师，或来自与糖业相关的化工单位，占 75%。(2) 除本会以外，资委会仍多方物色民营企业有关制糖的专才。(3) 这些人员的学历都很高，留学国外者占一半以上。据统计，留学博士4人，硕士6人，学士34人；国内硕士1人，学士专科33人。”[①]应该说他们都是十分优秀的专门人才，可谓一时之选。由此可见资委会对接管台湾工矿企业的重视。除此之外，资委会还从国外留学生和国内其他部门招聘了一批专业人才到台湾参与工矿企业的接管工作。

对于台湾当地人员，资委会在台所属企业通过考核及训练，量才录用，业绩显著者均尽量予以提高职位。仅台湾电力公司就把“职员提升为各级工程师者120余人，各级管理师者110余人，间派充总管理处及各单位股长及组长以上主管人员计76人，原有佣员（即工人总称）中成绩优良擢升职员者120余人，工人擢升为工长者约300人，将来尚拟分别再加考训，或派至国内考察升学，俾为台省培植工业干部人才，担当更重要之工作”[②]。

从1946年5月开始，资委会对台湾工矿企业的接管工作从监理阶段进入接管阶段。二战后期，盟军的飞机对台湾一些地方狂轰滥炸，使得台湾“重要工厂，受弹极多，损毁至巨，破坏程度少自30%，多至40%—50%不等”[③]。资委会着手接管工作之时，面临的是修复工程浩大，人力物力两缺，百废待举的局面。由于接管人员绝大部分都是监理人员，对各企业方方面面的状况比较熟悉，使得接管工作进行得比较顺利，各方面的工作迅速得以恢复。仅以电业为例：1946年发电量为47260万度，1947年为57600万度，1948年

① 台湾糖业公司编：《台湾糖业概况》，第82—84页，转引自程玉凤：《资源委员会对台湾糖业的接收与重建》，载《“国史馆”馆刊》（台湾）复刊第24期，第115页。

② 《资源委员会在台各事业概况与整编》，载《资源委员会档案史料汇编——光复初期台湾经济建设》（中），（台湾）“国史馆”1993年版，第126—127页。

③ 《复员以来资源委员会工作述要》，薛月顺编：《资源委员会档案史料汇编——光复初期台湾经济建设》（上），（台湾）“国史馆”1993年版，第427页。

为84300万度。[①]1946年10月下旬，蒋介石到台湾巡视，“在日月潭垂询台湾电力公司工程业务情形甚详。对台湾电力工程之修复迅速，甚表嘉慰，曾与刘总经理晋钰等合影志念，并嘱长官公署拨发奖金台币10万元，以嘉勉该公司工作努力之员工”[②]。

资委会接管台湾工矿企业以后，“举凡设备之改良，工作方法之精进，以及采用新法制造，利用廉价原料，所以提高生产效率，减轻成本，改善品质，在在均有长足进步。其中尤以石油公司高雄炼油厂之裂炼装置试验成功，嘉义溶剂厂之改用糖蜜为制造溶剂原料，金铜矿务局之自行精炼，新竹煤矿之最新洗练方法，纸业公司之用中间性亚硫酸钠法制造蔗浆，碱业公司之BHC农用杀虫剂试制成功，机械公司之特殊合金铸造，蚕丝公司之试制香云纱成功，以及糖业公司之发明中间汁碳酸法制糖，取得专利，为最足称道”[③]。这一时期，资委会在台湾接管的工矿企业普遍在台湾各地建立了一批分厂，其中电力公司建立了34个发电所，糖业公司建立了30个左右分厂，肥料公司建立了5个分厂。产品不断增加，产量逐年提高。[④]到1949年国民党败退台湾之时，资委会在台湾接管的工矿企业“在短短4年内重新恢复到战前60%的生产量”[⑤]，其中水泥、肥料等的产量已超过日据时代的最高纪录。

在此基础上，资委会在台湾独办的企业和与台湾省政府合营的企业不断增加。新增的独办企业有：台湾钢厂、新竹煤矿局、中国

---

① 刘进庆：《战后台湾经济分析》，第37页，转引自《回忆国民党政府资源委员会》，中国文史出版社1988年版，第233页。

② 《资源委员会公报》第11卷，第4、5期合刊，1946年11月版，第184页。

③ 《经济部资源委员会在台事业单位整理纪要》，薛月顺编：《资源委员会档案史料汇编——光复初期台湾经济建设》，（台湾）“国史馆”1993年版，第318—319页。

④ 《资源委员会在台生产事业历年重要产品产量统计表》（1946—1949），薛月顺编：《资源委员会档案史料汇编——光复初期台湾经济建设》，第345—347页。

⑤ 程玉凤：《资源委员会对台湾糖业的接收与重建》，第131页。

蚕丝有限公司、中国纺织建设股份有限公司、中国油轮有限公司。与台湾省合营的台湾机械造船公司一分为二，分别组建台湾机械有限公司和台湾造船有限公司。随着国民党军队在大陆的节节败退，资委会于 1949 年将会本部从广州迁到台湾办公，专心经营台湾的工矿企业。

综上所述可以看出，在二次大战结束后，在接管日本统治长达半个世纪的台湾工矿企业过程中，面对因战争遭到严重破坏的一片废墟，资委会接管人员不畏艰险，克服重重困难，在较短的时间内不仅使接管的台湾工矿企业全面复工，而且使其中部分企业的生产能力超过了日本统治台湾地区时期的最高纪录，与同一时期国民党在大陆的接管工作陷入一片混乱形成鲜明的对照。究其原因，从宏观上讲台湾远离大陆内战的战场，环境相对比较安定。台湾省政府从其地方利益出发，需要资委会的资金、技术和人才。更重要的是，资委会作为国家资本的代表，以在台湾接管和扩大、发展工矿企业为已任，把对台湾工矿企业的接管工作摆在一个十分重要的位置，举全会之物力、财力和人力，调集精兵强将，制定了切实可行的方针政策，使得以前完全由日本殖民者控制的台湾工矿企业顺利地被中国方面接管。资委会接管台湾工矿企业之后，对台湾的工业发展作了长远规划，为日后台湾经济的发展打下了坚实的基础。

尤其需要说明的是，国民党当局败退台湾后，正是依靠资委会在台湾接管的工矿企业，发展生产，安定民心，度过了最困难的时期，并为日后台湾经济的起飞创造了必备的条件。直到今天，台湾的石油公司和糖业公司仍保留着有资委会特征的商标。资委会从大陆选派到台湾参加接管工作的数以千计的管理和技术人员，为台湾的经济发展作出了卓越贡献。其中严家淦曾担任过台湾“总统”，孙运璇担任过“行政院长”，孙运璇和赵耀东分别两度担任“经济部长”，李国鼎和张兹闿分别两度担任“财政部长”，尹仲容曾担任台湾银行董事长、外汇贸易审议委员会主任……他们为台湾社会稳定和经济发展所起到的作用是值得研究的。

（原载《史学月刊》2004 年第 10 期，人大复印资料《中国现代史》2005 年第 2 期全文转载）

民国乡村建设研究

华洋义赈会述论

华洋义赈会的全称为中国华洋义赈救灾总会，其英文名称是：China International Famine Relief Commission（可缩写为CIFRC）。该会成立于1921年，迄今已有80多年历史。截至目前，有关研究华洋义赈会的两本著作均出自外国学者之手笔：一本是美国学者Andrew James Nathan（黎安友）著的《中国华洋义赈救灾总会史》（哈佛大学出版社，1965），一本是日本学者川井悟著的《华洋义赈会与中国农村》（京都大学人文学研究所研究报告之一，1983）。国内一些学者研究近代合作经济的论著对华洋义赈会的活动有所涉及，但对华洋义赈会的专门研究尚未引起重视。本文拟对华洋义赈会进行初步研究，论述的内容主要包括五个部分：一、华洋义赈会的创办及其经费之来源；二、在河北倡办农村合作事业；三、把合作事业推向全国；四、修筑公路，兴办水利工程，五、困守与终结。如有错误失当之处，敬祈专家学者或知情人批评指正。

一、华洋义赈会的创办及其经费之来源

华洋义赈会虽然正式成立于1921年11月16日，但在此之前上

海等地已有华洋义赈组织存在，并着手开展救灾工作。

早在19世纪70年代，西方传教士就开始有组织、有计划地在中国从事对灾民的救济工作。1876—1879年期间，北方的山东、直隶（今河北）、山西、陕西、河南五省发生了历史上罕见的特大旱灾，西方传教士纷纷乘此时机进入灾区活动。天主教各修会先后派到灾区的传教士有六七十人，基督教差会先后派到灾区的传教士有30余人。1878年1月26日，由西方来华的传教士、外交官和商人们在中国组织起由西方国家人士成立的第一个救济机构——中国赈灾基金委员会，总部设在上海。该机构以传教士为主体，主要开展募集捐款，发放赈款及物资，搜集灾区情报等活动。①

西方传教士之所以热衷于在中国受灾地区开展救济工作，首先是他们认为救济工作是一种理想的传教手段。正如当时英国在华传教士李提摩太所言："我在灾民中发放赈款，对于广大的民众是一个可以使他们信服的证据，证明我的宗教是好的。"②19世纪70年代，李提摩太在山东灾区活动时，一面手持"祈求真神"牌到处向灾民传教，一面发放赈款。他在一年之内就招收了2000多名教徒。

进入20世纪以后，每当中国一些地区发生较大灾荒时，西方传教士就乘机前往灾区活动。这些传教士有的是受修会或差会的派遣，有的是受救济团体的委托。

1906年，"江苏北部淮安、徐州、海州一带大雨不止，淮水陡涨，溃堤泛滥成灾，淹没田畴，损坏庐舍，溺死灾民数万，待赈甚急之际，上海中西人士乃合组华洋义赈会，急救水灾，本会定名，遂仿于此。……是时正副会长为吕海寰君、盛宣怀君、西人副会长

---

① 顾长声：《传教士与近代中国》，上海人民出版社1981年版，第289页。

② ［美］李提摩太：《留华四十五年》，纽约：1916年版，第105页。

为江海关税务司好博孙君、干事部长西人为李德立君、书记华人为沈敦和君、西人为李佳白君、会计华人为朱葆三君、西人为伊德。西董为上海各国领事，华董为施肇基、虞洽卿诸君……凡六阅月而结束赈务，计共用赈款六十一万二千五百三十九两九钱四分，尚有官绅所募1687819元，拯救灾民不少，嗣后华洋义赈事举临时办理者亦经多次”①。

辛亥革命后，在华传教士和其他外籍人士分别在北京、天津、济南、开封、太原、汉口和上海等地成立了救济团体。全国性的华洋义赈会之所以于1921年创办，其直接原因是发生在1920年的北方五省大旱灾。1920年夏，地处北方的河北、山东、山西、陕西、河南五省发生严重旱灾，旱情遍及这五省的317个县，受害灾民约2000万人。“死亡50万人”②。北方五省发生大旱之时，正是北洋军阀当政时期。由于军阀割据混战，军费支出浩繁，而财政收入的主要税源，或被地方军阀截留，或被用作抵偿外债，收入所剩无几，赤字连年上升，财政极度枯竭。北洋政府只好在这一时期的关税上附加5%筹集了400万元作为赈款，交给北京国际统一救灾总会发放。除此之外，这五省的中外人士纷起筹赈，成立了7个赈团。据曾担任华洋义赈会副总干事、总干事多年的章元善先生回忆，当时用来作为赈济五省灾民的赈款除关税附加所得400万元之外，“各省华洋赈团自募676万元，美国私人助赈655万元，共计1371万元”③。这笔钱筹集起来后，由各救济团体到东北三省或河北的张家口等地购买高粱等粮食，然后发给灾区的难民们。

---

① 《上海华洋义赈会史略》，原件现存中国第二历史档案馆，全宗号573，第194卷。

② 桑润生：《中国近代农业经济史》，农业出版社1986年版，第136页。

③ 章元善：《华洋义赈会的合作事业》，全国政协文史资料研究委员会编：《文史资料选辑》，第80辑，文史资料出版社1982年版，第158页。

翌年秋收后，北方五省旱灾赈济工作相继结束。由于这一年北方五省收成普遍较好，致使还有两三百万元赈款没有放完。为了总结赈灾经验，各省赈济组织推举代表于当年底在北京举行了联席会议。在这次会议上，各省代表在总结当年赈济工作的基础上，共同认识到为了防患于未然，有必要建立一个常设的救灾组织。经过一段时间的筹备，新组建的中外救济团体成立大会于1921年11月16日在上海举行。新组建的救济团体定名为中国华洋义赈救灾总会，其性质为全国性的民间社会团体。华洋义赈会的名誉会长为王正廷，会长为留学美国的梁如浩。华洋义赈会下设执行委员会。执行委员中一部分是各省分会推荐的代表，一部分是来自美、英、法、日、加等国的传教士、青年会干事及教授、商人等。其中曾先后担任该会执委会委员或主要工作人员的中方人士有：朱友渔、余日章、周诒春、金绍基、蔡廷干、章元善、孙科、全绍文等。执委会推举美国人艾德敷为总干事，艾德敷商请章元善担任副总干事。

1922年春，华洋义赈会将总会的办公地点定在北平东城菜厂胡同6号。总会内设以下几个分委办会：工程水利分委办会、农利分委办会、公告分委办会、查放分委办会、移植分委办会、章则分委办会、财务分委办会、花签分委办会等。后来又成立了合作委办会。华洋义赈会先后在上海、河北、山东、河南、山西、湖南、湖北、陕西、北平、江西、四川、贵州、云南、察哈尔、甘肃、绥远等省市设立分会，分会有相对独立的财权和用人权。总会规定，每年举行各省分会的代表会议一次，分会的代表华洋各占一半；日常事务设执行委员会负责，具体工作由总干事秉承执行委员会主持。

华洋义赈会创办初期，其赈款及经费来源于国内外的方方面面。早在1920年，北京国际统一救灾总会在赈济北方五省旱灾时，曾通过北京政府得到美、英、德、法四国借款团的同意，从当年海关附加税中获取400万元作为赈款。从华洋义赈会成立到1927年，该会每年基本上能从海关附加税中得到一些资金。其间因1925年上海发生五卅运动并蔓延全国曾停办一年。董时进先生在华洋义赈会主办的第五次合作讲习会上所作的《中国之合作运动》报告中称："以威灵顿爵士为领袖之英庚款委员会于调查之后，主张以退还赔款5%，即每年17万余元之数，拨充义赈会办理合作银行之用。"[①]

1921年美国方面曾捐给华北灾区469万美元，1928年美国和其他方面共捐助了336000美元，1929年捐助140万美元，1930年捐助143万美元。[②]从1924年开始，华洋义赈会通过发行慈祥花签募集经费，第一版花签每枚面值为一分；1926年发行第二版时每枚面值增为二分。为了使慈祥花签发行经常化，华洋义赈会专门设立了花签股，授权专人从事花签的印制及发售，此举在民众中产生了深远的影响。

1930年9月，《救灾会刊》发表了1920—1930年华洋义赈会经手赈款的来源，其中来自政府方面的有10214114.3元，占总额的31.3%；来自公众捐款的有12704530.01元，总额的38.9%；来自外国人士捐助的有9730076.72元，占总额的29.8%。以上三方面的总额为32648721.03元。鉴于以往国内救灾费用多来自灾害突发后社会各界人士的临时慨助，难以保证救灾之急需，华洋义赈会发明了一种行之有效的募捐形式——年捐。该会向各界人士广为宣传，说明中国地域宽广，各种灾害年凡数见，需款浩繁，灾害突发，难以应付。只有提前将一年的捐助奉献出来，积少成多，定为救济与预防灾荒的专款，才不至于灾害突发而措手不及。华洋义赈会还经常在

---

① 中国华洋义赈救灾总会丛刊（乙种44号），《第五次合作讲习会汇刊》，1930年6月刊行，第5页。

② 顾长声：《传教士与近代中国》，第294页。

全国主要报刊上刊登广告，在北京、南京、上海等城市举办募捐活动，筹集资金。“1934 年到 1935 年是华洋义赈会最活跃的时期，在中国北部和中部有 13 个分会，1934 年度的基金约有 5 万元，总支出为 23.4 万余元。1936 年该会报告自创立 15 年来共收到捐款 5000 万元”①。

二、在河北倡办农村合作事业

华洋义赈会成立初期，把救灾赈济作为工作重点。通过几年的救灾赈济实践，华洋义赈会逐步认识到，救灾不如防灾，防灾要靠民众，只有防患于未然，才可收事半功倍之效。1922 年 4 月，该会邀请一些专家讨论防灾和改良农民生计的办法，其中一些人提出，应从在农村建立信用合作社入手。他们认为：“农民最缺乏的是钱，无钱故不能改良农业，提高生活。若能借钱给他们，使他们去做生产的事业，例如买耕牛、凿水井、改良土地等，那么，他们的境遇，定会一天比一天改善。”②恰在此时，以和平改造社会、免除剥削和压迫为宗旨的各种合作思潮风行中国。北京大学成立了消费合作社，上海成立了国民合作储蓄银行，成都成立了农工合作储蓄社，湖南成立了大同合作社，如此等等，不一而足。受此影响，华洋义赈会决定在中国贫穷落后、易于受灾的农村地区推动信用合作运动，“设法建立一种互助性的制度来，壮大贫苦农人的经济能力，

---

①《华洋义赈会 1936 年年度报告》，载《华洋义赈会 1936 年新闻公报》。

② 孔雪雄：《中国今日的农村运动》，中山文化教育馆 1934 年版，第 219—220 页。

从而摆脱高利贷的残酷剥削”①。

在中国历史上，民间一向有“庄会”一类的组织，名称因地而异。这类组织一般是为了救济个别人一时之急而设，一俟每个成员将投入钱财收回后，就自动散伙。19世纪末20世纪初，西方合作思想随着形形色色的社会主义思潮开始传入中国。一批中国知识分子被合作思想中的主张自助互助的精神，协同合作的力量来解决社会问题，取消剥削制度等理论所吸引，开始在中国传播合作思想。华洋义赈会的创始人相当一部分是在中国工作的外国人，中方人士中有一部分有过在国外留学的经历，所以他们很容易接受西方国家传来的合作思想。

合作的种类有很多，诸如信用合作、供给合作、运销合作、储藏合作、保险合作、消费合作等。当时中国农村尚没有银行一类的金融机构。城市尽管已经有农工银行，但并不愿意把钱借给没有组织，没有担保的农民。乡间盛行的是高利贷，利滚利，造成贫穷的农民越借越穷。为此，华洋义赈会决定首先试办信用合作。何谓信用合作？凡放款于社员以供生产及他种正当事业之用，并办理储金业务的均属信用合作。信用合作社又可称为农民合作银行或平民银行，它一方面为社员提供发展生产所需要的资金，一方面为社员储蓄提供便利。1922年4月，华洋义赈会下设了农利委办会，负责调查农村经济，研究农村信用合作，草拟农村信用合作社章程。同年6月，总会拨款5000元作为试办农村信用合作社的费用。与此同时，华洋义赈会出资津贴，委派燕京大学的泰勒教授领队，在国内9所教会大学选拔61名大学生分赴河北、山东、江苏、浙江、安徽等

① 章元善：《华洋义赈会的合作事业》，全国政协文史资料研究委员会编：《文史资料选辑》第80辑，第159页。

省，对240个村庄进行调查。这批学生随身带了三份调查提纲，一份给各县长填报，一份是对村庄的调查要点，一份是对农民家庭的调查。这次调查结果表明，农户人均年收入在50元以下的占44.9%，其中以河北省遵化、唐县、邯郸、冀州四县比例最高，平均为61.99%。[①] 由此看出北方农民较南方农民收入更少。1923年8月，华洋义赈会又下设合作委办会，由戴乐仁（J. B. Tnyler）、唐有恒、艾德（D. W. Edward）、章元善为委员，负责指导合作事宜。同年11月，合作委办会聘请于树德为合作指导员。从此，华洋义赈会所倡导的合作运动由宣传介绍进入推广实施阶段。此后不久，华洋义赈会订立了《农村信用合作社章程》。《章程》订立后，华洋义赈会专门拨出2.2万元专款，"指明以2万元为扩充对合作社借款之用"[②]。此后，华洋义赈会又专设农利股，标志着该会倡导的农村合作事业进入新的阶段。

为了取得经验后再逐步推广合作运动，华洋义赈会选择河北省为试点。正如章元善先生所言：

> 中国的合作运动，自有中国的特色，这种特色的培养基，就是河北。……河北是苗圃，各省是林场。西方传来的合作，先在河北中国化，然后再向各省去传播，并供各省的采用与参考。[③]

这一点在国民政府地政署有关人员1939年1月14日的一份报告

---

① 《中国农村经济实况》，1928年版，第96—97页。转引自陆仰渊等著：《民国社会经济史》，中国经济出版社1991年版，第209页。

② 郑季楷：《中国合作运动的回顾与前瞻》，载《农村经济》第一卷9期，1934年7月版，第5—6页。

③ 章元善：《我的合作经验及感想》，《大公报》（天津）《社会问题双周刊》第6期，1933年4月29日版。

中可得到印证。该报告称："民国十六年以前，我国合作运动，限于河北一隅。"①

华洋义赈会为什么选择河北省作为试办合作运动的试点地区？长期担任该会总干事的章元善在他的一篇文章中说明了原因："为管理上便利起见，选定与总会事务所接近的河北省作为实验区域，以便这种运动逐渐地进行。"②另外一个原因是，对初创阶段的农村合作事业，民风淳朴、经济落后的乡村容易接受，民性狡诈、经济相对发达的乡村不易接受；穷乡僻壤易于接受，通都大邑不易接受。而在当时的河北，农村破产，农业衰落，农民生活水平低下的状况比较普遍。

在河北，初期成立的合作社大部分是由一些农民闻风兴起，自发组织起来的。风声的来源，或从亲友中得来，或在集市上道听途说，或由教会牧师传布，或阅读了华洋义赈会发行的有关合作的书刊杂志。在当时，河北香河、唐县、涞水、定县等地相继成立了几处乡村信用合作社。华洋义赈会合作委办会派出专人前往调查之后，于1924年2月18日确认涞水县娄村信用合作社与定县悟村信用合作社合格并予以贷款。"是为该会承认信用合作社的开端"③。当月，华洋义赈会核准给这两个信用合作社各放款500元。这是华洋义赈会对该会承认的合作社第一次正式放款。此后，河北省的信用合作社在华洋义赈会的倡导之下得以迅速发展。据统计，1923年河北

---

① 吴秀生：《关于抗战前农业金融及信用合作概况的报告》，中国第二历史档案馆编：《中华民国史档案资料汇编》第五辑，第一编，"财政经济"（七），江苏古籍出版社1992年版，第361页。

② 章元善：《一千个农村里的信用合作》（英文），《中国社会及政治学报》第15卷第2期，1931年7月版。又见章元善：《实话一篇》（铅印本），第28页。

③ 章元善：《写给到农间去的朋友们》，《农村工作经验谈》，上海青年协会书局1936年版。又见章元善著：《合作文存》（上），中国合作图书社1940年版，第77页。

省已成立的合作社为 8 个，共有 256 名社员，到 1930 年合作社已发展至 946 个，社员 25727 人，较 1923 年分别增长 117 倍和 100 倍。[①]河北信用合作社的兴办，开中国历史上大规模合作事业之先河，其办理合作社的方式方法对此后合作运动的发展影响巨大，意义深远。从 1923 年至 1927 年，华洋义赈会在河北省坚持不懈地推动开展农村信用合作事业，5 年间，河北的“信用合作社自 8 社增至 561 社，会员自 256 人增至 13190 人，已缴股金由 286 元增至 20698 元”[②]。这一时期，华洋义赈会倡导的信用合作社的性质，应属于由民间自主经营发展的独立组织，与政府和金融机构没有多少联系。

值得一提的是，华洋义赈会为了在河北农村推广合作运动，从 1925 年开始连续举办了 12 期合作讲习会。开会的时间一般利用冬季农闲期间。会期短则五六天，长则 3 个月。讲习会的主讲教师除了华洋义赈会的工作人员外，还聘请中华平民教育促进总会、中华教育文化基金董事会、中国银行、北京大学、清华大学、北京农业大学等单位的专家、教授、学者及社会活动家前来讲学。讲学的内容有：《合作概论》、《信用合作论》、《编填各种表式之常识》、《实用农学》、《农具》、《乡村社会》等。每期参加讲习会的学员少则 100 多人，多则 6800 多人，主要来自河北各地。由于通过学习能够有所收获，河北各地合作社主办讲习会的积极性越来越高。从第四期开始，合作讲习会由各地合作社自动召集，华洋义赈会仅负责规定授课内容和课时，提供教员和教材。每期讲习会期间，华洋义赈会一般都要组织学员到一些农业科研单位参观考察。由于合作讲习会的连续举办，合作事业在河北农村不断发展，华洋义赈会的名气

---

① 巫宝三：《华洋义赈救灾总会办理河北农村信用合作社放款之考察》，载《社会科学杂志》第 5 卷第 1 期，1934 年版。

② 郑季楷：《中国合作运动的回顾与前瞻》，第 5—6 页。

也越来越大。1933 年 3 月 24 日，曾任浙江省政府主席的张难先考察了河北深泽县的农业合作社后十分感慨地说："吾国数千年团结之大力，即在宗族制度。现因经济关系，此制天然破产。民族精神，无怪益成散沙。救此唯合作一途，须急用经济合作制度，以代替宗族制度。此事关系至大。"

事实证明，华北乃至整个中国乡村合作社的崛起和发展，是从 20 世纪 20 年代初华洋义赈会办理河北信用合作社开始的。可以说，20 世纪 20 年代几乎是华洋义赈会一枝独秀的独立办社时期。20 世纪 30 年代初，曾先后担任甘肃、陕西省政府主席的邵力子先生曾对华洋义赈会有如下一段评价："义赈会之华北一带合作事业，成绩为全国冠，办理合作者，无不奉为圭臬，日后发展，正未可量！"[①] 华洋义赈会在河北倡办信用合作社，开中国历史上大规模合作实践之先河，其办理合作社的方式方法对此后华北乃至整个中国合作事业的发展，有着重大的现实示范作用和辐射功能，并产生了深远的影响。

三、把合作事业推向全国

20 世纪 20 年代初的北京仍在北洋军阀统治之下。这一时期，军阀之间为了争夺政权和扩大势力范围，兵争不息，形成连年混战的局面。对于华洋义赈会在北方灾区开展的赈灾工作，尽管北洋政府穷兵黩武，军费支出浩繁，财政困竭，但为了安抚受灾地区的民

① 《邵力子先生在华洋义赈会建立 15 周年纪念活动中的讲话》，载《救灾会刊》，1937 年 5 月版，第 69 页。

心，对华洋义赈会的募捐工作仍采取支持的态度。但是，对于华洋义赈会倡导的合作事业，北洋政府及地方政府则采取观望甚至反对的态度。北洋政府及地方政府之所以禁止华洋义赈会推动发展合作社，有三个主要原因：一是一些人担心信用合作社的发展会妨碍高利贷剥削；二是当时提倡合作经济的人和组织多与社会主义思潮相联系，当局顾忌合作社为党派之组织，教门之团结；三是华洋义赈会中的一些人物与北洋政府有不同的政治主张，而且该会有外国人士参加及国外资金流入，且北洋政府和地方政府均无法控制和掌握这些资金。在此形势下，一些合作社曾被北洋政府农工部下令取缔，华洋义赈会的一些外勤人员甚至遭到逮捕。

1927年4月南京国民政府成立后，中国广大农村地区的经济日益破产，农村金融严重枯竭，这种状况直接影响南京国民政府的财政收入。而华洋义赈会倡导的农村合作运动恰恰适应了南京国民政府某些方面的需要，从而引起了他们的关注。“1927年6月，南京国民政府致函义赈会，垂询合作事业的效果。”[①] 1928年10月25日，国民党中央第179次常务会议通过了《下级党部工作纲领》。该纲领规定合作运动和识字运动、造林运动、造路运动、保甲运动、卫生运动为下级党部的日常工作，后来又增加一项国货运动，共7项。在国民党中央的倡导下，合作运动的发展进入新的阶段。1929—1933年出现的席卷整个资本主义世界的经济危机，使外国的工业产品和日用消费品大量向中国倾销，中国银行的资金在城市难以找到出路，造成城市信贷资金的闲置。正当这些银行在为自家的所谓剩余资金寻找投资或信贷出路时，华洋义赈会在没有抵押的条件下，连续八九年将资金放给合作社，并能如期收回的做法引起了银行界

① 虞宝棠：《国民政府与民国经济》，华东师范大学出版社1998年版，第216页。

的关注。据了解，“义赈会放给各社的钱，总数已过27万，尚无分文呆账”[①]。于是，上海商业储蓄银行于1931年春试探性地“将2万元，放给河北农民，同中国华洋义赈救灾总会，订了一个简单契约，一切条件，悉照该会的向例。定约之后，立即实行”[②]。此例创造了城市商业资本流入农村的先例。

为了进一步吸引银行界对农业投资或信贷的兴趣，激发更多的金融界人士关注农村，华洋义赈会得到上海银行2万元资金后，“放款时对社龄高、考成好的社，银行款搭成，大于赈会的份额，收款时先清银行搭放的部分”[③]。在当时对于银行来说，贷出的款能够按时回收，且有一定的利息（平均年利约8厘），已属十分不易。他们看到，华洋义赈会放给各社的钱已超过27万，由于华洋义赈会对借款的合作社进行了必要、认真的考成，所以尽管贷款时没有任何抵押，但放出的资金届期均能归还，“尚无分文呆账”。由于资金周转快，回笼有保障，继上海银行之后，中国银行、金城银行等相继通过华洋义赈会向农村合作社放款。仅上海银行一家“最后达到50万元……基本上解决了合作社贷款的来源问题”[④]。

1931年，安徽、江西、湖南、湖北等长江、淮河流经的省份发生特大水灾。田园淹没，庐舍荡然，哀鸿遍野，生机尽绝。受灾地区达131县，流亡人口估计有10150.776万人，占灾区总人口的40%。其中安徽省的灾情最重。为此，国民政府特设救济水灾委员会，拨发美麦4万吨，价值约合300万元，作为救济皖赣湘鄂四省灾民之用。成立不久的救济水灾委员会由于缺乏赈灾经验，该会负责

---

① 《海光》月刊第4卷第7期，1932年7月版。

② 同上。

③ 章元善：《华洋义赈会的合作事业》，全国政协文史资料研究委员会编：《文史资料选辑》第80辑，第167页。

④ 同上。

人通过国民政府财政部长宋子文借调华洋义赈会总干事担任救济水灾委员会的总干事，并委托华洋义赈会代为制订施赈方案。由于救济水灾委员会缺少赈灾经验丰富的工作人员，便委托华洋义赈会全权主持“办理安徽、江西农赈”[①]。随后，又委托华洋义赈会湖南分会、湖北分会办理湖南、湖北两省的农赈。为了办好皖赣湘鄂4省灾后的赈济工作，华洋义赈会从河北调去大批技术人员，以指导互助社和合作社的工作。以后几年，安徽、湖南连年发生不同程度的水旱灾害，国民政府均委托华洋义赈会办理农赈。

赈灾结束后，合作事业在上述4省继续发展。经过几年的努力，互助社渐次改组为合作社。“到1937年3月，在皖、赣、湘、鄂四省举办互助社2774社，合作社6383社，社员334958人”[②]。这次在皖赣湘鄂办理农赈，虽然由救济水灾委员会出钱出物，华洋义赈会仅出人力，但对推广合作事业来说，是一次难得的机遇。在此之前，华洋义赈会倡导的合作事业由于种种原因主要限于河北一隅。而通过这次办赈，华洋义赈会把农村信用合作制度引到了长江、淮河流域，为进一步扩大范围和影响打下了基础。

在山东，华洋义赈会指导组织了39个合作社。后来，山东省实业厅成立了合作指导委员会，华洋义赈会遂将39个合作社移交给山东方面主办。

地处西北地区的陕西省是一个灾害多发的省份。20世纪30年代初，该省共有92县。1932年，陕西“关中除蓝田、柞水两邑以外的44县，陕南除安康、平利、白河、镇平、石泉等12县以外的25县，以及陕北的麒县共计有70县之广，差不多完全是遭受霜灾的区域。……因

① 章元善、于树德：《中国华洋义赈救（灾）总会的水利道路工程及农业合作事业报告》，章元善、许士廉编：《乡村建设实验》第1辑，中华书局1934年版，第136页。

② 郭铁民等著：《中国合作经济发展史》（上），当代中国出版社1998年版，第115页。

此，农村中真是‘十室皆空’，‘哀鸿遍野’。甚而至于要想挖食野草，无奈‘赤地千里’，即使可以剥食的树皮也早已作为炊薪被人用完”[①]。由于当地“农民知识幼稚，组织散漫，故合作事业未见若何发达”。为了在陕西推广农村合作事业，华洋义赈会与陕西省建设厅于1933年在陕西办了一期为期1个月的农村合作讲习所。为了进一步推动陕西农业合作事业，省政府主席邵力子先生特聘华洋义赈会总干事章元善兼任陕西省合作事务局主任。

1933年，黄河中下游地区水患成灾。南京国民政府组织黄河水灾委员会，办理急工两赈。而农赈则交给华洋义赈会办理。华洋义赈会受理此事后，一方面筹募赈款，一方面派人到灾区实地调查。在筹得198500元赈款后，先确定山东菏泽，河南考城、兰封，河北东明、长垣为第一批农赈范围，拨赈款8万元；后又增加河南滑县、濮阳为第二批农赈范围。

1937年春，素有“天府之国”之称的四川发生严重旱灾，全省149县中出现旱情的有100多个县。此时担任华洋义赈会总干事的贝克立即前往调查。

同年春季，河南、贵州、甘肃等省也发生不同程度的旱灾。为了帮助川豫黔甘等省的灾民，华洋义赈会一面将上年举行的纪念该会创建15周年活动时收到的捐赠资金急赈灾区，一面向社会各界募捐乞赈。与此同时，华洋义赈会委派总干事贝克和工程股主任张季春去四川，与四川省政府商定，凡该省的铁路和公路工程，凡是灾民力能胜任的，均采用以工代赈的办法。这一时期，华洋义赈会还在四川成立了分会。贵州方面，华洋义赈会派出工程师翟吉全前往调查运粮情况。在河南一些地方，华洋义赈

① 章有义：《中国近代农业史资料》第三辑，三联书店1958年版，第609页。

会主要通过教会开展工作。

随着华洋义赈会倡导的农村合作事业逐渐推广，全国越来越多的省市农村合作社接受华洋义赈会的指导和信贷。1933 年，华洋义赈会举行第 7 届大会。前来参加大会的已有来自 8 个省和扬子江流域顾问委员会的代表，加上华洋义赈会总部的代表，共计 23 人，其中中方代表已占多数。①

华洋义赈会倡导的农村合作事业不断取得进展，从而使国民政府有关部门意识到“合作事业，不仅为救济农村之一种方法，实亦国民经济建设之基本工作”②。为了推动合作事业在全国更大范围内展开，1935 年 3 月 13 日至 17 日，南京国民政府经济委员会同实业部、行政院农村复兴委员会邀请华洋义赈会、各省政府、银行、学术团体等代表共 50 多人在南京举行全国合作事业讨论会。当年 9 月，南京国民政府实业部增设合作司。经实业部长吴鼎昌批准，决定商界时任华洋义赈会总干事的章元善先生担任合作司首任司长，作为全国最高合作行政长官，掌管全国的合作工作。在此之前，曾在华洋义赈会担任重要工作的许仕廉、周诒春等人已先后进入实业部工作，周诒春此时担任实业部次长的职务。

由于此后章元善身兼华洋义赈会总干事和实业部合作司长两职，华洋义赈会所开展工作的很多方面与政府所推行的合作事业融为一体。这一时期，华洋义赈会开展的各项合作事业进入全盛阶段。为了工作的需要，该会不仅在山东、河南、山西、湖北、湖南、陕西、江西、四川、贵州、云南、甘肃、绥远等省设立了分会，而且在南京、上海、安徽、江西建立了事务所，成立了扬子江

① 代表名单现存中国第二历史档案馆，卷宗号 573，第 81 卷。

② 《合作事业工作概况》（1936 年 4 月），载中国第二历史档案馆编：《中华民国史档案资料汇编》第 5 辑第 1 编，江苏古籍出版社 1992 年版，第 339 页。

流域赈务顾问委员会。到抗战爆发前夕，全国除西康、吉林、黑龙江、热河少数省份或因地处偏僻，或因被日本侵占，难以调查之外，绝大部分省市都建立了合作行政主管机关。1937 年 5 月，华洋义赈会第八届年会在江西南昌举行。年会报告中公布了华洋义赈会此时在全国发展合作社的统计数字，即已承认合作社 1015 个，社员 27489 人，暂未承认的合作社 2248 个，社员 39372 人。这次年会还作出一项重要决定，即把总会的办公地点从北平移至上海，此举说明华洋义赈会已决定将今后的工作重心由北方转移到南方。

四、修筑公路，兴办水利工程

华洋义赈会初成立时的主要职责是通过募集资金来救济灾区、赈济灾民。每当重大自然灾害突如其来之时，该会工作人员常年费尽心力从四面八方募集来的赈款转瞬之间即分发出去。这些分发出去的钱不仅永不复回，而且容易在某些环节被人贪污中饱；或因管理不善，使用不当等原因，钱没有花在正地方。通过几年的工作实践，华洋义赈会的领导认识到急赈不如工赈，救灾不如防灾。为此，该会通过修建公路、开浚水渠、修筑堤坝、挖掘水井，为防灾减灾，增强地方抗灾能力，推动地方社会进步和经济发展，产生了积极的作用。交通，是人类经济生活、社会生活以至一切文化生活的基础，是人类社会发展进步必不可少的条件。华洋义赈会在开展防灾与救灾工作中，深刻地认识到“交通与救灾防灾，均有莫大之关系，是以义赈会认筑路为当前切要之图，竭力进行，不稍怠忽。在国内 14 省中，先后筑成新路 1993 英里，修理旧路 1296 英里，其中以建筑西兰公路为最大工程”。西兰公路即陕西西安至甘肃兰州间的公路，全长1400多里，其间有六盘山、华家岭、车道岭等崇山峻岭阻隔，工程十分艰险。1931年，华洋义赈会受陕西、甘肃两省政府的委托，采用以工代赈的方法，组织沿线的民工修建西兰公路。督建这条公路不仅艰苦备尝，而且还有生命危险。1932年夏，陕西路段就曾发生过一名外籍人士突然失踪的事件。西兰公路建成后，从西安乘汽车出发，仅用3天时间就可安抵兰州，而此前要走18天时间。西兰公路的修通大大改善了陕西至甘肃间交通落后的状况，为西部地区经济发展与社会进步起到了推动作用。

除此之外，华洋义赈会还主持或参与了安徽的蚌埠到怀远，河南的开封到商丘、开封到永城，湖南湘潭到宝庆（今郴州），贵州的安顺到贵阳到桐梓，山西的临汾到蒲县、太原到汾州、晋城到运城、侯马到禹门口、运城到茅津渡，山东的济南到曹州、武定到东昌，云南的昆明到杨街、昆明到大板桥，甘肃的兰州到河州、永靖到卖家集、会宁到清凉山，陕西的三原到泾阳、泾阳到咸阳、凤翔到扶风、扶风到武功、武功到兴平、武功到乾州、乾州到醴泉到木梳湾、木梳湾到咸阳，绥远的平地泉到陶林，热河的凌源到滦平及河北的正定、邯郸、武安，江苏的镇江，江西的南昌，四川的三台、遂宁、璧山等地公路的修建与整修。所有的公路总长度为3824.5英里，耗资据不完全统计达4955166块银元。[①]

1923年，华洋义赈会在湖南修筑的湘潭至宝庆间的公路，是湖南省内的第一条公路。这条公路的“设计及工程均极讲究。并且敝会（指华洋义赈会——引者）担任养路10年。修成之后，人民称便。于是引起湖南人对于公路的兴趣。近年来，大修特修。所修的路，都是拿这潭宝路为全省公路的模范。湖南公路今日有如此的成

① 章鼎：《章元善与华洋义赈会》（打印稿），第127—128页。

绩，据说是敝会开的端”①。

华洋义赈会主持修建的跨省际间的公路除了西兰公路外，还有云南到贵州的公路。

在华洋义赈会实施的防灾措施中，其中重要的一项是开浚水渠。截至1933年6月，该会即在中国修建水渠500余英里，“以绥远的民生渠，陕西的泾惠渠为最大”②。

民生渠位于绥远土默特右旗托克托县（今属内蒙古自治区）。20世纪20年代中后期，当地连年大旱，华洋义赈会便与绥远省政府商议并决定修建民生渠。该渠通过引来黄河水，灌溉阴山南坡的大平原，灌溉面积达250万亩。民生渠设计干渠总长70公里，支渠14条。该渠于1928年冬动土，采用以工代赈的办法，组织灾民施工，并有部分军队参加。1931年6月，民生渠在完成干渠和7条支渠后，举行了放水典礼。中华人民共和国成立以后，有关部门在包头市的磴日建立电力扬水站。该站利用民生渠原有的渠道，在当地建成了有116万亩灌溉面积的大型灌区。

泾惠渠是在陕西关中地区年久失修的古代渠道遗址上修建的。早在华洋义赈会创办初期，该会就有意修建泾惠渠。1927年和1928年，陕西省连续两年发生大旱。1928年，华洋义赈会在国内集资40万元，另在美国檀香山向华侨募捐15万元，准备修建泾惠渠。为了确保泾惠渠不出现偏差，华洋义赈会聘请当时中国著名的水利专家李仪祉主持修建。1932年6月，泾惠渠第一期工程完工，当年受益面积达50万亩。以后一年内又完成二期工程。

关于华洋义赈会集资修建的泾惠渠，时任陕西省政府主席的邵

① 章元善、于树德：《中国华洋义赈救济（灾）总会的水利道路工程及农业合作事业报告》，128—129页。

② 同上。

力子先生曾有这样一段评价：

> 该渠实开陕省水利建设之先河，虽其最后工程，系经委会与省政府接续完成，苟无义赈会披荆斩棘，出任前驱，恐泾惠之出现，或将迟缓多年！而行将落成之洛惠、渭惠两渠，更无由继续产生；盖无泾惠成功于前，无以引起陕省政府人民及全国人士营陕省水利事业之勇往直前精神。即今经委会及银行界之努力协助陕西水利建设，亦莫非义赈会泾惠渠一役有以鼓舞其兴趣。①

除了民生渠和泾惠渠，华洋义赈会还在河北邯郸、石卢，河南洛阳等地修建了一些水渠。

截至 1933 年，华洋义赈会还筑堤及整理河道海塘 780 英里，挖掘水井 6000 多口。

五、困守与终结

1937 年 4 月，华洋义赈会将办公地点由北平移至上海河南路 505 号，只将农利股和工程股留在北平。显然，华洋义赈会已将工作重心从北方转移到了南方。1937 年“七七”事变爆发以后，北平、天津及河北省大部分地区很快被日本侵略军攻占。随后，华北、华东、华中和华南大片国土沦陷，华洋义赈会惨淡经营多年的合作社所在地相继成为沦陷区。为了坚持工作，华洋义赈会委派张季春、杨骏昌到四川协助该会四川分会开展工赈及合作事业。留在上海的

① 《救灾会刊》，1937 年 5 月版。

工作人员则在贝克的带领下开展救济难民的活动。

“八一三”日军进攻上海后，华洋义赈会积极参与难民救济活动。在上海，“华洋义赈会等团体组织了国际救济会，现在（1937 年 9 月底）已有三个难民收容所”[①]。

1938 年春，华洋义赈会首先在抗战后方的重庆南温泉一带举办互助社，并开展农贷工作。其时，四川正值大灾之后，农民急需救济和帮助。随后，华洋义赈会又将组建互助社的范围扩大到四川巴县的南泉、鹿角、界石、鱼洞等乡，先后组织互助社 21 个，每社社员多则 154 人，少则 27 人。共有社员 1701 人。华洋义赈会共向他们放款 8247 元，月息 4 厘。在华洋义赈会的帮助下，这些互助社大都逐步改组为信用合作社。

抗日战争期间，特别是 1943 年以后，华洋义赈会工作人员多次在重庆商议复会事宜。抗战胜利后，他们于 1945 年 9 月 5 日在重庆组建了华洋义赈会临时执委会，选举章元善为总干事。10 月下旬，章元善飞赴北平，筹备恢复会务事宜。此时，华洋义赈会原在北平的办公地址已被某公司租作仓库，一时无法归还。

1947 年 8 月，华洋义赈会在上海召开新老执行委员会议，并接收了原属华洋义赈会的房屋等财产。上海解放后，华洋义赈会经过与各地分会协商，决定于 1949 年 7 月 27 日宣告解散。1949 年 8 月 24 日，上海一些报纸刊登由华洋义赈会总干事章元善具名的启事，全文如下：

中国华洋义赈救灾总会启事

本会临时执行委员会征得十三处省分会一致同意，于 1949

---

① 《救亡日报》，1937 年 10 月 2 日。

年7月27日宣告解散。并将所有剩余资产包括坐落北平菜场胡同6号之房地产，一并移交中国国际救济委员会营业，继续为人民服务。除办理移交外，谨此宣告。

总干事章元善

至此，在近代中国社会舞台上活动近30年的华洋义赈会在中华人民共和国成立前夕宣告终结。

结束语

通过以上论述，可对华洋义赈会的历史作用和特点作一个简短的总结和概括。自古以来，中国以农立国，故农村经济在国民经济中占有重要地位。历史的车轮驶入20世纪后，尽管中国社会的经济成分和经济结构已发生重大变化，现代产业兴起，工商业城市崛起，农村的地位有所下降，但农村仍然是决定国家命运的重大因素，对国家的治乱兴衰仍有很大的决定作用。华洋义赈会最早把西方农村合作思想与中国的农村实际相结合，可以说是开中国历史上大规模合作实践之先河。该会办理合作社的方式方法对华北乃至整个中国合作事业的发展，有着重大的现实示范作用和辐射功能，并产生深远的影响。合作社成为近代中国农村经济组织转型与近代化的重要标志之一。华洋义赈会从诞生到终结历经近30年时间。这30年正是中国风雨如磐、兵连祸结，民族危机和阶级矛盾空前严重的30年；是中国社会动荡不安、农业生产力遭到严重破坏的30年。作为一个社会团体，华洋义赈会能在十分恶劣的政治环境下生存并不断发展，究其原因，第一，是因为该会的名称冠之以义赈救灾，而中国自古以来便以积德行善为优良传统，存在着扶弱济困的思想与社会基础，很容易被广大群众接受。第二，该会所倡导并大力推动的救灾、防灾及合作事业等符合时代要求，得到了有关部门和人士的支持和帮助，从而能够从国内外的方方面面源源不断地得到赈款。第三，得力于该会内部有一批把在中国推动合作事业为已任，具有理想和奉献精神的中外人士。为了救人民于水火，为了把广大农民组织起来，他们以极大的热情，毅然抛弃舒适的都市生活，深入穷乡僻壤，这种精神是十分难能可贵的。第四，该会有一个科学的运作机制和高效的管理结构，有一套比较健全、行之有效的规章制度。第五，从20世纪20年代末开始，华洋义赈会在河北农村推动合作运动的明显成效引起了南京国民政府的关注和兴趣。20世纪30年代初，华洋义赈会紧紧抓住国民政府委托该会办理长江、淮河流域省份水灾农赈的机遇，借助南京国民政府的力量，迅速将合作事业推向全国。

本着历史唯物主义的态度，科学地考察华洋义赈会所处的社会政治背景，不难发现，农村合作事业的倡导和推动，有其历史的必然性和现实性。它是中国特定社会背景下的产物，它是代表一部分知识分子欲在中国农村日益衰落的危机中试图力挽狂澜的一种尝试。尽管华洋义赈会作为一个社会团体未能也不可能拯救中国农村日益崩溃的局面，但该会将合作理论及实践与拯救中国农村直接联系起来，毫无疑问是有积极意义的。需要指出的是，在20世纪二三十年代的中国农村，尽管采取合作制度能改变一些地方的社会经济面貌，但不可能从根本上改变中国农村的政治、经济、文化面貌。当时的中国，最大的需要是用革命的办法打倒帝国主义和封建势力。华洋义赈会惨淡经营十几年，辛辛苦苦组建了数以千计的农村合作社，但在日本侵华战争爆发后，战火所到之处，各种形式的合作社瞬息之间即荡然无存，即是明证。

毛泽东认为："由于帝国主义和封建主义的双重压迫……中国广大人民，尤其是农民，日益贫困化以至大批破产，他们过着饥寒交迫的和毫无政治权利的生活。"[①]毛泽东的这段话不仅概括了近代中国农民的生活状况，而且道出了迫使农民破产的根源，即帝国主义和封建主义的双重压迫。在近代中国要拯救农民，建设农村，首先要打倒帝国主义和封建主义。而华洋义赈会一系列有关农业合作的主张，基本未触及中国农村的根本问题——土地所有制问题。该会所推行的农业合作运动，其性质似应属资产阶级改良运动，这也反映出华洋义赈会的局限性。在当时的历史条件下，没有社会制度的根本变革，没有一个好的政府，华洋义赈会所有的努力是无法取得预期效果的。尽管如此，华洋义赈会倡导的合作事业，对于扶助贫苦农民，减少商人的盘剥，促进农村公益事业的发展和社会风尚的改良，仍然起到了积极的作用。

今天，在中国广大农村充分发挥信用社作用，推行金融信贷，对于解放和发展生产力，促进农村经济持续、稳定的发展，增强国家经济实力，仍然有着重要的作用。按照合作制原则规范农村信用社，是农村合作金融事业一项长期而艰巨的工作。而华洋义赈会半个多世纪前所探讨的问题及采取的对策，对于我们正在进行的农村现代化建设，无疑具有十分重要的现实意义。华洋义赈会中一批优秀的知识分子为了改变当时中国贫穷落后的面貌，竭力倡导和推行

① 《毛泽东选集》第2卷，人民出版社1991年版，第631页。

合作事业，不仅注重宣传，而且身体力行；不仅持之以恒，而且百折不挠。为了中华民族的复兴，为了推动近代中国的社会变革，他们长期扎根农村，奔走于水旱灾区，“到人不到之地，做人不做之事”。他们这种不辞辛苦，艰苦创业，为富民强国而殚精竭虑、无私奉献的精神，是应该给予肯定的。

（本文原载《中国经济史研究》2005 年第 3 期）

民国乡村建设运动中的华洋义赈会

20 世纪二三十年代，中国曾出现一场规模大、时间长、影响深远的乡村建设运动。这场运动以乡村自治、合作社和普及农村教育为三大主体内容，先后在河北、山东、山西、河南、江苏、四川等近20个省数以千计的乡村中展开，参加这一运动的学术团体和教育机构多达600多个。近年来，学术界对于乡村建设运动已有不少研究，研究内容涉及这场运动的领导人物及其乡村建设思想、乡村政治制度改革、乡村平民教育、乡村合作事业等方面。目前学术界普遍认为在这场运动中“影响较大的主要有：以晏阳初为总干事的中华平民教育促进总会在河北定县设立的乡村平民教育试验区，以陶行知为总干事的中华教育改进社在南京晓庄创立的晓庄学校，由黄炎培领导的中华职业教育社在江苏昆山徐公桥设立的乡村改进试验区，以梁漱溟为代表的乡村建设学派在山东邹平设立的乡村建设试验区”[①]。这种看法在相当一部分学者中已成为共识。近年来，笔者致力于华洋义赈会的研究，通过对有关史料的研读，笔者认为对于华洋义赈会在乡村建设运动中的活动、影响和地位至今尚未引起学术界比较客观的评价和应有的重视，即使一些专门论述民国乡村建

① 赵晓林：《20 世纪二三十年代“乡村教育运动”的特点及其现实启迪》，《陕西师范大学学报》2006 年第 2 期，第 125 页。

设运动的著作对华洋义赈会也是简单带过。有鉴于此，本文对华洋义赈会在民国乡村建设运动中的活动及其影响作一梳理和论述，不当之处欢迎批评指正。

一、倡导并推行农村合作事业

乡村建设运动是在中国农村经济日益走向衰落的历史背景下兴起的。20 世纪 20 年代至 30 年代初，由于西方国家经济危机的冲击，中国政局动荡，军阀混战，水旱等灾害频发，中国农村破产日甚，社会经济风雨飘摇，金融信用极度萎缩，相当一部分农民流离失所，农产品滞销，农民购买力下降。面临如此严峻的形势，中国一部分社会精英为了探索救国救民的道路，纷纷组建乡村建设团体，开展各种各样的乡村建设活动，期望达到复兴农村的目的。据统计，截至 1934 年，全国从事乡村建设的团体已有 600 多个，这些团体在全国各地建立的乡村建设实验区、实验点达 1000 余处。[①] 被称为“专办合作放款，开农村合作运动的先声”[②] 的华洋义赈会积极参加了这场乡村建设运动。

首先有必要简略介绍一下华洋义赈会。该会全称为中国华洋义赈救灾总会，英文名称是：China International Famine Relief Commission。该会是由中外人士联合组成的近代中国最大的国际慈善社会团体、非政府组织和非营利组织。该会成立于 1921 年，以从事经济活动和社会公共事务为主要工作，最盛时期在全国 16 个省区设有分

---

① 《乡村建设经验》，中华书局 1935 年版，第 99 页。
② 章有义：《中国近代农业史资料》第 3 辑，中华书局 1957 年版，第 941 页。

会。该会开展的主要工作，是在中国部分省区的农村倡导并推动各项合作事业，同时办理筹款赈灾、防灾、兴修道路和水利工程等方面的事宜。该会办公地点最初设在上海，1922 年迁至北平东城菜场胡同 6 号。1951 年 2 月 16 日将其资产和档案全部移交给中国人民救济总会。

研究乡村建设运动，首先要厘清乡村建设运动的内容。有学者认为："乡村建设运动的内容包括政治、经济、文化、社会四大部分，试图寻找一条全面改造农村的道路。……乡村建设的具体内容包括：改善农村政权，组织乡村自卫；组建各种合作社，推广先进的农业生产技术；设立各种教育机构，推进基础教育；改善卫生和医疗状况，整治村容和道路，禁绝鸦片和赌博，破除迷信，等等。从这些内容来看，乡村建设运动的目标是力图对农村政治、农业经济和农民素质进行全面的改造。"①

在当时，努力引导农村经济走向企业化和市场化的发展道路，是乡村建设运动的一项主要内容，其主要做法就是推动各项合作事业在乡村发展。在这方面，华洋义赈会倡导时间最长，指导的合作社最多，制度最完备，影响也最大。

在中国合作事业发展史上，华洋义赈会是把合作从宣传提倡转到在农村实践的第一个社会团体。在中国的传统社会，农民之所以弱，非常重要的一个原因不在于他们的数量有多少，而在于组织化程度太低，缺乏凝聚力。华洋义赈会成立后开展的主要工作是在农村倡导和推行合作事业，可以说触及了中国农村和农业的基本问题。

合作制度无论是作为一种经济制度，还是一种社会措施，对当

---

① 虞和平：《民国时期乡村建设运动的农村改造模式》，《近代史研究》2006 年第 4 期，第 96 页。

时的中国来说都是十分需要的。合作社是数以亿计分散的农民比较易于接受的组织形式，是从小的个体经济过渡到大的生产协作组织的必然发展。华洋义赈会认为：在中国农村开展合作事业能在伦理和经济方面产生积极作用。伦理方面主要包括：“(1) 自助——即人尽其力（智力、体力、能力），力尽其用（正当、效率），为互助之先决条件。所谓自助，指物质实力、生产技能与上进心。(2) 互助——即力引其类（一单位之力与一单位之力相吸引），类宏其效（二力相引，得发生更大之力量），为合作运动的源泉。凡力与力相吸引，则除原有等量之力外，应再加上两力吸引时所发生之热力。此种热力，犹如物质间之‘爱力’。……经济方面主要包括：(1) 合力——凡经济能力薄弱者，处处吃亏，富有者在在可占便宜。今集多数弱者，成一团体，则此集团之力量，便可不下于富人。凡富人向所享受之一切便利，此集团之弱者，亦能享受之。此乃收效于‘合力’。(2) 合理——因生产者与消费者之隔离，故必有多级之中间人以为之中介，从而尽其中间剥削之能事。今令生产者与消费者互谋接近，则中间人攫取之利润，即可由生产者、消费者双方自享之。生产者多得，消费者少出，此乃收效于‘合理’。”[①] 通俗地说，合作社可以“使人民有组织，生活改善，提高农村文化及其经济地位，增加生产，利用土地，农民购买力强，工商业因之勃兴，农民智识发达，民主基础因之树立。合作是一件工具，一把钥匙，有了它，农业可以应用最新的科学，农村可以接受大量的投资，农民可以享受开明的生活”[②]。

在中国农村开展合作事业是一项全新的事业。为了取得经验后再在全国其他地方逐步推动，华洋义赈会经过多方面的考虑，选择

① 章元善：《合作与经济建设》，商务印书馆1938年版，第6—7页。

② 同上，第40—41页。

与总会事务所北平所在地邻近的河北省为开展合作事业的试点。对初创阶段的农村合作事业，民风淳朴、远离城市、经济落后的乡村容易接受，民性狡诈、经济相对发达的乡村不易接受；穷乡僻壤易于接受，通都大邑不易接受。在近代，河北省广大地区商品经济的发展表现出明显的迟滞性。当东南沿海地区在对外贸易的影响下商品经济获得较快发展时，河北省大部分地区几乎没有感受到这种外来的冲击。在当时的河北，农村破产，农业衰落，农民生活水平低下的状况比较普遍，比较易于开展合作事业。

合作的种类有很多，诸如信用合作、供给合作、运销合作、储藏合作、保险合作、消费合作等。资金、土地和劳动力，是农业生产的三大要素。若要发展农业，农民必须拥有一定数量的资金，才能购买土地，饲养牲畜，添置农具，从事生产。20 世纪 20 年代，中国农村明显呈现出衰落的趋势，最突出的问题就是农民缺乏资金，难以扩大再生产。在一些地方，农民间进行交易因为缺乏资金，往往采用以货易货的方式。在当时，乡间盛行的是私人借贷。私人借贷大体上分为两种，一种是有血缘关系人员之间的借贷，借贷双方一般有亲缘关系，还债时一般只还本钱，不付利息；另一种借贷一般是高利贷。为了摸清情况，做到有的放矢，华洋义赈会组织人员对 150 个乡村进行了调查。结果显示："农民有时为生产上及生活上必须借几个钱去购买肥料、籽种、牲畜，以及修圩补房的时候，则非向村中专放高利的人借贷不可。"① 高利贷"年利率最低者只有一个村庄为 15%，其中 70% 的放款皆在 30%—50% 之间，其中

① 中国华洋义赈救灾总会编：《合作讲习会讲义集》，1936 年版，第 1 页。

最高者则达到180%”①。由此可见，高利贷对农民盘剥之重，已到了难以承受的程度。所以，华洋义赈会把在农村倡导和推行合作事业首先选择为信用合作。对此，曾担任华洋义赈会农利股主任的于树德有过清醒的判断：

> 我们中国，简直地可以说没有农民储蓄机关。在通商大埠上虽有几个普通银行兼办储蓄，而在地方城镇上连普通银行都没有，更不要说农村中了。至于邮政储金，现在才不过在少数大都市上试验，不知何年月日才可以通行。就是通行，也不知何年月日才能普及到农村。纵令普及到农村，也并不是完全于农村有益的机关。所以，我国农民们应该赶紧组织信用合作社，以谋自己产业的发达和地方的繁荣。②

何谓信用合作？凡放款于社员以供生产及他种正当事业之用，并办理储金业务的均属信用合作。信用合作社又可称为农民合作银行或平民银行。它一方面为社员提供发展生产所需要的资金，一方面为社员储蓄提供便利。1922年4月，华洋义赈会下设了农利委办会，负责调查农村经济，研究农村信用合作，草拟农村信用合作社章程。《章程》订立后，华洋义赈会专门拨出2.2万元专款，“指明以2万元为扩充对合作社借款之用”③。

在当时，河北香河、唐县、涞水、定县等地相继成立了几处乡

① 巫宝三：《华洋义赈救灾总会办理河北省农村信用合作社放款之考察》，《社会科学杂志》第5卷第1期，1934年版，第144页。

② 中国华洋义赈救灾总会编：《合作讲习会讲义集》，第11—12页。

③ 郑季楷：《中国合作运动的回顾与前瞻》，《农村经济》第一卷9期，1934年7月版，第5—6页。

村信用合作社。华洋义赈会合作委办会派出专人前往调查之后，于1924年2月18日确认涞水县娄村信用合作社与定县悟村信用合作社合格并予以贷款。“是为该会承认信用合作社的开端”[①]。此后，河北省的信用合作社在华洋义赈会的支持和资助之下得以迅速发展。据统计，“1923年河北省已成立的合作社为8个共256名社员，到1930年合作社已发展至946个，社员25727人。较1923年分别增长117倍和100倍”[②]。

随着合作事业在河北农村的不断发展，信用合作联合会也不断增加。截至1933年，河北全省已有16个县建立了22个合作联合会。到1936年，“河北省已有44县组织起来，为组有联合社最多的省份。在同样情形下，河北省的合作社办了不少‘附属事业’，把合作的效益公诸社外，有时还代义赈会在农间进行工作”[③]。

应该指出，经华洋义赈会倡导和推动、由农民自发组建的信用合作社，其组织成本是最低的。在合作社能够利用的五大资源（人力资源、社会资源、土地资源、金融资源、自然资源）上，几乎都不需要支付成本，这是任何一个外部组织，包括政府和非政府组织，都难以做到的。信用合作社的巧妙之处，在于将农村的资源几乎无代价地资本化了。

在办理信用合作社期间，华洋义赈会始终强调合作是农民们自己的事业，应由农民们自己去经营，不容局外人干涉。华洋义赈会只是立定在第三者的地位，去提倡农业合作。在没有动机的农村，唤起农人们的注意，给他们明了合作的便利，等到有了动机，促成

① 章元善：《写给到农间去的朋友们》，《农村工作经验谈》，上海青年协会书局1936年版。

② 巫宝三：《华洋义赈救灾总会办理河北农村信用合作社放款之考察》，《社会科学杂志》第5卷第1期，1934年版。

③ 章元善：《合作事业在旧中国的发展》（未刊稿）。

他们的组织。此后并不断地关心他们的工作，改善他们合作社的组织，增加新社社务效率，介绍各社的联络，在农业与金融界尚未发生接触时期，供给必要的资金。……自始至终，保持各社的独立，同时引导农人们的自动。①

由此可以看出，通过组建合作社，提高了农民的自治能力。合作社由农民自发组织，公开选举，自我管理，照章办事，讲究信用，培养了一种新风尚。

华洋义赈会的信用贷款得到了合作社内广大农民的欢迎，冲击了此前高利贷的剥削，成为地主、富农等高利贷者有力的竞争对手，在一些地区遏制了高利贷的发展。在中国乡村金融发展史上，民国时期是一个承前启后、新旧更替的转型阶段。这一时期最大的变化就是现代农业金融的产生。华洋义赈会开展的信用合作就是在传统的私人、店铺借贷、典当业借贷等传统的高利贷到现代的银行贷款之间的过渡和桥梁。

应该说明，华洋义赈会作为一个社会团体，并不直接办理合作社，只负责推动和指导。一般而言，各地的合作社在组建时首先应在所在县申请登记，取得法人资格。这些合作社如果需要华洋义赈会的指导和帮助，应向华洋义赈会提出报告。华洋义赈会随即派人前往调查，确立该社的组织符合华洋义赈会订立的农村信用合作社章程，然后予以承认，并颁发有关证书。

这一时期，华洋义赈会在河北推行的合作事业稳步发展。下表是1926—1934年6月该会在河北省指导成立的合作社社数、社员数的统计表：

① 章元善：《我的合作经验及感想》，天津《大公报》1933年4月29日。

年度	有合作社县（个）	合作社（个）			社员（人）		
		承认社	未认社	共计	承认社	未认社	共计
1926	43	47	220	267	3288	4744	8032
1927	56	129	432	561	4354	8836	13190
1928	58	169	435	604	5624	9677	15301
1929	61	246	572	818	7862	14072	21934
1930	68	277	669	946	8788	16939	25727
1931	67	275	630	903	8903	16730	25633
1932	69	379	497	876	2274	12943	24217
1933	70	408	506	914	11865	11332	23197
1934		474	571	1045	13239	12460	25699

资料来源：《革命文献》第84辑。

纵观河北省合作事业的发展，从1923年香河县成立第一个农村信用合作社，当年即增加到8个，1927年发展到561个，1932年增至876个，1937年3月达到3263个，遍及全省83个县。社员数从1923年的256人扩大到1937年的66861人。[①]

华洋义赈会从1923年开始提倡农村合作事业时，最初选择简单而实用的信用合作为突破口。合作社的社员们明了合作的原理之后，不断地要求倡办其他合作社。华洋义赈会因势利导，大力宣传供给、生产、运销、消费、公用、保险等合作社的内容、办理程序及相关事宜。例如供给合作社的工作包括物品的批购、加工和售卖；公用合作社的业务包括水井、用电、澡堂、理发、婚丧、公墓等。在由华洋义赈会主办的一年一度的合作讲习会上，华洋义赈会专门聘请专家向学员讲授各种合作社的种类、效用、业务及组建程序等。华洋义赈会农利股的工作人员还亲自制订了《棉花运销手册》、《农仓合作实施手册》等，设计了有关表格，以利农民具体操作。不少信用合作社在实践中主动兼营供给、生产、运销、消费等

① 中国华洋义赈救灾总会编：《救灾会刊》，1937年版，第92页。

合作事业，不断扩大合作社的经营范围。

整个20世纪20年代，华洋义赈会推广合作事业的重点是在以河北省为中心的华北地区。1931年，淮河流域和长江中下游地区发生了百年罕见的特大水灾。这场水灾迫使国民政府不得不重视华洋义赈会坚持多年的合作救灾工作，并委托华洋义赈会主持灾区的农赈工作。对于国民政府委托的工作，华洋义赈会把它视为该会倡导的合作事业冲出河北，走向全国十分难得的一次机遇。华洋义赈会接手长江中下游地区赈灾事务后，把赈务分为三个方面：（一）以救命为目的的急赈；（二）以计工受食为特点的以工代赈；（三）以帮助受灾农民早种早收，重建家园为目的的农赈。其中农赈即将赈款贷放给农民办互助社，一旦贷款于来年归还，便将互助社升级为合作社。这次办赈，华洋义赈会获得了相当的成功。不仅按期修复了长江、淮河的千里长堤，而且使灾民通过赈款购买了种子，第二年普遍获得了丰收。华洋义赈会在实施农赈的过程中，不失时机地宣传农业合作思想及组建农业合作互助组织，对广大灾民责任心及自信心的建立产生了深远的影响。在这次农赈过程中，华洋义赈会从河北省抽调了上百名合作社骨干前来帮助。北方与南方农民的交流，无疑也有着积极的意义。

随着华洋义赈会倡导的农村合作事业逐渐推广，全国越来越多的省市农村合作社接受华洋义赈会的指导和信贷。1933年，华洋义赈会举行了第7届大会。前来参加大会的有来自山东、河南、山西、湖北、湖南、甘肃、绥远、陕西8个省和扬子江流域会务顾问委员会的代表。为了推动合作事业在全国更大范围内展开，1935年9月，国民政府实业部增设合作司。经实业部长吴鼎昌批准，决定借调时任华洋义赈会总干事的章元善先生担任合作司首任司长，作为全国最高合作行政长官，掌管全国的合作工作。由于此时章元善身兼华洋义赈会总干事和实业部合作司司长两职，华洋义赈会所开展工作的很多方面与国民政府所推行的合作事业已融为一体。这一时期，华洋义赈会借助国民政府的力量，迅速将合作事业推向全国。根据1936年《中国经济年鉴》下册记载，全国的合作社数量已达14649个，拥有社员537497人。这一时期，华洋义赈会开展的各项合作事业进入全盛阶段。

在华洋义赈会的推动下，合作事业在全国范围内不断发展。截至1936年底，成立合作社的省市已达24个，遍及1236个县市。“共计合作社之总数为37318，社员总数为1643670人”①。

20世纪30年代初，曾先后担任甘肃、陕西省政府主席的邵力子先生曾对华洋义赈会有如下一段评价：“义赈会之华北一带合作事业，成绩为全国冠，办理合作者，无不奉为圭臬，日后发展，正未可量!”②

华洋义赈会在河北倡办信用合作社，开中国历史上大规模合作实践之先河，其办理合作社的方式方法对此后华北乃至整个中国合作事业的发展，有着重大的现实示范作用和辐射功能，并有着深远的意义。1932年5月9日，英国人司曲兰在伦敦凯瑟大楼讲演时这样评价华洋义赈会：“中国之合作社，据知最佳者，当为中国华洋义赈救灾总会于10年来在华北经营之合作社。该会训练合作人员，注重养成社员常识，及互助力量，而互相监察。统计该会在华北组织之合作社，为数千余，均为提高农民经济能力，解放高利债务束缚，使养成农民相当办事能力及自给自救精神。惟合作社之组织，不能为完全私人之团体，亚洲大部分国家人民，对于公众事业之精神不甚热心，而华北人民则此种精神，极为显著，是或即为华洋义

---

① 章元善：《合作与经济建设》，第27页。

② 《邵力子先生在华洋义赈会建立15周年纪念活动中的讲话》，《救灾会刊》，1937年5月版，第69页。

赈会对于合作提倡多年，始克有此成绩欤。”①

总而言之，华洋义赈会倡导和推行的信用合作事业打破了高利贷长期统治农村资本市场的传统格局，代表着中国农村经济特别是乡村金融现代化的方向。合作社作为银行资本与农民间的桥梁和中介，起到了积极的作用。信用合作社这种超越血缘关系的新型组织在农村的出现，在一些地区一定程度上改变了乡村原有的借贷关系，促使传统的农村金融体制向现代金融体制转型。农民向信用合作社贷款或者信用合作社向缺乏资金的农民放款，是一种新型的借贷方式。这种新型的借贷关系改变了传统的乡村社会关系，促进了传统农村的“礼俗社会”向契约社会和法理社会转型。信用合作社的存在，使农民开始培养勤俭储蓄的习惯。

由华洋义赈会推行倡导的以信用合作社为主要形式的农村合作运动，已经成为旨在解决农民问题的社会经济运动。更为重要的是，华洋义赈会通过在中国农村倡导和推行各项合作事业，增进了农民的互助合作意识，培养了农民的互助合作精神，对中华人民共和国成立后在广大农村开展互助合作运动产生了直接的作用和深远的影响。华洋义赈会在民国时期倡导和推行的合作制度，为中华人民共和国成立后在全国范围内的广大农村地区开展合作化运动，提供了重要的实践经验和宝贵的制度资源。

二、创办独具特色的合作教育讲习会

开展多种形式的农村教育，促进农民素质的提高，是民国时期

① 瞿明宙：《中国合作教育的尝试》，1938 年版，第 110 页。

所有乡村建设派的目标之一。他们希望通过办教育，把中国农民培养成为有知识、团结互助的公民，从而构筑社会改造的基础。华洋义赈会自成立以来就十分重视对农民进行教育，尤其重视合作教育，正如一些学者所言："中国之合作教育，以华洋义赈会举办之合作讲习会肇其始。"①

华洋义赈会主要以开展防灾救灾和倡导合作事业为己任。而当时的中国没有经过资本主义的充分发展，生产力水平低下，经济文化十分落后，受过教育并了解一些管理学原理的人十分稀缺，尤其在广大农村，贫穷成为最大的病症。经济水平的低下与落后，直接制约教育的发展。由于贫穷，农民普遍未受过任何学校教育，他们不懂得改良种子，不懂得如何增加粮食产量，也不懂得公共卫生，更不懂组织起来以谋求共同的利益，因此愚昧、贫穷、自私等问题接踵而来。在当时的农村，能适应推动合作社发展的劳动者和管理人员更是凤毛麟角。人才的缺乏严重阻碍了合作社事业的发展。华洋义赈会经过多年的实践深知，若要振兴农村，不仅要为贫苦农民提供资金，更要对农民进行教育，教育农民增强合作意识，提高农民接受科学技术的能力。"一切事业的进行，非以教育的方式来推动不可；以中国农民知识的浅陋，若不施以教育，很难使之对于合作有深切的认识，因此本会乃有各种合作教育的设施"②。

早在华洋义赈会成立不久制订的《促进合作事业工作计划大纲》中，就有专门的有关"合作教育之实施"的内容，其中规定：

（1）本会对区域内合作社社员教育之实施，每年于农闲期间，举办合作讲习会、社务扩大周、社员训练班及《合作讯》研究会

① 刘纪荣：《民国时期合作运动文献述要》，载《近代史资料》总113期，中国社会科学出版社2006年版，第258页。

② 华洋义赈会编：《救灾会刊》，1937年版，第93页。

等。(2) 本会于区域内各县，每年举办长期合作社职员训练班一次，及短期合作讲习会两次。(3) 本会在区域内，指导学校设立示范合作社，指导学生经营之，以期启发合作思想。(4) 本会得与高等农业职业学校或专门学校共同举办合作专修科，以培养合作人才。(5) 本会指导各村组织合作，促进青年联合会及母亲会，以期整个之青年层及妇女界，皆彻底理解合作之理论与实际，并以其锐气督促合作事业之进行。

在当时，整个国家的教育十分落后，华洋义赈会倡导的合作事业缺少人员去推行和落实。为此，华洋义赈会决定仿照印度的办法，举办合作讲习会，“集村农首领百余人，聚首一堂，纯为学术之研究”[①]。

为了办好合作讲习会，华洋义赈会一般在 3 个月前就要开始准备：制订计划，编拟预算，确定办会地点和开设课程，聘请讲师和助教，公告招生通知。

华洋义赈会举办合作讲习会的宗旨是：研究合作知识与手续，各合作社之间联络感情，交换意见，促进合作事业的发展。讲习会的宗旨并非一成不变，而是随着形势的变化而变化，以适应当时的需要。从历次讲习会的宗旨可以看出，虽然宗旨大同小异，还是略有不同。例如：第二次强调经营技术与合作推广，第三次注重培养各地的合作领袖，第四至六次突出知识的普遍传授与增强主动性，第七至十次关注事务人才的培养，自动办理之促进，第八次侧重信用以外的运输、供应合作方面人才的培养，第十一次着眼于为合作运动培养经营业务人才，第十二次则重点培养联合社的办事人员。这些变化体现出华洋义赈会在不同时期确定讲习会宗旨时各有针对性，具有与时俱进的精神。

---

① 《第一次合作讲习会汇刊》，京华印书局 1926 年出版，序言，第 2 页。

举办合作讲习会的目的，是希望通过学习，使各地合作社办事人员都能明白合作的意义，了解办事的程序和方法，如记账、填表等。通过组织各地的代表参加讲习会，大家欢聚一堂，交流切磋经验体会，以扩大合作社规模，提高办社水平。

关于合作讲习会学员的资格，华洋义赈会在第三期讲习会前明确要求具备两种条件：

（1）办理合作社事务有一年以上之经验者得为正式生。

（2）中等农业学校以上毕业者得为旁听生。

关于与会学员的身份，华洋义赈会要求各合作社从宣传员、执行主任、监察主任、事务员、司库中挑选合适的人员，并要求与会代表既认字又会写字，至少要能认识一些文字，能够接受合作事业精神、知识、技术的学习。培养对象希望达到下列目标：各级合作事业的指导人才，合作社领袖或特种技术人才。通过多年的实践，华洋义赈会深切地认识到："盖农村建设，虽人人皆知其重要，而实际真能到乡村服务者，则非真正乡村人不可……"①

有鉴于此可以看出，参加华洋义赈会举办的合作讲习会学员几乎全部来自农村。

从1925年到1936年，华洋义赈会先后举办过12期合作讲习会。开会时间一般利用冬季农闲期间，会期短则五六天，长则3个月。参加讲习会的学员少则100余人，多则6800余人。每期讲习会少则分一个组，多则分60多个组。与会学员有正生和旁听生之分。曾办理合作社事务有1年以上经验者为正生，未达此条件者为旁听生。每期结束时，一般要组织考试，合格者由华洋义赈会发给结业证书。前三期讲习会由华洋义赈会主办。"第一、第二两次合作讲习会开过之后，报告

① 华洋义赈会主编：《10年合作事业大事记》，1933年版，第2—3页。

成立的合作社，如雨后春笋。”[①]在这12期合作讲习会中，第三、第七、第十二期是先办一个月的讲员训练班，然后再办讲习会。

随着合作理论的推广和北平、河北各地农村合作社的迅速发展，华洋义赈会有限的工作人员难以满足需要，越来越多的基层合作社工作人员希望参加合作讲习会。于是，从第四期合作讲习会开始，华洋义赈会决定改变方针，合作讲习会由各地合作社自动召集，华洋义赈会负责提出指导性意见，提供教员、教材和功课表，并适当补助经费，由主办变为协办。第四期合作讲习会被指定在赵县、安平、蠡县、深泽、涞水五县举办。由于参加讲习会学习可以提高合作社的管理水平，并可以交流经验，取长补短，所以各地合作社参加或举办合作讲习会的积极性日渐提高。由于各地合作社主办讲习会的积极性越来越高，所以从第四期开始，华洋义赈会仅负责规划和指导。具体来说，负责规定每期讲习会的会期，确定适中的会址，规定授课内容和课时，提供主讲员，并对学员学习期间的生活适当给予补助。与此同时，华洋义赈会还要专门函告河北省农矿厅和会址所在县的县政府，说明举办讲习会的原因，希望地方妥为保护，邀请县长莅会致辞。第四次合作讲习会分别在河北的赵县、安平、蠡县、深泽、涞水5县同时进行，每处学员少则75，多则106人。第五期合作讲习会增至在广平、成安、柏乡、元氏、唐县、安国、深泽、河间、良乡、香河10县同时举行，每处讲习会的学员来自周边各县，少则4县，多则7县。第五期合作讲习会的学员共有717人。为了保证各处讲习会有条不紊地开展工作，华洋义赈会要求各处都要临时成立文件科和事务科，认真审查报名资格和履行报名手续，随时向总会报告筹备情形。为了加强各合作社之间的交

① 瞿明宙：《中国合作教育的尝试》，1938年版，第27页。

流和增强感性认识，华洋义赈会要求参会学员赴会之前，将本社的账簿记录表册等经整理后带到会上陈列，以供其他合作社的学员观摩品评，取长补短。从第六期合作讲习会开始，华洋义赈会逐步扩大各地举办合作讲习会的自主权，因地制宜，与时俱进，以提高农民的主动性和积极性。例如课程的安排，总会只提出大致范围，具体内容由各办会单位自主确定。

随着合作事业的不断发展，每期合作讲习会对宣传员的要求也越来越多，举办讲习会的地方也越来越多。为了不降低各地讲习会的教学质量，在1932年举办的第七期合作讲习会之前，华洋义赈会决定先办一个为期4个星期的合作讲习会讲员训练班。举办讲员训练班“以讲授合作常识，培养合作讲习会之讲员为宗旨”。讲员资格分为两种：

> （一）正额生。须具有下列资格之一。(1) 曾在合作社（不分承认社与未承认社）任职1年以上，担任合作讲习会讲员，或负讲习会之主要筹办责任者。(2) 曾领得过华洋义赈会颁发的视察资格证书者。(3) 曾充邻社会查员二次以上，得有良好之评语，且曾在乙等以上合作社任职一年以上者。(4) 有合作学识及经验之社员，经合作社联合会或华洋义赈会农利股特予证明者。（二）保送生。经各省合作机关具函保送者。①

正额生毕业时可以得到华洋义赈会颁发的视察员证书。华洋义赈会有权在三年时间内选派他们到指定的合作社视察，并安排他们担任合作讲习会的讲员。

除了上述条件，还要求讲员对合作事业有兴趣，品行端正，年

① 瞿明宙：《中国合作教育的尝试》，第54页。

龄在20岁—40岁之间。符合上述条件者报名后还要通过华洋义赈会的面试和笔试。这批人经过训练后，再到各地担任宣讲员。这期讲员训练班报名者有167人，经华洋义赈会审查资格后准考者50人，最后录取的为38人。[①]这38人全部来自河北省各地的合作社。

1925年举办第1期合作讲习会时，学员来自直隶的通县、香河、三河、涞水、高阳、饶阳、蠡县、定县、安平、束鹿、深县、唐县、临城等15个县，全省仅有52个合作社；1926年举行第二期合作讲习会时，由于学员大大增加，华洋义赈会把学员分为甲乙两组，学习地点分为北京农业大学、定县两处，学员来自25个县。到抗战爆发前夕的1936年举办第十二期讲习会时，学员已来自76个县，全省已有1006个合作社。关于华洋义赈会在河北省举办的第1—11期合作讲习会的有关情况见下表：

期数	年份	会期	组数	参加县数	参加社数	参加联社数	听讲人数	听讲人历年增减指数
1	1925	7天	1	15	52	—	104	100
2	1926	7天	2	25	159	—	323	311
3	1927	3个月	1	22	40	—	40	39
4	1928	5天	4	15	158	—	363	349
5	1929	5天	9	39	324	—	717	689
6	1930	6天	9	31	343	—	733	704
7	1931	7天	15	31	309	—	854	813
8	1932	7—10天	24	47	483	—	1423	1368
9	1933	7天	32	54	865	14	3032	2915
10	1934	7天	61	63	1959	28	5394	5143
11	1935	7天	93	58	1899	20	6863	6599
总计	—	—	252	—	6635	62	19884	—

资料来源：瞿明宙：《中国合作教育的尝试》，第46页。

① 《第七次合作讲习会汇刊》，1932年铅印本，第57—58页。

举办合作讲习会的经费最初由华洋义赈会从试办信用合作社的专款中支出，煤火、纸张、薪给等从总会经常费中报销。第一期与会人员有104人，各项开支主要包括学员往返川资、在京学习的住宿费、讲义印刷费、办事人薪给、零星杂支共计1468.27元。为了节约费用，讲义都是华洋义赈会的工作人员购买纸张油墨，自行刻印的。代表们的行李铺盖，自用的笔墨纸张等均是自带。从第八期合作讲习会开始，华洋义赈会停止了对参会学员的生活补贴。但各地合作社举办合作讲习会的热情不减，由此可见合作事业已深入人心。从第十一期合作讲习会开始，华洋义赈会进一步放权，宣讲员由各筹办社依据章程自行聘请。整个讲习会进行期间，华洋义赈会只扮演顾问和督察的角色。

纵观华洋义赈会在12期合作讲习会中的地位和作用可以看出，该会的作用在逐期减轻，承担的责任在逐年减少。最初，举办讲习会的意见全部由华洋义赈会提出，从第九期开始改由联合社提出。前几期的讲员全部由华洋义赈会指派，后来则由筹办社去物色。在办会经费方面，前三次完全由华洋义赈会承担，以后逐年减少，最后过渡到全部由各承办方承担。

关于参加合作讲习会的学员来源，第一期全部来自北平和河北，主要来自通县、香河、三河、涞水、高阳、饶阳、蠡县、定县、安平、束鹿、深县、唐县、临城等地；会议地点在北平。第二期讲习会的学员仍全部来自北平和河北，范围则除了上述各县外，扩大到清苑、赵县、柏乡、无极、高邑、博野、曲阳、满城、晋县、完县、宝坻、顺义、良乡、涿县、房山、武清、宛平、易县、文安、沧县等地，参加第二期讲习会的学员多达300多人，华洋义赈会不得不把代表分为甲组、乙组，分别安排在北京农业大学和河北定县两处学习。以后各期讲习会的规模不断扩大，学员来源越来越广，几乎遍及河北各县。到第12次讲习会时，已有800多人报名，学员代表来自河北省的50个县。值得一提的是，1933年1月，南京厚生消费合作社选派到华洋义赈会实习的阎家屿、倪祖铨、张子仁、李之章4人，参加了第八期合作讲习会。①

讲习会的主讲教师除了华洋义赈会的工作人员外，还聘请中华平民教育促进总会、中华教育文化基金董事会、中国银行、北京大学、清华大学、北京农业大学等单位的专家、教授、学者及社会活动家前来讲学。

各期讲习会开设的课程，依次主要有：《合作概论》、《信用合作论》、《农民合作概论》、《编填各种表式之常识》、《信用合作之经营》、《中国原有之合作制度》、《农人的两个救星——购买合作及售卖合作》、《农具与农民幸福之关系》、《和农家讨论农学》、《中国农民之地位及责任》、《农村调查运动》、《农业的重要和特点》、《中国畜牧改良之必要》、《购买合作社》、《售卖合作社》、《实用农学》、《救济农民之方法》、《害虫防除法》、《病害防除法》、《现在农村问题》、《普通簿记学》、《会计学大纲》、《查账学大纲》、《消费合作社经营论》、《合作社联合会》、《农具》、《植物病害》、《商业果树概论》、《中国之合作运动》、《农村合作概论》、《合作法规》、《信用合作之理论与经营》、《查账》等。为了便于学员学习，华洋义赈会专门编辑了《合作讲习会讲义集》，并不断地对其内容进行调整和充实。

以上课程有的是宣传新理论、新思想，有的是介绍组建合作社的方法和经验，有的是传授知识和技能，有的是推广农业技术，几乎涉及当时农村社会的方方面面。学员们通过学习，既提高了改造

① 瞿明宙：《中国合作教育的尝试》，第74页。

农村贫穷落后面貌的认识水平，又学到了不少有操作性的种植、养殖等实用技术。

除了合作讲习会规定的课程，华洋义赈会还通过中国科学社邀请当时中国一流的专家学者进行专题讲演，以开阔学员的视野，活跃学员的思想。前来讲演的专家学者及讲演的题目如下：

主讲人	题目
傅葆琛	直隶京兆信用合作社社员如何能协助推行乡村平民教育
冯　锐	合作社之原理及其在美国丹麦二国之成功与失败的原因
李景汉	北京的地理、风俗及人物
全绍清	传染病
陶孟和	国民之资格
李四光	新风水谈
杨光弼	农人应有的化学常识
竺可桢	天气预测的方法
陈衡哲（女）	美术与人民
梅贻琦	农人应有的物理常识
赵元任	阳历与阴历
张伯苓	领袖的素质
翁文灏	说地
薛卓斌	农场工程之常识

每期讲习会期间，华洋义赈会一般都要组织学员到清华大学农学院及牛奶场、燕京大学、颐和园、中山公园、北海公园、中央农

事实验站、香山慈幼院、故宫博物院及历史博物院、石卢水渠、商务印书馆北京分馆、观象台、天坛及先农坛、中央防疫处等单位参观考察。从第三期合作讲习会开始，每期结束前对学员都要进行考试。考试的科目主要有：《农村经济》、《会计学》、《查账学》、《合作概论》、《现在农村问题》、《信用合作社簿记》、《信用合作社章则及表格之研究》、《普通簿记学》、《信用合作经营论》、《消费合作经营论》、《农林大意》等。从各期合作讲习会汇刊来看，考试是相当严格的。学员在指定的时间地点参加考试，试题多是问答题和论述题，有的还要计算。例如第 3 次合作讲习会结业时共考了 13 门课。其中《农村经济》的试题为：

（四）土地、资本、劳工三者为农业中之要素，试言其与农业之关系

（五）试述农业信用合作社与农民之关系

（六）试论农产贩卖合作社之重要

《会计学》的试题为：

（四）试述会计学之定义及其范围

（五）商店年终结账得财政状况如下：

存货 3000 元，现金 500 元，人欠 2000 元，欠人 2000 元，器具 500 元，资本 3000 元。年内售得货价 8000 元，支付购入货价 6000 元，开支营业费 1000 元，净利 1000 元。试按照项目性质编制资产负债及损益对照表

（六）何谓资产之估值或评价

每期合作讲习会开班时，华洋义赈会一般都安排学员观看几部电影，内容多与灾害、科技、工业、风景有关。例如第一期合作讲习会开班时放映的电影是：《民国十三年水灾》、《体育及风景》（含精武体育会技击、广东乡景、美国西部乡野风景）、《工艺》（含利用空气之种种工具、美国造船工业之一斑）、《农业》（含美国农人养猪之研究、美国农人利用新法养猪年年开全省或全国大会互相比赛以得大奖为光荣）等。

每期讲习会结束时，华洋义赈会都要举行欢送会，颁发结业文凭。通过在河北农村举办合作讲习会，在一定范围内和程度上提高了农民的基本素质，对于巩固合作社的组织基础，引导农民开展科学种田，改良粮食品种，推动各项合作事业的发展，无疑起到了积极的作用。更为重要的是，合作讲习会不仅为河北，而且为全国的合作事业培养了一批骨干，培养了一批既懂理论，又有实践经验的干部。1931 年长江中下游地区洪水泛滥时，华洋义赈会正是从河北省抽调了一批熟悉合作事业的骨干，从而使江苏、安徽、江西、湖南、湖北等省的赈灾工作得以顺利进行。

每期讲习会结束后，华洋义赈会还要对学员进行跟踪调查，并汇编《讲习会毕业学员服务状况一览表》，了解他们受训后的工作情况。从一览表中可以看出，对一些学员的跟踪一直到他去世。

合作讲习会的举办扩大了参加讲习会农民的社会交往。在此之前，河北农民传统的社会交往是比较狭窄的。这一现象的形成主要由于传统农业社会的宗法家族的社会结构和关系、人们对宗法血缘关系的依赖及由此受到的束缚；另外一个原因就是小农经济规模狭小、自给自足和自我封闭，这二者给人们的社会交往造成了严重的局限。农民的交往主要限于本家族内部、亲戚、邻里之间，村庄之外，若无亲戚走动，则可谓鸡犬之声相闻，老死不相往来。狭隘的社交限制了农民的思维和视野，加重了农民的狭隘性和落后保守，不利于合作事业在农村的开展。华洋义赈会倡导的合作讲习会开办后，农民交往地缘、亲缘的局限开始打破，宗法等级关系的束缚受到冲击，农民的活动空间不断扩展，与外界的联系日益增多。虽然这种变化是初步的、有限的，但其意义不可低估。这种变化实际上是社会风俗的近代化，有利于农村社会的近代化发展。

除了在河北，华洋义赈会在拟订山东、陕西、安徽等省合作事业工作计划大纲时，都专门列了“合作教育之实施”的条目。

综上所述可以看出，华洋义赈会倡办的合作讲习会具有实施主体民间性、教育对象农民化、教育内容具有可操作性等特点。从第一期到第十二期，所有举办讲习会的时间都是在中国农业生产严重萎缩，农村经济日益凋敝，农民生活不断恶化的条件下。在教育方式上，华洋义赈会根据农村合作事业的需要，以社会式教育为主，以青年农民为主，而与其他社会团体或个人偏重于学校式教育和家庭式教育有所不同。该会开展的乡村教育虽然主要在河北一个省的范围内，却作出了开拓性的尝试，留下了宝贵的历史经验。

三、筹办并参与主持全国乡村工作讨论会

从20世纪20年代起，中国有不少地方开展了乡村建设运动。乡村建设运动在不同的地域开展，乡村建设团体开展乡村建设的出发点各有不同。随着运动的发展，人们发现面临的问题有些是共同的，意识到有些问题是相互联系的。为了加强相互间的联系，增进了解，交流经验，华洋义赈会的总干事章元善与李景汉、梁漱溟、晏阳初、高践四、许仕廉等人共同发起成立“乡村建设协进会”，并

决定在1934年7月举行成立大会。通知发出后，全国各地的乡村建设工作者反应十分热烈，纷纷要求参加会议。乡村工作讨论会先后举行过3次。第一次会议的时间是1933年7月，地点在山东邹平县的山东乡村建设研究院；第二次会议的时间是1934年10月，地点在河北定县平民教育促进会；第三次会议的时间是1935年10月，地点在江苏无锡省立教育学院。

第一次全国乡村工作讨论会的63名代表分别来自河北、江苏、北平、上海、广东、浙江、江西等十几个省的35个社会团体。这些社会团体除了华洋义赈会外，还包括来自中华平民教育促进会、中华职业教育社、山东乡村建设研究院的代表；金陵大学、燕京大学、齐鲁大学、中法大学也派代表出席了会议；行政院下属的实业部中央农村实验所专门派出代表参加了这次会议。会议推举章元善、梁漱溟、晏阳初、黄炎培、江恒源、许仕廉等6人组成主席团，轮流主持会议。其中章元善、许仕廉来自华洋义赈会。在第一次全国乡村工作讨论会上，先后有14位代表发言。华洋义赈会的代表作了题为“中国华洋义赈救济（灾）总会的水利道路工程及农业合作事业报告”的报告。由于报告内容较多，报告由章元善、于树德两人完成。

章元善在报告中介绍了华洋义赈会从事农村工作之原始和防灾事功两部分内容。说到防灾事功，章元善介绍12年来办成的事主要有“新筑及修铺的道路有4000英里；整修的河道海塘，修理和新筑的堤有780英里；掘的井有6000余口；筑的渠有500余英里；所费赈款共计1016万元。……这些工程建设，总而言之，是要帮助农民驾驭天然，利用天然，改善他们生产的环境，给他们种种生产的便利”。

于树德在报告中介绍了华洋义赈会开展农村合作事业的历

程。谈到倡办农村合作社的成绩，于树德仅根据河北省的统计，介绍如下：

> （一）社数，承认社395社，未认社507社。（二）社员，承认社2728人，未认社11375人。（三）自集资本，承认社80401元，内社股25412元，储金28050元，公积金12678元，未认社之自集资本共28474元，两共108875元。（四）县份，全省有合作社之县份达69县。（五）放款额，10年来放款累积额达36万余元（截至本年6月底止）。收回并无多大困难。（六）联合会，现已有20余处，当初只是一种联络机关，并无经济的业务，现正在改进中。（七）银行参加放款，上海银行自二十年二月起，参加放款，现达10万元。中国银行自本年3月起，参加2万元。金城参加5万元。但金城之款，指定贷放于运销及供给业务。（八）运销供给业务，自去年起，即开始试验运销业务。决自本年起，扩大运销业务之试验。至供给业务，现在各社多以自动办理，自本年起，亦决积极提倡。①

通过讨论，与会代表对当时中国乡村工作的要点达成三项共识：（一）乡村工作不能急于求成，欲速而不达；（二）乡村工作不能专法欧西，需注意到本国国情，因地制宜；（三）乡村建设不能偏重一方面，需以整个社会为对象，才有整个的办法。②

会议结束时，与会代表公推华洋义赈会的章元善和许仕廉为值年。会后，章、许二人将这次会议的有关资料汇编成册，交中华书

---

① 章元善、于树德：《中国华洋救灾总会的水利道路工程及农业合作事业报告》，《乡村建设实验》，中华书局1934年版，第133—134页。

② 章元善、许仕廉编：《乡村建设实验》（第1集），第6页。

局出版，书名定为《乡村建设实验》。

第二次全国乡村工作讨论会150名代表来自11个省市、76个机关团体。与上次会议相比，参加会议的单位和代表分别增加了近一倍。这次讨论会的主题仍然是交流经验，探讨问题。讨论的问题集中在农民负担、自治保卫、乡村卫生、经济建设、合作事业、乡村教育、人才训练等方面。先后有27个代表在会议上报告或发言。章元善作为华洋义赈会的代表出席了这次讨论会，并作了题为“合作经济与乡村建设”的专题报告。报告中，章元善主要谈了中国合作运动的分期问题。这次会议结束后，章元善、许仕廉将会议文献汇编为《乡村建设实验》（第2集），收入在会议上交流的工作报告30篇，附件3篇，共约35万字，由中华书局于1935年9月出版。

第三次全国乡村工作讨论会有来自19个省市的121个团体170多位代表，其中有两名美国传教士。从代表的广泛性和数量等方面来说，这次会议都超过了前两次。华洋义赈会不仅派代表参加了这次会议，而且该会代表章元善还当选为这次讨论会的主席之一，并主持了会议。

在这三次全国乡村工作讨论会上，华洋义赈会的代表将其十余年来推动农村合作事业的经验毫无保留地介绍给与会代表，包括一整套比较完整、且可操作的规章制度。“对于其后从事农村合作社事业的人们和团体以很大影响。各机关农村合作社政策，特别是信用合作社事业，几乎都以华洋义赈会的信用合作社为样本，作为其合作社普及政策的榜样。”①

① ［日］川井悟：《华洋义赈会与中国农村》，日本京都大学人文研究所研究报告之一，同朋舍1983年版，第145页。

综观华洋义赈会在乡村建设运动中的所作所为，应该说它对当时的乡村建设还是起到了积极而重要的作用。在中国农村传统体制渐显瓦解之势时，华洋义赈会力图通过倡导和组建各种合作社，集中各种资源，再度整合农村社会。华洋义赈会倡导成立各种合作社并积极开展合作教育，其宗旨在于引导农村经济走向企业化和市场化的发展道路。华洋义赈会倡导的各种类型合作社的出现在千百年来以宗族血缘为纽带的中国农村里毕竟是一个新型组织，它的出现和发展对中国农村社会经济结构的变迁产生了深远的影响。它把近代金融信贷机制引入了乡村，打破了以高利贷为代表的传统借贷格局，体现了乡村金融组织结构性转型。据金陵大学有关人员1934—1935年在华洋义赈会组建过合作社的湖北、江西、安徽三省调查，这三个省的农民与合作社发生过借贷关系的分别占21%、16%和9%。[①]就全国而言，华洋义赈会在推行和倡导农村合作事业时所投入的资金是十分有限的。它的作用和意义在于创新了一种在中国广大农村行之有效的经济制度，先进行小范围实验，进而以点带面，从而力图推动中国农村经济向现代化方向发展。在这场运动中，就华洋义赈会所设想和实施的内容而言，其本意旨在对农村政治、农业经济和农民素质进行改造。该会一批忧国忧民的知识分子，满怀建设农村的良好愿望，既从理论方面不断探讨，又在实践方面不断地身体力行。他们中的一些成员怀着赤诚的爱国之心和拯救农村的良好愿望，积极投身到民间去、到农村去的实践，致力于乡村社会改造和对农民的教育，壮大了乡村建设运动的声势。对于他们当年改革中国农村的理论和实践，应该给予全面的认识和客观、公正的评价。

---

① 郑槐：《我国目下之乡村借贷情形》，《农林新报》1936年第16期。

人物研究

翁文灏与近代中国石油工业

翁文灏是近代中国地质科学的奠基人之一。他不仅在地质学、地理学等方面造诣颇深，功勋卓著，而且对近代中国石油工业的建立和发展，有过精辟的论断和卓越的贡献。在以往的研究中，对于翁文灏在地质学、地理学方面的贡献已有专文论述，对于他在创立石油地质理论、组织勘探开采石油资源、领导建设石油企业、创办中国石油公司等方面的贡献似无专文论述。本文拟对翁文灏对近代中国石油工业的贡献作一论述，不当之处欢迎批评指正。

一、创立石油地质理论

翁文灏（1889—1971），谱名存璋，字咏霓、永年，号君达、悫士，出生于浙江鄞县一个官宦绅商人家。1902 年以策论应乡试，列名秀才，时年 13 岁。少年时期他在诵读《左传》及唐宋古文之余，多读沪上报纸《新民丛报》以及《盛世危言》、《天演论》等书，对时势艰危颇多感触。

1908 年，他考取公费赴欧洲留学，进入比利时鲁汶大学攻读地质学，4 年后以优异成绩获得理学博士学位，成为中国第一位地质学博士。回国后他先后在北京大学、清华大学、农商部等单位任教或工作。1916 年，他被任命为北平地质调查所矿产部部长，随后担任该所所长。这一阶段正是中国军阀混战、兵连祸结、政治混乱的时期，地质调查所的经费无法得到保证，职工的薪金被拖欠更是司空见惯的现象。面对政治腐败和经济落后的局面，翁文灏以惨淡经营的毅力，率领全所人员对中国的地质情况进行调查和研究，相继成立了地震、燃料、土壤和新生代等研究室，在多方面取得了开拓性的成果。在此期间，翁文灏满怀科学救国的理想，把全部心血倾注在地质科学基础理论研究上。1919 年，他出版了中国第一本矿产专著《中国矿产志略》，文章从地质学角度进行研究，明确提出在陆相侏罗纪地层中存在石油；他编制了中国第一张着色全国地质图——《中国地质约测图》；他是第一位代表中国出席国际地质会议的学者；第一位科学系统研究中国山脉的中国学者；第一位对煤炭按其化学成分进行分类的学者；是燕山运动及与之有关的岩浆活动和金属矿床形成理论的首倡者……在石油方面，翁文灏首先提出在中国的陆相地层中存在油矿。在他担任北洋政府农商部地质调查所代所长时，他组织人员对中国的石油地质进行了第一次科学的调查工作。南京国民政府成立后，翁文灏在担任北平地质调查所所长期间，多次组织科研人员对全国的石油地质进行勘察，足迹遍及西北、西南、华南、东北等地。

在中国，石油地质学是兴起于近代的一门新学科。翁文灏是最早涉足这一领域的中国地质学家。1919 年，翁文灏完成了《中国矿产志略》一文。在这篇文章里，翁文灏提出："陕西侏罗纪砂岩中含有石油。渭北河西，皆其分布之地。西延至于新疆，亦以产油著闻。又热河同时代地层中，亦犹见其踪迹。南方中生界分布极广。而四川盆地之地质，与陕西盆地隔秦岭而遥相对称，犹足注意。四川煤层之下，兼有铁层，其情形盖与山西、湖南之上部古生界略同。犹有价值者，则为其上之盐层及石油。……就地史言之，侏罗纪之后，中国陆地业已巩固，所有内湖浅海，亦复蒸发干涸，而膏盐油矿，亦于是焉成。”“最重要者，在北为陕西北部至甘肃东部，在南即为四川盆地，中隔秦岭，遥相对称。当时大海交通，既渐隔绝。复以气候变化之影响，水分蒸发，遂成盐层，而石油地层，亦与之先后告成。”①

翁文灏从地质、地史的角度，明确提出在陆相侏罗纪地层中存在石油，认为石油地层是在侏罗纪之后内湖、浅海干涸时形成的，提出了石油陆相生成理论。

1921 年，翁文灏在与丁文江合著的《中国矿业纪要》一文的第十二章中专门论述了石油矿。该文认为：中国“产油区究属甚广，调查勘探亦究未详尽。则石油固自不失为中国有希望之矿产。……吾国尚坐拥此广大有希望之油田，详加探勘，诚今日之急务也”。

1924 年，翁文灏在他所著的《开发西北矿业计划》一文中认为：“中国石油矿独富西北，陕、甘、新疆油田均甚广大，蒙古、绥远亦有发现之可能……陕西油矿虽不足称雄世界，如美孚公司之初望，然亦极有更为试探之价值，照地质情形论，渭河以北，皆有含油地层。”

1934 年 1 月 13 日，翁文灏在北平地质调查所讲学会上发表了题为“中国石油地质问题”的讲演。在这次讲演中，他进一步提出了海相地层和陆相地层都可以生储大量石油的观点。他认为：“据最近研究，似陕川二省之油皆原出于三叠纪，其上之侏罗纪、白垩纪所见者，似皆由三叠纪而上升。或言大量石油必在海成地层，四川三

① 《翁文灏选集》，冶金工业出版社 1989 年版，第 59—60 页。

叠纪确为海成。陕西三叠纪则迄今未有海成证明，大致似为陆相。”[①]在这次讲演中，翁文灏通过旁征博引，设问比较，提出了海相地层和陆相地层都可以生储大量石油的观点，将他开创的石油地质理论又向前推进了一步。1935年底，翁文灏担任行政院秘书长后，在南京首都讲演会上作过一次题为“中国地下的富源与国家的力量”的讲演。在这次讲演中，翁文灏结合日本石油的来源和用途，国联利用石油制裁发动意亚战争的意大利等，说明“油矿极为重要。……一个国家对于重要的资源，不但紧急时要注意，就是平时也很紧要，不然到了临时就感觉很大的困难”[②]。

抗日战争全面爆发后，翁文灏受命先后担任国民政府经济部部长兼资源委员会主任、工矿调整处处长、战时生产局局长等职，主管全国的经济工作，无暇再对石油地质理论进行深入研究，但他仍然十分关注石油地质理论的发展。1943年3月4日，他在给资源委员会矿产测勘处处长谢家荣的长信中，论述了他关于石油地质理论的新观点。他认为：“大致言之，中生代及新生代初期，在中亚尚闻有海浸逐步退出，其情形与高加索山脉较为近似。陕北则地位偏东，离海更远，此亦为甘新二省胜于陕省之一理由。……就粗略见识言之，世界各地中惟美国有若干（为数似不甚多）古生代生成之油田，除此之外重要油田莫不时代较新。巴库油田产量最丰，其时代殆在第三与第四纪之间。此外如高加索，如伊朗，如伊拉克，如缅甸，如东印度，如库业岛，殆皆属第三纪。缅甸及东印度之油，闻出于始新统及中新统为最多，上新统亦有其踪迹，此自因此一带地方第三纪海退较迟而致。然昆仑山、天山、祁连山等地，海浸较

① 《翁文灏选集》，第341页。
② 《翁文灏先生言论集》，友联书社年1936年版，243页。

短，海退较早，但迄今所得中生代、新生代之化石，绝无仅有。……中国生石油者，当不止一个时代，志留纪、石炭纪、二叠纪、三叠纪、侏罗纪、白垩纪、第三纪，视海浸海退地位相宜，皆尝有之。至储聚层位，除极少数之例外地方外，虽与生油层并不相同，但因种种页岩层层之阻隔，以及不整合之相间，距离不至过远。复揆之世界成例，按之中国实情，时代较新之地层，更附以地史上新海略移之关系，如西北之第三纪油田，当为油量最多，希望最大。"[①]翁文灏的石油地质理论对其他专家学者产生了深远的影响，同代和后代学者不断在其他地质条件中发现新的油田。

二、创办石油企业

在近代中国工业发展史上，石油工业经历了艰难曲折的发展历程。在外国产品充斥中国市场的形势下，一些矢志开发祖国石油资源的仁人志士，为民族石油工业的创办和发展倾注了极大的热忱，付出了艰辛的劳动，翁文灏就是其中杰出的一位。

20 世纪 20 年代末 30 年代初，中国社会经济发展的国际环境十分严峻。1929—1933 年，资本主义世界发生了空前的最深刻、最持久的经济大危机。为了转嫁危机，主要资本主义国家通过贸易等形式竞相向中国等国家倾销商品。大量洋货充斥中国的国内市场，从而加重了中国的经济危机。1931 年 9 月，日本帝国主义在中国东北沈阳制造"九一八"事变。事变后，日本侵略军迅速占领了东北三省，使之成为日本的殖民地。1932 年 3 月，日本在东北扶植成立了

---

① 张叔岩：《20 世纪上半叶的中国石油工业》，石油工业出版社 2001 年版，第 50 页。

伪“满洲国”。这一系列重大事件的发生，使中国政治、经济、军事的环境更为恶化。面对如此严峻的形势，国民政府内部一些有识之士察觉到日本并不满足于侵占东北，下一步将随时发动对华的全面侵略战争。他们敦促政府作好全面抗战的准备。面对“九一八”事变后国内政治形势的重大变化，蒋介石为了维护其统治地位，借机网罗一批有可能与之合作的在国内有名望的专家学者，并通过他们扩大国民党的阵线，决定成立国防设计委员会。经过一年左右时间的酝酿和筹备，1932 年 11 月 1 日，国防设计委员会在南京正式成立。国防设计委员会的第一批委员有以下几个特点：第一，他们都是国内著名的专家学者、社会名流、实业家，可谓一时之选。第二，他们大都未在南京国民政府中任职，不仅与南京国民政府保持一定距离，而且过去经常对当政者发表一些批评言论。第三，相当一部分有过欧美留学的经历，系统地接受过先进科学技术和思想文化教育。该会成立时，蒋介石担任委员长，秘书长则选中翁文灏担任。从此，翁文灏逐步走上了学者从政的道路。当时，国内各界对翁文灏评价甚高，普遍认为他“天资卓越，学识渊博，好学深思，著作等身，开创我国科学界之新纪元，阐扬科学，启迪后进，全国共仰，宏才硕学，优游莲幕，堪庆中枢得人”①。

国防设计委员会成立后，面对百废待举、头绪纷繁的局面，翁文灏提出开展的第一项工作是根据需要进行深入细致的调查研究。他以一位地质学家的眼光提出，搞好国防设计的前提是需要一个综合的、经过很好协调的计划，而这个计划只能在经过艰苦的调查研究之后才能形成。在准备对陕北地区石油资源开展调查时，翁文灏

① 王骏：《学者参政与现代思想库——从“国防设计委员会”谈起》，《科学学与科学技术管理》1997 年第 6 期，第 41 页。

亲自推荐孙越崎为该项调查负责人。早在1927年10月，时任北平地质调查所所长的翁文灏在东北考察时就认识了正在大山深处创办穆棱煤矿、毕业于北京大学的孙越崎。翁文灏对这位“一出学校，即入穷山，数载辛勤，卒创大业”的青年十分欣赏。当得知孙越崎从美国留学三年回国后，便介绍他到国防设计委员会担任矿务专员。

1933年9月10日至11月15日，孙越崎偕助手张心田到陕北进行了为期两个多月的实地调查。通过调查他们了解到，陕北油矿是中国内地最早发现的油矿。陕北油矿分布在陕甘宁盆地的陕北斜坡带及渭北凹褶两个次级构造单位，含油面积约5万平方公里，陕北延长是其中一个中心油田。在调查研究的基础上，他们撰写出10余万字的《陕北油田调查报告及钻探计划》。经过一段时间的准备，翁文灏决定于1934年夏正式成立陕北油矿探勘处，并任命孙越崎为该处处长。为了建设延长油矿，翁文灏通过国防设计委员会专门从德国和美国进口了钻探设备，从上海订购了近百吨机器设备。从1934年10月至1935年4月，陕北油矿探勘处使用5部钻机，先后在延长和永坪钻井7口，最浅的80米，最深的148米，其中有两口井投入生产，产出的原油就地用蒸馏锅制成汽油、煤油、柴油、蜡烛等产品。

需要说明的是，1935年4月，刘志丹等领导的陕北红军攻占了陕北油矿探勘处所在的延长县。同年10月，中央红军到达陕北。抗战爆发后，陕甘宁边区政府利用陕北油矿探勘处的设备成立了延长石油厂。毛泽东的弟弟毛泽民是该厂负责人之一。据统计，从1939年至1946年，延长石油厂共生产原油3155吨，汽油164吨，煤油1512吨，蜡烛5760箱，蜡片3894公斤。这些产品不仅满足了陕甘宁边区运输、照明和印刷等方面的需要，而且有部分煤油运往边区以外地区销售，或换取边区急需的物资。

1935年国防设计委员会改组为资源委员会后，继续担任该会秘书长的翁文灏又成立了四川油矿探勘处，在四川开展石油勘探工作。

1937年抗战全面爆发后，为了适应战时需要，国民政府决定调整政府机构。在1937年12月31日举行的国防最高委员会会议上，国民政府决定将实业部、全国经济委员会、建设委员会、军事委员会第三部和第四部、资源委员会等机构的全部或部分合并成立经济部，部长由翁文灏担任。经济部的成立，标志着国民政府初步完成了从和平时期的经济体制向战时经济体制的过渡。翁文灏从此成为战时全国主管工业建设的最高领导。

随着战争规模的不断扩大，中国沿海口岸和主要铁路干线相继沦陷，长江航运被切断，铁路和轮船的运输量大为减少，公路运输日趋重要，尤其是西南、西北地区，由于通航河流不多，国民政府的几百万军队及其装备给养的调运和补给，后方工矿企业原材料及生产成品的运进运出，以及所有人员、物品的流动，主要依赖汽车运输。而此时由于战争爆发，沿海地区被日军封锁，石油制品来源断绝，形势万分危急。特别是铁路大部分被日军占领，中方的运输主要依赖公路，汽油消耗很大。当时甚至出现了“一滴汽油一滴血”的口号，由此可见抗战后方缺油的程度。木炭、酒精、天然气、植物油等都成为汽油的代用品。在国外石油产品几乎完全断绝的情况下，翁文灏决定创办中国自己的石油工业。在充分调查研究的基础上，他力主开发甘肃玉门油矿。翁文灏在最高国防委员会会议上，反复疏通，得以将玉门油矿的开发列入国家预算。此后不久，翁文灏随即选派地质学家孙健初等人到甘肃玉门一带进一步勘探石油资源。为了加快勘探速度，翁文灏还在汉口与中共代表周恩来商妥，从中共领导的陕北延长油矿调去两部冲击钻机帮助玉门油矿。

1941 年 3 月 16 日，甘肃油矿局正式成立，主要经营玉门油矿。玉门油矿的开发，使中国的石油工业进入一个新的发展阶段。玉门油矿位于甘肃省河西走廊的嘉峪关外，祁连山北麓的戈壁滩上。西到玉门县 30 多公里，西北距兰州 820 公里，东至嘉峪关 80 多公里，海拔 2400—2900 米。这里遍地沙碛，草木不生，气候寒冷，每年结冰期在 6 个月以上，工作条件十分恶劣。为了支援抗战，玉门油矿职工胼手胝足，用辛勤的汗水在祖国大西北的沙漠荒滩上建起了一座新兴的石油工业城，使玉门油矿成为国民政府统治时期中国开发规模最大、产量最高的油矿，成为“世界上开发最早的非海相油田之一”[①]。1942 年初，翁文灏亲临玉门油矿视察，提出该矿当年需生产汽油 180 万加仑，要求全体职工“务必不怕困难，实行达到。任事人员，对于所有任务，须有愿任与肯任之心理，然后方有胜任之效果”。当他看到玉门油矿在短短的时间就发展成为一个集地质勘探、钻井、采油、炼油、机修、运输等功能于一体的综合性石油企业，拥有比较先进的工艺技术和机器设备时，十分高兴，欣然赋诗一首，诗云：

石脂功用越从前，天赋自应重莫先。
正在走廊通大道，幸多富力储油田。
玉门始见甘霖润，华国须看伟绩全。
昔日长城曾万里，如今凿井与蒸煎。

玉门油矿创办后，为中国石油工业培养了大批技术管理人员和

① 焦力人：《当代中国的石油工业》，中国社会科学出版社 1988 年版，第 11 页。

技术工人。其中有翁文灏的堂弟，后来成为中国著名地球物理学家的翁文波；有翁文灏的长子，后来成为中国第一位管道输油专家的翁心源。玉门油矿的产品在抗战期间，无论对中国军队在前方作战还是后方经济建设及民用，都发挥了十分重要的作用。需要强调的是，玉门油矿的建设不仅有力地支持了中国的抗日战争，而且成为世界石油地质史上非海相油田的一个重要实例，这一实例为以后中国在东北地区开发大庆油田提供了依据。

在抗日战争期间，翁文灏不仅促进了创办玉门油矿，而且参与了从苏联人手里接办新疆独山子油矿。1942 年 6 月，新疆督办盛世才打电报给国民政府，声称近接苏联来电，苏联要派外交部副部长到迪化来交涉独山子油矿事宜，希望国民政府派人前来接洽。于是，国民政府派身为经济部长兼资源委员会主任的翁文灏、第八战区（西北区）司令长官朱绍良、空军司令毛邦初、时任甘肃油矿局总经理的孙越崎等人飞抵迪化（今乌鲁木齐），与苏联政府派来的外交部副部长狄卡诺索夫谈判合办独山子油矿事宜。

独山子油矿位于新疆乌苏地区。早在 1909 年，新疆地方当局就用 30 万两纹银从俄国购买挖油机、提油机、制烛机等机器设备，雇用俄国工匠，在独山子开掘油井。据《新疆图志 · 实业二》记载，当年在独山子所掘一口油井“深至七、八丈，井内声如波涛，油气蒸腾，直涌而出”。1936 年，新疆地方政府与苏联方面合办独山子油矿，随即开展钻探工作。“1937 年 1 月 14 日，第一口井出油，油势很旺，自井口喷出数尺之高。日产石油 10 吨左右。到 1940 年，在独山子已钻油井 15 口。1941 年至 1942 年又钻井 8 口。井的最大深度为 1453 米。油矿每月平均产油量曾达 700 吨”。到 1942 年初，在独山子油矿工作的苏联方面的人员有 120 人，中方人员 830 人（其中职员 54 人，工人 776 人）。该矿除了钻井、采油、炼油等部门之外，还有煤矿、农场、井架安装队、医院、化验室、机修部、学校等。当时独山子油矿生产出来的油产品在新疆是十分稀缺的。新疆省政府把各种油产品列为专卖产品，凡需要者必须得到省财政厅的“提油证”才能购买。苏联方面经常用煤油换取新疆的牛、羊等土特产品。

1942年，翁文灏委派资源委员会的郭可铨、翁文波、周宗浚、卞美年、靳锡庚等工程技术人员前往新疆独山子油矿调查。经过70多天的实地调查，他们完成了《独山子油矿查勘报告》。同年11月，资源委员会派出以地质学家黄汲清为首的地质勘察组对独山子地区的地质情况进行调查，并完成了《新疆独山子油矿调查报告》。经过一段时间的准备和多次谈判，中国政府和苏联政府代表于1944年2月16日在乌鲁木齐签署了苏联让售独山子油矿的合同，苏方以170万美元将独山子油矿卖给中方。随后，翁文灏决定由甘肃油矿局选派一批工程技术人员前往独山子，全面接管独山子油矿。

关于为何要在抗战后方建立石油等液体燃料企业，翁文灏在1946年6月10日《资源委员会纪念周上的讲话》中回忆道：“抗战初起的时候，我向委员长（指蒋介石）建议，我们既然放弃了沿江沿海，致力于内地建设，运输的任务只有靠卡车来达成。而卡车又必须烧油，海口既被封锁，外油便无法进口，因而液体燃料便成了极严重的问题。解决的方法，只有第一，以四川为中心，创设酒精厂，本会还是第一家。第二，甘肃的油源充沛，虽然我们开发油矿，还没有充分把握，也不得不冒一冒险，来解决液体燃料的困难。”①

---

① 张叔岩：《20世纪上半叶的中国石油工业》，第27页。

三、组建中国石油公司

早在抗战胜利前夕，翁文灏就在《经济建设概论》一文中提出："石油宜充分开发，希望油料自给，战后年产汽油400万桶（约50万吨）。"① 与此同时，他责成资源委员会有关部门制订了《石油工业建设计划概要》。《概要》对与外国石油公司开展合作，进一步开发西部油田，勘探开发新油田，在沿海地区布置炼油厂等作了规划。

抗战胜利后，随着中国社会政治经济格局的急剧变化，国民政府从竭力增加国家财政收入出发，开始大力扶持国有经济，近代中国公司制度从此进入国有大公司大发展的阶段。翁文灏从1945年冬到1946年初，连续5次向蒋介石上书，提出他"原为对日抗战而参加政府工作，自当为抗战胜利而告退"，坚决要求辞去经济部长、资源委员会主任、战时生产局局长等职务。辞去这些职务后去做什么呢？据孙越崎回忆，1945年11月的一天，翁文灏在重庆战时生产局与他谈话。翁说："我想到按矿业法规定，石油只许国营，不许私营，与人无争。由资源委员会办一个中国石油公司，除甘肃玉门油矿、新疆独山子油矿、东北抚顺油母页矿和葫芦岛锦西炼油厂以及台湾的苗栗油田和高雄炼油厂外，还有四川和各地不少油田的地质构造，可以探勘开发。这事业对中国很重要，也大有可为。而且比较起来，投资少，见效快。公司成立后我任董事长，将来请你帮忙任公司总经理。"

1946年初，翁文灏在资委会委员会议上发表了题为"为中国经

---

① 孙越崎：《纪念翁文灏先生——写在翁文灏先生100周岁诞辰之际》，《孙越崎文选》，团结出版社1992年版，第355—356页。

济创立崭新时代”的讲话。其中说道：“为中国经济创立崭新时代，筹划目标……首在建立动力之来源……中国石油事业，西北虽已开始，而机旧料少，如不重新建设，暂时不免于颓衰。台湾、东北修复炼厂，尚宜加力使用，庶见实效。”[①]

1946年5月16日，翁文灏获准辞去经济部长的职务，翁文灏随即全力以赴筹建中国石油公司。翁文灏组建中国石油公司的想法也顺应了时代的要求。抗战胜利后，中国政府接管了日本侵略者在东北、台湾等地区的石油生产和加工等企业，这些企业亟待恢复生产；上海、南京、天津、汉口、广州等大中城市的石油储藏和销售急需统一布局；年产400万桶（约50万吨）汽油的计划需要落实；新油田需要勘探开发；与外国石油企业的经济技术合作需要谈判；大型油轮需要建造。[②]

经过翁文灏的多方努力，中国石油公司于1946年6月1日在上海成立，公司办公地点设在江西中路131号。根据这年4月国民政府颁布的《公司法》，公司名称定为资源委员会中国石油有限公司（以下简称中油公司）。中油公司的成立，标志着石油工业已在中国发展成为一个独立的工业门类。《中国石油有限公司章程》规定：

（1）本公司经营范围包括：中国境内石油矿及有关矿产的探勘、开采及经营；提炼石油，利用油页岩或天然煤气及人造油建立炼厂；运销石油及油产品，其他与本公司有关的业务。（2）公司设在上海，矿厂设在各矿区，炼厂设在炼油地点，办事处或运销机构设在运销中心。（3）公司资本额定为国币300亿元。其中资委会出资294.5亿，资委会冀北电力公司出资5亿，资委会保险事务所

---

① 翁文灏：《为中国经济创立崭新时代》，《回忆国民党政府资源委员会》，中国文史出版社1988年版，第308—312页。

② 《资源委员会公报》第11卷第2期，1946年版，第29—30页。

出资0.5亿。

以上三个出资方的代表分别是：资源委员会代表翁文灏、冀北电力公司代表孙越崎、资委会保险事务所代表吴兆洪。中油公司的职责是：负责经营管理全国石油事业，组织油田生产和原油炼制，对进口石油进行限额分配，统一定价（此项工作于1947年划归行政院输出入委员会管理）；经营进口油品，在中心城市建立营业所和其他销售机构，贯彻以油养油的方针；改善油田装备，提高钻井、采油、炼油等生产技术；成立石油化工研究所和油轮公司，组织恢复台湾和东北石油企业的生产。

1946年7月24日，资委会公布了《中国石油有限公司组织章程》。《章程》规定：中油公司的最高决策机构是董事会，它的职能主要是编制预算、决算、盈亏分配，决定人事任免等。经推举，公司董事长由翁文灏担任。关于总经理一职，翁文灏心目中的合适人选是孙越崎，但孙当时正在华北和东北地区参与接收工作，翁文灏决定先由自己兼任。但是孙越崎一直也未能再抽出身来从事石油工作，直到1948年翁文灏出任行政院长之后，他才辞去中油公司总经理一职。

中油公司是一个集开发、勘探、生产、运输、销售、器材供应、行业管理等职能为一体的，按照现代企业制度建立起来的国家石油公司。它当时管辖的单位有：甘青分公司、台湾油矿探勘处、高雄炼油厂、四川油矿探勘处、东北炼油厂、新竹研究所、嘉义溶剂厂、中国油轮公司（与招商局合办）。其中甘青分公司所属的油矿主要在玉门，这一时期，该公司已着手勘察甘肃酒泉附近的文殊山、大红圈、青草庵等处的油苗。台湾油矿探勘处的油田分布在矿坑、锦水、竹东、新营等处。四川油矿探勘处主要在江油探勘。

在地质勘探方面，中油公司制订了两年勘探计划，明确甘肃、青海、四川、台湾为重点勘探区域。翁文灏认为："西北为我国产油最有望区域，除玉门油矿已在开发外，其他值得探勘之地方甚多，正在次第测勘。四川方面虽经数年钻探，以经费支绌，机器不全，仅凿4井，天然气已产有相当数量，可资利用。此区物产丰富，人口众多，事业之发展颇有把握，自当继续进行。本年钻探工作，注重隆昌、江油两地。台湾方面，经日人开采，已有40余年之历史，唯以方法陈旧，仅找到相当数量之天然气，与一小部分原油。收复后迭经勘查，先在台湾中部平原区着手开井钻探。"①

为了尽快发现新的油田，中油公司将原有的勘探队伍不断扩大，并从美国购买先进的重力勘探设备。与此同时，中油公司还委托资委会矿产测勘处在四川、广西等省进行石油勘探工作；与中央工业研究所、中央地质调查所联合组成科学考察队，调查新疆地区的石油资源。通过勘探，完成了一批调查报告，为下一步开发打下了坚实的基础。例如在台湾地区，翁文灏一方面从公司探勘室选派工程技术人员前往台湾地区整理日本人留下的地质资料，一方面安排两支勘探队到台湾，对苏澳、台北、新竹、苗栗、台中、嘉义、台南、高雄、屏东等地进行了重力勘探。这两支勘探队在野外工作426天，勘探面积约10200平方公里，约占台湾全省面积的三分之一。通过勘探，取得了一批成果，确定了一些井位，为在台湾发展石油工业作出了重要贡献。

在生产方面，中油公司一方面对玉门、台湾、四川这些老油气田挖掘潜力，一方面在老油气田地区建设新井。建设新井时尽量使井距加大，以保全地下压力，使油井能够长期生产。从1946—

① 翁文灏：《资源委员会事业概况》，《资源委员会公报》第12卷第6期，1947年版，第88页。

1949 年，中油公司所属的玉门、台湾、四川的石油和天然气产量见下表：

年度	玉门		台湾		四川	全公司合计	
	原油	天然气	原油	天然气	天然气	原油	天然气
1946	70235.42	1414.8	2173.19	3881.40	704.88	72308.61	6001.08
1947	51492.68	930.2	3049.09	4006.89	494.59	54541.77	5431.68
1948	77920.29	942.8	3069.83	3129.99	942	80990.12	5014.79
1949	69159.15	440.9	3052.63	2562.94	—	72811.78	3003.84
合计	268807.54	3728.7	11344.74	13581.22	2141.47	280752.28	19451.39

资料来源：张叔岩编著：《20 世纪上半叶的中国石油工业》，石油工业出版社 2001 年版，第 120 页。

说明：表中原油的产量以吨计，天然气的产量以万立方米计。

生产出来的原油主要通过甘肃玉门炼油厂、设在锦西的东北炼油厂、台湾高雄炼油厂进行提炼。对油产品的质量指标，已采用国际通行的统一标准。这一时期，中油公司鉴于上海是中国石油产品的最大市场，还从美国进口日加工 200 吨原油的两套炼油设备，在上海高桥筹建上海炼油厂。对于生产出来的油产品，中油公司在沿江沿海 9 个省 20 个城市建立了储油所、储油库和加油站。

在销售方面，翁文灏在中油公司专门成立了油料分配委员会。该委员会不仅负责分配、销售本公司所属企业生产的油产品，而且对这一时期进口的油产品实施管制。在此之前，中国的石油市场长期被美国美孚石油公司、英国亚细亚公司（后合并改组为英荷壳牌公司）、美国德士古石油公司三家外国石油公司垄断，即所谓“三油公司”。太平洋战争爆发后，英美在华的石油公司被日本侵略军征用掠夺。抗战胜利后，“三油公司”卷土重来，通过采取低价销售等手段，依旧垄断着中国的石油市场。翁文灏领导的中油公司成立后，很快在国内市场上与“三油公司”并驾齐驱，四分天下有其一。

为了在沿海沿江地区运输油料，加强自运能力，中油公司与招商局合资，于1947年2月1日组建了中国油轮公司，拥有24艘油轮，总吨位6.5万多吨。其中最大的永灏号油轮的吨位为10383吨。这些油轮大部分是从美国购买的，有几艘是从台湾高雄附近海域打捞出来的、在二战期间被盟军炸沉的日本油轮。油轮公司的成立不仅大大降低了中油公司的运输成本，缩短了装卸时间，而且带有恢复中国内河航运主权形象的政治意义。

在对外合作方面，中国石油公司与美孚公司、德士古公司、亚细亚公司组成联合调查团，对甘肃、青海省约9000平方公里面积进行物理勘探，以摸清该地区的石油分布和储量。1947年秋，中油公司还邀请英国地质学家斯屈朗（M. W. Strong，中文名字为宋迈田）对四川的石油分布进行调查。

中油公司成立以后，很快在全国各主要城市设立了营业机构，既销售国产油品，同时也销售进口油品。这一时期，中油公司在上海、南京、浦口、汉口、天津、青岛、基隆、广州设立了8处储油所，正在兴建的还有宜昌、重庆、高雄、葫芦岛、兰州、沈阳等几处储油所。到1947年底，“各储油所之总储量可扩充至6100万加仑，约相当于全国两个月之用油量。……约等于外商储油容量四分之一”。中油公司还一度对外国在华石油公司的销售实行限额管理，规定进口数额、交货地点、销售价格等。由此可见，中油公司在资产规模、经营规模、内部组织管理机构已具有大托拉斯公司的特点，形成了规模优势，基本实现了对中国石油工业全行业的完全控制。

抗战胜利后，以翁文灏为首的一批社会精英通过组建中国石油公司，使公司制度在中国得到进一步的推广和实施。在近代中国公司制度艰难的演进历程中，中油公司既是中国近代公司制度发展的最高阶段，同时也为当今的中国公司制度建设提供了一个可供参考的前车之鉴。今天，中国正在致力于推进建立现代企业制度，而公司制度是企业制度最重要、最核心的部分，重温这段历史想必会得到借鉴和启迪。

作为一名蜚声海内外的著名地质学家，翁文灏对中国近代石油工业曾作出过卓越贡献。他创立了石油地质理论，积极组织勘探石油资源，直接领导建设了中国内地最早的石油企业，创办了中国石油公司，培养了一批勘探、生产、炼制石油的专业人才，为近代中国石油工业的创立和发展作出了不可磨灭的功绩。

（本文原载《石油大学学报》[社科版] 2005 年第 1 期）

孙越崎与近代中国石油工业

在近代中国工业发展史上，石油工业经历了艰难曲折的发展历程。在外国产品充斥中国市场的形势下，一些矢志开发祖国石油资源的仁人志士，为民族石油工业的创办和发展倾注了极大的热忱，付出了艰辛的劳动，为日后中国石油工业的崛起打下了坚实的基础。被誉为抗战时期“煤油大王”的孙越崎就曾为创办和发展近代中国石油工业作出了卓越的贡献。

一、留学实习石油开来

孙越崎（1893—1995），浙江绍兴人。他早年曾先后就学于天津北洋大学矿冶科和北京大学采矿系。毕业后，他怀着“实业救国”的理想，只身一人来到祖国边陲黑龙江，在地处旷野荒漠的穆棱煤矿担任矿务工程师。1929 年，他考入美国斯坦福大学研究生院矿冶系。这一时期，孙越崎重点选修了地质数学在石油开发与资源分析中的应用、应用流体地质学、自然资源定值的地质统计学分析、石油地质学、结构地质学、地球物理学、钻井等课程。每逢假期，绝大多数中国留学生坐在图书馆读书，孙越崎则请教授介绍他去洛杉矶、得克萨斯等地的油矿参观学习。加利福尼亚谷地的油田是当时美国三大油田区之一，油矿的开采设备和生产规模均居世界领先水平。通过现场参观，孙越崎开阔了视野，增长了见识，为他日后回国创办油矿打下了重要基础。

二、创办陕北油矿

1932年八九月间，孙越崎结束了三年的留学生活，回到国内。经当时兼任南京国民政府国防设计委员会秘书长的北平地质调查所所长翁文灏的介绍，孙越崎被安排到国防设计委员会工作。

孙越崎被安排到原料及制作组，并被聘为专员。此后，孙越崎与北平地质调查所、中国经济统计研究所的同仁合作，对当时中国的工业状况作了较为广泛的调查。1933年，孙越崎来到陕北地区调查石油资源。陕北油矿是中国内地最早发现的油矿。经过现场勘查，孙越崎了解到：陕北油矿分布在陕甘宁盆地的陕北斜坡带及渭北凹褶两个次级构造单位，含油面积约5万平方公里，陕北延长是其中一个中心油田。与此同时，北平地质调查所的王竹泉、潘钟祥等人将他们在陕北调查近十年的调查报告《陕北油田地质》发表在1933年出版的《地质汇报》第二十号上。他们通过“前往陕北绥德、清涧、延川、肤施、延长等地进行地层普查，并在永坪挖沟观察岩层倾向，详勘其附近地质构造，推翻了美孚公司对陕北地层的错误论断，发现了永坪油田。同时，对延长等油田的储油层进行了划分，得出了永坪油田前景较好以及在延长油田可多钻浅井、进行小规模开采的结论”①。对此结论，孙越崎深受鼓舞，决心大干一场。

经过一段时间的准备，1934年夏，国防设计委员会正式任命孙

① 申力生：《中国石油工业发展史》（第二卷），石油工业出版社1988年版，第23页。

越崎担任陕北油矿探勘处处长。陕北油矿探勘处成为国防设计委员会自成立以来第一个，也是国防设计委员会自始至终仅有的一个企业单位。接到任命，孙越崎随即率领两个油矿探勘队前往陕北，将探勘处本部设在延长县，两支探勘队分别安排在延长县和延川县。两支队伍约有100余名职工。

探勘油矿首先需要机械设备。为此，孙越崎从德国、美国购进锅炉、钻铤、钻头、钻具和钢丝绳等器材，在上海由新中公司装配成3套200米气动顿钻钻机，总重量达99吨。这些器材从上海用火车经石家庄运至太原，然后由太原用卡车经汾阳运至军渡，再用船渡过黄河运到延川县的延水关。而自延水关到延川县城的100多里道路崎岖不平，且都是羊肠小道，难以通行。为此，孙越崎颇费周折。据他本人回忆：

> 虽然事前我早已与邵先生（时任陕西省政府主席的邵力子，曾在复旦公学担任过孙越崎的国文教师——引者）联系好，由省政府知令延川县长将延水关到延川县城的小道加以修整扩展，以利运输器材，邵先生也函告我已通知县政府照办。但等到我们的探勘器材运到延水关时，这条小路根本没有修整。经我派人到县里接洽代雇驴马人力，延川县长亲自和公安局长骑马赶到延水关，对我说，现在驴马人力难雇，而延水关附近有匪患，要我个人先到县城去住，以保安全。我说，我不去县城，须待你们把人马等雇来，运走第一批机件时，我才同行。当时所谓人马难雇，因过去地方上的惯例，凡运公家东西，叫"抓官差"，不给或少给报酬，所以在陕北到榆林关的大路上，赶骡马的听到我们的器材运到延水关后，都躲避起来害怕抓官差。后来我在从延川到延长的大路沿线电线杆上遍贴布

> 告，说明从延水关运输机件到延川和延长县城，招雇人力驴马，先给工钱，然后启运。一时风声所播，应雇者云集，这样才雇到了所需人力驴马等。①

据统计，为了运输设备，他们雇用了“骡子444头、骡轿166乘、抬夫418名，在1934年7月9日至9月5日间，分别运往延长和永坪”②。其中无法拆卸的大件设备，孙越崎硬是组织人力用肩挑手抬运到了目的地。

从上海运来的3部钻机到位后，加上延长石油官厂原有的2部钻机，孙越崎领导的陕北油矿探勘处已有5部钻机。这5部钻机从1934年10月至1935年4月，共在延长和永坪钻井7口，最深的148米，最浅的80米，并有两口井产油。仅1934年，延长油矿就产原油44吨。③这些原油产出后就地蒸馏制成汽油、煤油、柴油和蜡烛等产品。

1934年底，孙越崎应翁文灏的邀请前往河南焦作担任中福两公司联合办事处总工程师，与翁文灏共同整理中英合办的焦作煤矿。这一时期，孙越崎仍然兼任陕北油田探勘处处长一职，用无线电遥控指挥陕北油田的生产和管理。

1935年4月，刘志丹领导的陕北红军解放了陕北油矿探勘处所在的延长县。同年10月，中央红军到达陕北。此后，陕甘宁边区政府利用陕北油矿探勘处的设备成立了延长石油厂。该厂的负责人之一是毛泽东的弟弟毛泽民。毛泽民到厂后对原有的工程技术人员实行了团结、优待的政策，很快恢复了部分油井的生产。据统计，从

---

① 申力生：《中国石油工业发展史》（第二卷），第23页。
② 孙越崎：《我和国民党资源委员会》，《孙越崎文选》，团结出版社1992年版，第59页。
③ 申力生：《中国石油工业发展史》（第二卷），第59页。

1939年至1946年，延长油矿共生产原油3155吨，汽油164吨，煤油1512吨，蜡烛5760箱，蜡片3894公斤。这些产品不仅满足了陕甘宁边区运输、照明和印刷等方面的需求，而且部分煤油还运往边区以外的地区销售，换回了边区急需的物资。这对粉碎国民党政府对陕甘宁边区的经济封锁，发挥了积极作用。①

三、接管新疆独山子油矿

抗战时期，孙越崎曾于1942年7月和1943年7月两次赴新疆。第一次是参观新疆和苏联合办的独山子油矿，第二次是代表甘肃油矿局接管独山子油矿。孙越崎在接管独山子油矿时，正值“新疆王”盛世才在亲苏亲共和投蒋反共之间犹豫不决之时，局势难以琢磨，发展更难预料。孙越崎此次西行可谓一日数惊，险象环生。但他以国家利益为重，置生死于度外，从容赴难，按时办理了接管手续。

独山子油矿位于新疆首府乌鲁木齐以西200多公里的乌苏地区。1909年，清朝新疆地方政府官吏曾筹集纹银30万两，从俄国购买了一套挖油机、提油机和制烛机等设备，并雇用俄国工匠，在独山子开掘油井。1911年，袁大化担任新疆巡抚后，因经费不足下令停办独山子油矿。1936年春，新疆地方政府同苏联有关部门联合组织独山子油矿考查团，由苏方派遣工程技术人员，从事地质、钻探等工作，双方合办独山子油矿。1936年9月运进苏制钻机6部，先后钻井23口，浅者100公尺，深者达1453公尺，日产原油40—50吨不

① 焦力人：《当代中国的石油工业》，中国社会科学出版社1988年版，第579页。

等。“年产量最高的1942年产原油6909吨”①。

1942年6月，新疆督办盛世才打电报给国民政府，声称近接苏联来电，苏联要派外交部副部长到迪化来交涉独山子油矿事宜，希望国民政府派人前来接洽。于是，国民政府派经济部长兼资源委员会主任翁文灏、第八战区（西北区）司令长官朱绍良、空军司令毛邦初、时任甘肃油矿局总经理的孙越崎等人飞抵迪化，与苏联政府派来的外交部副部长狄卡诺索夫谈判合办独山子油矿事宜。

为了取得第一手资料，孙越崎到迪化后即参观独山子油矿。据孙越崎回忆：“我看到该矿打井的钻机不用玉门油矿由美国进口的齿轮式钻头，而用鱼尾式的钻头，比较落后。油矿生产也不如玉门油矿。当时看到这油田不是很有希望的，前途不如玉门油矿好。所以他们设宴招待我们时，在席间，我说：‘我们两个矿来个竞赛吧。’内心中有些瞧不起苏联的情绪，更打消了来新疆时从苏联购买油矿器材的想法。但独山子油矿的炼油设备和储油罐等都比玉门油矿的多而好。”②这次与苏联方面谈判没有结果。

随着欧洲局势的变化，盛世才由反帝、亲苏、联共转向了投蒋、反苏、反共。苏联方面把在独山子油矿除了炼油设备外可以拆迁的机器材料，包括埋在地下的水管油管全部拆走。盛世才要求国民政府经济部前来接办独山子油矿，经济部安排孙越崎全权负责接办事宜。1943年7月，孙越崎偕同夫人和小儿子，率领玉门油矿矿长严爽、炼油厂厂长金开英前往新疆。

在迪化，盛世才满口答应打电报给独山子油矿负责人，让他向

① 焦力人：《当代中国的石油工业》，第8页。

② 孙越崎：《抗战时期两次去新疆纪略》，《孙越崎文选》，第160页。

孙越崎办理移交手续。孙越崎提出办理手续完成后，他想到伊犁参观，盛世才表示欢迎，并打电报让伊犁专区接待。

正当孙越崎准备去接收独山子油矿之时，盛世才的政治态度又出现了重大反复。其原因是斯大林格勒不但没有失陷，而且苏军在苏德战争中节节胜利，盟军将在欧洲开辟第二战场。盛世才为了保全自身的利益，再次投靠苏联，并把除新疆监察使罗家伦之外的所有蒋介石派到新疆的党政人员全部逮捕。这时孙越崎已来到独山子油矿，与矿方商定 1943 年 7 月 17 日办理移交手续。面对突变的政局，孙越崎没有惊慌失措，他沉着镇定，静观油矿负责人的态度，如期参加了独山子油矿的交接仪式，并燃放鞭炮以示庆贺。随后，他又从容不迫地亲往伊犁参观。而此时原已准备接待他的伊犁专员已被盛世才逮捕，并押往迪化。

当孙越崎回到迪化时，得知美国军队已在法国诺曼底登陆，苏联对反复无常的盛世才已不感兴趣。盛世才又转而讨好蒋介石，并开始在新疆逮捕共产党员。不久，蒋介石把盛世才调离新疆，任命他为国民政府农林部部长，孙越崎才结束一日数惊的生活。

四、创办玉门油矿

抗日战争爆发前，中国由于缺少油矿，所需石油绝大部分依赖进口，仅 1934 年就进口成品油 2.5 亿余加仑之多。抗战爆发后，中国沿海口岸相继沦陷，石油制品来源断绝，汽车、飞机等军事方面用油无着，形势万分危急。1938 年，国民政府资源委员会成立了甘肃油矿筹备处，选定甘肃省玉门县老君庙为油区并着手钻探。次年 5 月，一号井开始出油。孙越崎受命于危难之际，在 1941 年 3 月 16 日甘肃油矿局正式成立之时，担任首任总经理，主要经营玉门油矿。

玉门油矿位于祁连山北麓的戈壁滩上，西到玉门县30多公里，西北距兰州820公里，东至嘉峪关80多公里，海拔2400—2900米。这里遍地沙碛，草木不生，气候寒冷，每年结冰期在6个月以上，工作条件十分恶劣。孙越崎上任后，他看到玉门油矿需用的钻机、套管等设备当地不能生产，只能在重庆定购；打井用的水泥和重晶石当时也仅有重庆一地可以生产。于是，孙越崎决定把甘肃油矿局机关设在重庆牛角沱，局内设秘书处、会计室、财务处、业务处、运输处五个处室，专办财务及购买运输设备材料、生活必需品等。油矿局设协理一人，常驻玉门油矿，就近指挥生产。在玉门油矿，孙越崎以采油为中心设立了矿厂，以炼油为中心设立了炼厂，另设立总务处，为两厂员工服务。①

甘肃油矿局成立之前，玉门油矿各项工作均无长远打算，各项房屋建设更是因陋就简。戈壁滩上的土壤含沙量大，不能烧砖瓦，盖房全用“干打垒”为墙，即用含沙的土夯实做墙壁，房顶为拱状形，上盖沙土，拌油渣，以避风雪。孙越崎上任后，委托重庆扬子建筑公司全面规划设计玉门油矿的所有建筑，土材从矿区30里以外的地方运来，建筑用木材经国民政府同意，可以到酒泉以东、距矿区约180公里的祁连山上砍伐国有林。材料问题解决后，各种厂房、材料库、员工宿舍、家属住宅、福利供应社、医院、子弟学校、办公室、招待所、大礼堂等，逐步开始建造。

甘肃油矿局成立以后，在美国订购的一套裂化炼油设备和10套深孔钻井机在运输途中多次遭日军轰炸，损失惨重。万里迢迢运到玉门油矿后，只能拼凑成3套钻机。为了这些钻机能早日投入生

① 董蔚翘：《玉门油矿的发展和开采》，《传记文学》（台湾）第21卷第2期，第68—69页。

产，甘肃油矿局还就近在重庆多方购买物资。据孙越崎回忆："我们向重庆一二百家从上海迁来的小工厂订购普通车床、水泵、油泵、炼油室闸门等设备配件，并向各地搜购由沦陷区拆迁来的和由重庆自来水厂拆来的各种管子、马达等和采购其他物资等，都须经2500公里的长途［用］汽车运到矿区进行建设。"①

为了把在重庆采购的各种物资源源不断地运到玉门油矿，把玉门油矿生产的油产品运出甘肃，孙越崎在重庆歌乐山设立了一个庞大的运输处，最多时拥有400辆卡车，往返于玉门一重庆之间。玉门油矿生产的油产品几乎全部依靠桶装外运，即依靠从重庆运输物资抵矿后返回的汽车，将桶装油产品运到重庆等地。1941年至1942年9月，玉门油矿与重庆之间的汽车运输量统计见下表：②

年度	从油矿运往重庆油品（吨）	从重庆运往油矿器材（吨）	从重庆运往油矿空油桶（只）
1941	509	662	450
1942	3412	2707	7402
1943	2171	2111	11392
1944（1—9月）	1900	920	2063
小计	7992	6400	21312

随着油产品产量的不断增加，运输不及时的矛盾日益突出。为了弥补汽车运输的不足，孙越崎决定自1942年11月起，在四川境内采用羊皮筏运油。具体方法是：把桶装汽油从玉门油矿用汽车先运到四川广元，然后把油桶装卸到由羊皮胎、木料、竹子编制而成的羊皮筏，每10个小筏组成一个大筏，筏上可装168桶汽油，共计24吨。羊皮筏经涪江、嘉陵江运抵重庆，水上路程约940公里。羊皮筏

① 孙越崎：《我和国民党资源委员会》，《孙越崎文选》，第66页。

② 申力生：《中国石油工业发展史》（第二卷），第264页。

靠人工划行，每行驶一个单程，大水期需半个月，平水期需20多天。羊皮筏驶到重庆卸油后，即用卡车运回广元。如此循环往复，每年至少可以运油8次。这种既经济又安全的运输方式，成为当时解决运油困难的一个重要途径。由此看来，甘肃油矿局设在重庆，实际上是玉门油矿的重庆办事处。这一时期，孙越崎每年夏秋期间在玉门油矿督促生产建设，冬春季节在重庆办理运费预算和采购设备材料，同时他还兼任四川4个煤矿的总经理。

大规模开发玉门油矿，势必需要大量的投资，为了解决资金问题，孙越崎多方筹措。1941年4月21日，玉门油矿4号井发生井喷，原油、天然气挟带沙石猛烈喷出，声如雷鸣。井喷约半个小时以后，发生了天然气爆炸，火光突起，烈焰熊熊，后来用炸药将邻近高崖上之砾石炸落，碎石将井口彻底掩埋，大火才被熄灭。这次井喷虽然造成的损失很大，但也证明玉门油矿发现了丰富的石油，此消息通过新闻媒介立刻传遍全国，令国人备受鼓舞。一个星期以后，孙越崎不失时机地邀请并亲自陪同资源委员会副主任钱昌照、中国银行总稽核霍宝树、西北公路局局长宋希尚等人前来玉门油矿调查喷油事故及火灾遗迹。霍宝树视察后认为玉门油矿大有前途，当即决定油矿所需资金全部由中国银行借给，从而保证了玉门油矿的不断发展。

早在20世纪30年代初孙越崎从欧洲回国途经苏联时，曾看到苏联5年计划4年完成的大幅宣传画，深受启发。1942年初，孙越崎提出了当年生产180万加仑（合6122吨）汽油的指标，并采取多种形式广为宣传，使油矿上下家喻户晓。这一年玉门油矿只有6口井生产，但原油产量达到46317吨，比1942年的11810吨增长了近4倍。[①] 据孙越崎回忆："到当年11月汽油产量达到180万加仑时，矿区

① 申力生：《中国石油工业发展史》（第二卷），第147页。

各厂的汽笛齐鸣报喜，全体职工都不约而同地齐聚广场欢天喜地，并把我抬起来高举送上露天戏台上举行全厂祝捷大会，鞭炮齐放，尽情庆祝。我在年初曾报请资源委员会为完成计划应予职工一定奖励，如完不成计划，我愿受撤职或降级的处分。但资委会对此未予批复。我只好规定每人发羊肉二斤，白酒四两，以资庆赏，职员工人都一样。大家皆大欢喜。饭后演戏，在祁连山山坡上树了一个大牌坊，用电灯扎出了'一百八十万'五个大字，真是大大热闹了一番。"①

玉门油矿生产的汽油在当时十分珍贵，由国民政府液体燃料委员会统一分配，主要用户有国民政府军政部交通司、航空委员会、交通部西北运输局、行政院液体燃料委员会、军事委员会战地服务团、驻华美军总部、重庆各军政机关、甘肃省政府等。由于供应不足，"各界用户迫切需要，不得不跋涉荒凉，前来接洽，面交上级机关之函电，亦带恳求之意，油款先付或后付，情皆自甘，质量更不计较，只要有油可给即可满足。提运之车，盛油之桶，莫不用户自理，无须我方予售。"这是甘肃油矿局报告中的一段话。下图是 1943 年 1 月至 7 月 4 日玉门油矿汽油销售情况：②

用户	数量（吨）
军政部交通司	1836
航空委员会	238
西北公路运输局	408
液体燃料委员会	551
战地服务团	271
其他用户	180
合计	3485

① 孙越崎：《我和国民党资源委员会》，《孙越崎文选》，第 70—71 页。

② 申力生：《中国石油工业发展史》（第二卷），第 264—265 页。

特别值得一提的是，1942年，日本侵略军企图从黄河的风陵渡侵入陕西，中国的抗日军队正是用玉门油矿生产的汽油，将苏联支援的大炮从新疆赶运到前线，击退了日军的进攻。1944年，美国空军使用玉门生产的航空油，从四川成都起飞轰炸了日本占领的河北开滦煤矿电厂和日本首都东京，从而加快了中国抗战胜利的进程。

孙越崎深知，企业的真正基础是人才。玉门油矿是中国第一个比较正规的油矿，它的开发规模和年产量当时在国内均首屈一指。为了企业的兴旺，孙越崎上任后首先留用了原来甘肃油矿筹备处主任严爽，并任命他为矿厂厂长，又任命原重庆动力油料厂厂长金开英为玉门炼油厂厂长。建矿初期，孙越崎还从陕北油矿、四川油矿、重庆动力油料厂等单位招聘了一批技术人员。这一时期，孙越崎每年从西北工学院、昆明西南联大、重庆中央大学等学校的应届毕业生中选拔一些优秀人才，先后吸收了两三百名大学毕业生。为了使这些大学毕业生在遥远荒僻的玉门油矿安居乐业，孙越崎争取邵力子夫人傅学文的支持，从她主办的重庆女子职业学校等校挑选了一批肯吃苦耐劳、有志边疆建设的女学生，把她们送到玉门油矿，安排她们做教员、护士、财会等工作。此举不仅活跃了矿区生活，而且使她们的绝大部分与男技术人员结为伴侣，成家立业。

为了提高油矿的技术和管理水平，孙越崎还从美国聘请了钻井、采油、炼油等方面的工程师到玉门油矿工作，就地培训青年职工，大大提高了工效。据孙越崎回忆："1942年从美国请来一位技术工头作为'钻井监督'到矿协助钻井工作。他具有较丰富的实践经验，把原先旷日费时（约一个月）地从地面挖掉约50米的泥沙砾石，形成1.5米×1.5米的方井的工作，改为钻头钻进，只需一二日就行。"①

① 孙越崎：《记甘肃玉门油矿的创建和解放》，《孙越崎文选》，第48页。

这一时期，孙越崎率领玉门油矿职工胼手胝足，用辛勤的汗水在祖国大西北的沙漠荒滩上建起了一座新兴的石油工业城，使玉门油矿成为国民政府统治时期中国开发规模最大、产量最高的油矿，成为“世界上开发最早的非海相油田之一”①。玉门油矿作为一个集地质勘探、钻井、采油、炼油、机修、运输等功能于一体的综合性石油企业，拥有比较先进的工艺技术和机器设备，为中国石油工业培养了大批管理人员和技术工人。其产品在抗战期间，无论对中国军队在前方作战还是后方经济建设及民用，都发挥了十分重要的作用。

孙越崎主持建设玉门油矿多年，殚精竭虑，不遗余力，功不可没。1942年在兰州举行的中国工程师学会年会上，孙越崎因主持玉门油矿等成绩卓著，被该会授予一枚金质奖章，成为该会自成立以来继凌鸿勋、侯德榜、茅以升之后，第4位金奖得主。孙越崎从此被誉为中国的“煤油大王”。1992年10月16日，值孙越崎百岁诞辰之时，抗战胜利后从玉门油矿抽调到台湾石油事业接管委员会的金开英等数十人联名从台湾送来了一幅特意定做的银质台屏，上面刻有以下文字：

> 公越崎期颐上寿暨
>
> 配王夫人九秩鹤寿弧悦联辉大庆

> 立大事者，不惟有超世之才，亦必有坚忍不拔之志。方其功之未成也，惟能前知其当然，事至不惧，而徐为其所，是以得志于成功。

① 焦力人：《当代中国的石油工业》，第11页。

吾公受命于抗日战争艰难之际，开发石油于祁连戈壁之间，排众议，闯万难，卒成事功，为我国石油工业开创新猷。其丰功，其伟业，实足以当之。

玉门关外老君庙，沙砾无垠，寸草不生，坚冰苦寒，杳无人烟，吾公以坚定之信仰，起草开发计划，罗致人才，筹集款项，于此探索油源，终得于1941年3月16日成立甘肃油矿局，出任总经理。公于受命之初，即以探勘炼制运输供应兼筹并顾，六年之间，卓尔而为我国于抗日战争期间，惟一集国人一己之力建设而成之新兴工业，并奠定战后可媲美全球石油及石化工业之不朽基础。

前甘肃油矿局老君庙旧属，追随吾公，投身边荒，目击矿区日益壮大。吾公以无比之毅力，于物资奇缺之万难中，扩充采炼设备，增加油料生产，且复尽力储备人才，兼顾万千员工之生活，建宿舍，辟农场，设学校，立医院，无一不备，乃蔚然而为河西荒域中之工业奇葩。

战后我国石油及石化工业蒸蒸日上，两岸成就各有千秋。然溯源追往，今日之各项成就，莫不感受当年老君庙时代之启迪。

吾公之声名，将与我国石油工业永垂不朽。际此吾公期颐嵩寿，夫人九秩鹤龄之庆，前甘肃油矿局老君庙矿旧属，谨以芜铭，遥祝华诞。

铭曰：**酒泉延寿　赤金凝脂**

克开厥后　千秋树基

一九九二年十月十六日

应该说，铭文中的评价是客观公正的。正是由于领导建设玉门油矿成绩卓著，孙越崎在抗战胜利后才能被推选为国民政府经济部长兼资源委员会主任委员，主管全国的经济行政及经济建设工作。

在中国近代史上，全国投入开发的只有四个油田，它们分别是台湾苗栗、陕西延长、甘肃玉门和新疆独山子。台湾苗栗油矿长期受日本人统治，另当别论，而大陆的三个油矿都曾时间或长或短地在孙越崎领导之下。孙越崎通过领导这些油田的开发和建设，为中国培养了一批掌握现代技术的石油工人和技术干部，为中国人民的抗日战争和世界人民的反法西斯战争作出了特殊贡献。孙越崎当之无愧地应该成为近代中国石油工业的奠基人。

（本文原载《石油大学学报》[社科版] 2002 年第 2 期）

钱昌照与资源委员会

资源委员会（以下简称资委会）是国民政府的一个部会级机构，同时也是近代中国唯一的重工业领导部门。20 世纪 30 年代至 40 年代，中国的石油、钢铁、煤炭、电力、机械、化工、水泥、制糖等行业中的绝大部分企业都在它的领导之下。在资委会从创办到终结的 17 年间，钱昌照曾连续在该会任职 15 年，先后担任该会的副秘书长、副主任委员、委员长等职务，是一位几乎与资委会的历史相伴始终，并在该会有举足轻重作用的重要人物。日本学者石岛纪之认为："在资源委员会的发展中起了重要作用的钱昌照的经历，可以说是中国知识分子的生活道路的一个典型例子。"①本文仅就钱昌照在资委会工作期间的重要活动及他对在中国发展重工业的理论和实践作一论述。

一、倡办国防设计委员会

钱昌照（1899—1988），字乙藜，江苏省常熟县鹿苑镇人（该镇

---

① ［日］石岛纪之著，何凤圆译，丁日初校订：《国民党政权的抗日力量——以重工业建设为中心》，中国近代经济史丛书编委会编：《中国近代研究资料》（1984 年下半年），上海社会科学院出版社 1984 年版，第 96 页。

现隶属于张家港市)。钱中学毕业后赴英国留学，先后就读于伦敦政治经济学院和牛津大学，深受费边社会主义思想和工业救国思想的影响。1924年回国后，经由著名实业家张謇介绍，钱昌照用一年多时间遍访张作霖、张宗昌、冯玉祥、阎锡山、胡景翼、吴佩孚、孙传芳等各路军阀，期望依靠一个实力派实现其工业救国的思想。因上述军阀均不是理想的靠山，钱昌照转而在上海深居简出，潜心钻研了一年多中国通史。这一时期，钱昌照经人介绍与沈性元结婚。国民政府定都南京后，蒋介石委任他的把兄弟、沈性元的大姐夫黄郛为外交部长。黄郛随即安排钱昌照担任外交部机要秘书，不久又把他推荐给国民政府主席蒋介石担任简任秘书，负责处理经济、教育和外交方面的文件。由于钱昌照具有比较丰富的国际知识和出众的工作能力，深得蒋介石的赏识和信任。不到两年，蒋就任命钱为教育部常务次长，部长一职则由蒋兼任。这一时期，钱昌照由于工作关系，结识了一批国内著名的教授学者和专家名流。

1931年"九一八"事变发生后，钱昌照认为，日本迟早会大举侵犯中国，中国要避免灭亡，势必起来抵抗。但中国经济落后，国防实力薄弱，若不未雨绸缪，及早准备，一旦日本发动全面侵华战争，后果不堪设想。经过一番深思熟虑，钱于1931年冬季向蒋介石正式提出创办一个国防设计机构的构想。创办国防设计机构的目的有三：第一是富国强兵。要有一个长期的规划，把中国从落后的农业国变为现代化的工业国。制定这种长期规划，必须首先弄清楚中国的物质资源和人力资源。第二是为了抵制外侮。中日战争不可避免，对于关系我中华民族生死存亡的这场战争，不可不早作准备。第三是为了巩固统治。通过国防设计机构，延揽目前国内各界知名人士、社会贤达及各方面专家学者参加到政府里来，从而扩大统治基础，巩固统治秩序。[①]钱昌照还特意对蒋介石说："国防设计应该是广义的，其中包括军事、国际关系、教育文化、财政经济、原料及制造、交通运输、土地及粮食和专门人才的调查等部门。"[②]

钱昌照的构想深合蒋介石的心思。在当时的形势下，建立一个国防设计机构对于蒋介石来说是十分需要的。首先，它有助于增强蒋在国民政府中的力量，提高他在政府中的地位。在当时的中央政府里，蒋的势力主要在军队，以汪精卫为首的亲日派势力在行政院仍占上风，全国一流的知识分子及各方面的精英大都与国民政府保持着一定的距离，他们时常对政府的内外政策作出尖锐的批评和指责。因此，蒋介石十分需要拉拢这些精英和名流为他装点门面，为他所用。其次，设立这样一个机构有助于蒋介石在国际上争取英、美等国的支持，这个支持包括政治、军事、经济、外交等方面。再次，为了避免日本逐步吞并中国，蒋介石也需要作一些防止日本扩大侵略的准备。基于上述原因，蒋介石十分赞赏钱昌照的构想，并要他提供一份可担此任人员的名单。

当时，国民政府内派系林立。为了独树一帜，另起炉灶，钱昌照在拟订名单时，有意物色了一批未在政府内任职，但在社会上知名度很高的实业家和学者教授。这个名单大致如下：军事方面：陈仪、洪中、俞大维、钱昌祚、杨继曾等；国际关系方面：王世杰、周览、谢冠生、徐淑希、钱端升等；教育文化方面：胡适、杨振声、傅斯年、张其昀等；财政经济方面：吴鼎昌、张嘉璈、徐新六、陶孟和、杨端六、王崇植等；原料及制造方面：丁文江、翁文

① 《钱昌照回忆录》，中国文史出版社1998年版，第36—37页。

② 钱昌照：《国民党政府资源委员会始末》，全国政协文史资料研究委员会工商经济组编：《回忆国民党政府资源委员会》，中国文史出版社1988年版，第96页。

灏、顾振、范旭东、吴蕴初、刘鸿生、颜任光等；交通运输方面：黄伯樵、沈怡、陈伯庄等；土地及粮食方面：万国鼎、沈宗瀚、赵连芳等，一共有四五十人。上述人员中“没有孔祥熙、宋子文系统的人，也没有国民党CC系陈果夫、陈立夫的人”①。

蒋介石对钱昌照推荐的人员十分满意，仅在军事方面增加了一位林蔚。

为了增进蒋介石对上述人员的了解，以便从中确定最合适的人选，钱昌照采用发电报、登门邀请等形式，安排上述人员与蒋介石会面交换意见或为蒋讲学。“经过钱昌照几个月的奔走，这批大知识分子一个个通过钱昌照和蒋介石见了面”②。经过一段时间的酝酿和准备，国防设计委员会于1932年11月1日正式成立，该会成为资源委员会的前身。该会隶属于国民政府参谋本部，委员长由蒋介石兼任。秘书长一职蒋介石曾提议由陈其美的兄弟陈其采担任，但钱昌照提出陈其采是一个政客，对知识分子缺乏号召力，由著名地质学家翁文灏担任秘书长比较合适。此议得到蒋介石的同意。蒋还提名钱昌照担任该会副秘书长，并负实际责任。该会首批委员共39人，③其中大部分未出钱昌照原来拟订的名单。这些委员除有具体任务者之外，一般均不在会内办公。

由于蒋介石在国防设计委员会担任委员长只是挂名，只有重大人事或重要问题决策时才稍加过问，翁文灏仍在北平担任地质调查所所长，很少到南京处理会务，真正主持国防设计委员会日常工作

---

① 《钱昌照回忆录》，第37页。

② 吴兆洪：《我所知道的资源委员会》，全国政协文史资料研究委员会工商经济组编：《回忆国民党政府资源委员会》，第68页。

③ 翁文灏、钱昌照致蒋介石的函（1932年11月），原件存中国第二历史档案馆。

的是担任该会副秘书长的钱昌照，“该会的实权完全操在钱昌照的手里”①。

在钱昌照的主持下，秘书处拟订了国防设计委员会工作计划大纲。大纲规定：该会“目的在按现代的国防之需要及本国之物资与形势以制成整个的国防计划”。鉴于以往国内各种财政经济统计资料十分缺乏，为保证计划的科学性，钱昌照在通过会内八个组就各自专业范围分别开展调查研究和制定发展规划的基础上，还从该会每月10万元的经费中拨出20%补助当时国内一些著名的研究机构，如北平地质调查所、北平社会调查所、中国经济统计研究所等，委托这些机构的科研人员进行一些专题调查研究。

从1932年11月国防设计委员会成立到1935年4月该会改组为资源委员会，钱昌照领导各专门组进行了大量的工作。军事组完成了《国防军事建设计划》、《国防军备10年计划》、《国防航空5年计划》和《兵工整理计划》等。国际组搜集了大量有关日本内政外交的情报，对新疆、西藏、蒙古、东北等边疆地区的地理、历史、经济等状况进行了调查研究，撰写了《欧洲国际关系报告》。教育文化组着重研究了世界各国青年训练方法，编辑了一批公民和中小学教科书。经济与财政组对当时的财政状况、对外贸易状况进行了调查，估计了全国人口数量，提出了粮食供求平衡办法；研究了各种必需物资的代替、补充、购买以及对国防必需品限制外流、奖励进口的办法；研究了中国币制改革的方案。原料及制造组对中国的矿业资源和华北、华中、华南145个重要工业县市，符合《工厂法》登记标准，雇工30人以上，使用动力的2435家工厂

① 吴兆洪：《我所知道的资源委员会》，第68页。

进行了调查，编著了《中国工业调查报告》一书。交通运输组对全国的铁路、公路、航运、电讯状况进行了调查。土地粮食及人口组调查了全国粮食的生产、运输、市场供应状况，拟订了粮食储备计划和战时粮食统制办法，并在一些省、市、县对人口、田赋、粮食运销进行了抽样调查。专门人才调查组制定了各种调查表格，向全国文化、经济等各种机关团体和厂矿企业广为散发，以了解具有高度文化程度和有成就的工程技术人员、科学家、教授学者等的状况，这项工作为以后资源委员会在全国招募人才提供了方便。①值得一提的是，钱昌照还以国防设计委员会的名义，从建设委员会、长江水道整治委员会等单位抽调人员组成勘测队，于1932年底对长江三峡水电、航运、防洪等多目标开发进行了有史以来第一次全面系统的调查研究，初步选定了葛洲坝、黄陵庙两个坝址，为日后开发长江三峡产生了深远的影响。

上述调查研究工作虽然仅仅是初步的，但它在当时和以后所产生的作用和发生的影响不可忽视和低估。它所进行的许多基础性调查统计和专题研究是中国有史以来的第一次，具有深远的历史意义。

除了开展调查研究工作，钱昌照主持的国防设计委员会还于1933年末设立了矿室、冶金室、电气室三个技术研究机构，吸收了一批技术专家，专做技术研究并试验制造。这一时期，国防设计委员会还创办了一个企业实体——陕北油矿探勘处，从事钻探和炼油的员工约有100多名。

① 郑友揆等著：《旧中国的资源委员会——史实与评价》，上海社会科学院出版社1991年版，第11—15页。

二、主持资源委员会日常工作

1935年初，国民政府军事机构进行大改组。有人提议将国防设计委员会与兵工署下辖的资源司合并，组成资源局，此议遭到钱昌照的坚决反对。“因为，这样做势必降低这一机构的地位，原来国防设计委员会的委员也无法安排”[①]。为此，钱昌照向蒋介石建议，将国防设计委员会改组为资源委员会，直属军事委员会领导。蒋介石采纳了这个建议。于是，国防设计委员会于1935年4月1日正式更名为资源委员会。兵工署资源司同时撤销，原有人员并入资委会。蒋介石以军事委员会主席身份兼任资委会委员长，翁文灏和钱昌照仍分任正、副秘书长。此时翁文灏正在河南焦作担任中英合资的中福煤矿整理专员，1935年底他又被任命为行政院秘书长，既要协助院长执行政务，又要负责行政院日常事务，处理大量公文，无暇他顾。所以，资委会成立后在会内主持工作的仍是钱昌照。

资委会成立后，钱昌照主持制定了《国民政府军事委员会资源委员会组织条例》。[②]根据这一组织条例，原有的军事、国际关系、教育文化三个部门的工作分别结束，资委会的工作重心由原来的调查研究逐步过渡到重工业建设方面。经过一段时间的准备，钱昌照为资委会的下步工作制定了三个方针：“一、1936年7月起创办重工业。二、尽量利用外资。三、尽量利用外国技术。”[③]随后，他主持制定了一个资委会三年计划，内容如下：

（1）统制钨锑，同时建设钨铁厂，年产钨铁2000吨。

---

① 郑友揆等著：《旧中国的资源委员会——史实与评价》，第18页。

② 原件存中国第二历史档案馆，资源委员会卷宗，第18卷。

③ 钱昌照：《两年半创办重工业之经过几感想》，《新经济》第2卷第1期，1939年5月版。

(2) 建设湘潭及马鞍山炼铁厂，年产30万吨。

(3) 开发灵乡及茶陵铁矿，年产30万吨。

(4) 开发大冶、阳新及彭县铜矿，同时建设炼铜厂，年产3600吨。

(5) 开发水口山和贵县铅锌矿，年产5000吨。

(6) 开发高坑、天河、谭家山及禹县煤矿，年产150万吨。

(7) 建设煤炼油厂，同时开发延长及巴县油矿，年产2500万加仑。

(8) 建设氮气厂，年产硫酸亚5万吨，同时制造硫酸、硝酸，以为兵工之用。

(9) 建设机器厂，包括飞机发动机厂、原动力机厂及工具机厂。

(10) 建设电工器材厂，包括电线厂、电管厂、电话厂及电机厂。①

在此计划指导下，从1936年到1937年，资委会相继在湖南、湖北、江西、云南、四川、青海等内陆省份建立了20多家企业。

关于资委会的经营范围，钱昌照认为主要应包括以下几个方面：为国防所必需，应该由国家特别经营的事业；在国防上或经济上有统筹之必要的事业；特种产品，在国际上近乎独占，可以左右国际市场的事业；规模宏大，需要特殊设备与多数人才，私人没有力量办，或虽有力量因经济上没有把握，不愿意去办的事业；精密制品，为自给上所必需，技术甚感困难，人才甚感缺乏，目前无利

① 钱昌照：《两年半创办重工业之经过几感想》。

可图的事业等，[①]上述事业绝大部分是重工业。

关于发展重工业所需要的资金，由于数额庞大，国内难以筹措，钱昌照提出了“尽量利用外资”的方针。他认为：“中国的国民所得很少，每年积蓄能力极有限，资本市场又没有组织起来，要想加速度的工业化，非利用外资不可。”[②]

他特别强调：一个物质比较落后的国家，每一步的工业化，往往利用外资。从20世纪30年代中期到抗战胜利初期，资委会先后从德、英、苏、美等国引进多笔巨额资金。仅以1936年初资委会与德国经济部签订的“中德信用借款合同”为例，该合同规定德国向中国提供信用贷款1亿金马克（约合法币1.35亿元），中国用这笔借款向德国购买军火、军工设备，并以中国所产钨、锑、柚油、生丝、猪鬃等农矿产品偿还，借款年息5厘，不需担保，并可循环使用，亦随时可以延长或结束。合同签订后，资委会当即用借款中的一部分向德国订购了机械、电工、化工、冶金等设备，用来建设现代工业。

事业的成功全在于人才。钱昌照本人曾留学英国多年，他深知要实现工业救国，必须有大批人才。他认为，资委会能否负起发展重工业的重任，甚至中国工业化能否实现，都取决于能否及时吸收和培养大批技术和管理人才。他在1942年发表的一篇文章中指出：“计划的推动，全靠人才。据我们估计，初步推动工作，最少须有职员3万，工人80万至100万。我们现在仅有职员1万，工人16万，差得太多，因之训练人才，刻不容缓。我们别的可以省钱，训练人才，千万不可以省钱。外汇也好，法币也好，只要用得适当，尽管

① 钱昌照：《两年半创办重工业之经过几感想》。
② 同上。

用，不必计较。计较了外汇法币，忘掉了人才，不但是笑话，并且会误国。”[①]每次到厂矿企业视察，钱昌照总是不厌其烦地强调：“若是仅仅建设一个厂，开发一个矿，能生产有盈余，不算成功。建设一个厂，同时训练可以建设三个厂五个厂的人才，开发一个矿，同时训练可以开发三个矿五个矿的人才，才是真正成功。”[②]为了积极罗致和培养人才，钱昌照以国内大学毕业生为各企业技术及管理人员的基本来源，“每年从国内大学毕业生中吸收一二百甚至三四百人参加工作，再从这里选拔优秀的加以提升或者派赴国外深造”[③]。由于钱昌照曾担任过教育部常务次长，所以他对国内的高等院校非常了解。他对其中的著名大学舍得下工夫，下本钱，甚至帮助它们添置教学设备。当这些大学的学生刚读完三年级，他就欢迎他们有组织地到资委会所属企业实习。当这些学生毕业前夕，资委会及时派人前来访问，挑选其中优秀的毕业生到资委会所属企业工作。对于资委会内部的高级管理人员和工程技术人员，钱昌照根据工作需要，尽量安排他们出国考察，以拓展视野，增长见识，学习外国的管理经验和先进技术，更好地推进资委会各项工作的进展。

加强对外经济技术合作，积极引进外国先进技术，是钱昌照在资委会任职期间的一贯思想。钱昌照认为：

> 科学不是可以一蹴而就的，一切建设，需要技术，要是自己没有把握，切莫负起过重的责任。创办重工业，总得迎头赶上。我们时间不多，既不容我们从容研究，也不容我们随意尝试……

---

① 钱昌照：《重工业建设之现在及将来》，《新经济》第6期，1942年6月版。

② 《钱昌照回忆录》，第63页。

③ 吴兆洪：《我所知道的资源委员会》，第107页。

我们技术不如人，就得认清事实。夜郎自大，势必误国。[①]

资委会一位元老恽震在所著的《资源委员会的技术引进工作》一文中曾回忆道：钱昌照认为，“要办现代工业不能事事由自己的科技人员摸索前进，而必须付出相当代价，从国外工业发达国家引进先进的技术，经过消化，然后再谋进一步的发展”[②]。为此，资委会提出了“尽量利用外国技术”的方针。这在当时国内既无现成的技术可以利用，更无制造先进设备的能力前提下，加强对外经济技术合作，积极引进外国先进技术，无疑是明智之举。资委会成立初期对外技术合作伙伴大体是，“钨铁厂与德方合作，炼钢厂与德英两方合作，煤炼油厂及氮气厂与德方合作，机器厂与美及瑞士两方合作，电工器材厂与德英美三方合作”[③]。钱昌照认识到，只有引进先进技术，才可能充分利用各种其他资源，以收事半功倍之效。资委会所属的一些重要企业在生产建设过程中，大都采用了请进来、派出去等方法。

三、在抗战后方建设工业

1937年7月，“七七”事变爆发。随着战局的发展，钱昌照向蒋介石上了两个条陈：

一是要囤购钢铁、水泥、汽油等军用物资；一是动员上海

① 钱昌照：《两年半创办重工业之经过几感想》。
② 《回忆国民党政府资源委员会》，第148页。
③ 钱昌照：《两年半创办重工业之经过几感想》。

工厂迁往内地。这两个条陈得到蒋介石的批准，于是钱昌照派顾振、张慰慈等到香港、青岛等地购买物资；派林继庸组织拆迁工厂的工作，前后共有400多个大大小小的工厂迁往内地。[①]

为了支持工厂内迁，钱昌照"下令将资委会为数不多的存款拨借56万元，供迁移工厂之用"[②]。

1937年11月上海失陷。为了适应战时需要，国民政府对政府机构进行调整，将实业布改为经济部，撤销建设委员会、经济委员会、资源委员会等，由翁文灏担任经济部长，何廉、秦汾、钱昌照任次长。由于钱昌照反对撤销资委会，翁文灏采取了一个调和的办法，将资委会作为经济部的一个附属机构，但仍保持资委会的独立性。这次改组后，蒋介石不再兼任资委会委员长，改由翁文灏、钱昌照分别担任正、副主任委员。资委会的日常工作仍由钱昌照主持。改组后的资委会于1938年3月迁至重庆上清寺办公，不久又将办公地点移至牛角沱。

从1938年底至1941年底，是资委会战时企业活动迅速扩展的时期。由钱昌照具体领导的资委会通过独资经营、与地方实力派合营、参与投资而不主办等形式，在西南、西北等抗战后方建起了大批工矿企业。这不仅大大增强了中国抵抗日本侵略的物质力量，而且在很大程度上改变了中国原来极不合理的工业布局。抗战爆发时，资委会所属企业仅有24家，而且都在初创阶段。抗战胜利时，资委会所属单位已达130家，其中115家是生产企业，其余为服务和管理机构。这115家生产企业包括冶炼、机械、电器、化学、煤

---

① 吴兆洪：《我所知道的资源委员会》，第87页。

② 林继庸：《民营厂矿内迁纪略》（1942），第7页。

矿、石油、铜铅锌铁矿、钨锌锡汞矿、金砂、电力等工业。这一时期，钱昌照为了促进资委会与西南、西北各省区联合办工业，遍访云南的龙云和缪云台、四川的邓锡侯、广西的黄旭初、西康的刘文辉、陕西的熊斌、甘肃的谷正伦、青海的马步芳等地方实力派，提出由资委会出钱出人，与地方平分利润，资委会得到的利润仍保证用于地方兴办工业，[①]从而使资委会与地方合作事宜顺利进行。蒋介石对此也“很满意，认为用经济建设联络地方，是一个好办法”[②]。

在艰苦卓绝的抗战期间开展工业建设，所面临的艰难险阻是可以想象的。为了战胜困难，凝聚人心，钱昌照十分重视倡导精神作用，在抗日战争最艰苦的1942年，钱昌照在一篇文章里总结出资委会的企业精神，即三个字：公、诚、拼；两句话：坦白心地，活泼精神。他还对此作了一翻解释和说明：

> 公字容易写，容易说，不容易做。我们应该天天反省，去私务尽。诚字也是容易写，容易说，不容易做。我们应该天天反省，努力做到……人要有股拼劲，只有拼，才能改良社会；只有拼，才能为国家民族找出路。同时我们做事，须有坦白心地，活泼精神。有了坦白心地，黑暗中可以觅取光明。有了活泼精神，苦难中可以得到快乐……此外还有几种精神，也得具备。一则要注意远者大者，这个时代的国民，应该有远见，有大魄力；二则要有自信力；三则是准备牺牲。[③]

钱昌照自总结出上述精神后，每次到资委会所属企业视察，总

---

① 《钱昌照回忆录》，第58—59页。

② 同上。

③ 钱昌照：《重工业建设之现在及将来》。

是反复宣讲，使之深入人心。久而久之，“公、诚”两字成为资委会的会训，很多企业都把这两个字到处悬挂，做到了家喻户晓，人人皆知。后来资委会在南方造了三幢宿舍楼，名曰公诚新村。

为了勉励资委会所属企业的青年，钱昌照特意创作了一首《青年的呼声》，请人谱了曲，分发各单位，倡导大家学唱。这首歌的歌词是：

> 我们决不想丝毫享受，我们决不要任何虚荣；我们最厌听士大夫的清谈，我们最厌听弱者轻微的叹息。国家民族到了极严重的关头，想什么享受，想什么虚荣！清谈误尽了苍生，叹息活现着无能。看，随处都有我们应做的工作。我们绝对不为名，我们准备挨着饿！前进，前进，前进中开辟国家的大道；创造，创造，创造中树立民族的宏基。永远积极，永远乐观；哪里有不能解决的困难？哪里有不能排除的障碍？这是我们的世界！一切由我们担当，当仁不让！这是我们的世界！一切由我们担当，当仁不让！①

第二次世界大战进入1944年，日本、德国的法西斯力量即将垮台，中国胜利在望。这年5月，钱昌照电邀美国垦务局设计总工程师萨凡奇来华，勘查长江三峡水利工程。萨凡奇是当时世界上著名的大坝权威，已在世界各地设计建成了60多座大坝，其中包括美国著名的鲍尔德坝和大古力坝。当萨凡奇经过实地勘查，在中国同行的帮助下完成了《扬子江三峡计划初步报告》后，钱昌照随即成立了由他亲任主任的三峡水力发电计划技术研究委员会，着手进行战

---

① 《钱昌照回忆录》，第85—86页。

后开发三峡的准备工作。此后，钱昌照先后派出数十名工程技术人员赴美国进行三峡工程的初步设计工作。后来由于国民党发动内战，资金短缺，三峡工程的设计工作被迫中断。

抗战期间，资委会在后方通过8年的努力，在工业生产中已拥有举足轻重的地位，使得国民政府的国家资本终于在工业中确立了统治地位。钱昌照因主办工矿业有功而当选为国民党六大代表，并当选为候补中央执行委员。

四、辞去资源委员会职务

1945年8月，日本战败投降。抗战胜利后，资委会担负着抗战后方战时事业的调整，恢复区敌伪产业的接收，拆迁日本国内工业设备以作战争赔偿，规划战后全国的工业建设等多项重要工作。

抗战的胜利，使钱昌照兴奋无比，他认为中国经济发展的黄金时代来到了。[①]1946年5月18日，行政院第747次会议通过了改组资委会的决议：资委会从经济部划出，直属行政院；资委会主任委员由简任改为特任；资委会升格为与经济部同级机构。改组后的资委会主任委员由钱昌照担任。至此，钱昌照成为资委会名副其实的主要负责人。同年9月12日，资委会公布了新的组织法，主任委员改称委员长。

这一时期，资委会所开展的工作主要有四个方面：1. 创办及管理经营国营基本重工业；2. 开发及管理经营国营重要矿业；3. 创办及

① 钱昌照：《论战后中国工业建设应大、快、早》，《大公报》1946年1月21日。

管理国营动力事业；4. 办理政府指定之其他国营工矿电事业。[①] 抗战胜利后，资委会接管了日伪遗留的重工业厂矿，包括接管了台湾的电力、金铜矿、油矿、炼铝、机械及造船、酸碱、肥料、水泥、制糖、造纸等十个部门，实力大大增强。与此同时，资委会在南京、上海闵行、安徽马鞍山等地又兴建了一批新的工业基地。为了便于领导，资委会按行业、地区分类成立了 111 个公司，所属工、矿、电企业达 1000 余单位。为了推动资委会事业的发展，钱昌照频繁地南下台湾、海南，北上平津、东北，协调各方，坐镇指挥，此时的钱昌照对于中国工业发展的未来十分乐观。1946 年 2 月，他在对国民参政会驻资委会委员讲话时曾宣称："3 年后，中国所需的绝大部分重工业产品将可达自给。" [②]

但是，随着内战的爆发，国统区经济形势日趋恶化，行政院长宋子文于 1947 年 4 月被迫辞职。早已对钱昌照不甚满意的蒋介石于 1947 年 4 月 23 日以国民党政府的名义免去钱昌照资委会委员长的职务。钱昌照随即以十分复杂的心情发表了《离职告同人书》。在这封信里，钱昌照回顾了资委会创办和发展的过程，并对资委会同仁提出了四点希望：

> 一、本会举办国营事业，向以民生主义亦即社会主义为依归。此一立场不容丝毫动摇。二、国营事业应力求企业化。纵的方面分层负责，杜绝尾大不掉或头重脚轻之弊；横的方面互相配合，借收分工合作之效。此一方针必须彻底实施。三、储备人才为本会中心之一。现有工业建设人才较之实际需要相差

① 《资源委员会公报》第 11 卷第 4—5 期，第 24 页。

② 《钱昌照对国民参政会驻资委会委员讲话》，《资源委员会公报》第 12 卷第 3 期，第 62 页。

太远，切盼积极物色，努力培植，竭诚爱护。四、本会“公诚拼”的精神，“大快早”的作风博得社会信誉。允宜发扬光大，不可须臾或忽。[①]

尽管蒋介石免去了钱昌照在资委会的职务，但资委会仍在1947年4月29日聘钱为该会顾问，资委会的继任领导遇有工作方面的问题依旧听取钱昌照的意见。1949年上半年，时任资委会委员长的孙越崎多次与钱昌照密商，商定资委会脱离国民党政权，制定了坚守岗位、保护财产、迎接解放的方针，为新中国的建立立下了历史性的功勋。[②]

从1932年创办资委会的前身——国防设计委员会，到1947年4月辞去资委会委员长职务，钱昌照连续在该机构工作了15个春秋，并长期担任该机构的主要负责人。正如曾担任资委会副委员长的吴兆洪所言：“钱昌照是资源委员会的开山祖师，从事到人，都是他一手安排。”[③]钱昌照创办该会之初仅有31名职员，离任时已有约25万员工，其中职员32800多名，40%为技术人员，工人226900多名，40%以上为技术工人。从1947年4月到解放，变动不大。[④]国防设计委员会时期仅有陕北油矿探勘处一家生产单位，到了钱昌照辞职时的1947年，资委会事业在全国生产中所占比重很大：电力在50%以上，煤炭32.5%，石油100%，钢铁80%，金属矿如钨、锑、锡大多数由资委会控制，其他如机械工业、电器工业、化学工业和

---

① 原件存中国第二历史档案馆，资源委员会卷宗，第315卷。

② 孙越崎：《我和国民党资源委员会》，《孙越崎文选》，团结出版社1992年版，第114—120页。

③ 吴兆洪：《我所知道的资源委员会》，第87页。

④ 钱昌照：《国民党政府资源委员会始末》，第8页。

糖、纸所占百分比都很大。[①]钱昌照作为创始人和主要领导，无疑对资委会的创办与发展起到过重要作用。一般而言，国家资本是资本主义高度发展的产物。而资委会作为近代中国唯一的重工业垄断资本集团的发展历程却表明，在半殖民地半封建的、贫穷落后的旧中国，尽管生产力落后，经济发展水平低下，但在日本的军事侵略时时威胁着中华民族生死存亡的背景下，为了救亡图存，国民政府选择了通过建设国营企业促进国民经济现代化，以增强抗日的实力，资委会乘机迅速发展，逐步形成了一个基本能够自给的较完整的工业体系。在资委会的发展过程中，钱昌照体现出的尊重知识、尊重人才的观念，尽量利用外资和重视引进外国先进技术和管理经验的做法，注重开展对外经济技术合作的思想，着意培植企业精神的思维方式等，都是应该肯定并值得进一步研究的。

（本文原载《人文论丛》2001 年卷，
武汉大学出版社 2002 年版）

① 钱昌照：《国民党政府资源委员会始末》，第 8 页。

中国煤矿史研究

关于中国煤矿历史研究的回顾与思考

中国煤矿史志学会自2005年成立以来做了很多工作。今天该学会在中国矿业大学举行会议，成立高等院校研究学组，组织和利用高校教师这支力量参与中国煤炭史志的研究工作，对于建立一支高水平的编研队伍，提高煤炭史志著作的学术价值，揭示煤炭工业对中国社会进步、经济发展起到的重要作用，促进煤炭工业的健康持续发展，将会产生积极而深远的影响。建立全国性的高等院校研究学组，对于打破学科和院校壁垒，促进学科交叉融合，起到了凝练学科方向、会聚科研队伍、构筑学科平台的重要作用。中国煤矿史志学会的负责人要我借这个机会谈一谈如何进一步深入研究中国煤矿历史，受之有愧，却之不恭。下面谈一些不成熟的思考意见，不当之处还请各位专家学者批评指正。

一、20世纪以来中国煤矿历史研究述评

历史学是人文社会科学的基础学科。英国著名科技史专家李约瑟十分熟悉包括煤炭史在内的中国科技史。他有一句名言：在中国，历史为万学之母。古往今来，中国历朝历代都十分重视历史。

可谓以史为镜，可知兴替。历史研究具有存史、资治、教化的功能，它能为探求社会发展规律提供依据，对我们了解过去、认识现在、指导未来，有着重要的意义。20世纪以来，特别是改革开放近30年来，中国煤矿历史的研究取得很大的成绩，有了很大的发展。无论是史书还是方志，它记载的内容都是历史。任何一个国家或地方，部门或行业，都是从今天之前的历史中走过来的，今天这一页一旦被翻过去而成为昨天，其也就成了历史。从这个角度来说，今天的现实与昨天的历史有着千丝万缕、任何人也无法割裂的联系。

从目前已经公布的资料来看，中国是世界上发现、开采和利用煤炭最早的国家。据考古发现，在中国新石器时代晚期的遗物和西周的墓葬中，曾先后于辽宁、陕西等地发现有用煤精雕刻制成的耳珏、发簪、圆环、耳当等饰物，说明这一时期中国的先民不仅具有加工煤精的能力，而且还可以挖取煤层浅部露头。由此可见，在中国煤炭最初是作为一种装饰物出现的。到了西周，煤雕逐渐发展成为一个比较完整的手工业，煤雕制品成为奴隶主的殉葬品。到了战国，煤雕的用途不仅限于装饰和殉葬，开始成为普通百姓的生活用品，比如用来做发簪等。据史料记载，煤炭用来做饭取暖始于汉代。三国时期，煤炭曾作为重要的军事物资被储备，曹魏三台之一的冰井台就是储藏煤炭的地方。隋文帝初期，煤炭成为宫中的重要燃料。到了唐代，煤炭逐渐成为人们日常生活所需的重要燃料。北宋时期，政府开始设立专门的机构掌管煤炭。除了百姓日常生活用煤，民间手工业生产对煤炭的需求也在日益增长，其中尤以冶铁、煮盐等行业需求量最大。到了明代，不仅宫廷用煤量日趋繁多，而且越来越多的普通百姓家庭做饭取暖也选择煤炭作为燃料。煤炭在社会经济中的作用越来越重要。

古代社会的一些地方志虽然也有一些对煤炭资源调查、开发、利用的记载，但仅限于说明某地产煤状况如何，甚至仅记载某地曾经产煤，十分简略。到了晚清，伴随着西方列强在中国开矿设厂，一批反映和论述中国煤矿历史的著作、调查报告及资料汇编相继问世。其中重要的有山西同乡会编的《山西矿务档案》(1907)，王宠佑编著的《中国煤的生产》(1907)，李建德著《中国矿业调查记》(1912)，周学熙等主编的《开平矿局交涉事汇》、《豫北矿务交涉始末记》(1916)，顾琅编著的《中国十大矿厂调查记》(1916)，丁文江的《外资矿业史资料》(1917)、《50 年来中国的矿业》(1921)和《中国官办矿业史略》(1928)，王竹泉编著的《山西煤矿志》(1923)，英商壳仲洋行主编的《上海煤炭存销报告》，虞和寅著《平定阳泉附近保晋煤矿报告》、《临榆柳江煤矿报告》、《抚顺煤矿报告》(农商部矿政司，1926)，马韵珂著《中国矿业史略》(上海开明书店，1932)，张世忠著《陕西煤矿述要》(陕西建设厅，1932)，满铁经济调查会主编的《满洲的矿业》(1933)，河南地质调查所主编《河南矿产志》(1933)，胡荣铨编著的《中国煤矿》(商务印书馆，1935)，曹世禄等主编的《河南矿业史》(1936)，徐梗生著《中外合办煤铁矿业史话》(商务印书馆，1947)等。就内容而言，这些著作一般只涉及某一省或某一地方的煤矿，论述比较简单。就目的而言，大约有两种：一种主要陈述外国资本侵占中国某一煤矿的历史事实，唤起国人抵制外资侵略；另一种是记叙某一省或某一煤矿创办发展的历史过程。这些早期的煤矿史志著作，有的出自学者的手笔，例如王竹泉、丁文江；有的则由外国洋行或社会团体主编。民国时期，北平地质调查所每隔 3—5 年编辑出版一部《中国矿业纪要》，其中既有对中国含煤地层时代、煤炭储量、煤田分布等宏观的论述，也有具体到一个煤矿的个案调查。除了著作，还有很多论文。限于篇幅，此处不赘。

从中华人民共和国成立到20世纪70年代末，出版的有关中国煤矿历史的著作主要有：魏子初《帝国主义与开滦煤矿》（神州国光社，1954），章鸿钊《古矿录》（地质出版社，1954），北京师范大学历史系主编《门头沟煤矿史稿》（人民出版社，1958），中共枣庄矿务局党委主编《枣庄煤矿史》（山东人民出版社，1959），吉林大学历史系主编《蛟河煤矿八十年》（吉林人民出版社，1959），山西师院历史系等主编《阳泉煤矿简史》（山西人民出版社，1960），《红色的安源》（江西人民出版社，1959），潘喜廷等编《红色的矿山——本溪煤矿史》（辽宁人民出版社，1962）等。

改革开放以来，在原煤炭工业部主要领导的倡导、关心和支持下，一批热心编史修志的专家学者和煤炭系统内部的有识之士，兢兢业业、淡泊名利、甘于寂寞、默默奉献、踏实工作、开拓进取，使全国煤炭工业系统的编史修志工作取得了长足的进步，取得了一批标志性的成果和前所未有的成就，开始形成自身的体系和结构。就全国范围而言，自改革开放以来，煤炭行业的编史修志工作位居全国各行各业的前列。据不完全统计，截至目前，已经出版的志书有数百部。参加这些史志著作编写或提供资料的人员数以万计。这是一笔宝贵的财富。这些史志著作，是所有编史修志人员工作业绩的见证，汗水和智慧的结晶。其中一些著作填补了中国煤矿史、中国工业史，乃至中国近现代史的空白，已经成为各级领导决策的依据或重要参考，国内外了解中国煤炭工业的窗口，学术界研究全国及地方煤炭工业的基础资料平台。更为重要的是，经过多年的编史修志实践，煤炭系统已经形成了一支具有一定理论水平、精通本职业务、文字功底较强、热爱煤炭史志工作的专业队伍，这支队伍是我们今后煤炭系统继续做好编史修志工作的有力保障。

这一时期产生的优秀的、标志性的、总结性的煤炭史志著作主要有：《当代中国的煤炭工业》（中国社会科学出版社，1988），吴晓煜等主编的《中国古代煤炭开发史》（煤炭工业出版社，1986），李进尧等主编的《中国近代煤矿史》（煤炭工业出版社，1990），彭世济等主编的《中国煤炭工业40年》（煤炭工业出版社，1990），薛世孝著《中国煤矿工人运动史》（河南人民出版社，1986），中国煤矿地质工会主编的《中国工会史料全书·煤矿卷》（中央广播电视出版社，2001），郭士浩主编《旧中国开滦煤矿工人状况》（人民出版社，1985），淄博矿务局和山东大学历史系主编的《淄博煤矿史》（山东人民出版社，1986），薛毅著《英国福公司在中国》（武汉大学出版社，1992）等。这些著作的作者大都进行了长期的、专门的调查，搜集积累了大量的史料，反复研究，严谨治学、数易其稿。其中既有通史类著作，也有专门类著作。他们的研究成果对这一时期和今后一个时期中国煤矿史志的编纂起到了重要的示范和指导作用。一些有关中国煤矿历史的选题开始得到国家社会科学基金的资助。越来越多的专家学者涉足煤炭史志领域。这里仅举几例：

傅英主编的《中国矿业法制史》（中国大地出版社，2001）。该书收录了中国古代自先秦至清代、民国至中华人民共和国两千多年间几乎所有的矿业政策和法规，其中包括民国时期颁布的《矿业注册条例》、《煤矿爆发预防规则》、《战时领办煤矿办法》等。这本书总结了中国历史上不同时期矿业法规的渊源、性质和特点，梳理了中华人民共和国成立后矿业法制建设的历程。

李成军著《中国煤矿城市经济转型研究》（中国市场出版社，2005）。该书的作者曾担任阜新市常务副市长，主持领导过阜新矿务局新邱、东梁、平安三个煤矿的关闭破产工作，亲历了阜新市向国家争取并被列入资源型城市经济转型试点市的过程。在这部书里他提出："煤炭城市经济转型是中国矿业城市以及所有资源型城市经济转型中的典型代表，如果中国的煤矿城市经济转型能够实现区域经济发展理论与实践的突破，那么，可能很多资源型城市发展接续替代产业、实现经济转型的理论和实践问题都会迎刃而解了。”无论是传统的煤炭城市，还是新兴的煤炭城市，乃至其他诸多种类的资源型城市，随着矿产资源的减少、枯竭必将逐渐走向衰落，这是无法逆转的客观规律。该书对煤矿城市经济转型一般规律进行了探索，对煤矿城市经济转型的战略目标进行了研究，提出了煤矿城市经济转型的多种模式。

特别值得介绍的还有30卷本的《中国煤炭志》。这一套书共计约3000万字，从开始准备到全部出齐历时10年。这套鸿篇巨制对于填补中国煤炭志的空白，保存煤矿发展的重要史料，全面系统地总结我国煤炭工业发展历程，为今后煤炭工业发展提供借鉴，有着十分重要的作用。

眼睛向下，关注普通劳动人民的工作和生活，是最近几年历史学研究新的热点。《安源矿工转型期的变迁研究》（中国社会科学出版社，2006）是中山大学人类学系博士生梅方权著的博士论文。为了完成这篇博士论文，作者四下矿区，进行了一年多的调查。该书以人类学田野调查的方法为主，以文献资料分析为辅，选择有代表性的江西安源矿工为研究对象，从工人日常生活的视角出发，探讨矿工在企业社区的形成和逐渐解体的过程中生产、生活的变迁。该文所依据的资料既有官方的文献资料，也有民间的族谱、乡规民约、矿工的访谈记录以及音像资料等。

关于以往已经出版的中国煤炭史志著作及资料，吴晓煜先生曾辑录了一部《中国煤炭史志资料钩沉》（煤炭工业出版社，2002）。这部书的第四部分比较全面系统地介绍了新中国成立以来，尤其是改革开放以来约400部全国及地方各主要煤矿的史志著作、资料汇编、口述史料、大事记等，并对这些著述作了简明扼要的介绍和点评。这部著作是一部具有长期时效的基础工具书。

一些外国学者也出版了一些有关中国煤矿历史的著作。例如［日］久保山雄三著《支那石炭事情》、［日］芳贺雄著《支那矿业史》、［日］手冢正夫著《支那重工业发达史》、［英］蒂姆·赖特著、丁长清译《中国经济和社会中的煤矿业：1895—1937》（东方出版社，1991）等。［日］浅田乔二等著《1937—1945日本在中国沦陷区的经济掠夺》（复旦大学出版社，1997）一书虽然不是研究中国煤矿史的专著，但该书有约7万字的篇幅论述了日本帝国主义掠夺中国矿业资源的过程。

台湾和香港地区的一些科研单位和学者也整理出版了一些有关中国煤矿历史的著作和资料汇编。例如台湾"中央研究院"整理出版了多卷本的《矿务档》（1960）、李恩涵著《晚清的收回矿权运动》（1989）、香港学者全汉升著《汉冶萍公司史略》等。

这一时期，一些煤炭史志资料选编也相继问世。例如韦庆远等编《清代的矿业》（中华书局，1983），祁守华等主编的《中国地方志煤炭史料选辑》（煤炭工业出版社，1990）等；一些综合性的资料选编收录了大量有关中国煤矿的历史资料。例如严中平等主编的《中国近代经济史统计资料选辑》（科学出版社，1955），孙毓棠等主编的4卷本的《中国近代工业史资料》（科学出版社，1957、1961），宓汝成主编的3卷本《中国近代铁路史资料》（中华书局，1963）等。

值得关注的是，在大专院校，越来越多的硕士研究生和博士研究生对中国煤炭史志产生了兴趣，并选择这方面的题目为他们的学位论文。例如复旦大学历史人文地理专业有一位博士2006年完成了一篇博士论文，题目为《清代至民国时期华北煤炭开发：1644—1937》。这篇博士论文主要运用历史地理学、统计学、经济地理学等方法进行研究。作者通过对资料的整理，找出不同时期煤矿分布、生产、运输的规律，并试图解释这些规律产生的原因。可贵的是，这本书中还整理出全国产煤地一览表，统计了各省产煤地的数量。

华中师范大学中国近现代史专业博士王守谦2007年完成的博士论文题为《政治变迁中的中外企业竞争——福公司矿案研究》(1898—1940)。这篇论文以1898年开始在中国的山西、河南等省建煤矿、修铁路的英国福公司为研究对象，查阅了大量的历史档案、地方文献和书刊报纸，基于煤矿业的发展及其与社会变迁的关系，以福公司在焦作的矿权纠纷及其与华商的同业竞争所引发的一系列对外交涉和内部纷争为中心，重点考察了这一时期黄河以北的河南煤矿业与社会变迁的互动关系。

香港新亚研究所张伟保1994年完成的博士论文为《华北煤炭的生产、运输和销售，1870—1937》。据我所知，河南、山西、湖北等省的大专院校，都有一些硕士研究生和博士研究生以煤矿发展及对当地社会、经济产生的影响为课题，到处搜集相关资料，长期进行学术研究。

二、建立中国煤矿历史的整体观

一部名副其实的中国煤矿史，无疑必须体现中国煤矿历史的整体观念。所谓整体观念，是针对不同地区和煤炭系统内不同部门而言。它应当能够整合提升孤立、分散的研究成果，排除不同地区和煤炭系统内不同部门从局部利益或视角出发可能产生的偏见，全面而系统地考察中国煤矿的发展历史，树立全国或全省或一地区煤矿为一体的观念，在此基础上进行系统考察和全面阐述。这里说的一体观念并不是要求把所有的煤矿历史全部汇编起来，一部科学、权威的中国煤矿史并不等于所有煤矿史的总和，而是对同一时期发生在不同煤矿的同类问题进行综合比较研究，例如近代有关煤炭开采的不平等条约问题，20 世纪初全国各地的保矿运动，“一五计划”中的煤矿建设，“三线建设”中的煤矿等。只有洞察中国煤矿历史全局的发展，才能把握各个阶段的特点，认清发展的主流，揭示总体发展的规律和趋向。

从目前看到的一些煤矿史，特别是煤矿志著作来看，其内容往往是所属单位和部门工作的简单相加，缺少从宏观立论，高屋建瓴的整体论述。而各基层单位和业务部门的写作人员长期从事具体的专门的工作，在认识问题时往往会出现视野不够开阔，思想认识容易被局限，对本单位、本部门的工作在整个煤矿发展史上的地位、作用和影响难以科学定位等问题。

建立中国煤矿历史的整体观，除了要全面而整体地掌握中国煤矿自身的发展历史之外，还要特别关注与煤矿产生、发展密切相关的环境因素。环境通常指存在于煤炭系统之外但对煤炭系统产生一定影响作用的外部事物和现象。2007 年夏季发生在河南陕县和山东的重大事故，都是由山洪暴发直接造成的。在中国煤矿发展史上，外界环境的因素，例如战乱、自然灾害、运输、市场需求、路矿关系、工农关系、精神道德、治安环境、风土人情等对煤矿的生产经营能够产生很大的影响。它既能威胁煤矿的生存和稳定，也能促进煤矿的发展和不断壮大。所以研究中国煤矿史要视野开阔，应具有远见卓识，立足于煤矿本身，放眼于外部环境，自觉地、主动地建立中国煤矿历史的整体观。

三、关于中国煤矿史的研究方法

在学科分类上，中国煤矿史似应属于专门史，是中国社会发展史、中国经济史、中国工业史的重要组成部分。近年来，在坚持实证研究的基础上，运用经济学方法研究经济史特别是中国煤矿史，成为理论方法探索的一个特点。从近几年看到的有关研究煤矿历史问题的博士论文和硕士论文来看，研究方法趋向多元化，考古学、社会学、人口学、统计学、地理学、生态学、比较研究等学科的研究方法被广泛采用。

中国煤矿史应该属于历史研究的范畴，所以在确定研究方法时主要应采用历史研究的方法，即马克思主义的实事求是的方法。毛泽东对于实事求是有一个解释，即"实事"就是客观存在的一切事物，"求"就是研究，"是"就是客观事物的内部联系，即规律性。同时运用经济学、社会学的统计计量法、比较法等。既从时间的维度阐述中国煤矿在中国的产生和发展，又从空间的维度论述其在中国社会转型中的作用、地位和影响；既注重纵向联系，同时也注意横向联系；既看到事物发展的前因后果，也关注事物发展变化的环境因素。采取宏观考察和区域性考察相结合的方法，重视区域和流域比较研究，把"定量"与"定性"结合起来。通过这些方法的综合运用，力求论证客观、公正、严谨，具有说服力。关于将宏观与微观结合起来考察的方法，可举一例证。20 世纪 80 年代，我曾研究过焦作煤矿的历史，出版了《焦作煤矿史》(河南人民出版社，1986)，参编了《焦作煤矿志》等工作。关于焦作煤矿创建的时间，当时有三种意见：一为 1898 年，以与英国福公司正式签订开采煤矿《章程》为标志；二为 1902 年，以英国人开始在焦作开凿煤井为标志；三为 1906 年，以焦作煤矿正式投产为标志。我坚持第一种意见，并提出焦作煤矿是1895年中日签订不平等的《马关条约》后，英国援引“利益均沾”这一片面最惠国待遇，经过一番探勘活动和论证，1898年6月21日与清政府及河南地方政府签订了开采焦作煤矿的章程，并随即进行钻井勘探和勘测外运煤炭铁路线。在此期间，中国北方一些地区发生了义和团运动，英方人员为了免遭不测，一度撤离焦作矿区，不久又卷土重来。由此可见，焦作煤矿创建于19世纪末西方列强大肆在中国扩大势力范围之时，诞生于帝国主义瓜分中国的危机之中，是英国深入中国内陆腹地开矿设厂的产物。虽然这三种意见相差仅几年时间，却跨越了两个世纪，其背景完全不同。

除了上述方法，还有诗文证史法、语言比较考据法、归纳法等。有些煤炭诗词和煤矿歌谣有着很高的史料价值，可以帮助我们形象地认识历史。煤矿歌谣是中国煤矿工人在生产劳动和社会实践中集体创作的韵文作品，是广大矿工劳动状况、生活境遇的客观反映，是他们思想情感、愿望要求和世界观、价值观、审美观的直接表现，是他们集体智慧和创造力的艺术结晶。在近代中国，由于教育的落后，广大煤矿工人的文化水平普遍十分低下，而歌谣这一可以口头流传的文学样式因其扎根在广大矿工之中，为他们所喜闻乐见，加上歌谣朴实自然，情感真挚，“劳者歌其事，饥者歌其食”。所以，矿工歌谣就成为广大矿工表达思想情感，宣泄喜怒哀乐最真挚、最精粹的艺术形式。例如新中国成立前在安徽淮北煤矿流传着这样一首歌谣：“下井鸡鸣叫，上井月亮照。”短短10个字，道出了当时煤矿工人每班工作时间超过了12个小时。当时在陕西同官煤矿（今铜川煤矿）曾流传这样一首歌谣：“大班窑，苦无边，一下就是百十天。窑工日夜在井下，当牛作马受熬煎。”[①]大班窑就是把一年分为三班，农历正月初五到五月初五为一班；五月十五到八月十五为一班；八月二十三到腊月二十三为一班。一班工人下井要连续干100多天才能上井，每天工作时间长达十七八个小时。设想一名矿工在井下连续100多天不见天日，不见阳光，呼吸不到新鲜空气，对人身的摧残是何等的严重啊！几句歌谣的认识作用要比连篇累牍的文字介绍更真实，更生动。

从事历史研究，是为了追求复原历史真相，探究历史规律，寻觅历史启迪。中国煤矿历史是科学研究的对象。所以我们在编著煤矿史志的过程中，一定要遵守历史研究的学术规范。在搜集史料时要有竭泽而渔、一网打尽的精神，十分重视对史料的占有。在写作过程中要力求无一字无出处，无一句无来历。晚清思想家姚莹有一句名言：著述之难史为最，这句话讲的是很深刻的。对于比较重要的引文务必要注明来源，既体现了对前辈学者的尊重，也为后人提供了一个索引。我们在进行煤矿历史研究时，要有强烈的创新意识，要努力“究天人之际，通古今之变，成一家之言”。我最近看到同一个煤矿的两部标明为矿史的著作，全书没有一处注释，著作的最后也没有提供参考文献的目录。这种著作的内容真实性就大打折扣，而且难免会让读者对作者产生不懂学术规范，甚至抄袭剽窃的看法。

对于史学研究而言，可以说史无定法。只要从事实出发，从现象入手展开研究工作，不论采用什么方法，完成的论著总有一定的价值和作用。

---

① 薛世孝等著：《矿工歌谣》，中国民间文艺出版社1986年版，第12页。

四、关于中国煤矿史需要研究的问题

关于下一步如何开展中国煤矿史的研究，我以为首先需要摸清家底，对过去已经出版和发表的有关煤矿史志的著述论文进行全面系统的征集，并进行认真的整理和评述。因为在历史学领域，任何科学研究都必须建立在前人已有研究的基础之上。广泛挖掘、系统搜集、认真整理前辈的成果，是开展学术研究的基础和前提。学术研究是一个综合创新的过程，只有不断创新才能推动学术的进步。历史研究若要创新决非易事。要想推进学术研究，首先要全面掌握前人已有的学术成果，才能站在前人的肩膀之上。无论是历史资料的挖掘、整理与考辨，还是基本理论与方法的掌握和运用，都需要扎扎实实、一丝不苟地去对待。学术视野的扩展、相关知识的学习，更是一件永无止境的事情。通过对已有成果的梳理，总结前辈学者在不同时期受不同政治环境和学术环境的影响，依据哪些史料，关注哪些问题，关注的程度和了解的深度，采用哪些研究方法，如何立论，提出了哪些观点，解决了哪些问题，存在哪些不足，有哪些学术空白留待后人填补，有哪些问题需要后人考证等。

下一步如何开展工作，我以为可以从宏观、中观、微观三个方面来思考。宏观方面可以思考如何搭建中国煤矿史的总体框架，建立研究体系，组织人力编著一部权威的《中国煤矿发展史》著作，一套系统的《中国煤矿历史资料选编》，一部权威的《煤矿知识辞典》等。

中观方面可以与各产煤省及该省的科研单位、煤炭院校联系，开展以一个省区煤矿发展为对象的区域性研究，包括煤炭城市、煤矿与铁路、煤炭政策法规、企业管理与科技进步、煤矿对区域社会经济的影响、煤矿文化、煤矿遗址、抗日战争时期的劳工问题等方面的研究。

微观方面首先有必要对中国煤矿历史的基本概念、核心术语进行厘定。例如什么是煤矿？什么是煤窑？什么是矿厂？什么是公司？什么是煤城？等等。无论是哪一门学科、哪一个行业，必须拥有一批义项单一、内涵精准、外延明确的术语，尤其是核心术语（或曰关键词）。其次有必要开展一些具体的、个案的问题研究。研究历史，一般要经历一个由表及里、由浅入深，由简单到复杂，由一个侧面到比较全面的过程。溯源性的考察是目前历史学界创新性研究的重要内容。例如对稻谷的起源、会计的起源、货币单位元、角、分体系的确立、“经济”名词等进行源流的爬梳考辨；研究“科学”这一概念的古今转换与中外对接等。再次，关于中国第一家煤矿、第一口矿井、第一条运输煤炭的铁路、第一个矿务章程、第一部煤矿法规、第一所煤矿学校、煤矿第一个中共党员等的考辨和论证，都是很有价值和具有原创意义的。

古为今用，为当前工作提供历史借鉴，是我们义不容辞的责任。当前，煤炭工业城市的转型、煤炭工业遗址的保护和开发、煤炭博览会的举办等，都是国家和各级政府十分重视的问题。2007 年 9 月举办的中国（太原）国际煤炭与能源新产业博览会被认为是山西对外开放的新跨越，能源产业的新增长，交流合作的新平台，循环经济的新思维，会展经济的新突破，它必将为山西全方位对外开放带来千载难逢的历史机遇。煤炭会展经济将带来巨大的人流、物流、资金流、信息流，将推动煤炭产业链向下延伸，带动相关产业的发展。一般而言，会展业对其他产业的带动系数为 1:9，能大大增强城市经济发展的活力，带动城市建设。研究历史上的煤炭广告和煤炭展览会，会对一年一度的中国（太原）国际煤炭与能源新产业博览会和其他与煤炭相关的展览提供历史借鉴，同时加深社会各界对中国煤炭开发利用历史的了解。

历史是已经逝去的社会生活的总和，历史学是一门试图重现并解释过去的科学。历史是已经画上句号的过去，历史研究则任重道远，永无止境。20世纪以来，特别是最近30年，广大史志工作者，特别是煤炭系统的史志工作者在各级领导的支持和指导下，完成了数以千计的煤矿史志著作，并成立了专门的中国煤炭史志工作委员会。今后，由中国煤炭史志工作委员会统一规划和协调，国内高校从事和热爱煤炭史志的专家学者及各方面人士群策群力，一定能够不断拓宽煤炭史志的研究领域，产生一批高水平的成果，把中国煤炭史志的各项工作推向新的阶段。

（本文原载《中国矿业大学学报》[社科版]
2007年第4期）

关于中国煤炭史志编纂工作几个问题之我见

一、编纂中国煤炭史志的意义

编史修志是中华民族优秀的文化传统，是一项功在当代、惠及后人的文化基础性事业，同时它也是一项代代相传的事业。它具有存史、资治、教化的功能，为探求社会发展规律提供了依据，对我们了解过去、认识现在、指导未来，有着重要的意义。所谓存史，就是全面、系统地保存史料，真实地记叙历史，如实地反映历史本来面目，为后人研究历史提供真实可信的史料。所谓资治，就是以史为鉴，可以知兴替。史志著作可以为各级领导部门制定、实施大政方针提供历史借鉴。自采用机器开采以来，中国煤矿经历了一百多年的发展历程，积累了丰富的经验和教训。具体分析经验教训形成的历史背景、社会环境和思想根源，从而得出规律性的认识，为各级领导部门制定方针、政策提供科学的历史依据，有助于提高决策的科学性和执行政策的自觉性。所谓教化，就是对广大人民群众进行国情教育，加强社会主义精神文明建设。具体到煤炭系统，就是要对煤炭战线的职工进行传统教育，继承和发扬中国煤矿工人的光荣传统，教育他们爱岗敬业，增强使命感和社会责任感。由此可见，编纂煤炭史志是一项十分重要的工作。通过编史修志，可以把全国及各省、市、县煤炭工业产生、发展的历史轨迹描述出来，通过研究历史的变迁，煤炭工业的演进，才能更科学地把握未来。它对于弘扬中国煤炭工业工作者的业绩，总结中国煤矿建立和发展的历史经验，探索煤炭工业发展的客观规律，为煤炭工业的不断发展提供借鉴，指导现实工作，教育广大煤矿职工和家属，增强煤矿职工的自豪感和凝聚力，提高各级领导干部素质，加强党的执政能力和先进性建设，不断开创中国煤炭工业的新局面，具有重要的现实意义和深远的历史意义。

二、煤炭工业对中国社会进步、经济发展的作用

编著煤炭史志首先有必要了解煤炭工业在历史的长河中对社会进步、经济发展的巨大贡献和作用。人类社会的产生、存续和发展，依赖于人们对外界物质资料的开发和利用。煤炭就是人类实现其自身发展的最重要的物质资料之一。中国自古以来就是一个地域辽阔、煤炭储量丰富的国家，中国早在先秦时代就发现了煤炭，在汉代已经将煤炭用于冶炼，宋代则开始大量用作生活燃料。文明的发展始终贯穿着矿业的演进。在中国目前已经发现的 142 种矿产品中，煤炭是分布最广、储量最多的。在中国目前 31 个省级行政区域中，除上海市外均有煤炭储量。煤炭的开发利用对于人类社会文明的发展与进步有着巨大的、无可替代的作用。进入封建社会以后，煤炭在社会经济发展中的作用越来越重要，煤炭既是能源，又是重要的工业原料。世界第一次工业革命以人类发明蒸汽机为标志，而当时发明蒸汽机正是为了抽取矿坑的积水。中国采用机器开采煤炭始于 19 世纪中后期的洋务运动。在洋务运动期间创办的 27 个民用工业企业中，其中有 7 个是煤矿。它们分别是直隶磁州煤矿（1875）、

湖北广济兴国煤矿（1875）、台湾基隆煤矿（1876）、直隶开平煤矿（1878）、山东淄川煤矿（1887）、湖北大冶王三石煤矿（1891）、湖北江夏马鞍山煤矿（1891）。这些煤矿的创办，带动了纺织企业、机器制造、冶金工业、铁路等的发展，拓展了中国早期工业化的领域，使工业化建设在各工业领域全面展开。工业化的不断发展，使得中国社会特征由传统的一元经济（即传统农业）转变为二元经济（即传统农业与近代工业并存）。《马关条约》签订后，西方列强获得在中国开采煤矿的权利。此后，英国先后经营河南焦作、河北开滦、北京门头沟，日本先后经营东北的抚顺、鸡西、鹤岗、阜新，德国经营山东的淄博等煤矿。中华人民共和国成立以后，在我国一次性能源结构中，煤炭所占的比重长期在70%以上。火力发电、金属冶炼、机车运输、化工生产、农业生产以至人民生活等方面，都与煤炭紧密相关。纵观整个20世纪，中国的工业和铁路运输业始终以煤炭作为主要的动力燃料。总而言之，煤炭工业无论在社会进步还是经济发展中，都占有十分重要的地位。

随着煤炭资源的开采，矿区迅速聚集大量的劳动力及其家属，为矿区生产和矿工生活服务的功能社区和基础设施建设加快，开始出现城市的雏形。在中国，有许多城市因煤而兴。根据国家计委有关部门2002年对我国资源型城市界定的标准，即：

1. 采掘业产值占工业总产值的比重在10%以上。

2. 采掘业产值规模县级市超过1亿元，地级市超过2亿元。

3. 采掘业从业人员占全部从业人员的比重超过5%。

4. 采掘业从业人员规模县级市超过1万人，地级市超过2万人。[①]

---

① 国家计委宏观经济研究院课题组编：《我国资源型城市的界定与分类》，载《宏观经济研究》2002年第11期。

根据这个标准，据中国矿业协会统计，中国以采矿为主的资源型城市有390多座，其中有90个是煤炭工业城市，分布在21个省、自治区。其中山西12个、河南10个、山东10个、湖南5个、湖北1个、内蒙古5个、辽宁5个、四川5个、黑龙江4个、江西4个、吉林4个、河北4个、新疆3个、安徽2个、陕西3个、云南2个、宁夏2个、贵州3个、广西3个、江苏1个、福建2个。这90个煤炭工业城市共涉及约2亿人口，相当于目前全国总人口的七分之一。这既是一个庞大的城市群体，也是一个庞大的人口群体，它甚至大于世界上一般中等规模国家的人口和国土面积。还有一些城市虽然不是煤矿城市，但是因为运输煤炭而兴起，例如河北石家庄，就是因为外运山西、河北的煤炭而迅速发展起来的一座城市。

煤炭工业属于国民经济重要的基础工业。煤炭的开发绝不是仅仅带来了燃料那么简单。煤炭的开发直接带动了火力发电、交通运输等一系列相关产业的发展，极大地影响了中国铁路的布局与发展，推动了我国由农业社会向工业社会转型的进程。煤矿本身的创办还改变了中国工业分布不平衡的格局。煤矿的发展聚集了大批的产业工人，他们不仅是煤矿发展的生力军，也是中国革命和社会主义建设的重要力量。在中国近代史上，无论是太平天国运动，还是中国共产党领导的大革命运动以及抗日战争等，中国煤矿工人都作出了特殊而重要的贡献。

除了上述看得见、摸得着的变化之外，煤矿的出现和发展对国人思想观念的变化也是应该重视的。煤矿属于大机器生产，有严格的操作规程和安全要求，有比较完善的规章制度和团结协作等特点。机器生产带来了生产技术、生产方法、生产组织形式、经济制度、经营方式、管理方法等一系列变化。具体到煤矿，到了20世纪，无论是外资经营的煤矿，还是中国民族资本经营的煤矿，技术装备水平比19世纪有了很大的提高，有了质的飞跃。据相关资料统计，1933年时，中国共有煤矿工人109575人，占全国工人总数的17%，在行业中位居全国第二（仅次于纺织工人）。以煤矿工人为代表的工人阶级的出现和发展，引起了中国社会阶级关系和政治力量对比的重要变动。

三、特别重视史料工作

历史研究是一种特殊的文化创造形式。它的特殊性主要体现在我们所从事研究时自身的观念与我们对史料的使用之间存在一种互动的关系。就历史学而言，研究人员的史学观念来源于历史学的知识、新史料的发现、现实生活的经验和整体的文化素养等四个方面。其中最基本的是历史研究者必须凭借翔实而可靠的史料，才可能进行历史研究。因为历史的基本特征是已经逝去永不复返的客观存在，研究者唯有依靠遗留下来的记录或反映历史的史料为中介，间接地进行研究，以获得对历史的认识。所以，史料是历史研究的出发点和基础。

什么是史料？史料就是人类在自己的社会实践活动中残留或保存下来的各种痕迹、实物和文字资料。史料是人类生活过程的沉淀物。历史学诞生以后，它们为历史学家所注意、搜集和利用，就成为史料。史料包括文字的和非文字的两大类。在目前已经看到的煤炭史志著作中，依据的主要是文字史料。文字史料主要包括档案、图书、报刊、文件等。非文字史料主要包括口碑史料、实物史料、声像史料等。文字史料主要为官方文献，非文字史料以民间文献居多。例如传单、账册、歌谣、俚语、图片、漫画、碑刻等。这里仅就图片和歌谣的史料价值和作用作一简要评述。

以图片为史料来解释历史的好处是：一可以令历史清晰，能够起到弥补文字史料不足的作用；二可以给人形象的、立体的观感，能加深对研究对象的理解；三有益于记忆；四可以减省文字说明，一目了然，容易被读者理解和接受；五是图与文的合理搭配可以起到图文并茂、相得益彰的效果。

煤矿歌谣是中国煤矿工人在生产劳动和社会实践中集体创作的韵文作品，是广大矿工劳动状况、生活境遇的客观反映，是他们思想情感、愿望要求和世界观、价值观、审美观的直接表现，是他们集体智慧和创造力的艺术结晶，是可信度较强的原生态史料。在近代中国，由于教育的落后，广大煤矿工人的文化水平普遍十分低下。由于中国煤矿工人中的绝大多数来自经济、文化相对落后的农村中破产半破产的农民，所以煤矿工人大部分是文盲或半文盲。据1931年完成的《山东中兴煤矿工人调查》记载："在中兴煤矿工人的外工中，共有采煤工人2752人，其中不识字的2667人，占工人总数的96.9%，识字的仅85人，占工人总数的3.1%；里工稍好一点，在985名工人中，相当初中以上文化程度的不过11人，占工人总数的1.1%，而未受教育的有772人，占工人总数的78.4%。"① 而歌谣这一可以口头流传的文学样式因其扎根在广大矿工之中，为他们所喜闻乐见，加上歌谣朴实、自然，情感真挚，"劳者歌其事，饥者歌其食"，所以，矿工歌谣就成为广大矿工表达思想情感，宣泄喜怒哀乐最真挚、最精粹的艺术形式。在过去的20世纪里，煤矿歌谣曾伴随着中国煤矿历史的发展而发展，它真实记录了中国煤矿工人的心理轨迹、思想感情和斗争精神；表达了他们对当

① 崔云龙：《中国煤炭志编纂工作杂俎》，中国矿业大学出版社2004年版，第88页。

时社会、对职业、对自身生活的认识和感受。从这个意义上来讲，搜集整理煤矿歌谣不仅有相当高的历史价值，而且对于社会学、行为学、民俗学、心理学、语言学等研究，都是不可多得的材料。一部中国煤矿歌谣，堪称一部浓缩的中国煤矿历史的小百科全书。

四、几点建议

综上所述可以看出，中国煤炭史志的编纂工作已经取得了有目共睹、十分可喜的成绩。煤炭史志属于工业史志。但与中国煤矿悠久的历史和丰富多彩的内容相比，与铁路、纺织、冶金等行业相比，煤炭历史的研究还是初步的。目前，还没有一部全面、系统、权威、多卷本的《中国煤矿史》著作。已有的《中国煤矿志》尚留有缺憾。虽然我们研究的是已经发生过的历史，但是也要立足现实，面向未来，使煤炭史志工作更好地体现时代性，把握规律性，富于创造性。按照中国煤矿发展历程的客观事实及其内在联系，实事求是地认识、记载、阐述、表现中国煤矿职工进行革命、建设、改革的伟大实践，客观公正地评价历史事件和历史人物，使编纂的煤矿史志著作经得起历史的检验。同时要注重把煤炭史志工作与国家工作大局相结合，从历史与现实、理论与实践的结合上，为解决前进路上的新问题提供历史借鉴。为此，特提出以下几点建议：

（一）对已有的史志著作进行全面系统的梳理和评述。这项工作既是对以往工作的总结，也是新一轮编史修志工作的起点。要做好这项工作，首先要在掌握前人著述和搜集资料时树立竭泽而渔的精神和一网打尽的决心，通过对国内国外、中央地方、煤炭系统内外进行拉网式的调查和资料征集，在财力方面，可以争取在国家社会科学基金等方面立项，可以争取相关企业的资助；在人力方面，既可以组织煤炭系统内的史志人员和有识之士，也可以联络大专院校、科研院所的专家学者，以及对煤炭史志感兴趣的研究人员共襄盛举。

（二）史从志出，在志书基础上编著历史著作是中国的传统。目前已经出版的30卷本的《中国煤炭志》，是中国煤炭工业有史以来第一部大型志书。建议在此基础上，由中国煤炭史志委员会出面，在适当的时机组建写作班子，组织实施编纂一部权威性的、多卷本的《中国煤矿史》。

（三）开展一些较大项目的专题研究，推动产生一批标志性的成果，例如《帝国主义与中国煤矿》、《抗日战争时期中国煤矿人口伤亡和财产损失统计》、《抗战时期劳工问题研究》、《中国煤矿城市转型研究》等。加强和统筹规划中国煤矿发展史上重要人物的研究和纪念工作，为他们编著传记和整理文集，做好跨省、跨矿区课题的组织协调工作。

（四）加强煤炭史志资料的整理和开发利用工作。众所周知，马克思的经典著作是建立在大英博物馆汗牛充栋的图书资料基础上。资料是学术研究的基础，是研究的出发点和依据。制订有关煤炭史志资料的征集、保管、整理、研究的具体规定，最大限度地提高资料的利用效率，同时防止资料的流失、散失和泄密。建议在相关和合适的地方与单位，例如一些大学、煤炭博物馆、档案馆，建立中国煤炭史志资料中心或研究中心。

（五）对与有关煤炭历史的重要纪念场馆的建设提出意见和建议。对于现有的和将要建设的煤炭纪念场馆，有必要对其布展陈列和解说内容进行评估，提出审查意见，以保证展览的严肃性、科学性、准确性和权威性。

（六）拓宽渠道，加强与境外的学术交流，适时举办中国煤矿历史的国际学术讨论会。中国近代历史时期的煤矿很多是由外国创办。近代以来，因战争或其他原因使中国不少煤矿史料流落境外。例如台湾“国史馆”收藏有原国民政府资源委员会档案27595卷，共计532000余件；台湾“中研院”近代史研究所收藏有资源委员会档案1674函（每函可装档案3—5卷）。在美国、英国、日本等国以及中国香港、台湾地区，有一批研究中国煤矿历史或中国工业史等相关学科的专家学者。加强与他们的联系，有助于将中国煤炭史志的研究推向更高的水平。通过开展对外学术交流活动，有助于向外界准确、客观、全面地介绍中国煤炭工业的发展历程。

（七）组织评选、表彰全国煤炭史志工作部门的先进集体、先进工作者和优秀成果。对于一些不规范的问题应及时指出，例如2005年表彰的第一批煤炭史志著作中有一部名为《创业》，还有一部名为《丰碑上的印记》；2006年表彰的煤炭史志著作中有一部名为《燃烧之歌》。虽然这些题目比较传神和形象，但仅从书名中看不出是一部史志著作，看不出地名或单位名称，也看不出与煤炭有何关系。

（八）对已有的煤炭史志著作，要加强宣传和评论。对于这些著作的体例安排、记叙方法、图表使用等特点进行评论，在充分肯定成绩的同时要指出存在的问题。与此同时，要搜集和研究与煤炭工业发展相关的产业、行业、地区、城市等的史志著作和资料汇编。

（九）上世纪末出版的《中国煤炭志》只出了30卷，尚缺《台湾卷》，这不能不说是一大遗憾。台湾煤矿的产量虽然不高，但在中国煤炭工业发展史上有着重要的地位。中国第一家投入生产的机械化煤矿是台湾的基隆煤矿；中国第一条建成并投入使用的铁路是基隆到台北的铁路；台湾煤矿是被外国人在中国侵占时间最长的煤矿；台湾新竹煤矿局是近代中国最早公司化的煤矿之一。只有编纂并出版了《中国煤矿志》的《台湾卷》，《中国煤矿志》才称得上全面和完整。

（十）开展人物研究，编著个人文集和传记。历史是人类进行生产活动和社会活动的过程。梳理并总结中国煤炭工业发展史上重要人物的活动，用历史唯物主义观点对其一生进行全面的、历史的、辩证的分析，给予恰当的评价，是煤炭史志研究工作的一项重要内容。文集是研究人物的基本史料。把在全国煤炭工业发展史上有重要地位人物的文章、讲话、日记、回忆录、书信等编辑成选集、文集或全集出版，对于保存史料、研究历史人物，有着无法替代的作用。

煤炭史志作为中华民族传统文化的重要组成部分，创新的内涵十分丰富，中国漫长的编史修志历史可以说就是一部不断创新的历史。中国的史志之所以能够源远流长、连绵不断、历代不衰，其中一个重要原因就是修志能够随着时代的发展不断增加新的内容，改革旧的形式。历史是已经逝去的社会生活的总和。历史学是一门试图重现并解释过去重大事件的科学，更何况中国煤矿的历史还在不断地延伸。因此，研究中国及各地煤炭史志将是一项长期性的工作，需要世世代代坚持不懈的努力。2006 年 5 月国务院正式颁布了《地方志工作条例》，明确提出地方志书每 20 年左右编修一次，对地方志的组织编纂、管理、开发利用工作作出具体的规定，强调部门志的编纂，参照本条例的相关规定执行。这个条例的规定是鼓舞人心的，它为今后的修志工作提供了法规依据和制度保障。只要我们全国的煤炭史志工作者踏实工作，开拓进取，不断提高研究水平，就一定能够获得更多更好、无愧于时代的研究成果。

（本文原载《河南理工大学学报》[社科版]

2007 年第 3 期）

中国煤矿早期工人运动述论

在中华人民共和国成立以前，中国煤矿工人和当时其他产业的工人阶级一样，没有任何生产资料。但是它同大工业生产相联系，是先进生产力的代表。中国煤矿工人是中国工人阶级的组成部分，它和全国其他行业的产业工人共同组成了一个全新的社会阶级。这一历史时期的中国煤矿工人在同帝国主义、资产阶级作斗争中锤炼了高度的团结互助精神和严格的组织纪律性，是历史上最先进、最革命和具有远大前途的阶级。由于近代中国煤矿工人身受外国帝国主义、本国封建势力和资产阶级的三重压迫和剥削，没有产生社会改良主义的经济基础，所以煤矿工人是近代中国工人阶级中革命最彻底、纪律观念强、特别能战斗的一支队伍。本文仅就中国近代煤矿的产生和初步发展和五四运动以前的工人运动作一综合论述。

一、中国近代煤矿的产生与初步发展

1840年的鸦片战争及其以后签订的不平等条约，破坏了中国领土主权的完整，使中国开始从独立的封建国家向半殖民地半封建国家转变。

鸦片战争发生不久，外国商人为了贸易和航运的需要，先后在香港、广州、上海等地开办了船舶修造厂等企业。这些企业的运转，需要煤炭为动力。这一时期，西方国家的水上运输工具已开始从帆船向轮船过渡。轮船用煤成为发展轮运事业的一大问题。无论从西方来华的远洋轮船，还是航行中国江河湖海的轮船，都迫切需要在中国就近取得煤炭以降低运输成本。同时，外国在中国沿海地区兴办的工厂也迫切需要大量的煤炭。仅就上海一地而言，1858 年从英国、澳大利亚等国输入的煤炭就有 2.9 万多吨。远渡重洋运来的煤炭，价格势必特别昂贵。于是，英国等国开始在中国的台湾等地勘察煤矿，并向清政府提出了在中国开办煤矿的要求。早在 1846 年，英国的兵船就在台湾基隆寻找煤炭。[①] 19 世纪 60 年代，外国航运势力从中国沿海向长江内河渗透。外国轮船来往的数量与日俱增。轮船对煤炭的需求也越来越多。据美国公使蒲安臣在 1864 年的估计："中国沿海的［外国］轮船每年耗煤达 40 万吨，费款约在 400 万两"。[②] 这种情况促使外国势力迫切需要在中国寻找理想的煤炭供应地。为此，外国势力不顾清政府的禁令，派遣他们的公使、商人、浪人等潜往中国各地勘查煤矿。与此同时，清政府洋务派兴办企业对煤炭的需求也越来越多，支出越来越大。1867 年，曾国藩向清政府建议："挖煤一事，借外国开挖之器，兴中国永远之利，似尚可试办。" 1869 年，清政府与英国政府签订了《新修条约善后章程》。在这个章程中，清政府同意将台湾基隆、江苏句容、江西乐平三处煤矿对外开放。但是，由于英国商人对这个章程不够满意，对句容等煤矿的开采并未付诸实施。

---

① 咸丰《夷务始末》，第 3 卷，第 14 页，转引自严中平：《中国近代经济史》（1840—1894）下册，人民出版社 1989 版，第 1395 页。

② 卿汝楫：《美国侵华史》第 2 卷，三联书店 1956 年版，第 118 页。

外国资本在中国开矿设厂，不仅带来了机器设备和生产技术，对中国资本主义工业的出现也产生了“示范”和催生作用。19世纪60年代，中国兴起了一场以“富国强兵”为目的的洋务运动。洋务运动的主要内容除了开展新式外交、军事和教育活动外，就是创办包括煤矿在内的新式企业。从1867年开始，洋务派多次上奏朝廷，要求开办煤矿。1874年，清政府批准试办。此后，洋务派兴起了在中国开办煤矿的第一个高潮。从1875—1894年甲午战争前夕，洋务派先后开办了15处新式煤矿。其中“官办”6处，“官督商办”9处。这批煤矿的兴建和投产，给中国近代煤矿的发展奠定了基础。在这些煤矿中，规模较大和较有成效的有台湾基隆和直隶开平两个煤矿。

基隆煤矿是中国第一座新式煤矿。该矿1875年兴建，次年成立台湾矿务局，1878年投产出煤，最高年产量达到5.4万多吨。甲午战争后，该矿落入日本帝国主义者手中。

开平煤矿是中国近代煤矿中规模最大、成效最著的煤矿。该矿1876年兴建，次年成立开平矿务局，日产量长期保持在900吨以上。以后，开平矿务局新开林西煤矿，生产规模逐步扩大。1900年，英国资本家趁八国联军侵华的混乱局面，使用欺诈手段，掠夺了开平矿务局的全部财产。开平煤矿从此落入英国侵略者手中。

除了基隆、开平两矿之外，洋务派在此期间开办的煤矿还有直隶磁州、湖北广济、安徽池州、山东峄县、广西富川、直隶临城、徐州利国驿、金州骆马山、安徽黄池、北京西山、山东淄川等矿。

从1895年中日签订《马关条约》到1911年辛亥革命爆发，帝国主义列强对中国的侵略进入了由商品输出为主转为以资本输出为主的新时期。这一时期，帝国主义列强已经不满足在中国攫取一般的经济权益，而是要瓜分中国，在中国土地上建立自己国家独占的殖民地。由于煤炭是工业的食粮，所以西方各国对中国的煤矿进行了激烈的争夺。这一时期，英国攫取了在山西、河南、四川、安徽、北京、河北开滦等地煤矿的开采权；法国攫取了广东、广西、云南、贵州等地煤矿的开采权；德国攫取了山东、直隶井陉等地煤矿的开采权；日本攫取了东北抚顺、本溪湖，山东烟台，安徽宣城等地煤矿的开采权；美国攫取了吉林天宝山等煤矿的开采权。[①] 从1895—1913年，外资在华开办的煤矿共有32家，总投资约4997万元。其中主要有：英国经营的直隶宛平通兴煤矿、奉天朝阳锦西之间暖池塘煤矿、直隶唐山开平煤矿、安徽伦华公司（安裕公司）、四川江北厅公司、河南焦作福公司；德国经营的直隶西山天利公司、山东峄县华德中兴公司（1908年收回自办）、山东华德矿务公司、安徽安庆大凹山永顺煤矿公司、直隶井陉煤矿；俄国经营的奉天烟台煤矿、奉天瓦房店炸子窑煤矿、奉天抚顺煤矿、黑龙江胪膑扎赉诺尔煤矿、吉林陶家屯石碑岭宽城子煤矿、奉天五湖咀煤矿、奉天尾明山天利公司；日本经营的山东博山博东公司、奉天本溪湖煤铁公司、奉天本溪县彩合公司。1905年日俄战争后，日本又占领了烟台煤矿、炸子窑煤矿、抚顺煤矿、宽城子煤矿、五湖咀煤矿、天利公司。法国经营的湖北阳新炭山湾万顺公司；美国经营的奉天义州华美公司；比利时经营的直隶临城矿务公司、直隶宛平县门头沟龙门村裕茂公司；意大利经营的黑龙江胪膑县察罕敖拉煤矿等。[②] 其中经营效益较好的有辽宁的抚顺、本溪湖，直隶的开滦、井陉，山东的临城、华德，河南焦作等煤矿。这些矿区原来都有手工采煤的历史，而且几乎都已由中国人进行新法开采，然后被外国人侵吞，这是外资避免风险，坐享其成的最好方式。这些煤矿的大部分名义上

---

① 刘克祥：《清代全史》第10卷，辽宁人民出版社1993年版，第44页。

② 汪敬虞：《中国近代工业史资料》第2辑上册，中华书局1962年版，第140—144页。

都由中外合资或合办，实际上主要由外国人经营管理。

面对西方列强在中国大肆开办煤矿的行径，中国各界爱国人士在19世纪末20世纪初掀起了“收回矿权”、“设厂自救”的群众运动。截至辛亥革命前，山西、山东、奉天、安徽、四川、云南、湖北等省相继从外国人手中收回一些矿权。应该说明的是，所收回的矿权都是中方付出巨款赎回的，而且仅占帝国主义在华攫取矿权的一小部分，大多是尚未开采或未见成效之矿，重要大矿如开滦、抚顺、本溪湖、焦作等仍然被外国资本控制。

在从外国人手中收回矿权的同时，一些较有远见的中国官员和绅商发出了“实业救国”的呼声。在此期间，仅中国人新开的煤矿就有20个。其中官办的1个，即广西贺县西湾煤矿；官商合办的4个，即河北滦县滦州煤矿公司（1912年与开平煤矿公司联合）、山东泰安县华宝公司（禹村煤矿）、安徽宿县烈山煤矿局、浙江长兴煤矿；商办的15个，即江西萍乡安源煤矿、山东峄县枣庄中兴煤矿公司、河南安阳县六河沟煤矿公司、山西保晋矿务公司、河北磁县怡立煤矿公司、河北井陉县正丰煤矿公司、察哈尔宣化县鸡鸣山煤矿、辽宁锦西大窑沟煤矿、山东宁阳县华丰煤矿、辽宁西安煤矿、江苏铜山县贾汪煤矿、河北宣化县宝兴煤矿公司、安徽怀远县大通煤矿、湖北大冶县富源煤矿公司、江西乐平县鄱乐煤矿公司。这些民族资本的煤矿一般投资较少，生产规模也较小。据1913年的统计，中国煤矿年产量在100万吨以上煤炭的全部是外资或中外合资煤矿；年产10万吨至100万吨的煤矿外资和中外合资的占88.5%，民族资本的只占11.5%；年产1万吨至10万吨的煤矿中外合资占40.1%，民族资本占59.9%；年产1万吨以下的全部是民族资本。①

① 汪敬虞：《中国近代工业史资料》第2辑上册，第403页。

这批中外煤矿产生了第二批煤矿工人。据统计，在辛亥革命后的1912年，全国煤矿工人已有152459人（不包括外资煤矿），约占当时全国产业工人的15%。

第一次世界大战爆发后，日本接管了德国在山东的坊子、淄川等煤矿，同时又控制了汉冶萍公司。英国福公司和华商河南中原公司合并组成福中总公司。第一次世界大战期间及结束后的一段时间，中国民族资本经营的煤矿也有较大的发展，开办了华东、长兴、北票、正丰、长城、柳江、怡立、中和、大通、淮南等煤矿，使民族资本的煤矿年产量在1918年占到了全国煤炭总产量的24%。[①]煤矿的增加使中国煤矿工人阶级的队伍不断壮大，成为中国近代社会一支新起的重要力量。

二、中国煤矿工人的形成和特点

中国煤矿工人是整个中国工人阶级的组成部分。中国工人阶级作为近代社会先进生产力的代表和机器大工业的产物，它的主体和核心，是1840年以后随着外国资本、中国国家资本和民族资本开办的工矿企业而产生、发展起来的。鸦片战争后，外国资本主义的侵入，在中国建立了一批工矿企业，同时也刺激了中国官方和民间开始注重发展工业，中国工人阶级应运而生。正如毛泽东指出："帝国主义的侵略刺激了中国的社会经济，使它发生了变化，造成了帝国主义的对立物——造成了中国的民族工业，造成了中国的民族资产阶级，而特别造成了在帝国主义直接经营的企业中，在官僚资本的

① 张明理：《当代中国的煤炭工业》，中国社会科学出版社1988年版，第7—8页。

企业中，在民族资本的企业中做工的中国无产阶级。”①

随着近代煤矿的出现，煤矿工人也随之产生。中国第一批煤矿工人诞生在洋务派办的煤矿中。据统计，开平煤矿1894年雇有矿工3500—4500名，1887年开办的山东淄川煤矿雇有矿工300—500名，1891年开办的湖北江夏马鞍山煤矿雇有矿工1500—2000名。②中国第一批煤矿工人还有一部分来自19世纪70年代以后由官僚、买办、商人、地主等经营的煤矿，如安徽池州、山东峄县、广西富川贺县、江苏徐州、直隶临城、奉天金州、安徽贵池等。这些民营煤矿大都规模很小，发展缓慢，雇用工人多则500人左右，少则300人左右。

从1895年中日《马关条约》签订到1911年辛亥革命爆发，帝国主义列强对中国的侵略进入由商品输出为主转向以资本输出为主，中国煤矿工人队伍的发展也进入第二个阶段。这一阶段，帝国主义列强争先恐后地在中国投资建矿，其中规模较大的有英国人侵吞的直隶开滦煤矿、河南焦作福公司，日本侵占的抚顺煤矿、本溪湖煤矿，德国侵占的山东华德矿务公司，中比合资的直隶临城煤矿，中德合资的直隶井陉煤矿。这七大煤矿共有资本7316万多元，约占当时外国在华投资的85.7%，约为当时中国自有煤矿投资总额的3.37倍。民族资本经营的煤矿在这一时期也有较大发展，其中直隶宣化鸡鸣山煤矿、江西萍乡煤矿、广西西湾煤矿等，各有资本50万—70万元。

关于这一时期中国煤矿工人的数量，辛亥革命后北京政府农商部1914年编著的《第一次农商统计》中公布的数字为152459人。第

① 《毛泽东选集》第4卷，人民出版社1991年版，第1484—1485页。

② 许涤新等著：《中国资本主义发展史》第2卷，人民出版社1985年版，第380页。

一次世界大战爆发后，中国的煤矿工人队伍迅速壮大。据有关学者统计，1919 年前后中国的产业工人总数约为 288.5 万人，其中矿业工人约 70 万。[①] 而当时的矿业主要是煤矿，70 万矿业工人中绝大部分应是煤矿工人。

马克思和恩格斯在研究资本主义的规律，创建科学社会主义理论的过程中，对于无产阶级的阶级地位和本质特征，进行过多方面的深入分析和论述。总而言之，无产阶级是以机器大工业为物质技术基础的资本主义生产方式的产物。在资本主义社会化大生产的条件下，无产阶级被剥夺了一切生产资料，变成了只能依靠出卖自己的劳动力换取工资维持生活的所谓的“自由劳动者”或“自由的工人”。无产阶级是和机器大工业这种先进的经济形式相联系的阶级，是当时社会先进生产力的代表。

就无产阶级整体而言，它有如下一些共同的特点：（一）它是最有远大前途的阶级。因为它是机器大工业的产物和先进生产力的代表，不会像各种剥削阶级那样成为先进生产力发展的障碍而被打倒，也不会像其他劳动阶级那样随着大工业的发展而日趋没落和灭亡。随着机器大工业和这种先进生产力无限广阔的发展，无产阶级同样也有无限远大的前途。（二）它是最富于革命彻底性的阶级。在资本主义制度下，无产阶级失去了一切生产资料。因此，它只有通过革命，消灭生产资料的资本主义占有方式，才能使自己获得解放。（三）它是最富于组织性和纪律性的阶级。机器大工业生产需要把许多工人组织在一起，工人的劳动随着机器的运转进行，他们必须顺应机器体系的状况和运转规律，实行有计划的分工和合作。企业只有建立严密和严格的生产秩序和组织纪律，才能顺利地进行生产。（四）最富于集体主义和

---

① 刘明逵等著：《中国工人运动史》第 1 卷，广东人民出版社 1998 年版，第 73 页。

团结精神。（五）最少保守思想，最富于改革进取精神。

近代中国煤矿工人生长在半殖民地半封建社会，它除了具有一般无产阶级共同的特点之外，还具有一些特殊的特点。

（一）劳动时间特别长。近代中国煤矿工人劳动时间之长，举世罕见。在资本主义国家，煤矿工人每天的劳动时间一般低于其他行业工人的劳动时间。但是在中国，煤矿工人的劳动时间一般要超过其他行业工人的劳动时间。开滦、焦作、阳泉、大同等大型煤矿名义上是三班倒，每班工作8小时，但因工资少得无法维持基本生活，矿工们常常要打连班，连续工作16个小时才能上井。因为煤矿的工资制度不是计时工资制，而是计件工资制，矿工们不仅每天的工作时间长，而且一年到头休息的时间也很少。据开滦煤矿1919—1920年度各矿工人平均全年工作日数统计：唐山矿为349天，林西矿为354天，马家沟矿为351天，赵各庄矿为355天。在陕西铜川煤矿，矿主为了多出煤，制定了一种大班窑，规定矿工下井后，吃住都在井下，1月甚至数月才能上井一次。有歌谣为证：大班窑，苦无边，一下就是百十天，窑工日夜在井下，当牛作马受熬煎。[①]“入井鸡鸣叫，升井月亮照”。这首流传在辽宁阜新煤矿的歌谣反映出当地矿工每天天不亮就下井，月亮升起才上井的情形，表明每天工作都在十几小时以上。近代中国煤矿工人不仅劳动时间长，而且强度特别大。即使在机械化程度相对较高的外资煤矿，采掘、运输等环节仍以粗笨沉重的体力劳动为主，矿工们整天处于极度劳累紧张之中。

（二）劳动条件恶劣。煤矿生产主要是地下作业，终年不见阳光，呼吸不到新鲜的空气。矿工们不仅要从事极为艰苦的劳动，呼吸污浊的空气，而且时刻面临着瓦斯爆炸、冒顶、透水、烟尘等危险，劳动

① 薛世孝等著：《矿工歌谣》，中国民间文艺出版社1986年版，第12页。

环境十分险恶。仅以当时中国最大的开滦煤矿为例，井下“大路阔十一尺，高十尺，途中昏黑没灯火及种种设备，非常泥泞，路旁有水沟，水深过膝。路中设轨，用骡车运煤。小路阔只七尺，高只四尺半。走的须俯伏行走。顶和两旁用木柱上撑，身首偶触之，煤块纷纷从上下坠。工作的地方非常狭窄，且煤层向上作斜坡，矿工赤身涂炭，屈曲如猬，借一点灯光，在内工作。这种情状，看见的都要想这是宗教里的地狱……空气里夹着煤气、水汽、硫黄气和种种重浊的臭气。气温高至摄氏八十三度，气压大到水银柱三十二寸十分之七（在第八屋1466尺下)，地面都是水，伸腰须覆在地上”[①]。大煤矿的劳动条件姑且如此，中小煤矿的劳动条件可想而知。恶劣的劳动条件造成各种事故经常发生，矿工的生命安全没有保障。如日本经营的抚顺煤矿，1907年发生事故125次，伤亡矿工141名，1919年发生事故增加到4724次，伤亡矿工增加到4799名，占矿工总数的10%。[②]

（三）生活待遇相当差。在资本主义剥削制度下，工资是劳动力价值的货币表现，即劳动力的价格。在近代中国，煤矿工人的工作不仅劳动强度大，而且时时有生命危险，但工资却普遍低于铁路、机械、邮电等其他行业。1878年，唐廷枢在为开平煤矿招商引资时，在集股章程中说明：英国煤矿工人平均每日工资8钱，产煤约5吨；中国煤矿工人每日工资不过1钱，产煤约2吨。[③]这就是说，英国煤矿工人每生产1吨煤可得工资1.6钱，而中国煤矿工人每生产1吨煤只能得到工资0.5钱。1912—1916年，抚顺煤矿日本工人的工资通常是中国工人工资的2.6倍。据综合统计，1920年前后，山西保晋煤矿平均每名矿工的日工资为0.30元，辽宁抚顺煤矿平均日工

---

① 许元启：《唐山劳动状况》(二)，《新青年》1920年第7卷，第6号。

② 王永玺：《中国工会史》，中共党史出版社1992年版，第35页。

③ 严中平：《中国近代经济史》(1840—1894)，人民出版社1989年版，第1581页。

资为0.51元，江西安源煤矿平均日工资为0.28元。1919年，山东中兴煤矿矿工平均月工资为8.09元，河北开滦煤矿平均月工资为8.23元。同样在开滦煤矿，高级职员的月工资为[①]60.4元，“比工人高出54倍”[②]。中国煤矿工人这点微薄的工资并不能全部到工人的手中，中外资本家还要巧立名目进行克扣和盘剥。

（四）地位十分低下。“人间地狱十八层，十八层底下是矿工。”这首歌谣形象地反映了近代中国煤矿工人低下的社会地位。生活在半殖民地半封建社会的中国煤矿工人，深受帝国主义、封建主义、官僚资本主义三重压迫，政治上完全没有权利。1907年，清政府制定的《大清矿务章程》规定：“借端罢工要挟者”，“交地方官惩办”。在湖南耒阳煤矿，招来的车水工“到煤矿后，首先是封建把头及其爪牙环攻殴打，打服后，上脚镣，并用利刃刺伤双足，然后送至矿井深处车水，使其永远难见天日，直至不堪折磨而死去”[③]。

（五）集中程度很高。煤矿属于劳动密集型产业。在近代中国，无论是外资煤矿还是民族资本的煤矿，因为产业的特点和竞争生存的需要，从一开始就具有相当的规模。较大的煤矿一般都集中了数以千计的煤矿工人，一些大型煤矿的工人往往数以万计。尤其是民族资本的煤矿，由于资本不够雄厚，无力购买大量先进的机器设备来提高煤矿的机械化程度，往往雇用更多的矿工，因为矿工的劳动力价格十分低廉，一些矿主宁愿用人力来代替机械，从而也提高了矿工的集中程度。从地域上看，近代中国煤矿工人主要集中在辽宁、河北、山东、河南、山西、江西6个省。根据1936年的统计，上述6个省共集中了192962名煤矿工人，占当时全国煤矿工人总数

① 郭士浩：《旧中国开滦煤矿工人状况》，人民出版社1985年版，第73页。
② 解学诗：《满铁史资料》第4卷第1分册，中华书局1987年版，第326页。
③ 王永玺：《中国工会史》，第33页。

的76.86%。[①] 煤矿工人的高度集中，对煤矿工人向国内外反动势力进行斗争提供了十分有利的条件。

（六）与广大农民有天然的联系。近代中国的煤矿工人绝大部分来自农村，他们同广大农民有着相似的处境、遭遇和共同的革命要求。许多矿工就生活在矿区附近的农村，平时，特别是农忙季节他们还要帮助家里做农活。这种关系使煤矿工人在各种斗争中很容易和农民结成亲密的联盟。正是由于广大矿工来自农村，矿方（包括外资煤矿）往往利用把头制、包工制及其他形形色色的封建组织形式和管理制度来奴役矿工。在近代煤矿，有技术的里工是少数，没有技术、主要依靠出卖力气谋生的外工占多数。这些外工往往农忙时务农，农闲时务工。他们在矿上务工时要受资本家的压榨和奴役，在农村务农时又要受到地主的剥削和压迫。所以，矿工很容易与农民结成同盟军。

半殖民地半封建的社会历史条件，给中国近代煤矿工人带来的种种特点中也包括一些弱点。其中主要有：由于近代煤矿工人生活极端困苦，没有时间和条件学习文化，所以文化水平普遍很低，目不识丁的文盲占大多数，这对于他们学习政治理论和科学技术，开阔眼界，提高进行阶级斗争和生产斗争的知识、能力和水平，都是不利的；由于广大矿工来自农村，容易受封建意识和习俗的影响，小农意识较强，社会化机器大工业生产的观念确立需要一个过程，不可能一下子就摆脱传统观念的影响。

总之，近代中国煤矿工人具有一般无产阶级的共性，又具有该行业主要在地下作业等不同于其他行业的特点。它的基本特点是它阶级本质和行业特征的表现，是它最主要最基本的方面；它的弱点

---

① 《中国经济年鉴》，商务印书馆1936年版，第68—71页。

则是外部环境、条件给予它的影响和限制。

三、中国煤矿工人的早期斗争

近代中国是半殖民地半封建社会。这一时期，帝国主义和封建主义相结合，造成了帝国主义和中华民族的矛盾，封建主义和人民大众的矛盾。中国煤矿工人诞生后，首先受到帝国主义和封建势力的压迫，他们同帝国主义和封建势力之间产生了不可调和的矛盾。有矛盾就有斗争。这里论述的早期斗争指的是鸦片战争后至 1919 年五四运动期间中国煤矿工人的斗争活动。

早在太平天国运动在广西兴起的时候，最初参加起义的群众就有一批来自贵县龙山山区的煤矿工人。拜上帝会的领袖杨秀清、肖朝贵都曾以烧炭为生。1852 年太平军进入湖南，该省道州、郴州、桂阳一带数千名煤矿工人参加了太平军。太平军把煤矿工人编为土营，该营的任务主要是发挥煤矿工人擅长开采巷道的专长，在攻城久攻不下时，由该营挖掘地道至城墙下，安放炸药实施爆破，为太平军攻入城内打开通道。以煤矿工人组成的土营在攻陷武昌、南京、扬州、杭州等城池时，发挥了巨大的威力。

中日甲午战争爆发后，帝国主义列强纷纷在中国开矿设厂，中华民族面临着严重的瓜分危机。这一时期，帝国主义列强先后强迫中国签订了 42 项有关在中国开办煤矿的章程、条款及合同，地域涉及中国 19 个省区。外资煤矿的产量占当时中国煤炭总产量的 83.2%，基本上控制了中国的煤炭工业。[①] 为了反对帝国主义的侵

① 张明理：《当代中国的煤炭工业》，第 7 页。

略，救亡图存，中国煤矿工人多次参加湖南、四川、福建等地民众举行的反洋教斗争。1900 年前后，在中国北方地区兴起了义和团运动，煤矿工人积极地投身于这场反帝爱国斗争。在东北，凡是俄国修建的中东铁路经过的地方，都发生过煤矿工人和伐木工人等的反抗斗争。

20 世纪初，中国人民掀起了一场收回矿权运动。其中影响较大的有山西、河南人民收回英国福公司矿权的斗争，安徽人民收回铜官山煤矿的斗争。1906 年，安源矿工参加了同盟会领导的萍（乡）浏（阳）醴（陵）起义。这次起义是在资产阶级领导下进行的，安源矿工在起义中起到了重要作用，并受到了一次有纲领、有组织的武装起义的实际锻炼。从 1895—1913 年，近代中国的产业工人共计举行罢工 143 次，其中煤矿工人举行罢工 18 次，在罢工数量上仅次于缫丝和棉纺织工人。其中主要的有：1899 年的安徽芜湖晋康煤矿工人罢工，1905 年的湖南慈利界牌峪黄厂矿务分公司工人罢工，1905—1913 年江西萍乡煤矿曾发生 4 次罢工，1912 年安徽濉溪烈山煤矿先后发生过 4 次罢工，1905 年和 1907 年山东潍县坊子煤矿工人举行过两次罢工，1913 年山东淄川煤矿工人为争取提高工资而举行的罢工等。①

综上所述可以看出，中国煤矿工人在诞生和发展的历程中，参加了近代中国人民历次反侵略战争和旧民主主义革命时期的许多重大斗争。中国煤矿工人运动一开始就具有鲜明的反帝反封建的政治性和革命性，这是这一时期中国煤矿工人运动一个突出的历史特点。斗争的目的，大多是为了增加工资、减少工时，改善劳动条件和福利待遇，反对各种形式的降低和拖欠工资、延长工时等。

---

① 刘明逵等著：《中国工人运动史》第 1 卷，第 370—372 页。

从1914年第一次世界大战的爆发到1919年五四运动的发生，是近代中国煤矿工人队伍迅速壮大的时期。这一时期，由于英、法、德、意、俄等帝国主义国家忙于战争，暂时放松了对中国煤矿的侵略，从而使中国的民族资本和日、美帝国主义在华资本有了较大发展，中国煤矿工人的数量迅速增加，从而提高了煤矿工人的战斗力，煤矿工人成为中国工人阶级队伍的一支重要力量。据统计，在这5年多的时间里，全国的产业工人共举行各种罢工95次，其中煤矿工人举行罢工11次。① 在这一时期煤矿工人的罢工中影响较大的有：1914年河南焦作福公司煤矿工人罢工、1915年湖南乾城（今吉首）大王岩煤矿工人罢工等。这一时期，煤矿工人罢工的组织领导、斗争方式和策略运用等方面都有较大的进步。煤矿工人在斗争中经历了考验，增长了才干，锻炼了队伍，积蓄了力量。但就整个斗争情况来看，中国煤矿工人的斗争还不能说已经走上自觉的阶段。但是，这一时期煤矿工人的斗争与整个中国工人运动汇成强大的潮流，为中国工人阶级开始登上中国的政治舞台和在五四运动后建立自己的先锋队组织——中国共产党，并在中国共产党的领导下走上自觉地为谋求本阶级和全国人民彻底解放的革命道路准备了条件。

（本文原载《河南理工大学学报》
[社科版] 2006年第2期，人大复印资料
《工会工作》2006年第4期全文转载）

---

① 刘明逵：《中国工人阶级历史状况》第1卷第2册，中共中央党校出版社2000年版，第338—382页。

近代中国煤矿发展述论

人类社会的产生、存续和发展，依赖于人们对外界物质资料的开发和利用。煤炭就是人类实现其自身发展的最重要的物质资料之一。中国自古以来就是一个地域辽阔、煤炭储量丰富的国家。我们的祖先早在先秦时代就发现了煤炭，在汉代已经将煤炭用于冶炼，宋代则开始大量用作生活燃料。到了明清两代，不仅宫廷用煤量日趋繁多，而且越来越多的普通百姓家庭做饭取暖也选择煤炭作为燃料。煤炭在社会经济中的作用越来越重要。在中国目前已经发现的142种矿产品中，煤炭是分布最广、储量最多的。在中国目前31个省级行政区域中，除上海市外均有煤炭储量。煤炭的开发利用对于人类社会文明的发展与进步有着巨大的、无可替代的作用。

中国是世界上发现、利用、开采煤炭最早的国家，但近代煤矿则出现在1840年鸦片战争以后。近代煤矿的标志主要有两个：一是在提升、排水、通风等煤炭生产的主要环节采用以蒸汽机为动力的机械；二是在生产和管理等方面或多或少地采用了资本主义的经营管理方式。以生产方式的变迁和社会性质的改变为特征，中国近代历史的时限从1840年鸦片战争爆发至1949年中华人民共和国成立。近代时期中国煤矿的发展大致可分为三个阶段：起步阶段（1860—1895），发展阶段（1896—1937），最高阶段（1937—1949）。本文就近代中国煤矿的演进作一述论，初步梳理近代中国煤矿工业的发展脉络。

一、起步阶段（1860—1895）

1840年的鸦片战争及其以后签订的不平等条约，破坏了中国领土主权的完整，使中国开始从独立的封建国家向半殖民地半封建国家转变。鸦片战争后不久，外国商人为了贸易和航运的需要，先后在香港、广州、上海等地开办了船舶修造厂等企业。这些企业的运转，需要用煤炭为动力。早在1846年，英国的兵船就在台湾基隆寻找煤炭。[①]这一时期，西方国家的水上运输工具已开始从帆船向轮船过渡。船用煤成为发展航运事业的一大问题。无论从西方来华的远洋轮船，还是航行在中国江河湖海的轮船，都迫切需要在中国就近取得煤炭以降低运输成本。除此之外，外国人在通商口岸经营的制造业、公用事业等，也对煤炭有相当的需求。仅就上海一地而言，1858年从英国、澳大利亚等国输入的煤炭就有2.9万多吨。由于煤炭是大宗物资，远渡重洋运来的煤炭，价格势必特别昂贵，所以从19世纪60年代后期开始，一些外国人便提出直接在中国开办煤矿。

随着外国对华经济渗透的加深，其对中国煤炭资源的需求也不断增长。第二次鸦片战争后，外国在华设立的通商口岸从原来的5口陡然增至16口，往来的外国轮船越来越多，其所需用的煤炭也同步增加。据美国公使蒲安臣在1864年的估计："中国沿海的［外国］轮船每年耗煤达40万吨，费款约在400万两"。[②]这种情况促使外国

① 严中平：《中国近代经济史》（1840—1894）下册，人民出版社1989年版，第1395页。
② 卿汝楫：《美国侵华史》第2卷，三联书店1956年版，第118页。

势力迫切需要在中国寻找理想的煤炭供应地。1868年初，上海英国商会向英国驻华公使提出："鉴于廉价的燃料对于本会所竭力提倡的轮船企业之成败，至关重要，因此，要求中国各处煤矿之自由开采，以利于外国的竞争，成为本会的正当目的。"[①]这一时期，晚清政府的矿业政策明确规定不允许外国在华开采矿产资源，因此面对外国人提出的开矿要求，一概以涉及国家主权、有碍风水等为由予以拒绝。尽管如此，外国势力仍然不顾清政府的禁令，派遣他们的公使、商人、浪人等潜往中国各地勘查煤矿，为下一步的活动作准备。

外国资本在中国开矿设厂，不仅带来了机器设备和生产技术，对中国资本主义工业的出现也产生了"示范"和催生作用。从19世纪60年代开始，清政府洋务派兴办的企业对煤炭的需求也越来越多，支出越来越大。1867年，曾国藩向清政府建议："挖煤一事，借外国开挖之器，兴中国永远之利，似尚可试办"[②]此后，晚清政府的矿业政策也开始发生变化。1869年，清政府与英国政府签订了《新修条约善后章程》。在这个章程中，清政府同意将台湾基隆、江苏句容、江西乐平三处煤矿对外开放。但是，由于英国商人对这个章程不够满意，对句容等煤矿的开采并未付诸实施。

19世纪60年代，中国兴起了一场以"富国强兵"为目的的洋务运动。洋务运动的主要内容除了开展新式外交、军事和教育活动外，还有创办包括煤矿在内的新式企业。新式企业包括军事工业和民用工业。新式企业的发展带来了对煤炭需求的激增，从而大大改变了以往煤炭需求的构成，由以民间需求为主迅速向以官方需求为主转变。从1867年开始，洋务派多次上奏朝廷，要求开办煤矿。1874年，清政府

① 严中平：《中国近代经济史》（1840—1894）下册，第1250页。

② 同治《夷务始末》，第55卷，第15—16页。

批准试办，并放弃了此前“悉听民间开采”煤炭资源的管理政策，改行官办、官督商办煤矿制度。此后，洋务派兴起了在中国开办煤矿的第一个高潮。从1875—1894年甲午战争前夕，洋务派先后开办了15处新式煤矿。其中“官办”6处，“官督商办”9处。详见下表：

开办年份	煤矿名称	经营性质	创办者	开办原因
1875	直隶磁州煤矿	官办	直隶总督李鸿章	机器制造局和轮船招商局用煤
1875	湖北煤铁总局	官办	直隶候补道盛宣怀	机器制造局和轮船招商局用煤
1876	台湾基隆煤矿	官办	两江总督沈葆桢	福州船政局、军工厂等用煤
1877	安徽池州煤矿	官督商办	江苏前补用候补道李振玉、买办商人杨德	—
1877	直隶开平煤矿	官督商办	直隶总督李鸿章、买办商人唐廷枢	军工厂和轮船招商局用煤
1879	湖北荆门煤矿	官督商办	直隶候补道盛宣怀	机器制造局和轮船招商局用煤
1880	山东峄县煤矿	官督商办	安徽寿春候补知县	—
1880	广西富川煤矿	官督商办	叶正邦	—
1882	直隶临城煤矿	官督商办	纽秉臣	—
1882	江苏徐州煤矿	官督商办	知府胡恩燮	—
1883	安徽贵池煤矿	官督商办	徐润	—
1884	北京西山煤矿	官督商办	吴炽昌	—
1887	山东淄川煤矿	官办	张曜	—
1891	湖北大冶煤矿	官办	湖广总督张之洞	汉阳铁厂用煤
1891	湖北马鞍山煤矿	官办	湖广总督张之洞	汉阳铁厂用煤

资料来源：张国辉：《洋务运动与中国近代企业》，中国社会科学出版社1979年版，第185—187页。

这批煤矿的兴建和投产，给中国近代煤矿的发展奠定了基础，也促进了中国近代工业的发展。在这15家煤矿中，主要为军事工业和民用工业提供燃料的有7家，其中规模较大和较有成效的有台湾基隆和直隶开平两个煤矿。

基隆煤矿是中国第一座新式煤矿。该矿1875年兴建，次年成立台湾矿务局，1878年投产出煤，最高年产量达到5.4万多吨。在1884年爆发的中法战争中，中国守将刘铭传为了断绝法国轮船的煤炭供应及法国对台湾地区煤矿的染指，断然下令破坏了基隆八斗子煤矿的矿井和机器设备，并将存煤（约1.5万公吨）注入石油悉数加以烧毁。至此，经营多年的煤业破坏无遗。战后由于台湾政局不稳，恢复生产后的官矿经营不善，时任巡抚的邵友濂于1891年封闭了基隆煤矿。甲午战争后，该矿落入日本帝国主义者手中。开平煤矿是中国近代煤矿中规模最大、成效最著的煤矿。该矿1876年兴建，次年成立开平矿务局，日产量长期保持在900吨以上。[①] 以后，开平矿务局新开林西煤矿，生产规模逐步扩大。1900年，英国资本家趁八国联军侵华的混乱局面，使用欺诈手段，掠夺了开平矿务局的全部财产。开平煤矿从此落入英国侵略者手中。

在这一阶段，从投资金额、技术设备的先进程度、生产规模等方面看，洋务派兴办的煤矿是主体，商办煤矿只是补充。这一阶段创办的煤矿虽然因体制问题大多管理不善，连年亏损，甚至投产不久就停办，但其在中国煤矿史上从无到有，开辟草莱的奠基作用应该给予确立和肯定。

二、发展阶段（1896—1937）

1895年中日签订《马关条约》后，外国资本凭借侵略特权在华投资办厂，对中国的侵略进入了由商品输出为主转为以资本输出为

① 《北华捷报》（英文），英领报告，1885年6月5日，第639页。

主的时期。这一时期，帝国主义列强已经不满足在中国攫取一般的经济权益，而是要瓜分中国，在中国土地上建立自己国家独占的殖民地。由于煤炭是工业的食粮，所以西方各国对中国的煤矿进行了激烈的争夺。这一时期，英国攫取了在山西、河南、四川、安徽、北京、河北开滦等地煤矿的开采权；法国攫取了广东、广西、云南、贵州、四川等地煤矿的开采权；德国攫取了山东、直隶井陉等地煤矿的开采权；日本攫取了东北抚顺、本溪湖，山东烟台，安徽宣城等地煤矿的开采权；美国攫取了吉林天宝山等煤矿的开采权；①俄国攫取了中东铁路及支线沿线的采矿权。从1895—1913年，外资在华开办的煤矿共有32家，总投资约4997万元。其中主要有：英国经营的直隶宛平通兴煤矿、奉天朝阳锦西之间暖池塘煤矿、直隶唐山开平煤矿、安徽伦华公司（安裕公司）、四川江北厅公司、河南焦作福公司；德国经营的直隶西山天利公司、山东峄县华德中兴公司（1908年收回自办）、山东华德矿务公司、安徽安庆大凹山永顺煤矿公司、直隶井陉煤矿；俄国经营的奉天烟台煤矿、奉天瓦房店炸子窑煤矿、奉天抚顺煤矿、黑龙江胪膑扎赉诺尔煤矿、吉林陶家屯石碑岭宽城子煤矿、奉天五湖咀煤矿、奉天尾明山天利公司；日本经营的山东博山博东公司、奉天本溪湖煤铁公司、奉天本溪县彩合公司。1905年日俄战争后，日本又占领了烟台煤矿、炸子窑煤矿、抚顺煤矿、宽城子煤矿、五湖咀煤矿、天利公司；法国经营的湖北阳新炭山湾万顺公司；美国经营的奉天义州华美公司；比利时经营的直隶临城矿务公司、直隶宛平县门头沟龙门村裕茂公司；意大利经营的黑龙江胪膑县察罕敖拉煤矿等。②其中经营效益较好的有辽宁

---

① 刘克祥：《清代全史》第10卷，辽宁人民出版社1993年版，第44页。

② 汪敬虞：《中国近代工业史资料》第2辑上册，中华书局1962年版，第140—144页。

的抚顺、本溪湖，直隶的开滦、井陉，山东的临城、华德，河南焦作等煤矿。这些矿区原来都有手工采煤的历史，而且几乎都已由中国人进行新法开采，然后被外国人侵吞，这是外资避免风险，坐享其成的最好方式。这些煤矿的大部分名义上都由中外合资或合办，实际上主要由外国人经营管理。

面对西方列强在中国大肆开办煤矿的行径，中国各界爱国人士在19世纪末20世纪初掀起了“收回矿权”、“设厂自救”的群众运动。截至辛亥革命前，山西、山东、奉天、安徽、四川、云南、湖北等省相继从外国人手中收回一些矿权。应该说明的是，所收回的矿权都是中方付出巨款赎回的，而且仅占帝国主义在华攫取矿权的一小部分，大多是尚未开采或未见成效之矿，重要大矿如开滦、抚顺、本溪湖、焦作等仍然被外国资本控制。尽管如此，收回矿权运动对于改变中国绅商的思想观念还是起到了重要作用。

在从外国人手中收回矿权的同时，一些较有远见的中国官员和绅商发出了“实业救国”的呼声。在此期间，仅中国人新开的煤矿就有20个。其中官办的1个，即广西贺县西湾煤矿；官商合办的4个，即河北滦县滦州煤矿公司（1912年与开平煤矿公司联合）、山东泰安县华宝公司（禹村煤矿）、安徽宿县烈山煤矿局、浙江长兴煤矿；商办的15个，即江西萍乡安源煤矿、山东峄县枣庄中兴煤矿公司、河南安阳县六河沟煤矿公司、山西保晋矿务公司、河北磁县怡立煤矿公司、河北井陉县正丰煤矿公司、察哈尔宣化县鸡鸣山煤矿、辽宁锦西大窑沟煤矿、山东宁阳县华丰煤矿、辽宁西安煤矿、江苏铜山县贾汪煤矿、河北宣化县宝兴煤矿公司、安徽怀远县大通煤矿、湖北大冶县富源煤矿公司、江西乐平县鄱乐煤矿公司。这些民族资本的煤矿一般投资较少，生产规模也较小。据1913年的统计，中国煤矿年产量在100万吨以上煤炭的全部是外资或中外合资煤矿；年产10万吨至100万吨的煤矿外资和中外合资的占88.5%，民族资本的只占11.5%；年产1万吨至10万吨的煤矿中外合资占40.1%，民族资本占59.9%；年产1万吨以下的全部是民族资本。这批中外煤矿产生了第二批煤矿工人。据统计，在辛亥革命后的1912年，全国煤矿工人已有152459人（不包括外资煤矿）。[①]约占当时全国产业工人的15%。

第一次世界大战爆发后，日本接管了德国在山东的坊子、淄川等煤矿，同时又控制了汉冶萍公司。英国福公司和华商河南中原公司合并组成福中总公司。第一次世界大战期间及结束后的一段时间，中国民族资本经营的煤矿也有较大的发展，开办了华东、长兴、北票、正丰、长城、柳江、怡立、中和、大通、淮南等煤矿，使民族资本的煤矿年产量在1918年占到了全国煤炭总产量的24%。[②]1921年，中国产煤最多的煤矿依次为开滦（4320274吨）、抚顺（2955426吨）、淄博（913000吨）、萍乡（700000吨）、中兴（659764吨）、中福（648161吨）、井陉（577991吨）、本溪湖（314674吨）、临城（275851吨）、六河沟（250000吨）、中原公司（245290吨）、保晋公司（209735吨）等。[③]1936年应是整个中国近代史上煤炭产量最高的年份，这一年全国年产5万吨以上的新式煤矿61个，其中年产60万吨以上的有抚顺、开滦、淄博、中福、中兴、井陉、本溪湖等煤矿。

1936年6月，主管全国工业建设的资源委员会拟订了《中国工业发展三年计划》。该计划中有关煤矿建设的项目有开发江西高坑煤矿和天河煤矿、湖南谭家山煤矿及河南禹县煤矿，年产150万吨；建设煤炼油厂，年产2500万加仑。[④]这些煤矿均分布在内陆省份。关于矿址

① 汪敬虞：《中国近代工业史资料》第2辑上册，第1180页。
② 张明理：《当代中国的煤炭工业》，中国社会科学出版社1989年版，第7—8页。
③ 黄著勋：《中国矿产》，商务印书馆1926年版，第17页。
④ 钱昌照：《两年半创办重工业之经过及感想》，《新经济》第2卷第1期，1939年版，第5页。

的选择，明显地体现出备战的考虑。南京国民政府随即批准了这个计划，并从当年的财政预算中拨出1000万元作为建设经费，这几家煤矿很快进入建设阶段。由于煤炭不仅是重要的能源，同时还是重要的化工原料，火力发电、金属冶炼、机车运输、化工生产以至人民生活等方面，都与煤炭紧密相关，所以煤炭工业在这一时期有了较大的发展。

三、最高阶段（1937—1949）

早在1931年“九一八”事变发生不久，日本就成立了南满洲铁道株式会社（简称满铁），侵占了抚顺、本溪湖等煤矿。1934年又成立了满洲炭矿株式会社，意在控制整个东北的煤矿。1937年日伪将日本产业株式会社改组为满洲重工业开发株式会社（简称满业）。满铁与满业成为日本控制中国东北煤矿的两大巨头。1937年7月抗日战争全面爆发后，满铁与满业的势力发展到了关内广大沦陷区。1938年，日本侵略者又成立了华北开发、华中振兴两大会社，主要负责掠夺沦陷区的煤炭资源。“华北的煤1936年产量1673.3万吨，1944年达2039.7万吨，高峰期的1942年达2423.9万吨”[①]。据统计：日本帝国主义在东北（从“九一八”事变起至1945年8月）、华北、华中（从“七七”事变起至1945年8月）占领区进行掠夺性开采，抢走原煤41950万吨。

“七七”事变发生后，战火波及地区的煤矿大都被日本侵占。1938年1月，国民政府颁布《战时领办煤矿办法》，鼓励开发抗战后方地区的煤矿。为了推动后方煤矿业的发展，国民政府制定了一

① 朱汉国等著：《中华民国史》第3册志二，四川人民出版社2006年版，第57页。

系列政策，主要有：

（1）制定战时领采煤矿办法。凡呈领煤矿，经省主管官署查明图地相符，并无重复者，俟手续完备后即予批准，先行开采，再行转经济部给照。

（2）贷助资金。由工矿调整处贷款拆迁、建设，由燃料管理处贷款周转。

（3）供应器材。各煤矿所需器材，由工矿调整处拟定规格，在国内工厂定造，并按优先购买程序，核售各矿。

（4）矿工缓役。凡煤矿井下工人和技术人员，暂缓服兵役，以免影响生产。

抗战期间，国民政府主管工业的机构是资源委员会。为了满足抗战期间军事、工业、民用等方面的需要，资源委员会兴办了一批煤矿，其中主要的有：

煤矿名称	地点	成立时间	经营方式	职员数	工人数
建川煤矿公司	四川巴县	1941.10	×	118	1413
威远煤矿公司	四川威远	1940.7	×	128	2420
嘉阳煤矿公司	四川健为	1939.1	×	189	2820
四川矿业公司	四川成都	1941.6	(	66	196
贵州煤矿公司	贵州贵阳	1941.5	(	71	633
黔南煤矿筹备处	贵州都匀	1944.7	0	—	—
明良煤矿局	云南宜良	1939.9	0	158	678
宣明煤矿公司	云南宣威	1940.1	(	16	38
辰溪煤矿公司	湖南辰溪	1940.10	(	21	58
辰溪煤业办事处	湖南辰溪	1938.8	0	21	67
湘江矿业公司	湖南永兴	1943.10	×	—	—
天河煤矿筹备处	江西吉安	1937.2	(	—	—
甘肃煤矿局	甘肃兰州	1943.12	(	49	212
甘肃矿业公司	甘肃兰州	1942.1	×	90	338

资料来源：资委会经济研究室编：《资源委员会经办事业一览表》（1945 年 12 月 31 日），载《资源委员会公报》第 10 卷第 3、4 期，1946 年 4 月版，第 72—73 页。

说明：“0”代表资委会独资经营；“(”代表资委会参加经营并主办；“×”代表资委会参加经营不主办。

除了资源委员会兴办煤矿之外，国民政府其他部门单位及各级地方政府也陆续兴建了一些煤矿，例如金城银行成立了湘江煤矿公司和成都燃料公司灌县煤矿，孔祥熙的中国兴业公司在重庆北碚接办了三才生煤矿公司，宋子文的中国建设银公司设立了中湘煤矿公司，国民党CC派设立了渠江矿冶公司，云南省政府设立昆华煤矿公司，中国银行与广西省政府共同组建了迁江合山煤矿公司等。①

抗战期间，资源委员会所属煤矿在整个后方煤炭产量的比例及指数见下表：

抗战期间后方煤炭产量及指数表1939年（100）

年份	后方所有煤矿		资委会所属煤矿			其他煤矿		
	总产量（千吨）	指数	产量（千吨）	指数	占总产量（%）	产量（千吨）	指数	占总产量（%）
1937	4700	—	20	7.5	—	不详	—	—
1938	4700	85.5	559	212.1	11.9	4141	79.1	88.1
1939	5500	100.0	264	100.0	4.8	5236	100.0	95.2
1940	5700	103.6	413	156.7	7.3	5287	101.0	92.8
1941	6000	109.1	686	260.2	11.4	5314	101.5	88.6
1942	6314	114.8	969	367.2	15.3	5345	102.1	84.7
1943	6617	100.3	1110	420.9	16.8	5507	105.2	83.2
1944	5502	100.0	1133	429.6	20.6	4469	83.4	79.4
1945	5238	95.2	1077	408.2	20.6	4161	79.5	79.4

资料来源：后方煤矿总产量引自陈真：《中国近代工业史资料》，第3辑，第1439—1443页；资委会所属各煤矿产量据该会经济研究所统计，并加上天府煤矿历年产量。1939年，战局相对稳定，工矿各业生产比较正常，故以该年为指数的基年。转引自郑友揆等著：《旧中国的资源委员会——史实与评价》，上海社会科学院出版社1991年版，第80页。

从上表可看出，资源委员会所属煤矿产量最多时只占抗战后方煤炭总产量的20.6%。同时也可看出，抗战后方煤炭总产量的增加，很大程度上取决于资委会所属煤矿产量的提升，特别是1939—

① 陈真等编：《中国近代工业史资料》，三联书店1961年版，第916—1150页。

1943年。据国民政府经济部统计，1943年抗战后方各省共有煤矿1478家，其中隶属于资委会的有24家，数量只占总数的1.6%，但煤炭产量却占总数的16.8%。[①]

为了提高采矿技术，提升煤炭的附加值，资源委员会于1938年3月3日将原有的矿室和冶金室合并组成矿冶研究所。该所的研究范围包括：采矿选矿工程技术，燃料开发及利用，钢铁及非铁金属冶炼，其他有关矿冶资源调查。该所成立后，曾针对四川二叠纪煤田的煤硫高灰低，侏罗纪煤田的煤硫低灰高、挥发分高等特点，开展对川煤的浮沉试验。这种试验的方法主要是利用煤炭与杂质之间的比重（相对密度）的不同，使彼此分离，以探求煤炭与杂质的关系，以便决定洗选方法，预测产品品质，计算各种效率。在试验的基础上建立了炼焦厂，促进了洗煤炼焦事业的发展，解决了军工企业急需的焦炭。

抗战期间，资委会还在云南明良煤矿公司设立了利滇化工厂，把当地出产的褐煤进行低温干馏，然后制造柏油、柏油纸、甘油、松节油、汽油、煤油、柴油、石蜡、硫酸氩等，对煤炭进行综合开发和利用。从1938年到1945年，国民政府管辖区域共计生产煤炭4562万吨，为支持抗战和后方经济建设提供了急需的燃料和原料。

1945年8月抗战胜利后，此前被日本侵占的煤矿大部分被国民政府经济部门接收。这些煤矿因为遭到战争的破坏，相当一部分处于停产或半停产状态。1946年，全国煤炭产量仅1800多万吨，只是1936年产量的一半左右。由国民政府接管并经营的煤矿包括东北的抚顺、阜新、西安、北票、本溪等，山西大同，山东淄博，河北井

---

① 据国民政府经济部统计处编《后方重要工矿产品第二次统计》（1944）计算。转引自唐凌：《抗战时期的中国煤矿市场》，《近代史研究》1996年第5期，第87—88页。

陉，湖南湘潭，江西高坑，四川威远，云南宜良等。

在中国共产党领导的解放区，人民政府先是从日本侵略者手中接收了一批煤矿，后来又陆续在国民党统治地区接管了大批属于国家资本的煤矿。从1946年到1949年10月，解放区约生产煤炭2000万吨。这一时期由于第三次国内革命战争等因素的影响，煤炭工业的发展受到了极大的制约，但在煤矿组织形式和制度建设方面却有较大的发展。1946年，国民政府成立了煤业总局，下属煤矿企业实行了公司化，成立了阜新煤矿有限公司、北票煤矿公司、井陉煤矿有限公司、西安煤矿有限公司、贵州煤矿公司、淮南矿路公司、湘永煤矿公司等。应该说，公司化是煤炭工业发展的方向，它对于促进煤炭工业资本集中，扩大生产规模，提高生产效率，起到了推动作用。

从1948年开始，随着解放战争的进展，国民党军队节节败退，国统区的煤矿相继被中国共产党领导的政权接管，开滦等外资煤矿则实行代管。据不完全统计，"各地人民政府从旧中国共接收了约40个煤矿企业，200处矿井和少数几个露天矿。这就是旧中国遗留下来的煤矿的主要部分"①。

上述三个阶段是中国煤炭工业机械化水平不断得到提升、数量不断增加、新的组织形式不断涌现的一个连续发展的过程。煤炭工业的发展还带动了冶金、火力发电、交通运输等一系列相关产业的发展，极大地影响了中国铁路的布局与发展，推动了我国由农业社会向工业社会转型的进程。对传统的中国社会经济产生了十分强烈的冲击，成为促进近代中国经济增长的主要动力之一。煤矿本身的

---

① 张明理：《当代中国的煤炭工业》，第20页。

创办和发展还改变了中国工业分布不平衡的格局，成为新中国成立后煤炭工业发展的基础。

总而言之，在整个近代历史时期，由于社会的发展和经济的进步，特别是机器工业的出现和发展，对煤炭的需求日益增多。这一时期，中外资本大量投入中国的煤炭业，中国出现了外资煤矿、中外合资煤矿、国家资本煤矿、民营资本煤矿等多种形式的煤矿。在这些煤矿中，外资和中外合资煤矿在机械化程度和产量方面占有明显的优势。煤矿工业的发展需要一定数量的资本积累，稳定的社会环境，能够保护和促进经济发展的政府。但是，近代中国社会却是一个充满了动荡和灾难的时代，外敌频繁入侵，内乱纷纷攘攘。一方面煤炭工业有了较大的发展，一方面在帝国主义和封建势力的压迫和排挤之下难以顺利的发展。整个近代煤炭工业的发展历程和不同时期面临的问题，堪称中国近代历史的缩影。

（本文原载《河南理工大学学报》
[社科版] 2008 年第 2 期，《中国煤炭博览》
2008 年第 3、4 期全文转载）

台湾煤矿史研究述论

煤炭工业对台湾地区社会进步和经济发展曾产生过重要的推动作用，台湾煤矿发展史在整个中国煤矿发展史、对外关系史和工业发展史进程中有着特殊而不可替代的地位。中国第一家投入生产的采用机器的煤矿是台湾基隆的八斗子官矿（1876），中国第一条建成并投入使用的铁路是基隆到台北的铁路，台湾煤矿是被外国人在中国侵占最久的煤矿，台湾煤矿局是近代中国最早公司化的煤矿之一。从19世纪70年代到20世纪80年代，煤矿一直是台湾现代化工业的基础，火力发电厂、铁路、建材工业等，都把煤炭作为主要能源和动力。这一时期，台煤也满足了岛内群众生活的需求。本文一方面对台湾煤矿的发展历程进行粗略的梳理；一方面对台湾学者及有关方面编著的台湾煤矿史著作及相关研究进行介绍和简要的评述，肯定成绩，指出不足。若有不当之处，欢迎海峡两岸的专家学者批评指正。

一、台湾煤矿发展史略

台湾因地质构造多褶曲和断层，煤层缺乏连续性，矿脉细瘦蜿蜒，以致储量不丰，煤层较薄且富变化，难以进行机械化大规模开采。台湾的煤田分布集中在北部地区，具有开采价值的含煤地层属于第三纪中新世地层。台湾的煤炭储藏虽然不多，但就其四面环海的经济环境而言，仍属非常宝贵的资源。

据考证，最早的台湾煤炭开采，“开始于1100年前的凯达格兰文化期。根据考古研究，当时凯达格兰族居住于台湾北部，已知采取煤炭，并有选煤的知识，除供作燃料外，并从事炼铁及炼焦。其开采的地点，可能是万里玛束的嵌脚煤田，惟详细的地点，则不得而知”①。明朝天启至崇祯年间，“甚至在天启年代以前，台湾已经开采煤炭，进而成为对外贸易的货品。这一点，恰和明季内地的弛煤禁、免煤税以及开窑取煤的故实，隔海互为呼应”②。1626年以后，西班牙、荷兰人先后占据台湾地区，曾染指基隆一带的煤矿。有关台湾煤炭的记载，根据目前的发现，以康熙五十六年（1699）所撰的《诸罗县志》为最早。该书第10卷物产志中有煤炭项，载有煤炭出自基隆八尺门诸山，“灰黑，气味如硝磺。可以代薪。焰甚烈，北方多用之”③。并言荷兰人驻基隆时（1642—1662）已采掘煤炭，用于炼制铁器。1662年郑成功占领台湾后，“北台湾与当时政治中心——台南之间交通不便，官方无暇计划煤炭之开发，民间又普遍伐薪烧炭，煤炭之采掘利用，并无明显的进展”④。

清朝康熙二十二年（1683），台湾列入中国的版图。由于当时的官吏绅民都迷信风水和“龙脉说”，认为开煤矿断了龙脉，所以采取的是严禁的政策。但由于采掘煤炭有利可图，私自采掘煤炭的大有

① 台湾矿业研究会、台湾区煤矿同业公会主编：《台湾矿业史》，1966年版，第99—100页。

② 黄嘉谟：《甲午战前之台湾煤务》，“中研院”近代史研究所专刊（2），1982年版，第1页。

③ 陈梦林：《诸罗县志》（台湾文献丛刊第141种），第195页。

④ 赖克富等著：《台湾的煤矿》，台湾远足文化事业股份有限公司2006年版，第32页。

人在，形成禁者自禁、开者自开的局面。鸦片战争爆发后，随着中国对外通商口岸的不断增加，东西方海上交通日益频繁，各国远洋船舰的燃料几乎全赖煤炭。于是，在拥有煤炭资源又地处东西方海上航线要冲的台湾建立一个煤炭补给地，就成为英、美、法等国觊觎的目标。由于挖出煤炭马上就有人收购，以致越来越多的台湾人私开煤坑。到了同治九年（1870），仅在基隆私挖乱采的矿坑就有92处。鉴于基隆一带私开煤坑已成公开的事实，清政府决定在台湾开放矿禁。从此，采煤业在台湾进入一个新的发展阶段。1874年，沈葆桢主政台湾时出于与西方国家抗衡和满足新成立的福州造船厂对煤炭需求的考虑，决定在台北设立官营的煤局，聘请英国工程师负责工程，开始在基隆八斗子凿建现代化直井，推动使用机器采煤。八斗子直井“深89.92公尺，直径3.81公尺，开凿至82.26公尺深时遇着煤层，煤层厚度1.06公尺。经设置40马力蒸汽锅炉、卷扬机与排水机等机械设备，日产能力约200公吨”①。机器采煤大大提高了煤炭的产量，也被采用煤炭为轮船动力的西方势力所垂涎。在1884年爆发的中法战争中，中国守将刘铭传为了断绝法国轮船的煤炭供应及法国对台湾煤矿的染指，断然下令破坏了基隆八斗子煤矿的矿井和机器设备，“并将存煤（约1.5万公吨）注入石油悉数加以烧毁。至此，经营多年的煤业破坏无遗”②。战后由于台湾政局不稳，恢复生产后的官矿经营不善，时任巡抚的邵友濂于1891年封闭了基隆煤矿。

1895年日本占据台湾后，在殖民统治政策的影响下，台湾煤矿业进入一个大发展的阶段。同年9月，日本人颁布了《矿业假规

① 赖克富等著：《台湾的煤矿》，第34页。

② 李玉芬：《台湾北部山区的煤矿聚落及其居民的生活调适》（硕士学位论文），第18页。现存台湾“中研院”图书馆。

则》(暂时规则)，限定以前从事矿业者及前已开掘的区域始准许采掘。随着日本国内对煤炭需求的不断增加，对台湾煤矿业的发展起到了刺激作用。1906 年，台湾的煤炭年产量突破 10 万吨，1915 年达到 37 万多吨，1916 年达到 51 万多吨，1919 年突破 100 万吨。新建立的煤矿从海岸附近向深山发展，煤矿的机械化程度越来越高。从 1897 —1942 年，矿坑数由 20 个猛增至 331 个，增长率达 1555%；煤炭产量由 42262 吨猛增至 2853832 吨（1941)，此后几年基本保持在年产量 230 万吨的水平。

1945 年台湾光复后，国民政府接管了台湾的煤矿。同年 11 月，台湾省煤业管理委员会成立，随后将台湾石炭统制株式会社改为台湾省石炭调整委员会，实施统购统销，制订有利于在台湾发展煤炭业的政策，推动台湾煤炭业走公司化的道路。1952 年台湾的煤炭产量突破了 200 万公吨，1958 年达到了历史最高水平 300 万公吨。进入 20 世纪 60 年代，台湾经济部门组建了台湾省煤业调节委员会和矿业研究服务组，开始进行陆地深部煤田和海底煤田的勘探工作。1964 年，台湾的煤炭年产量创下了新纪录 500 万公吨。20 世纪 60 年代末，台湾的煤炭产量开始逐年减少。

从用途而言，煤炭一方面是台湾居民家庭的生活燃料，一方面是台湾重要的工业原料。在近现代史上它还是台湾铁路、轮船等交通工具的原动力，在社会经济发展中的作用十分重要。从 19 世纪 70 年代创办基隆煤矿到 1967 年，台湾的煤炭需求不仅全部由岛内煤矿来满足，而且时有出口到大陆的东南沿海地区及日本、韩国、东南亚地区。

台湾的煤矿组织机构多为煤矿股份有限公司。例如拥有 2 个矿场的三合煤矿股份有限公司，分别拥有 4 个矿场的海山煤矿股份有限公司和双喜矿业股份有限公司等。有的公司是家族企业，例如由李建兴、李建成、李建川、李建和四兄弟创办的李家企业；颜云年为代表的基隆颜家企业。台湾光复不久就成立了台湾区煤矿业同业公会，1982 年时共有 116 个会员。同业公会主要负责合理分配生产资材、协调资金融通、指导技术改进等工作。

1964 年，台湾煤炭的年产量突破 500 万吨，“且连续保持 5 年之久”[①]。1967 年的煤炭产量创下台煤有史以来产量的最高纪录。这一时期，台湾煤矿的从业人员及运输、销售煤炭等相关人员达 4 万多人。1973 年中东战争爆发后，随着国际市场石油价格暴涨，越来越多的台湾企业以煤易油，从而持续推动台湾煤炭工业的发展。

到了 20 世纪 90 年代，经过长期较大规模的开采，台湾离地表较浅的煤层大部分已被采尽。进行深部开采导致采煤成本急遽增加。1984 年，台湾海山煤矿和煤山煤矿相继发生重大事故，导致青壮年劳动力视煤矿为畏途，不愿从事矿工的工作。目前，台湾的煤矿数量逐年减少，仅有数家煤矿在惨淡经营。已经开采了 100 多年的台湾煤矿业已开始走进历史，即将退出产业舞台。由台湾海山煤矿股份有限公司董事长李儒芳 1988 年 12 月 30 日发布的《海山煤矿收坑公告》（海煤总工字第 77327 号）中称：

> 本公司自创坑以来历经 70 多载开采，已深入海拔下 700 余公尺。受地热影响，坑内温度自然升高无法克服，工作困难，因此产量锐减，成本居高不下；复受台煤不景气之影响，数年来累积亏损至巨，无法负荷。虽蒙各位同仁共同努力工作，期能改善，奈效果不彰，实已无法继续维持。经本（12）月 30 日股东临时会议决议，不得已忍痛决定开采至民国七十八年元月三十一日止，

① 台湾“经济部工业局”编：《台湾工业发展 50 年》，中华徵信书局 1972 年版，第 313 页。

自民国七十八年二月一日起停工收坑，特此预告。事出无奈，敬请各同仁共体公司之苦衷，请赐合作谅察为荷。①

从1945年台湾光复到基本停止采煤，曾经投入生产并具有一定规模的煤矿共有361个。产量高的煤矿年产量达到100万吨，产量低的不到1万吨。从20世纪90年代开始，这些资源日益枯竭的煤矿正朝向开办社会福利和医疗服务，保存煤矿文物等方面有所作为。昔日一些交通比较便利的矿区成为新的住宅区。偏远而破败的矿区有的成为影视剧的拍摄外景地，有的旧矿区则被开发为旅游景点，成为发展地方经济和文化事业新的亮点。台湾已经成立的有财团法人台湾区煤矿业社会福利基金会、财团法人台湾矿工医院；培养矿业人才的相关学校系所，随着煤矿业的萎缩也改变了培养方向。台湾煤矿历史博物馆也在筹建之中。

二、台湾煤矿史研究综述

自采用机器开采以来，台湾煤矿经历了100多年的发展历程，对台湾社会经济发展产生了一定的影响。对其历史进行总结和研究，是历史学者应尽的职责。

早在日本统治台湾地区期间，就出现了几部有关台湾煤矿业的史书。较有代表性的有：小林宽《石炭及炭矿的话》，大正十三年（1924）版；石炭部台北支部主编《台湾炭矿志》，大正十四年（1925）版等。

① 赖克富等著：《台湾的煤矿》，第34页。

1945 年第二次世界大战结束台湾光复后，一些关注台湾煤矿的专家学者通过查阅史料和调查研究，完成了一批论述台湾煤矿的著作。其中主要有：陈百药《台湾之煤矿》(1948)；颜沧波《台湾之煤》，载《台湾银行季刊》第 3 卷第 2 期（1949）；台湾研究丛刊第 11 种：《台湾之燃料资源》(1949)；台湾特种丛刊第 5 种，查复生《台湾之煤》(1950)；何春荪《台湾之煤与石油地质》，载《台湾银行季刊》第 7 卷第 2 期（1953）；台湾研究丛刊第 38 种：程宗阳、卢善栋《台湾之煤矿》(1955)；何春荪的调查报告书《台湾之煤矿资源》；林朝启《台湾凯达格兰族之矿业》，载《台湾矿业》第 17 卷第 2 期（1965）；台湾矿业研究会与台湾区煤矿同业公会主编《台湾矿业史》上、下册（1966）及其续编（1983）；《海山煤矿股份有限公司概况》(1968)；《李建兴先生纪念集》(1982)；经济部煤业合理化基金委员会主编《台湾地区煤矿开发经营之综合研究报告》(1994)；唐羽主编《台阳公司 80 年志》(1999)；庄佩柔《日治时期台籍矿工的社会与生活——以台北州基隆郡瑞芳庄矿工为例》，载《史汇》1999 年；敬仁劳工安全卫生服务中心主编《矿业沧桑几十载——老矿工口述历史：台湾煤矿历史、资本与劳动的考察》(2000)；李源发《黑金矿工的悲情》，载《苗栗文献》2004 年；郑俊彬《被遗忘的“生煤”——煤与基隆社会的互动》(1945—1980)，载《台北文献》第 148 期，2004 年；郑俊彬《基隆矿工的生活纪实》，载《台北文献》2005 年等。

在台湾，“中研院”近代史所无疑是研究台湾煤矿史首屈一指的重镇。该所成立于 1955 年。该所成立后出版的数十种系列丛书的第二本就是黄嘉谟著的《甲午战前之台湾煤务》(“中研院”近代史所，1961)。该书共 303 页。作者在“绪说”中简略地叙述了从明代天启年间到清代道光初年有关煤矿方面的开采政策及实行情况；随后按照章节论述了英人对于台湾煤矿的觊觎（1846—1869）；中美通商与台湾煤务（1848—1877）；自强、海防与台湾煤务（1866—1883）；中法战争期间的台煤问题（1884—1885）；台湾煤务的重兴与衰落（1885—1895）。书后附有台湾煤务年表和参考书目。该书史料翔实，内容丰富，是研究台湾煤矿史乃至台湾对外关系史和经济史的重要参考著作。该书曾于1982年再版发行。

获得日本东京大学博士学位的"中研院"近代史所研究员陈慈玉女士主要从事中国近代经济史的研究。她有关台湾煤矿史的著作主要有：《日本殖民时代的基隆颜家与台湾矿业》、《台湾矿业史上的第一家族——基隆颜家研究》（基隆市立文化中心，1999）。后者不仅论述了颜家企业在台湾矿业史上的地位，而且论述了日本统治时期颜家企业与日本三井财阀合资成立基隆炭矿株式会社、与藤田组财阀合组台北炭矿株式会社后的经营状况及与台湾总督府错综复杂的关系。书中记载了颜家企业掌门人颜国年1924年对大陆华北、东北及日本煤矿等历时两个半月的参观访问，考察了开滦、抚顺、淄川、中兴等煤矿。其行程、见闻，尤其是对山西煤矿表现出的特别的兴趣，对整个中国煤矿史的研究都具有参考价值。颜国年此行曾拜访过北洋政府总理孙宝琦、农商总长颜惠庆、山西省长阎锡山、直鲁豫巡阅使吴佩孚、湖南督军张敬尧、日本驻北京公使等。回到台湾后完成的《北支那旅行记》应是一部史料价值颇高的著作。陈慈玉女士发表的论文主要有：《颜国年与中日台煤矿业合作的构想（1924—1930）》，载《近代中国历史人物论文集》（台北"中研院"近代史所，1993）；《日治后期的台湾煤矿业》，载洪宜勇主编《台湾殖民地史学术研讨会论文集》（台北海峡学术，2004）；《日本殖民时代台湾与朝鲜之矿业发展》，载《新亚学报》第23卷，2005年版等。

台湾高校的一些研究生也把煤矿或与煤矿相关的历史作为学位论文的内容。他们大都从自己所学专业切入并确定选题。例如台湾师范大学地理研究所硕士生李玉芬的学位论文题目是《台湾北部山区的煤矿聚落及其居民的生活调适》。这篇论文以台湾煤矿业的发展为线索，以台湾北部产煤最多、对当地聚落及居民生活产生广泛而深远影响的台北市东部丘陵地区的平溪乡、瑞芳镇、双溪乡为主要考察对象，总结了台湾北部山区煤矿聚落的发展过程及其特征；重点研究这些地方煤矿聚落的形成、发展及其没落期间当地居民生活的变化，煤矿的盛衰对山区聚落的影响；分析研究区内居民生活调适的空间差异等。通过对煤矿业没落后当地居民继续留居矿区和移出矿区两种选择进行问卷调查和实地采访，了解他们在家庭、工作、收入等方面的状况。由于作者比较熟悉台湾地理，所以论文中附了64个图表，其中包括《台湾地区煤炭产量趋势》(1896—1986)、《台湾煤田位置图》、《大正14年瑞芳庄、平溪庄、双溪庄的聚落分布和煤坑分布》、《各煤矿聚落的人口数及户口数》(1945—1988年8月)、《各煤矿聚落光复以来的人口年龄结构》、《各煤矿聚落留居矿区居民的职业结构》、《各煤矿聚落留居矿区居民的工作通勤圈》、《各煤矿聚落外移人口移住地的空间分布》、《各煤矿聚落外移人口移住台北都会区的空间分布》、《各煤矿聚落外移人口的年龄分配》、《本研究访问的样本数与抽样率》、《各聚落留居矿区居民的购物、娱乐及就医地点》、《各聚落留居矿区居民对现住地方的满意度》、《各聚落移出居民对迁移的评价》、《各聚落移出居民对工作的评价》、《各聚落移出居民对社会控制的调适》等。这种既有深度又有广度的研究，有益于研究领域的拓展和深入。

与煤矿相关的硕士论文还有中国文化大学民族与华侨研究所方得时著《双溪乡的民族学研究——一个台湾矿业市镇的社会经济发

展史》(1980)，中国文化大学地学研究所吴海狮著《台湾矿业聚落的兴衰——以瑞芳镇为例》(1984) 等。他们分别采用民族学、地理学、经济学、社会学、地学等学科的研究理论和方法，以一个乡镇为个案，对台湾特定时期的煤矿聚落进行了比较深入的研究。论文依据的资料既有历史文献，也有调查问卷和实地采访得来的资料。对于已经迁出矿区的人员，作者通过当地的户政事务所进行邮寄问卷，寄出的问卷近千份。[①] 1990 年的《台湾大学地理学系地理学报》发表了刘英毓的论文：《地方资源开发与人口调适行为——以台北县平溪乡矿村社区为例》。

除了专门的科研单位和大专院校之外，地方政府也很注重组织力量编著煤矿史。基隆市政府在 1997 年就组织专家编著了一部《基隆煤矿史》。该书 16 开，约 40 万字。全书共分 8 章，包括台湾煤田开发史简述，台湾煤田地层地质概况，基隆地区煤矿开采发展过程，战后复兴与深部煤层开采合理化，各地方煤矿开采情形（附重要煤矿简介），煤矿安全与灾变，煤矿与煤商，台煤开采及技术演进史的探讨。书后附有基隆煤矿志大事年表、回忆相片辑，基隆市 1997 年大事记。该市在制订文化艺术长期发展计划时，把该市日本统治时期最具代表性的颜氏家族的研究列为课题，委托“中研院”近代史所的陈慈玉研究员进行研究。陈慈玉女士著的《台湾矿业史上的第一家族——基隆颜家研究》一书出版时，基隆市长李进勇专门为之作序。序言中称：“基隆的矿业在全省工业和经济上，曾占有举足轻重的地位，而基隆颜家在这方面的贡献更是居功厥伟。日据时期以煤、金两矿发迹之颜氏家族，由于初创时期披荆斩棘、辛勤耕耘的结果，为早期台湾矿业扩展出一片春天，也在台

---

① 李玉芬：《台湾北部山区的煤矿聚落及其居民的生活调适》，存台湾“中研院”图书馆。

湾矿业史上写下灿烂辉煌的篇章。颜家致力于台湾矿业之发展，不仅成功地树立起早期企业家的楷模，且协助当时政府经建工作，深耕于文教、造福社稷的贡献更是功不可没。其‘心存桑梓，爱护乡土’的情怀，令我们感念，更为后世之典范。”

畅销台湾的地理百科丛书第75卷《台湾的煤矿》（台湾远足文化事业股份有限公司，2006），是由时任台湾区石矿业同业公会总干事赖克富等人编著的。该书图文并茂，用通俗易懂的语言介绍了煤炭的生成及用途、台湾煤矿产生发展的历程、煤矿的生产组织机构、现代化的采煤技术、煤矿灾害的种类、矿区的景观、矿区的信仰与禁忌、矿工的生活等。全书共180多页，几乎每一页都有历史照片或图表。杨士范著：《矿坑、海洋与鹰架：近50年的台北县都市原住民底层劳工劳动史》（唐山出版公司，2005）涉及台北县煤矿工人的历史。

除了上述史志著作外，台湾还有一些主要发表煤矿生产、技术、安全等方面的刊物，例如《台湾矿业》、《台煤》、《矿冶》等，发表了不少煤矿工程、生产、技术、安全、管理等方面的文章。《台北县立文化中心季刊》在1997年还发表了倪再沁的论文《坑里幽光——洪瑞麟和他的矿工画》。

除了进行台湾煤矿史研究，台湾“中研院”近代史所的学者对祖国大陆的煤矿史研究和相关史料的整理也产生了一批成果。较有代表性的著作有：王玺《中英开平矿权交涉》；李恩涵《晚清的收回矿权运动》（均列入“中研院”近代史研究所专刊）；陈慈玉《日本在华煤业投资四十年》（台湾稻香出版社，2004）等。整理出版了8卷本的《矿务档》（1865—1911）。这套矿务档案主要依据晚清政府总理各国事务衙门及外务部之档案中有关矿务部分编辑而成。收录的档案起自同治四年，迄于宣统三年（1865—1911），收录的案卷包括诏谕、奏疏、函札、照会、咨文、合同、节略等。内容既有一般的矿政，也有比较具体的矿务。分别辑录了直隶、山东、山西、河南、甘肃、江苏、浙江、安徽、江西、湖北、湖南、四川、福建、广东、广西、云南、贵州、奉天、吉林、黑龙江、新疆、库伦等地的矿务档案。1976年出版的《中日关系史料》中专门有《路矿交涉》卷。论文主要有"中研院"近代史所王树槐研究员的《浙江长兴煤矿的发展》(载《近史所集刊》第16期，1987年版)，陈慈玉研究员的《日本对山西的煤矿投资(1918—1936)》(载台湾"中研院"《近代史研究所集刊》1994年卷)。有关台湾学者对大陆煤矿的研究评述另文专论，此处不赘。

综上所述可以看出，台湾学者对台湾煤矿史的研究工作已经取得了有目共睹、十分可喜的成绩。长期以来，每个大的阶段都有专家学者关注台湾煤炭工业的发展，着力于台湾煤矿史的研究，并有研究成果问世。这些著作和论文有的研究台湾煤矿发展史的某一时段，有的重点研究某一家族企业，有的偏重于生产技术的应用和发展，有的侧重于经营管理，有的主要采用考古学、地理学的方法，有的着眼于开采煤炭与环境生态的变化……既有科学严谨的学术著作，也有图文并茂的通俗读物。

尽管如此，有关台湾煤炭历史的研究还是大有可为的。目前，还没有一部全面、系统、权威的《台湾煤矿史》著作，有关煤矿业与其他产业的相互作用和影响的研究还比较薄弱，已有的著作尚留有缺憾。煤炭工业属于基础工业，煤炭的开发绝不是仅仅带来了燃料那么简单。台湾煤炭的较大规模的开发直接带动了火力发电、交通运输等一系列相关产业的发展，极大地影响了台湾铁路的布局与发展，推动了台湾由农业社会向工业社会转型的进程。煤矿本身的创办还改变了台湾工业布局。煤矿的发展聚集了一批产业工人，他们成为煤矿的生力军。除了上述看得见、摸得着的变化之外，煤矿的出现和发展给人的思想观念带来的变化也是应该重视的。煤矿属于大机器生产，有严格的操作规程和安全要求，有比较完善的规章制度和团结协作等特点。机器生产带来了生产技术、生产方法、生产组织形式、经济制度、经营方式、管理方法等一系列变化。具体到台湾煤矿，无论是外资经营的煤矿，还是台湾本地家族经营的煤矿，都不同程度地采用机器进行生产，技术装备水平不断提高。我们期待台湾学者在上述方面有所作为。

（本文原载《中国矿业大学学报》
[社科版] 2008 年第 1 期）

英国福公司研究

辛亥革命前后的英国福公司

从19世纪末至第一次世界大战爆发，英国一直是西方列强中对华投资最多的国家。这一时期，英国在华的企业主要是两大公司——福公司和中英公司。福公司（Peking Syndicate）是一个重点在中国开办煤矿并兼营铁路和铁矿、桐油与特种矿产品（钨、锑、铝、锰等）进出口业务的股份有限公司。辛亥革命之前，福公司奉行强硬的对华政策，巧取豪夺，其投资额占当时帝国主义在华煤矿总资本的第一位。[①] 辛亥革命后，由于中国的国家资本与民族资本迅速发展，福公司被迫采取了较温和的掠夺政策，并逐步走上与中方合资经营的道路。本文旨在论述辛亥革命前后英国福公司在中国的主要活动及政策上的变化。

一、英国福公司的由来

首先，有必要介绍一下英国福公司成立的背景和过程及有关情况。

---

① 汪敬虞：《中国近代工业史资料》第2辑上册，科学出版社1957年版，第12—13页。

1895 年中日《马关条约》的签订，使西方列强相继取得了在中国开矿设厂等特权，从而加深了中国半殖民地化的进程，迅速把中国推向濒于瓜分的绝境。在这场狂潮中，英国不仅要保持它在华的既得利益，而且千方百计谋取更多的特权。与此同时，其他西方国家的攻势也是咄咄逼人。俄法两国对中国的侵略，形成了北南钳形夹攻之势，并通过芦（沟桥）汉（口）铁路借款合同把他们的侵略之手伸入中国腹地，开始与英国争夺中国中部地区的霸权，使英国在华的传统优势地位呈现出动摇的迹象，并有逐渐被俄法集团取代的趋势。同时，德国也“希望把直隶、山西、陕西等省的贸易导入山东境内铁路的三角地带以及胶州湾”①。英国政府意识到，为了“对俄德两国在北京的势力的优势保持某种均衡，它就必须在北部据有一个有利的据点”②，以有效地阻止俄德两国控制中国北京的企图，福公司就是在这一特定形势下应运而生。

英国福公司最初是由意大利牧师安杰洛·罗沙第等发起创办的。1896 年，罗沙第以调查中日战后情形为名，来到中国。他早知陕、晋、豫三省蕴藏着为全欧洲所不及的巨大煤田，就前往山西、河南一带进行紧张的勘测活动。经过一段时间的实地调查，罗沙第回到了欧洲。“虽然在他心中没有一个明确的计划，但适合当时情况的许多可做的事情却深印在他的心里”③。他成功地把这些印象向别人宣传，1897 年 3 月在伦敦组织了一个英意联合公司（Anglo Italian Combination），资金 2 万英镑，按照英国法律注册，命名为英国福公司，办公地址设在伦敦勘农街 110 号。

---

① 《关于大战起源的英国文件》第 1 卷，第 11 页，第 24 件，1898 年 3 月 14 日伯尔梯的备忘录。

② ［英］菲律浦·约瑟夫：《列强对华外交》，商务印书馆 1959 年版，第 264 页。

③ ［英］肯德：《中国铁路发展史》，三联书店 1958 年版，第 117 页。

福公司初成立时虽然资金不多，但入股者多是一些权势显赫的人士，“其最著者如伦敦劳脱确特洋行，侯爵劳尔呐，即英皇后快婿，复有多人系英国有显贵之大官员与名望素著之富翁”[①]。意大利首相罗迭尼和福公司代理人罗沙第也参加了股份。[②]这一时期，帝国主义列强之间为了扩大各自在华势力，削弱对方，往往采用抨击对方抢夺权益的伎俩，与此同时又想方设法把这些权益夺到自己手里。为什么福公司表面上由英意合资呢？据当时一家英国报纸透露，英国资本家们考虑到，如果英国单方面提出在中国开矿的要求，其他西方国家势必纷起竞争。为了缩小目标，遮人耳目，英国资本家委托在中国没有租借地和势力范围的意大利出面在中国谋取权益。这一考虑立即得到英意驻华公使的支持。[③]实际上，在福公司初成立时的2万镑股本中，罗迭尼和罗沙第仅有100镑，占总资金的0.5%。[④]由此可见，表面上由英意合资的福公司，实际上是由英国资本家独家把持。

二、获取山西、河南煤矿开采权

开办煤矿是19世纪末至20世纪初西方列强在华进行工业投资的两大支柱之一（另一为棉纺织业）。列强通过办煤矿，直接利用中国

① 法国《中法新汇报》1898年6月27日，转引自上海《时务报》光绪二十四年六月初一日，第67册。

② 英国《中国报》1898年7月20日，转引自上海《昌言报》光绪二十四年七月二十六日，第3册。

③ 英国《伦敦报》1898年1月20日，转引自上海《时势报》，光绪二十四年五月初一日，第64册。

④ 英国《中国报》1898年7月20日，转引自上海《昌言报》，光绪二十四年七月二十六日，第3册。

廉价的原料和劳动力，从事掠夺和剥削。福公司成立后，首先把侵略重点放在中国煤炭储量丰富、开采便利、成本低廉的山西和河南。通过活动官府和贿赂买办，福公司代理人罗沙第于1898年5月21日与山西商务局在北京正式签署了《山西商务局与福公司合办矿务章程》20条，[①] 并得到光绪皇帝的批准。该章程主要内容有：

（一）山西商务局禀奉山西巡抚批准，专办盂县、平定州、潞安、泽州与平阳府属煤、铁以及他处煤油各矿。今将批准各事转请福公司办理，限60年为期。

（二）山西商务局禀奉山西巡抚批准，自借洋债不得过1000万两之数，如所派勘矿师以此数不敷于用，山西商务局仍专向福公司续借。

（三）凡调度矿务与开采工程、用人、理财各事，由福公司总董经理，山西商务局总办会同办理。

（四）各处矿厂应用华、洋董事各一人，洋董管工程，华董理交涉。

（五）凡开矿所需料件、机器等物进口，照开平各矿现行章程完纳海关正、半税项，内地厘捐不重征。至开出矿产运出口时，仍照关章纳税。

（六）各矿遇有修路、造桥、开浚河港，或须添造分支铁道接至干路或河口以为转运该省煤铁与各种矿产出境者，均准福公司禀明山西巡抚，自备款项修理，不请公款。其支路应订章程，后时另议。

整整一个月后，即同年6月21日，罗沙第又与空有其名的河南豫丰公司在北京签订了《豫丰公司与福公司议定河南开矿制铁以及转运各色矿产章程》20条，其内容与前订山西章程基本相同，所不

---

① 王铁崖：《中外旧约章汇编》（第1册），三联书店1982年版，第764—766页。

同的主要是开采范围。该章程第一条明文规定："豫丰公司禀奉河南巡抚批准，专办怀庆左右、黄河以北诸山各矿，今将批准各事转请福公司办理，限60年为期。"[①]这样一来，福公司在短短一个月内先后攫取了"西南至黄河形成的不完整的直角形的尖端地带，东至山西、河南交界处，北至长城的采矿权"[②]。取得山西、河南的采矿权后，福公司的资金靠发行每股1英镑的150万张股票，立刻增加至152万英镑。

山西、河南采矿权的轻易得手，进一步助长了福公司的野心。《章程》签订后，福公司立即派出勘测队来到中国。福公司的勘测人员不仅在章程规定的范围内大肆活动，而且遍及黄河以南的洛阳、新安、渑池、陕州、灵宝、内乡、潼关、汝州、襄城、南阳，甚至到了湖北的樊城。20世纪初，福公司还派出人员到安徽淮南，着手购地建矿事宜。

三、获取铁路修筑权

福公司在中国开办煤矿的同时，还把修筑铁路作为它开展经济活动的另一个重要内容。投资修建铁路，不仅可以使投资者在经济上获得长期的高额利润，而且可以掠取铁路的修筑权与经营管理权，进而控制铁路沿线的土地、物产等资源。

1897—1898年，德国在山东、沙俄在东北、法国在西南都取得了带有独占性的铁路修筑权与经营权，比利时（后台是俄法集团）也取

---

① 《东方杂志》第4卷第4期。

② ［英］肯德：《中国铁路发展史》，第118页。

得了芦汉铁路的借款权与承造权，野心勃勃的沙俄又企图投资修筑横穿山西的正（定）太（原）铁路，不仅可以与它在东北修筑的铁路遥相呼应，形成包围北京的局势，而且还可以使其进一步成为“一条直往西向，经陕、甘、新疆连接俄界的路线”[①]。为了实现这一目标，俄国驻华公使幕后指挥华俄道胜银行买通山西商务局职员方孝杰，让他于1898年初具呈山西地方当局申称，他已向华俄道胜银行议妥借银680万两，拟修筑河北正定府属的柳林铺到太原间的铁路。1898年5月，山西巡抚胡聘之将《柳太铁路合同》奏请清廷批准。英国政府认为法俄集团在中国取得的上述铁路借款合同是对英国在中国霸权的挑战，尤其是芦汉铁路的修筑更是“一种反对英国在长江流域利益的政治行动”[②]。1898年8月21日，英国驻华公使窦纳乐代表英国政府以最后通牒的方式通知清政府总理衙门：“英王政府认为在铁路的建筑特权方面受到中国的歧视，现在向中国政府要求英商有权在享有同比国一样的条件下，修筑下列铁路：天津至镇江……山西福公司建筑至长江的路线。”[③]英国政府还指示窦纳乐：“在和舰队司令商议之后，你可把你认为限他们答复的适当日期或时刻通知他们，不得拖延太长的时间。”[④]在英国的武力威胁下，总理衙门于1898年9月6日答复窦纳乐，表示接受英国政府的要求，同意福公司修筑由山西至长江的铁路线，但津镇铁路应请缓议。

1899年5月27日，福公司向清政府提出了一个庞大的修筑铁路计划，其主要内容如下：

---

① 《中国时报》（英文），1902年11月10日。

② 沙士伯里致窦纳乐电，1898年6月9日，《英国蓝皮书·中国》（英文）第1号（1899年），第97页。

③ 同上书，转引自［美］欧弗莱区：《列强对华财政控制》（中译本），上海人民出版社1959年版，第29页。

④ ［英］菲律蒲·约瑟夫：《列强对华外交》（中译本），第355—366页。

（一）自榆县南至太原府（距按合同所拟筑的俄国铁路100里），然后自太原府南至平阳府（今临汾），自平阳府西南至石油产地蒲州，并由蒲州到黄河沿岸的潼关。

（二）自平定州南至潞安府（今长治），泽州府（今晋城）及怀庆府（今河南省沁阳市）。

（三）自平阳府东南至泽州府。[①]

福公司之所以要求修筑上述几条铁路，是服从于当时英国对华总战略的，因为此举既可遏制俄法势力的继续南进，又可以使山西、河南、陕西与英国在华的势力范围——长江中下游流域连成一体，且使自己的势力范围向中国的北部和西北部扩张。

只是由于山西人民于1905年掀起了大规模的争矿保路运动，福公司总董事长哲美森亲眼在太原目睹了山西人民反对福公司的浩大声势，加之晋东南地区山势险峻，修筑铁路造价高昂，福公司才不得不暂时放弃在山西修筑铁路的计划，仅于1902—1905年在河南境内修筑了一条长308华里的道（口）清（化）铁路。

四、放弃山西煤矿开采权

1902年6月，福公司一面修筑道清铁路，同时委派总工程师亚历山大·利德指挥人员在豫北沿太行山一带（今焦作市）购地建矿。当时，福公司雇用工人3000多名，派去25名欧洲技师。为了取悦于当时的福公司董事长哲美森，他们把最初的焦作煤矿定名为哲

---

① 艾龙赛德致总理衙门函，1899年6月5日。见《英日蓝皮书·中国》第1号，1899年，第219页，第246件，附件二。

美森厂，[①]利德从来不放松每天上午8点钟在矿区门口升起英国国旗，并且要由英军威海卫兵团组成的警卫向国旗致敬。他宣称，福公司一旦在河南把英国的旗帜挂起来了以后，就不愿再把它取下来让位给俄国人或其他任何人。[②]

正当福公司在河南大肆建矿修路之时，俄国出资修筑的正太铁路已修到山西阳泉。1905年初夏，福公司人员来到阳泉勘测，并要求山西巡抚一律封禁民矿，由英国独办山西矿业。1905年6月22日，哲美森来到山西太原，先后到院署及商务局"索取平、盂等处开矿凭照，并令禁止土人再开新窑"[③]。由于山西各界群众的强烈反对，福公司的企图未能得逞。同年11月24日至27日，福公司代表与山西商务局代表再度谈判。商务局代表提出与福公司另订详细章程，可福公司代表提出先议福公司有"专办"权的原合同，再作进一步谈判。福公司代表不但逼迫商务局发给凭单，并声称："此来本原合同商酌，若无专办之权，则以下合同均为无用；公司当返北京，向政府索赔款。"由于福公司代表不肯作丝毫让步，这次谈判毫无结果。[④]

山西各界群众闻知福公司的蛮横行径，怒不可遏。山西大学堂以及中等学堂的学生们纷纷罢课，以示抗议。留学日本的山西籍学生为此拍电报，发宣言，声援山西人民反对福公司。在东京法政大学读书的山西阳高县学生李培仁为了唤起山西人民觉悟，愤然投海自尽，此举更推动了山西人民保矿运动的发展。太原各界群众竞相集会游行，吓得在太原海子边公园与山西商务局总办刘笃敬谈判的

① 《修武县志》(1931年版）第十一、十二卷《交涉》第三章。

② 《捷报》1904年3月25日，第636—637页。

③ 山西同乡会编：《山西矿务档案》，1907年版，第21页，福公司谒晋抚张人骏问答。

④ 同上，第33—37页，福公司与商务局之问答。

两个福公司人员钻到桌子底下，随即狼狈地离开了太原。1906年冬，山西绅商组成保晋矿务公司，并于次年春得到清政府农工商部批准，将总公司办公处设在阳泉。

面对山西各界群众强有力地抵制与反抗，福公司意识到若在山西强行开办矿山，不仅难以在当地招募工人，而且会经常生出许多麻烦。于是，福公司派出代表与山西商务局以及山西各界代表在北京谈判，于1908年1月20日在北京签订了《赎回开矿制铁转运合同》12条。[①]这个合同虽然收回了山西矿权，但却以赔偿福公司275万两银子“赎款”为代价。合同规定这笔巨额赎款在1908年2月21日前就需先交一半，剩余分三期交付。这样一来，福公司在山西未花一文却勒索了一笔巨款。此后，福公司就放弃了在山西的活动，重点经营河南等省的矿务。

五、欲在河南增开铁矿

1905年，福公司建筑的道清铁路全线完工。1906年，福公司在河南焦作设立的哲美森厂所属的一、二、三号矿井正式投产，年产煤炭数十万吨。后通过不断开凿新井和收买民窑，煤产量逐年上升。辛亥革命前后，在道清、平汉、陇海、津浦四条铁路沿线，长江流域上至武汉、下至沪杭甬沿线各码头，卫河流域上自道口、下至德州及沿河各码头，沙河流域上自北舞渡、下至德州及沿河各码头，沙河流域上自北舞渡、下至颍州及沿河各码头等地，到处都有推销福公司煤炭的经理处或零销点。

---

① 详见《光绪条约》（三十三年）。

随着铁路通车、煤矿投产，福公司又转而把它的侵略目标重点转向铁矿。

在豫北沿太行山南麓一带，有中型铁矿矿床 1 个，小型矿床 5 个，矿点数个，探明的总储量约 6815.7 万吨，其中工业储量约 740.6 万吨。矿石含铁量大部分在 35% 左右，最高品位的矿石含铁量为 42.2%。早在 1905 年 9 月 18 日，福公司总工程师利德就致函河南巡抚，要求根据 1898 年 6 月订定的《章程》条款，在怀庆府境内“开矿制铁”，并附图标明铁矿矿区面积约 15 平方公里。时河南巡抚陈夔龙认为原《章程》目录中“开矿制铁”四字，是指所开煤矿可用于制铁，具体条款中并无“制铁”字样。福公司要求发给开办铁矿凭单，意在试探，河南地方当局据理驳拒。但福公司仍执意要办铁矿。他们派出勘验人员四处调查，并以教学为名，“时或指挥矿工越界购取含铁矿质，就哲美森厂内设炉化验，识别其种类，以为制铁之预备”[①]。1910 年 3 月 30 日，英国驻华公使麻穆勒照会清政府外务部，声称福公司“生产之煤，足敷所用，是以该公司甚愿致力于铁矿”，并要求发给福公司在豫北开采铁矿的凭单。为此，河南交涉局驻厂提调、候补知府何云蔚与福公司董事白莱喜、矿师堪锐克进行了一场辩论。何云蔚根据 1902 年英国君主批准的相关条约第八款第九节中有关“洋商不得在内地开厂制造”的条款，说明福公司不能在豫北增开铁矿。福公司代表无言以对，只好中止辩论。经过一段准备，双方于 1910 年 10 月在北京举行会议。会议的主要议题是怎样理解原《章程》，豫丰公司与福公司谁是河南矿务的主体。经过长达 5 个小时的激烈争论，福公司卒以词穷理曲，被迫打消在河南开办铁矿的企图。

① 《修武县志》第十一卷第 5 章，《福公司铁矿开采之要求》，1931 年版。

六、河南人民反对福公司在豫北售煤

辛亥革命前夕，河南人民掀起了一场较大规模的反对福公司在豫北地区售煤的斗争。

福公司哲美森厂（即焦作煤矿）投产以后，由于它采用机器生产和通过铁路运输销售，成本大大低于当地土窑，因而直接威胁当地土窑的生存和发展，依靠土窑维持生活的广大劳动人民面临着生计无着的危险，经营土窑开采的地主、士绅和窑主也面临财源断绝的危险。1907 年初，河南士绅发起组织矿务研究会，抵制福公司。与此同时，河南留日学生发表《警告河南同胞速办矿务书》，更明确地提出废除福公司原矿务合同，自设公司办矿的主张，从而拉开了河南绅民反对福公司在豫北售煤的爱国斗争的序幕。

《警告书》揭露福公司的侵略野心，是要囊括河南各种矿产，倡议组织保矿会，互相保证不卖矿地给洋人，也反对地方官逼迫人民出卖矿地。呼吁组织中州矿务总公司，在有矿地方设立分支机构，买地招股，自己办矿。否则，即使废除了福公司原合同，以后还会再出现若干个福公司。但是，《警告书》没有号召与福公司进行面对面的斗争，反而承认既成事实，只要求福公司缩小矿区，强调以“自办”为“废约”的前提。《警告书》提出的一些具体方案也缺乏可行性，例如它要求矿区附近人民一律加入保矿会，立誓不卖矿地给洋人，违者重罚甚至处死，这显然无法强制执行。尽管如此，《警告书》在一定程度上反映了河南各阶层人民保护利权、发展民族经济的强烈要求，对于河南人民 1909 年掀起反对福公司在豫北地区售煤的斗争产生了重要的影响。

1908 年，福公司委托天津英商仁记洋行代理运销煤炭。这家洋行和福公司控制下的道清铁路车务局订立合同，在铁路沿线的获嘉、新乡、汲县等地建立转运点，[①]从而激起河南人民的强烈反对，福公司雇佣人员和河南怀庆府的群众时起“冲突”[②]。为此，河南当局和福公司代表举行了谈判。在谈判中，河南当局要求福公司必须完纳出井税，并将所产煤炭运往河南省外销售，目的在维持本地土窑生产。次年2月，双方签订《见煤后办事专条》10条，规定福公司应纳出井税率为值百抽五，有关与福公司事件统归河南交涉局管理，福公司煤矿开采时间从1898年算起，共60年等。《专条》签订后，河南当局认为福公司已经答应不就地售煤，新乡县知县据此贴出告示，禁止商民买卖福公司煤炭。福公司以为风头已过，态度又强硬起来，它声称奉英国公使指示，《专条》只规定福公司不自设行栈售煤，并未规定不准华商到福公司煤厂买煤，要求立即续议补充条款。福公司还声称：由于新乡县的禁令，一个月内福公司滞销煤炭达数万吨，要求赔偿公司损失。[③]面对福公司的重重压力，河南当局只好屈从。同年4月1日，河南交涉局、修武县与福公司签订了《补充条款》两款：

（一）华商如有自愿赴福公司购煤者，他人不得阻挠买煤。如有此种情事，中国地方官自应就近立行禁止查究。惟每人至少以20吨起码；禀明河南巡抚饬地方官出示晓谕。

（二）福公司不得令华商包卖本省煤斤，恐本地民人疑为专利，致起纷争。

《补充条款》实际上把《专条》中关于福公司售煤的规定都推

---

① 《修武县志》第十一、十二卷，第4章。

② 《捷报》，1908年9月19日。

③ 《修武县志》第十一、十二卷，第4章。

翻了。福公司煤炭除运售他埠外，还可以通过华商大量就地销售，这就使大批土窑又濒于被挤垮的绝境。

《补充条款》的突然签订，激起了积愤已久的河南人民的强烈反对。在省城开封，各界群众相继召开五千人大会和万人大会，表示绝不承认福公司在内地享有售煤权，并组织成立了河南保矿公会。旅沪河南同乡会致函河南巡抚吴重熹："福公司串通汉奸，私立内地贩卖炭约必至合豫火食尽仰外人鼻息，且等内地租界，后患何堪设想!"[①] 在福公司矿地焦作，各界民众更是"一唱百和"，群情沸腾，酝酿着对福公司采取直接行动。清政府害怕事态扩大，一面电旨严责吴重熹"迅速制止，勿令滋生事端"[②]，一面责成外务部与河南巡抚对福公司售煤案"会商妥筹办理"。于是，福公司与河南代表重开谈判。由于双方各执己见，争执不下，这时，英国驻华公使朱尔典不断对清政府外务部施加压力，声称问题一天不解决，中国就必须每天赔偿福公司白银1000两，并指责河南当局有意拖延，要求清政府颁发训条，饬令了结。[③] 外务部也急于了结此案，遂提出"准华商赴福公司矿厂批购，限一百吨起码"的方案。1909年8月9日清廷谕旨称："似此变通办理，俾大批购自公司，而零售仍在民户，所拟办法，尚属妥协。著吴重熹即照此议行，并严饬所属，撤销福公司售煤之禁，一面晓谕商民，毋得阻抗。"并警告："倘有无知之徒借端滋扰情事，定惟该抚是问。"吴重熹只得照此办理，他不仅委派河南交涉局官员长驻福公司煤矿，及时解决各种交涉，而且调兵进驻易发事端的乡村，把人民的反抗斗争暂时平息了下去。

---

① 《东方杂志》第六年第九号，"记事"。

② 宣统元年四月二十八日谕旨，载《宣统政纪》第10卷。

③ 胡汝麟、王敬芳：《福公司矿案述略》（手稿），上编六。

七、福中总公司的成立

随着市场的不断占领和日益扩大，福公司又投入巨额资金建设新井，以增加煤炭产量。据统计：1895—1913年设立的重要外资厂矿，共约186家，全部资本为1.03158亿元。其中英国有37家，资本4968.1万元，而英国福公司焦作煤矿的资本便达1398.6万元。[①]其投资额占西方列强在华总投资额的十分之一强，占英国在华这一时期总投资额的四分之一强，成为在华经济实力雄厚的外国公司之一。1910年，该公司股东大会主席在大会上声称："我们的生意非常兴隆稳当，每一样都使得我相信，只要我们按照它应该走的方向去加以推动，跟着来的就是大量的利润。……我们决不留下一块石头横在我们的路上，妨碍我们的企业应有的发展。"[②]

1911年，福公司声称原有矿区已不敷应用，要求扩大开采范围，并采取讹诈鲸吞、逐步蚕食的手段继续兼并土窑，大有独霸河南矿山之势。面对福公司的汹汹气势，当地民族资本家和地主经营的土窑为了救亡图存，纷纷合并。于1911年组织起中州、豫泰、明德三个煤矿公司，与福公司抗衡。中州等三公司虽然井口较多，但均系土法开采，资本微薄，矿区面积也很狭小，如中州公司矿区只有870亩，明德公司仅140亩，豫泰公司还没有正式矿照。后经多方交涉，三公司矿区面积才有所扩大，中州公司为15平方公里，明德公司为5平方公里，豫泰公司为9.5平方公里，合计近30平方公里。

面对民族资本主义的发展，福公司虎视眈眈，命令他们控制的道清铁路禁运中州等三公司生产的煤炭，必欲置三公司于死地而后

① 汪敬虞：《中国近代工业史资料》第2辑上册，第2、3、13页。
② 《捷报》1910年7月15日。

快。福公司此举迫使三公司“存煤滞销，除明德当时尚能支持外，中州、豫泰莫不岌岌，各有停闭之势”[①]。在此生死存亡的严峻形势下，三公司联合起来已势在必行。正当三公司准备合并起来与福公司分庭抗礼之时，辛亥革命爆发了。

袁世凯就任中华民国临时大总统后，任命其二哥袁世敦的妻弟张镇芳为首任河南都督。这时，福公司第四号矿井由于突遭地下水患，损失惨重。为了弥补损失，福公司董事长堪锐克乘机向张镇芳提出扩大矿区范围的要求，并通过英国驻华公使向中华民国外交部施加压力。与此同时，中州等三公司在河南各界的支持下，“争相号召，思起而与福公司为难”。张镇芳上台不久，怕处理不好酿成地方暴动，便致函外交部，提出“福公司案情理失平，宜从另订契约入手”，并希望英国公使饬福公司总董事长来开封商议。外交部左右为难，便推到袁世凯那里。此时袁世凯就任大总统为时不久，立足未稳，面临着矛盾重重，内外交困。因此他不敢开罪英帝国主义，便以其“莅任之初，曾宣言凡前政府与外国公司人民所订之契约，均应照前恪守”[②]为由，饬令河南都督张镇芳、民政长张凤台选派代表来北京与福公司代表谈判。

根据袁世凯的旨意，张镇芳和张凤台立即委派许源以河南巡按使特派交涉代表身份代表河南官方，胡汝麟、王敬芳代表河南绅商，前往北京与福公司代表谈判。英国公使朱尔典提出福公司和中州等三公司仿照开平、滦州合并的办法，双方采取“分采合销”的形式。对此袁总统立即莫逆于心，原则默许，[③]并授意许源等亲赴开平、滦州实地考察，以便效仿。1914 年 3 月 7 日，福公司与河南官

① 《福公司矿案纪实》，1919 年版，第 180 页。

② 《焦作福公司矿案交涉史略》，1931 年版，第 19 页。

③ 徐梗生：《中外合办煤铁矿业史话》，商务印书馆 1947 年版，第 97 页。

绅代表经过多次谈判，初步达成了合资经营协议。协议规定：福公司得准有完全开采之权，中州公司与豫泰、明德各公司合组一中原公司，各分公司仍旧分立，采出煤斤交由总公司共同销售，以泯竞争。1914 年 8 月 8 日，由中州、豫泰、明德三公司合并组成的中原煤矿股份有限公司正式成立。该公司股金为 300 万元，其中官股占 1/3。经过反复谈判，福公司与中原公司代表于 1915 年 5 月 7 日签订了《福中总公司组织章程》31 条，其主要内容有：（一）总公司所得之权利利益，遵照合同以 60 年为限，自合同签字之日起。（二）总公司设议事部，双方各举三人，其中推举议长一人，由双方轮流担任。一、三、五任由福公司推举；二、四、六任由中原公司推举，一任任期为 10 年。（三）总公司总理由福公司推举，总协理由中原公司推举。显而易见，《章程》打着联合经营的旗号，使福公司处于绝对有利的支配地位，它不仅使福公司扩大了原有矿区范围，延长了开采时间，而且减少了福公司对中国政府的报效，同时又禁止了民间土窑的发展。

《章程》签订后，福公司方面推举费趋福为福中总公司总理，中原公司方面推举吴庆嵩为协理。1915 年 5 月，袁世凯任命张镇芳为福中总公司督办，任命其次子袁克文为副督办。同月，河南都督兼河南巡按使田文烈任命许源为福中总公司专员。同年 6 月 1 日，福中总公司正式成立。自此，英国福公司在中国的活动由原来的独家经营，进入了与中国官商合办企业联合经营的新阶段。

（本文原载《辛亥革命研究》，
武汉大学出版社 1991 年版）

抗战时期的英国福公司

英国福公司成立于19世纪末叶，它是一家在中国经营时间较长（1897—1956）、活动范围较广（包括北京、天津、山西、河南、湖北、湖南、四川、云南等省市）、经营项目较多（主办煤矿，兼营铁矿、铁路、转运桐油、特种矿产品等）的外资企业。抗日战争期间，福公司以维护它在华利益为出发点，在本国政府对华政策影响下，始则奉行一条双重的外交路线，继而站到了反法西斯阵营一边，在抗战后方投资建矿，并成为国民政府委托的唯一一家从中国出口钨砂的经销代办机构和从英国及英属殖民地进口物资的全权代表。研究抗战期间福公司在华的所作所为，对了解当时英国政府的对华政策、研究中国的抗日战争和战时中英关系等，无疑会有一定的作用。

一、抗战以前的英国福公司

英国福公司成立于1897年3月，是西方列强掀起瓜分中国狂潮的产物。由于福公司在1898年5—6月间相继攫取了在山西、河南开办煤矿、修筑铁路的利权，从而使它在华的投资到1913年达到

1398 万多元，占当时在华投资最多的英国 37 家企业资金总额的四分之一强。[①]1915 年 6 月，福公司与官商合办的河南省中原煤矿股份公司合并组成福中总公司；1933 年 6 月易名为中福两公司联合办事处（简称中福联合处）。抗战前夕，应英国驻华大使和福公司董事长吴德罗夫（Woodruff）的要求，国民政府军事委员会委员长蒋介石派翁文灏、孙越崎分别担任中福联合处的整理专员和总经理。该公司的煤炭产量和销售量在全国仅次于河北开滦和山东中兴煤矿，位居全国第三。1937 年 1 月 4 日，国民政府军事委员会委托翁文灏兼中福联合处董事长。随后，福公司选派贝尔（A. J. Bell）为中福联合处总代表。正当福公司计划在华继续发展之时，震惊中外的“七七”事变爆发了。

二、转移到湖北、湖南活动

中日战争爆发后，日本侵略军于 1937 年 10 月 14 日攻占了豫北重镇——安阳。日军若继续南下占领新乡，地处新乡正西 100 多华里的焦作矿区的中福联合处大批人员和机器设备，就只有从孟县南渡黄河向西转移了。这时，国民政府军事委员会已派出工兵前往中福联合处，准备炸毁矿井及主要机器设备。中福联合处总经理孙越崎则提出炸毁不如转移。国民政府军事委员会随即批准了孙越崎的建议，同意将中福联合处所属矿厂的主要机器设备和技术工人迁移到长江以南地区。

南迁的决定遭到了福公司的反对。历史上，英日两国曾有过传统盟谊。19 世纪末，英国默认了日本在中国沿海地区的扩张。1902

① 汪敬虞编：《中国近代工业史资料》第 2 辑上册，科学出版社 1957 年版，第 2、3、15 页。

年1月，英日签订了同盟条约，英国借“东方警犬”之力牵制了俄国与美国，维系了远东的均势；日本则极力巴结当时号称世界头号强国的大英帝国发展自己。“七七”事变爆发后，英国为了保护其在华的利益不受损害，力图避免战争扩大，1937年11月，在比利时首都布鲁塞尔召开的九国公约会上，英国政府不愿采取积极行动，以免得罪日本；但同时又试图推动美国率先采取强硬态度，以保护其在华利益。英国政府在中国奉行了一条无所作为的路线，它虽然对中国有所同情，但又不提供实质性的支持。所以，当福公司驻中福联合处代表贝尔得知中福联合处将要南迁时，明确表示反对，并声称：“英国与日本是友邦，日本人来了，不会损害我们的权益。”①后来，由于中福联合处南迁的态度十分坚决，又有国民政府的支持，贝尔经请示远在伦敦的福公司董事会，只好同意拆迁一部分机器设备。但福公司对日本侵略者抱有幻想，仍然在焦作矿区设立了保管处，留下了一批看守人员，维持矿厂的运转。

从1937年10月开始，中福联合处组织员工夜以继日地赶拆矿井上下的主要机器设备，并以郑州为中转站，将机器设备抢运到武汉。据中福联合处工程科统计，仅1937年内就运往武汉机器设备81批，约2500吨，价值1300多万元。中福联合处办公机关也迁到了汉口特二区南皮路1号4楼，并于1937年11月21日正式对外办公。

抗战爆发后，沿海沦陷地区大批工厂相继迁到武汉。这些工厂恢复生产，急需燃料做动力，特别是一些承接国民政府兵工署委托制造的军需订货，均因工厂缺乏燃料而难以维持生产。所以，当国民政府资源委员会得悉中福联合处大批设备和人员已迁来武汉，立即主动找上门来，要求与之合办湖南湘潭谭家山煤矿。谭家山煤矿

---

① 《英国对外政策文件汇编》第3集第8卷，第249、251、359、399号，第381号附件一。

位于湘潭县城南55华里处。这里不仅蕴藏着丰富的煤炭，而且“煤质甚佳，为长江以南各矿之冠”①。通过协商，资源委员会和中福联合处于1937年11月15日签订了《合办湖南湘潭谭家山煤矿草合同》15条，决定合组湘潭煤矿有限公司。湘潭煤矿公司资本额为200万元国币，资源委员会占51%，中福联合处占49%，公司董事长由翁文灏担任，福公司代表贝尔担任董事，米力干担任监察。

湘潭煤矿公司成立后，中福联合处先后运去了1600多吨设备，价值109万多元，并调配了数百名职员和技术工人。1938年初，华北各大煤矿区已沦陷，武汉需煤甚急，但又苦无来源，因此，国民政府对正在建设的谭家山煤矿寄予厚望。为了支援抗日战争，谭家山煤矿制定了边勘探、边采煤的计划，日产煤炭近400吨，然后通过湘江船运，大部分销到长沙、武汉两地，以缓解工厂的煤荒。

1938年10月下旬，武汉失守，中福联合处随即将其在谭家山煤矿的人员和机器设备转移到了四川，同时仍然在谭家山煤矿留下了几十名职工，处理存煤和保护财产，维持矿井排水，等待时局好转。

抗战初期，福公司曾负责专销中国的钨砂。钨砂，属于稀有有色金属材料，是军事工业产品的重要原料。中国是世界上主要的钨砂产地，也是当时世界上最大的钨砂出口国。过去，钨砂出口完全由国家经营。抗战爆发后，随着中国沿海港口的相继沦陷，国民政府资源委员会于1938年11月26日与福公司签订了《专销钨砂合同》，委托福公司为中国钨砂出口的唯一经销代办机构。②

第二次世界大战爆发前夕，全世界很多国家都在扩军备战，对钨砂的需求量日益增多，钨砂的价格也猛涨。福公司对于承办从中

---

① 孙越崎：《中福煤矿的坎坷道路》，《文史资料选辑》1985年第2辑，文史资料出版社1985年版，第162页。

② 孙越崎：《湘潭谭寡山煤矿初期工程计划》，现存河南省档案馆褐公司案卷。

国出口钨砂十分热心，专门在香港设立了办事处。[①] 为了避开日军的检查，福公司将从江西、湖南、广东等地收购来的钨砂通过越南的海防、西贡等港口运往世界各地。据统计，1935—1938 年从中国出口钨砂运往的国家（或地区）、数量、价值如下表。[②]

国家或地区	数量（公斤）	价值（美元）
香港	1907720	63977571
德国	9339900	17673788
美国	4926600	8262904
英国	3380600	5896812
法国	3012200	6254082
瑞典	1944400	2545234
比利时	1125200	1553418
意大利	202800	371656
其他国家	299800	755623

1941 年初，由于美国政府援华的款项要求用钨砂交换，中国政府便中止了福公司在华经销代办钨砂出口的业务，并按照当年出口售额 200 万美元的 1.5% 的比例，付给福公司佣金 3 万多美元。

这一时期，福公司还在四川、湖北等地收购桐油，然后租船经江汉关远销美、英、德等国，大发其财。

三、被日军驱逐出焦作矿区

1938 年 2 月 19 日，日本侵略军武装占领了河南焦作矿区。由于这一时期英日两国关系尚未破裂，所以日军占领焦作之初并未染指

① 上海《财政贸易》，1939 年 3 月 1 日

② ［日］萍叶登著、李公绰等译：《侵略中国的英美财阀》，三联书店 1956 年版，第 69 页。

煤矿，仅向中福保管处派去了一名调查员。

1938年底，在德国取得慕尼黑外交成功的鼓舞下，日本提出要在东亚建立所谓“新秩序”，对西方的政策开始趋于强硬。日本政府官员公开宣称“中国的局势已发生全面变化”，“门户开放”政策已经过时，西方国家对此应采取“现实的态度”[①]。

面对日本侵略者日益强硬的态度，福公司留守人员采取了妥协退让的对策。1938年11月28日，中福保管处负责人瑞吉士和日本侵略军焦作警备队长远藤典邦签订了《契约书》，其内容如下：

> 1. 中福公司所保有之武器及其附属之弹药子弹皆移管于日本军。
>
> 2. 日本军得自由将该武器为修武县及焦作镇特别区治安维持上使用之。
>
> 3. 关于该武器因使用而发生毁损亡失等损害时，日本军概不负何等责任。
>
> 4. 日本军对于该武器之保管期限为日本军必要使用期间，故不定之。
>
> 5. 日本军对于该武器之保管并其使用行为悉归焦作警备队长代行之。[②]

《契约书》签订后，日本侵略者并不以此为满足。为了达到独霸焦作煤矿的目的，日本侵略者首先教唆汉奸筹备成立焦作矿区管理施行委员会，于1939年春以“华人要求收回矿权”为名，掀起了一

① 上海《财政贸易》1939年3月1日。又见河南省档案馆存福公司档案第3037卷。

② 《英国对外政策文件汇编》第3集第8卷，第249、251、359、399号，第381号附件一。

场大规模的排英运动。日本兴中公司还根据军方的命令，准备向焦作矿区管理施行委员会提供资金及技术力量，帮助其恢复生产。

1939 年 7 月 14 日，日军驻焦作的宪兵队突然以检查户口为名，冲进中福保管处大院，抓走了约 60 名职工和家属。在此形势下，中福保管处于 1939 年 7 月 19 日向日军驻焦作的地方官提出委托日本兴中公司代管焦作煤矿的建议。此议遭到了日军设在北平总部的拒绝。此后，由日军操纵的反对福公司事件不断发生，正如福公司人员巴尔在 1939 年 7 月 22 日的日记中所载："形势非常紧张，任何时期都可能发生任何事情。"

1939 年 7 月 29 日，由日本侵略者一手操纵的焦作矿区管理施行委员会成立的当天，就要求福公司代表贝尔迅速来到焦作，自即日起以一个月为限，并带来解决一切问题的方案。如果贝尔不能前来，需请该公司负责人前来代理，并要求福公司在两个月内还清积欠地方各种债务计 2405 万元，同时希望福公司发表声明，承认焦作矿区管理施行委员会有权占据煤矿。

1939 年 6 月 28 日，焦作矿区管理施行委员会发表公告，声明接收福公司在焦作的一切财产。9 月 8 日，日军驻焦作司令部命令所有在焦作的福公司职员及家属，于当天下午乘火车离开焦作，经北平、天津取海道回国。日本驻北平公使加藤还向福公司人员约法三章：1. 不准发表日军侮辱外侨之实情。2. 不准发表日本接办任何外国企业之经过。3. 离津时所带行李等等，须受严格检查。……①

福公司人员被赶走后，焦作矿区管理施行委员会即以"无力办矿"为名，于 1940 年 6 月 1 日把焦作煤矿拱手交给日本兴中公司经营。当年 10 月，日本华北开发公司派员接收焦作煤矿，于当年

---

① 《英商焦作煤矿受压迫停业外侨不接受无礼条件难出境》，《新华日报》1940 年 1 月 3 日。

12 月 1 日正式成立焦作炭矿矿业所。至此，福公司经营近 40 年的焦作煤矿沦入日本侵略者的手中。

四、在四川开办煤矿

随着抗日战争的发展，大批工矿企业又逐渐从武汉等地迁移到抗战的大后方——四川。1938 年 1 月，翁文灏担任国民政府的经济部长。在他的授意下，中福联合处大批人员和设备运进四川，成为抗战初期全国唯一一家迁到后方的以经营煤矿为主的企业。它生产的煤炭供应四川全省一半以上工厂生产和民用。

中福联合处首先于 1938 年 5 月 1 日与天府煤矿、北川铁路共同组成天府矿业股份有限公司。在天府矿业公司的 150 万元资本中，中福联合处占了一半，在董事会 9 名成员中，中福联合处占了 5 名（其中福公司代表 2 名）。由于生产的主要环节使用了中福联合处带来的较先进的机器设备，天府矿业公司在生产、运输方面得到了迅速发展。1939 年生产煤炭 7 万多吨，1940 年增为 10 万多吨，1942 年增为 22 万多吨，1943 年增为 35 万多吨，1945 年增至 45 万多吨，垄断了重庆及川北的市场。

随后，中福联合处又与资源委员会和重庆银行家宁藏村在犍为县合办嘉阳煤矿，年产煤炭 10 万至 12 万吨，沿岷江运销至成都、宜宾、泸州等地。

1939 年 6 月 26 日，中福联合处迁至重庆金刚碑办公。这年秋天，中福联合处又投资 35 万元，与四川省建设厅合作在隆昌县接办了石燕煤矿公司。

1940 年 6 月，中福联合处又分拨机器，投资 98 万元，与资源委员会和财政部盐务总局在威远县黄荆沟合办威远煤矿，年产煤炭10万吨左右，主要供应自流井、贡井煮盐和资中糖厂、酒精厂等用，一部分运销到内江、资中、仁寿、井研、五通桥、宜宾等地。

至此，中福联合处已在四川投资了4个煤矿。为了便于统一管理，天府、嘉阳、石燕、威远4个煤矿又成立一总公司，同中福联合处在重庆联合办公，账目各自分管，秘书、总务、材料及勤务员合为一套人马，费用分摊，由孙越崎任总经理。这样一来，各矿的资金可以互相流动周转，生产的煤炭可以互相调拨，甚至一些劣质煤也可以搭配销售。

1941年6月，中福联合处又投资建设东林矿业公司，10月又投资成立成都燃料公司。1942年3月，它又在合川投资建设全济煤矿公司。

抗战期间，从沦陷区迁到后方的大、中型工矿企业有近千家，上百个门类。1938年，国民政府迁到了重庆，重庆成为战时的政治、经济中心，人口倍增。煤炭作为燃料关乎国计民生，供不应求就会造成工厂停产，影响社会安定。可以说，中福联合处投资的煤矿对于战时后方经济的发展和社会的安定，曾起过至关重要的作用。

五、为国民政府代购物资

1941年太平洋战争爆发后，由于英国与中国站到了一条战线上，需要彼此协力，并肩作战，所以英国政府的对华政策发生了重大变化。它不仅多次向国民政府提供巨额贷款，而且同意国民政府委托福公司为其在英国和当时英属的印度、缅甸、澳大利亚等地购买、存储物资的唯一全权代表。福公司迅即在重庆、昆明、仰光、腊戌、加尔各答、新德里等地设立了办事处。从福公司档案中的大量信件和合同中可以看出，委托福公司购买物资的政府部门主要有：财政部、军政部、交通部、资源委员会、农业信贷局、华英企业公司、中央信托局、粮食部、运输统制局、工矿调整处、战时生产局、中央广播电台等。委托福公司购买的物资主要有：大米、汽油、炸药、布匹、枕木、水泥、汽车、橡胶、机械设备、医疗器材、电器设备、炼油设备、铜、铝等。1942 年 2 月 2 日，国民政府为福公司代各机关购买物资规定了 8 条注意事项，其主要内容是：1. 福公司为中国政府代购物料，应接到财政部正式核定购买公文后方可洽购。2. 福公司洽购物料时，应查明规格与原订相符方可购买，如规格不符，应再商财政部核办。3. 福公司每次签订购料合同后，即将请购机关、物料名称、数量、价款等电告财政部，由财政部转告驻伦敦代表拨款。4. 福公司代购的物资应运抵仰光，交运输统制局副主任办公室接收。如在仰光接收不便时，应与财政部另外商定接收办法。

综上所述，在抗日战争初期，福公司在英国政府对华政策的影响下，为了保护其自身在华的利益不受损害，对日本侵略者采取了妥协退让的态度，最终蒙受了屈辱和损失。在随同中福联合处迁移到抗战后方后，福公司以其先进的机器设备和管理经验建设湖南、四川的煤矿，一方面支援了中国的抗日战争，一方面为这些煤矿其后的发展打下了基础。太平洋战争爆发后，福公司作为国民政府委托的在英国和英属殖民地购买、存储物资的唯一经营机构，为国统区采购了大量的军工民用物资，为抗战和国统区经济建设起到了重要的作用。

（本文原载《抗日战争研究》1993 年第 1 期）

作者主要著述列表

著作类

独著

1.《焦作煤矿史》，河南人民出版社 1986 年版。

2.《英国福公司在中国》（国家社会科学基金项目），武汉大学出版社 1992 年版。

3.《工矿泰斗孙越崎》，中国文史出版社 1997 年版。

4.《台港澳侨概论》，华文出版社 2000 年版。

5.《国民政府资源委员会研究》，社会科学文献出版社 2005 年版。

6.《中国华洋义赈救灾总会研究》，武汉大学出版社 2008 年版。

担任主编、副主编及参编的著作

1.《煤矿歌谣》，中国民间文艺出版社 1986 年版。

2.《新民主主义政权理论的演进》，武汉大学出版社 1991 年版。

3.《中国税收通史》，光明日报出版社 1991 年版。

4.《港台澳市场经济体制》，兰州大学出版社 1994 年版。

5.《海峡两岸关系 40 年》，湖北教育出版社 1995 年版。

6.《莘莘学子赤心报国——近代海外学子报国谱》，武汉大学出版社 1995 年版。

7.《荆山开拓人》，武汉大学出版社1995年版。

8.《纪念钱昌照专辑》，中国文史出版社1998年版。

9.《中国工会史料全书 · 煤矿卷》，中国广播电视出版社2001年版。

10.《章元善与华洋义赈会》，中国文史出版社2002年版。

论文类

中国工业近代化研究

1.《抗日战争与中国工业近代化》，《抗日战争研究》2009年1期。（收入本文集）

2.《抗战时期中国现代工业的发展》，《光明日报》（理论版）2005年8月2日，3000字。

3.《1944年抗战后方工矿产品展览会》，《团结报》2005年7月22日。

4.《抗战时期的三一学社》，《抗日战争研究》，2003年第2期。（收入本文集）

5.《也谈抗战时期国民政府与西北地区工业开发——与李云峰先生等商榷》，载《抗日战争研究》2003年4期。（收入本文集）

6.《略论中国石油有限公司的发展及历史意义》，《武汉大学学报》2008年1期。（收入本文集）

资源委员会研究

1.《国民政府资源委员会机构的演变》，《湖北文史》2004年2期。

2.《国民政府资源委员会研究述评》，《商丘师院学报》2006年1期。

3.《民国时期资源委员会述论》，《近代中国社会与经济国际学术研讨会论文集》。（收入本文集）

4.《国防设计委员会述论》。

5.《国防设计委员会调查工作略论》。

6.《资源委员会接管台湾工矿企业略论》,《史学月刊》2004 年第 10 期。(收入本文集)

7.《民国时期首次科学勘测长江三峡略论》,《武汉大学学报》2006 年 4 期。

8.《民国时期开发长江三峡述论》,《武汉大学历史学集刊》,湖北人民出版社 2006 年版。(收入本文集)

9.《资源委员会与抗战初期东部地区企业内迁》,《武汉大学学报》2005 年 5 期。(收入本文集)

10.《1936 年〈德华信用借款合同〉签订的作用与影响》,《武汉大学学报》2004 年 6 期。(收入本文集)

11.《七七事变前后的资源委员会》。

12.《试论中共在资源委员会起义中的作用》,《中州学刊》2001 年 5 期。

13.《钱昌照与资源委员会》,载《人文论丛》2001 年卷。(收入本文集)

14.《民国时期资源委员会推行公司制度概论》。

15《关于资源委员会研究几个问题的管见》。(收入本文集)

民国合作事业研究

1.《华洋义赈会述论》,《中国经济史研究》2005 年 3 期。(收入本文集)

2.《华洋义赈会与民国合作运动略论》,《武汉大学学报》2003 年 6 期;人大复印资料《中国近代史》2004 年第 3 期全文转载。

3.《章元善与华洋义赈会》,《团结报》2004 年 7 月 22 日。

4.《民国时期河南合作事业发展略论》。

5.《合作讲习会概论》。

6.《民国乡村建设运动中的华洋义赈会》。(收入本文集)

人物研究

1.《罗章龙的曲折一生》,《湖北文史资料》2001 年第四期。

2.《与五四人罗章龙相识》，载《今日名流》1999 年 5 期。

3.《翁文灏与他的八个子女》，载《今日名流》1997 年 12 期。

4.《王世杰与武汉大学》，《海峡两岸》2007 年 4 期。

5.《孙越崎与近代中国石油工业》，《中国石油大学学报》2002 年第 2 期。（收入本文集）

6.《孙越崎与中苏合办东北工矿的谈判》，《团结报》2002 年 08 月 22 日、8 月 27 日。

7.《毛泽东与焦作煤矿反帝罢工》，《河南理工大学学报》2005 年 1 期。

8.《孙越崎传略》，《河南理工大学学报》2005 年 2 期。

9.《103 岁老人孙越崎的世纪沧桑》，《中华儿女》1996 年年 8 期。

10.《孙越崎：百岁上书，了却心愿》，《今日名流》1997 年年 3 期。

11.《孙越崎的六次遇险》，《世纪行》1996 年 1 期。

12.《纪念孙越崎　研究孙越崎》，《焦作煤矿建矿 108 周年纪念文集》。

13.《孙越崎与蒋介石斗智》，《阳光》1998 年 4 期。

14.《总书记宴请百岁老人孙越崎》，《纵横》1998 年 2 期。

15.《抗战时期的孙越崎》，《武汉大学学报》1994 年 6 期。

16.《孙孚凌的工商情怀》，《湖北文史资料》2000 年 1 期。

17.《钱昌照先生的三峡情结》，《团结报》2004 年 7 月 17 日。

18.《治水省长张体学》，载《纵横》2000 年 11 期。

19.《一个美国水利专家的三峡梦》，《团结报》2004 年 5 月 11 日。

20.《翁文灏与近代中国石油工业》，《石油大学学报》2005 年 1 期。（收入本文集）

21.《王世杰与武汉大学》，《海峡两岸》2007 年 4 期。

22.《王世杰与第二次国共合作》，《海峡两岸纪念武汉抗战 70 周年学术研讨会论文集》。

23.《王世杰先生生平述论》。

24.《方润华：捐了 1.6 亿还在捐》，《今日名流》1999 年 11 期。

25.《追求卓越的潘德富》，《今日名流》1997 年 9 期。

26.《章元善与华洋义赈会》，《团结报》2004 年 7 月 22 日。

企业文化研究

1.《抗战时期的企业文化》（论文集），人民出版社 2006 年版。

2.《培育企业文化　铸就企业灵魂》，《理论月刊》2000 年 1—2 期合刊。

3.《福星公司企业理念与企业精神》，《理论月刊》2000 年 1—2 期合刊，第一作者。

4.《10 年来中国企业文化研究述评》，载《人文论丛》1998 年卷。

中国煤矿史研究

1.《关于中国煤矿历史研究的回顾与思考》,《中国矿业大学学报》2007 年 4 期。（收入本文集）

2.《关于中国煤炭史志编纂工作几个问题之我见》，《河南理工大学学报》2007 年 3 期。（收入本文集略有修改）

3.《中国煤矿早期工人运动述论》，《河南理工大学学报》2006 年 2 期，人大复印资料《工会工作》2006 年 4 期全文转载。（收入本文集）

4.《近代中国煤矿发展述论》，《河南理工大学学报》2008 年 2 期。《煤炭博览》2008 年 3—4 期转载。（收入本文集）

5.《台湾煤矿发展述略》，《广东社会科学》1992 年 5 期。

6.《台湾煤矿史研究述论》,《中国矿业大学学报》2008 年 1 期。（收入本文集）

英国福公司研究

1.《英国福公司档案综述》，《档案管理》1990 年 1 期。

2.《19 世纪末英国福公司在山西的活动》，《山西地方志》1990 年 3 期。

3.《英国福公司与道清铁路》，《中州学刊》1984 年 6 期。

4.《袁世凯与福中总公司的建立》,《河南职技师院学报》1989 年 2 期。

5.《英国福公司在武汉》,《湖北文史资料》1990 年 4 期。

6.《刘鄂与英国福公司》,《中州学刊》1989 年 6 期。

7.《韩国钧与英国福公司》,《中州今古》1991 年 2 期。

8.《辛亥革命前后的英国福公司》,《辛亥革命研究》(武汉大学出版社 1991 年版。(收入本文集)

9.《抗战时期的英国福公司》,《抗日战争研究》1993 年 1 期。(收入本文集)

10.《抗战时期英国福公司在四川》,《文史杂志》1993 年 3 期。

其他

1.《台湾七日》,《决策与信息》2006 年第 11 期。

2.《一二九运动在河南》,《中州学刊》1982 年 6 期。

3.《道清铁路早期工人运动》,载《史学月刊》1982 年 2 期。

4.《焦作煤矿反帝罢工起止时间考》,《河南党史研究》1986 年年 6 期。

5.《太平军兵围怀庆城》,《中州今古》1992 年 2 期。

6.《义观念演进略论》,《人文论丛》2007 年卷,中国社会科学出版社 2007 年版。

7.《第六届农讲所中的河南学员》,《河南地方志征文稿》1983 年 5 期。

8.《农民运动讲习所与北伐战争》,《江汉论坛》2002 年 4 期。

9.《略论鄂豫皖根据地的金融事业》,载《中州学刊》2008 年 2 期。

10.《国民政府军事委员会参事室略论》,《2008 年武汉抗战与民族复兴国际学术研讨会》论文集。

11.《常忆当年插班时》,《创新改变命运》,武汉大学出版社 2008 年版。

12.《1944 年抗战后方工矿产品展览会》,《团结报》2005 年 7 月 22 日。

13.《民国时期以爱国为主题的商标广告略论》,《中国矿业大学学报》2008 年第 4 期。

后　记

收在这本文集里的23篇文章，记录了我近年来学术研究的历程，体现了我的所思所想。限于篇幅的要求，这本文集主要收录了笔者在中国近代经济史领域探讨的文章。

我原来曾在焦作煤矿工作多年，走上学术研究的第一步就是于1986年在武汉大学历史系读书期间写作并出版了《焦作煤矿史》。当时有学术前辈告诫我：开展学术研究要根据自身的经历和知识结构，同时考虑社会的需求和以往学术界的研究状况，确定并规划自己的学术方向。1988年留校任教后，我就确定今后的研究领域为中国近代经济史。回首20多年来在学术道路上的跋涉历程，梳理收获的点滴成果，可以告慰的是我大抵没有偏离方向。

留校后开展的第一项研究，就是在《焦作煤矿史》的基础上续写《英国福公司在中国》。为此曾在档案馆查阅了整整一年的中文和英文的历史资料。由于掌握的史料比较丰富，又有一些前期成果，故在1990年申请国家社会科学基金资助时顺利被批准立项。《英国福公司在中国》由武汉大学出版社出版后，我又花了约两年时间完成了曾担任该公司总工程师和总经理孙越崎的传记——《工矿泰斗孙越崎》。该书由中国文史出版社出版发行时，全国政协文史委员会等在北京举行了首发式，《人民日报》、《光明日报》、《经济日报》、《科技日报》、中央电视台等十余家媒体进行了报道。由于孙越崎曾担任过国民政府资源委员会委员长，故在搜集资料时接触到了资源委员会另外两位主要负责人翁文灏和钱昌照的史料。1988年，我被江苏省张家港市聘为编辑《纪念钱昌照文集》的顾问，为此系统查阅了资源委员会的档案。在初步完成了对钱昌照的研究后，随即转向对资源委员会的研究。2000年，我申报的课题“国民政府资源委员会研究”得到中日历史研究中心的立项和资助，该书已于2005年由社会科学文献出版社出版。

20多年来，我在武汉大学主要从事中国近代经济史的教学和研究。鸦片战争爆发后，经过近百年的发展，中国工业和农业在国民经济中的比重，大约分别占10%和90%，这就是近代中国的基本国情。近代的产业工人绝大部分来自农民，工业生产的原材料中的相当部分取自农业，工业产品的市场不能不考虑农村。近代中国经济是以农业为主体和基础，以工业为主导。研究中国近代经济史，不能离开传统农业而谈近代工业。农业的现代化演进和工业的现代化发展，同为近代中国经济史研究的主线，忽略或轻视其中任何一方面，都不可能全面把握近代中国的宏观经济走向，甚至对于认识一些细小问题也会出现偏差。农村、农民、农业这“三农”问题至今仍然是困扰和影响我们国家经济发展、社会进步的重大问题。历史的车轮驶入21世纪后，越来越多的人认识到：中国要实现全面小康社会，难点在农业、关键在农村、重点在农民，希望和出路在于深化农村改革、加快“三农”发展。当前和今后相当长一个时期，“三农”问题将是中国社会发展和进步的重要问题。基于这些认识，作为一名研究中国近代经济史的学者，促使我要选择一个与“三农”历史相关的课题作些研究。由于我在2001年曾经与人合作完成过一部《章元善与华洋义赈会》，掌握了一些资料，进一步研究主要在近代中国农村开展赈灾防灾和倡导合作事业的中国华洋义赈救灾总会就成为我研究“三农”问题的首选。《中国华洋义赈救灾总会研究》完成后，被列入武汉大学学术丛书，于2008年由武汉大学出版社出版。

收入本文集中的文章，大都是在进行上述课题研究中的一些阶段性成果。文集中一组有关中国煤矿史方面的文章，预示着我下一步计划在这一领域有所作为。

薛 毅

2009年元旦于武汉大学